SILESIÆ DVCATVS
Accurata et vera delincatio,
VIRIS MAGNIFICIS AC GENEROSIS,
D. Valentino a Stößel in Seppa Kawer.
D. Sigismundo a Loß. in Simpsen Dammer.
D. Caspari a Stosch.
D. Davidi Gotfr a Stosch
Patruelibus in Groß et klein Tschirna.
D. Gotfried ab Haugwitz in Brodelwitz Ziebendorff.
EQUITIBUS. PATRONIS.
Dicat Dedicat
Ionas Scultetus Sprotta Silesius
AMSTELODAMI
Sumptibus Ioannis Ianßonii.
POLONIÆ
NIÆ
CON
FI
NIA.
Oriens
DVCATVS OPOLIENSIS
DVCATVS RATIBORIENSIS
DVCATVS TESCHINENSIS
CRAKAW
Oppelen
Brieg
Teschen
Troppau
Peterkaw
Czenstochaw
Wartenberg
Kalisch
Militsch
Olsse
Ratibor
Plessa
Olmitz

Schlesien

Meinen Eltern
in dankbarem Gedenken

Arno Herzig

Schlesien

Das Land und seine Geschichte in Bildern, Texten und Dokumenten

Mit einem Beitrag von Małgorzata
und Krzysztof Ruchniewicz

Ellert & Richter Verlag

Inhalt

Einleitung

„... Mitnehmen kann man das Vaterland / An den Sohlen, an den Füßen“, spottete Heinrich Heine über das kleine Fürstentum Bückeburg, aus dem seine Vorfahren kamen und das ihm zur Hälfte „an den Stiefeln kleben blieb“.[1] Nicht an den Stiefeln, aber mental nahmen viele deutsche Schlesier das „echte Vaterland“ nach 1945 mit, wie der schlesische Volkskundler Will-Erich Peuckert schreibt. Die „bloße Region“[2] blieb zurück. Zugleich entstand in vielfachen Umschreibungen ein Mythos Schlesien, der die Geschichte verklärte und viele soziale Gegensätze ausklammerte. Auch auf die Geschichtsschreibung wirkten ähnliche Projektionen. Die vorliegende Darstellung der schlesischen Geschichte, die auch Ergebnisse der neueren polnischen Schlesienforschung berücksichtigt, versucht ideologische Verfestigungen zu vermeiden. Sie will das Profil einer historischen Landschaft darstellen, geleitet von der Frage: Was ist das Charakteristische an der schlesischen Geschichte?

Seit frühester Zeit (4200 v. Chr.) haben zahlreiche Volksgruppen den schlesischen Raum bevölkert und in historischer Zeit sind sich hier zahlreiche unterschiedliche Kulturen begegnet. Dies ging im Allgemeinen recht friedlich vor sich. Das gilt zum Beispiel für die sogenannte Kolonisierungsphase des 13. Jahrhunderts, in der sich offenbar ohne Probleme deutsche Einwanderer mit den polnischen Bewohnern vermischten und einen neuen Stamm bildeten. Das gilt auch für das nachreformatorische Zeitalter, in dem beide Konfessionen – Katholiken und Protestanten – ihre Gegensätze nicht mit Gewalt, sondern in einem kulturellen Wettstreit austrugen, der zu den höchsten Kulturschöpfungen dieser Epoche führte. Man hat dies zu Recht als „schlesische Toleranz“ bezeichnet.[3] Über konfessionelle und nationale Grenzen hinweg wurde die hl. Hedwig wegen ihrer Verdienste um Schlesien als Landespatronin zur gemeinsamen Identitätsfigur.[4] Erst im 19. Jahrhundert entwickelte sich ein die Gegensätze betonender Nationalismus, der bis weit ins 20. Jahrhundert hinein als Legitimation für politische Ansprüche diente. Er hat Schlesien sehr geschadet und letztendlich seine Identität zerstört, sei es durch die Germanisierungsbestrebungen, sei es durch die polnischen Gegenreaktionen.

Auf der politischen Bühne hat Schlesien lange eine eher zweitrangige Rolle gespielt. Seit dem Ende des 10. Jahrhunderts stand es unter der Herrschaft des polnischen Fürstengeschlechts der Piasten. Im Jahr 1202 erfolgte die bis heute nachwirkende Teilung in das Herzogtum Oppeln (Oberschlesien) und das Herzogtum Schlesien mit seinem Zentrum Breslau (Niederschlesien). Im Lauf des 13. Jahrhunderts nahmen die schlesischen Piasten weitere Landesteilungen vor und verloren dadurch an politischer Macht. Damit war auch die Chance vertan, Schlesien als Territorium des Heiligen Römischen Reichs Deutscher Nation zu etablieren. Mitte des 14. Jahrhunderts trennten sich die schlesischen Herzogtümer endgültig von der polnischen Krone und unterstellten sich dem Königreich Böhmen. Schlesien war nun zumindest als „Nebenland“ von Böhmen, das zum Heiligen Römischen Reich Deutscher Nation gehörte, mit dem Reich verbunden. Interessanterweise spielte es im Machtdenken der polnischen Krone kaum mehr eine Rolle. Es blieb jedoch weiterhin im Blick benachbarter Herrscher wie der Ungarn und der österreichischen Habsburger, denen es gelang, Konkurrenten wie die Hohenzollern zu verdrängen, bis 1742 König Friedrich II. von Preußen Schlesien annektierte.

Eine besondere Rolle spielte in Schlesien der Adel, der sich wichtige Privilegien für seinen Großgrundbesitz gesichert hatte und diese bis ins 20. Jahrhundert behaupten konnte.

Auf der anderen Seite standen die vielen Kleinbauern. Nur in wenigen Teilen des Landes gab es groß- oder zumindest mittelbäuerliche Betriebe. Dieses Ungleichgewicht hatte tief greifende und lang anhaltende soziale Folgen und machte das Land im 19. Jahrhundert zur unruhigsten Provinz im Königreich Preußen.

Eingehend dargestellt wird in dieser Abhandlung die Rolle der Juden in Schlesien. Nachdem sie im Spätmittelalter aus fast allen schlesischen Städten und Territorien verdrängt worden waren, blieben ihnen hier in der frühen Neuzeit nur kleine „Inseln" als Lebensraum; die bedeutendste unter ihnen war die Stadt Glogau. Vor allem im 19. Jahrhundert trugen Juden dann erheblich zur wirtschaftlichen und kulturellen Entwicklung des Landes bei. Antisemiten verbreiteten dagegen die These, dass sie sich in Wissenschaft, Ökonomie und in den Medien die einträglichen Positionen sicherten und die Angehörigen der Mehrheitsgesellschaft daraus verdrängten. Heute dagegen sind die deutschen wie polnischen Schlesier stolz auf die zahlreichen Nobelpreisträger, die das schlesische Judentum stellte.

Die Nationalsozialisten, die auch in Schlesien stark vertreten waren, führten Deutschland in die Katastrophe des Zweiten Weltkriegs und des Holocaust. Nach dem Sieg über das nationalsozialistische Deutschland wurde Schlesien zur Manövriermasse der Alliierten, die schließlich die Vertreibung der deutschen Bevölkerung veranlassten. Trotz der gelungenen Integration der Schlesier in die beiden deutschen Nachkriegsstaaten und trotz des sozialen Aufstiegs, den viele von ihnen schafften, sind die Wunden bei der Zeitzeugengeneration noch lange nicht vernarbt. Aber es gibt keine Rachegedanken, und vielleicht ist dies eine späte Frucht der „schlesischen Toleranz".

Für die neuen polnischen Bewohner Schlesiens musste zunächst der Mythos von der „Wiedergewinnung altpolnischen Bodens" geschaffen werden, um sie heimisch zu machen. Aber dieser Mythos war wenig erfolgreich: Es blieb eine Unsicherheit, die erst nach 1989/90 mit der endgültigen Anerkennung der deutsch-polnischen Grenze und der Integration in Europa beseitigt wurde. Inzwischen existiert eine jahrzehntelange polnisch-schlesische Geschichte, die seit der politischen Wende bewusst an die über 700-jährige deutsch-schlesische Geschichte anknüpft. Ein polnischer Historiker und eine polnische Historikerin schildern in diesem Buch die schlesische Geschichte der Jahre nach 1945 aus ihrer Sicht.

Für Hilfe bei der Text- und Bildgestaltung des Bandes danke ich Annette Krüger, Dr. Angelika Marsch, Stefan Mayr, Christine Schatz, Nico Schröder und Wolfgang Tschechne sowie den Mitarbeitern des Herder-Institutes, Marburg, und der Martin-Opitz-Bibliothek, Herne. Mein besonderer Dank gilt den Verlegern Marita Ellert-Richter und Gerhard Richter.

Von den Anfängen bis zum 12. Jahrhundert

Schlesische Topografie

Der Fluss Oder bildet die Achse des Landes, das sich von Südosten nach Nordwesten in einer Länge von fast 500 Kilometern erstreckt. Nach Südwesten wird es durch die hohe Mittelgebirgskette der Sudeten (bis 1600 Meter) und der Beskiden begrenzt. Die südliche Vorgebirgslandschaft zeigt eine Dreigliederung: Mittelgebirge, Gebirgsvorland, Hügelland, aus dem der 718 Meter hohe Zobten, ein Berg aus Granit, herausragt. Beiderseits der Oder erstreckt sich Flachland, das einst von breiten, überschwemmungsgefährdeten Feuchtgebieten bestimmt war. Der Landstreifen im Urstromtal der Oder ist mit Löss- beziehungsweise Löss-Lehm-Boden bis zu acht Meter stark bedeckt. Diese fruchtbare Ackerbauebene reicht bis zur Niederschlesisch-Lausitzer Heide, deren endlose Kiefernwälder keine ertragreiche Landwirtschaft zulassen. Nördlich davon erstreckt sich ein bis zu 200 Meter Höhe ansteigender Landrücken. Im Nordosten fließt der Oder die Bartsch zu, deren Niederung sumpfig ist und die damit ideale Bedingungen für ein artenreiches Feuchtbiotop aufweist. Wenn das nördliche Hügelland auch nicht so stark ausgeprägt ist wie die südlichen Gebirgsregionen, so bildet Schlesien doch gewissermaßen eine Beckenlandschaft, die durch das Gewässernetz der Oder geprägt wird. Die Oder, von Mähren kommend, nimmt ihren Lauf parallel zu den Sudeten, bevor sie nach dem Zufluss der Lausitzer Neiße nach Norden abbiegt.

Schlesien bietet also naturräumlich eine vielgestaltige Landschaft, die bis an die Waldgebiete des östlichen Oberschlesiens reicht, unter denen gewaltige Bodenschätze liegen, die seit der Mitte des 19. Jahrhunderts das Industrierevier um Gleiwitz, Beuthen und Kattowitz entstehen ließen.

Mit seinen 718 Metern Höhe ragt der aus Granit bestehende Berg Zobten aus der schlesischen Hügellandschaft hervor. Seit ältesten Zeiten hatte er eine sakrale Bedeutung für die hier lebenden Menschen.

Frühe Kulturen, Kelten und Germanen

Kenntnisse über die hier seit der jüngeren Steinzeit siedelnden Stämme und Völker besitzen wir durch archäologische Funde, geografische Namen, aber vereinzelt auch durch Erwähnungen bei spätantiken und frühmittelalterlichen Autoren. Frühe Jäger- und Sammlerkulturen wurden ab etwa 4200 v. Chr. durch bäuerliche Kulturen verdrängt, deren unterschiedliche Töpferei-, später auch Bronzeprodukte, auf immer wieder wechselnde Bevölkerungsgruppen schließen lassen. Am bedeutendsten darunter sind die Träger der Lausitzer Kultur zwischen Elbe und Weichsel (etwa 1000–500 v. Chr.), die vermutlich der indogermanischen Völkerschaft der Veneter angehörten.

Auf diese Periode geht die Benennung einer Reihe von schlesischen Flüssen zurück, darunter Oder und Neiße, vermutlich auch

Gemächlich durchfließt die Oder ihr Urstromtal im schlesischen Tiefland. Sie bildet gleichsam die Lebensader Schlesiens.

Die Herkunft der frühgeschichtlichen Steinskulpturen vom Zobten – wie hier die sogenannte Jungfrau mit Fisch – ist nicht geklärt. Sie stammen vermutlich von einem keltischen Heiligtum.

die Anlage früher Opferstätten auf dem südwestlich von Breslau gelegenen Berg Zobten. Die Siedlungstätigkeit dieses Volkes wurde 500 v. Chr. durch die aus Südrussland vorstoßenden Skythen beendet, die selbst nicht hier siedelten, den Raum aber so verunsicherten, dass die Träger der Lausitzkultur ihn allmählich verließen.

Als nächste kulturell bedeutende Gruppe ließen sich um 300 v. Chr. Kelten im schlesischen Raum nieder, von Mähren her über das Gesenke-Gebirge und von Böhmen her über den Reinerzer Pass kommend. Sie verfügten über differenzierte soziale und wirtschaftliche Strukturen, die auf Ackerbau, Geräteproduktion und Handel basierten. An der Spitze stand eine Gruppe von Führungspersönlichkeiten, die ihre Macht unter anderem durch die Anlage von Siedlungen mit Stadtcharakter sicherten. Eine davon lag vermutlich am Zobten. Die dort gefundenen eigenartigen Steinskulpturen werden ebenfalls mit den Kelten in Verbindung gebracht. Bedingt durch ihr kriegerisches Wesen vermochten die Kelten zunächst den nachdrängenden Germanen – den Kimbern und Teutonen, die die Römer das Fürchten lehrten – zu widerstehen.

Die den Kelten folgenden germanischen Stämme der Silinger entwickelten eine reiche handwerkliche Tätigkeit in der Töpfer- wie Metallproduktion, die unter dem Einfluss des keltischen Erbes und römischer Importe stand.

Die etwa 100 v. Chr. vermutlich aus Schweden einwandernden Wandalen vermischten sich entweder mit den Kelten oder verdrängten sie. Wandalen steht hier als Sammelbegriff für eine Reihe von germanischen Stämmen, von denen in den Quellen des 3. Jahrhunderts n. Chr. häufiger die Silinger genannt werden. In der jüngeren römischen Kaiserzeit, ab 250 n. Chr., entwickelten die germanischen Stämme in Mittelschlesien südlich der Oder eine „reiche handwerkliche Tätigkeit"[5], die unter dem Einfluss des keltischen Erbes und römischer Importe stand. Ihre Kultur und Herrschaftsorganisation erfassten beinahe den gesamten schlesischen Raum.

An ihrer Spitze standen seit dem 4. Jahrhundert Könige, von deren Bedeutung und weitreichenden Beziehungen Grabfunde bei Sakrau in der Nähe von Breslau zeugen. Das allmähliche Ende dieser Kultur leitete der Hunneneinfall des Jahres 375 ein, in dessen Folge der größte Teil der Silinger nach Westen abwanderte. Die in Schlesien zurückbleibenden Sippen vermischten sich später mit den slawischen Neuankömmlingen und nahmen deren Kultur und Sprache an.

Slawische Landnahme

Von Süden und Osten her wanderten im 6. Jahrhundert Slawen in den dünn besiedelten schlesischen Raum ein. Auch danach blieb die Bevölkerungsdichte relativ niedrig. Es entstanden in der slawischen Frühphase vereinzelte Burganlagen mit Siedlungen, jedoch keine Ballungsgebiete. Obgleich die gefundenen Waffen auf einen defensiven Charakter der hier siedelnden slawischen Stämme schließen lassen, scheint sich in Niederschlesien um 800 eine über die Stammesgrenzen hinausreichende Herrschaftsorganisation gebildet zu haben.

Beigaben aus den 1887 in Sakrau, zehn Kilometer nördlich von Breslau entdeckten, als wandalisch angesehenen Fürstengräbern aus der ersten Hälfte des 4. Jahrhunderts n. Chr. Die Gräber enthielten Fibeln, Finger- und Halsringe, Anhänger und Schnallen aus Gold, Silber und Bronze. Die Beigaben entstammten zum Teil römischen Importen – darunter auch römische Münzen –, zum Teil waren sie germanische Produktion.

Genauere Angaben über die im schlesischen Raum siedelnden slawischen Stämme bringt für die Mitte des 9. Jahrhunderts der sogenannte Bayerische Geograf (vermutlich ein Mönch aus dem Regensburger Kloster St. Emmeram), dessen Angaben – zumindest was die von ihm erwähnten Burgen betrifft – durch archäologische Funde teilweise bestätigt werden. In seiner Völkertafel nennt er als „regiones“ und die danach benannten Stämme in Schlesien: Dedosize im Nordwesten, Slensane in Mittelschlesien, Opolane im Osten und Golensize im Südosten. In einer Urkunde Kaiser Heinrichs IV. von 1086 werden ferner die Gaue Boborane (im Westen am Bober) und Trebowane (östlich davon) aufgeführt.

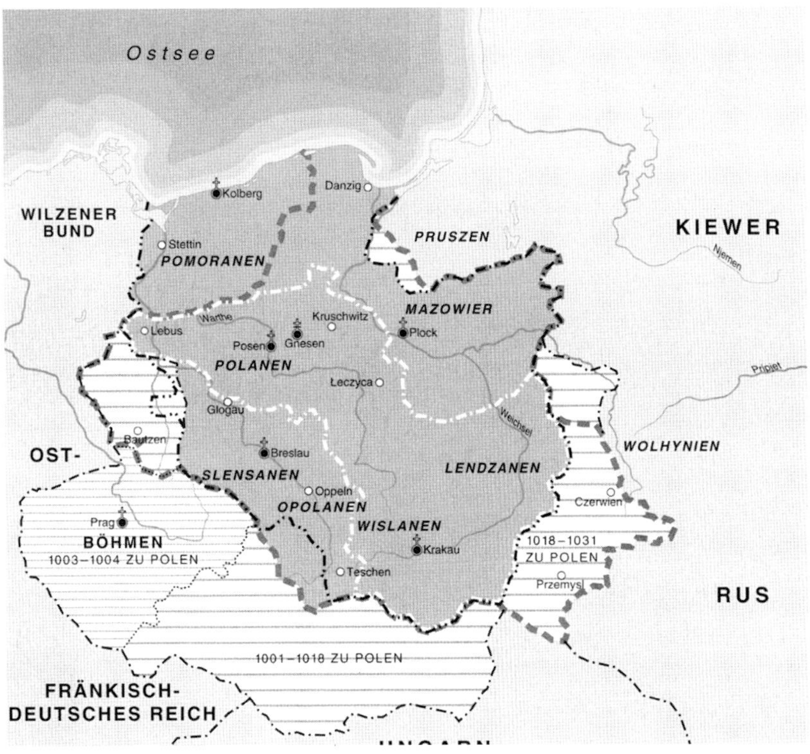

Als Ahnherr des Piastengeschlechts gilt der Fürst Mieszko, der 966 zum Christentum übertrat. Der Piastenstaat umfasste in den 990er Jahren unter ihm und seinem Sohn Boleslaw Chrobry die slawischen Stämme der Pomorane, Mazowier, Lendzane und Wislane sowie die in Schlesien siedelnden Slensane und Opolane. Im Jahr 1000 errichtete Boleslaw Chrobry mit Zustimmung des Kaisers und des Papstes die Kirchenprovinz Gnesen, zu der auch das Bistum Breslau gehört.

Die schlesischen Gaue standen im 9. Jahrhundert unter dem Einfluss des Großmährischen Reiches, das sich über das Gebiet des heutigen Mähren, der Slowakei und des nördlichen Mittelungarn erstreckte. Sein Fürst Sventopluk (Reg. 871–894) unternahm mehrfach Beutezüge nach Schlesien und machte zunächst das Gebiet der Golensize von sich abhängig. Als er um 885 bis nach Böhmen vorstieß, erreichte der mährische Einfluss auch die Gebiete Slenzane und Dedosize. 906/907 wurde das Großmährische Reich jedoch durch die Ungarn zerstört.

Die Ungarnzüge blieben allerdings Episode. Sie konnten die Herausbildung eines neuen slawischen Reiches im Westen nicht verhindern, das der böhmischen Herzöge aus der Familie der Přemysliden. Diese hatten ihren Sitz in Prag. Der Přemyslide Wratislaw vereinigte unter seiner Herrschaft (915–921) die böhmischen und mährischen Gebiete und dehnte seine Macht auch über die schlesischen Stämme aus. Die Gründung des Prager Bistums (973) mit der Kultstätte des aus der Přemyslidenfamilie stammenden Landesheiligen Wenzel trug dazu bei, dass sich ein Zusammengehörigkeitsgefühl ausbildete. Die Slensane, Boborane und Dedosize gehörten ebenfalls zum Prager Bistum (das seinerseits dem Erzbistum Mainz unterstand). Sie wurden also von Böhmen aus christianisiert und in den Einflussbereich der römischen Kirche und Kultur gebracht.

Auf die Herrschaft der přemyslidischen Herzöge gehen die Gründungen einiger Grenzfestungen im schlesischen Gebiet zurück. Zwei Stadtnamen zeugen noch heute davon. Herzog Wratislaw soll Wratislavia (Breslau) und sein Sohn Boleslaw I. (Reg. 935–972) Boleslawia (Bunzlau) gegründet haben. Die böhmischen Herzöge erschlossen den schlesischen Raum auch für den damaligen internationalen Handel, indem sie die West-Ost-Handelsroute von Regensburg über Prag durch das südliche Schlesien nach Krakau führten, das sie inzwischen auch beherrschten.

Die böhmische Herrschaft über das schlesische Gebiet war seit den 980er Jahren jedoch nicht mehr unangefochten. Polnische Stämme fielen in böhmisches Gebiet ein. Davon zeugt die Gründung der Burg Glatz, die nach dem Bericht des Chronisten Cosmas von Prag (etwa 1045–1125) der Fürst Slavnik zum Schutze seines Herrschaftsgebietes im (nord-)östlichen Böhmen „contra Poloniam“,[6] also gegen Polen, errichtet hatte.

Kontinuität und Namen

Reste germanischer Sippen, vor allem Silinger, die sich der Völkerwanderung nicht angeschlossen hatten, errichteten im 4. Jahrhundert n. Chr. einen befestigten Platz an der Stelle des heutigen Niemcza/Nimptsch, circa 50 Kilometer südlich von Breslau. Die sich dort im 6. Jahrhundert neu ansiedelnden Slawen verstanden die Sprache der Bewohner nicht und bezeichneten sie daher als Němci – Stumme (vgl. poln. Niemiec – der Deutsche). Dieser Name blieb dem Ort – in zahlreichen Varianten – erhalten. In der mündlichen Überlieferung müssen sich die Ereignisse um Nimptsch über 400 Jahre bis zu dem sächsischen Chronisten Thietmar von Merseburg (975–1018) erhalten haben. Er berichtet 1017 von einem Heereszug Kaiser Heinrichs II. nach Schlesien, der unter anderem zur Burg Nimptsch führte, „die diesen Namen trägt, weil sie einst von den Unsrigen erbaut worden sein soll“.[7] Diese Textstelle

Im ausgehenden 10. Jahrhundert fielen polnische Stämme in Böhmen ein, um ihre Vorherrschaft in diesem Raum zu behaupten. „Contra Poloniam“, also gegen Polen, errichtete der 981 verstorbene Fürst Slavnik die Grenzburg Cladsko (Glatz), wie der Prager Chronist Cosmas um 1100 berichtet. Die älteste Darstellung der Burg von 1537 zeigt auf dem überhöht wiedergegebenen Burgberg die Schlossanlage. Das Bild stammt vermutlich von dem Maler Matthias Gerung, der seinen Landesherrn Pfalzgraf Ottheinrich auf einer Reise nach Krakau begleitete und von zahlreichen Orten Bilder anfertigte.

wurde von der deutsch-national geprägten Geschichtsschreibung des 19. Jahrhunderts als Beleg für die Kontinuität germanischer Siedlungen in Schlesien herangezogen. Die Geschichte von Nimptsch, das zum Hauptort des mittelschlesischen Slenzane-Gaus ausgebaut wurde, zeigt jedoch, dass die zurückgebliebenen Silinger sich mit den slawischen Neuankömmlingen vermischten und deren Kultur und Sprache annahmen.

Umstritten ist auch die Herkunft des Namens Schlesien. Er wird mit dem Berg Zobten (poln. Ślęża), zwischen den Flüssen Lohe und Weistritz gelegen, in Verbindung gebracht. Über die ältere Bezeichnung dieses Berges als Slenz und damit auch über den Namen Schlesien schreibt Thietmar von Merseburg 1017 in seiner Chronik: „Sie [die Stadt Nimptsch] liegt im Schlesiergau [in pago Silensi], der seinen Namen einst von einem sehr hohen und weitläufigen Berge erhalten hat. Der hatte wegen seiner Lage und Größe bei allen Einwohnern große Verehrung genossen, als das verrückte Heidentum dort noch herrschte.“[8] Die ältere deutsche Forschung bezog den Namen „Silensi“ auf den bei dem römischen Geografen Ptolemäus (85–160 n. Chr.) aufgeführten Germanenstamm der Silinger; die polnische dagegen auf den beim sogenannten Bayerischen Geografen (Mitte des 9. Jahrhundert) genannten slawischen Stamm der Slensane.

Nach neueren Forschungsergebnissen rührt der Name des Berges wie derjenige Schlesiens von der älteren Bezeichnung des Flusses Lohe, nämlich Slenze, her und geht auf vorindogermanische Zeit zurück, bevor also Germanen und Slawen ihre Sprache ausgebildet hatten. Nach diesem Flussnamen benannte sich sowohl der germanische Stamm der Silinger wie auch der slawische Stamm der Slensane, die beide in diesem Kerngebiet Schlesiens siedelten.

Der Name Zobten ist dagegen jüngeren Datums und leitet sich von dem Marktort gleichen Namens her, der 1193 zum ersten Mal in einer Papsturkunde als „forum in Sabat“ genannt wird. Dieser Name verweist auf den hier am „Sabbat“, also am Samstag (poln. Sobota), abgehaltenen Markt.

Staatsbildung der Piasten

Im 10. Jahrhundert führten die Eroberungen der Polanen, eines slawischen Stammes aus dem Warthe- und Netze-Gebiet, zu einer Staatsbildung, die über die Existenz bloßer Stämme hinausging. In der Folge geriet der polnische Raum – und damit auch Schlesien – in die Interessensphäre des Heiligen Römischen Reiches, über das die sächsischen Kaiser aus dem Haus der Ottonen herrschten, die das Reich nach Osten auszudehnen versuchten.

Zum ersten Mal bezeugt dies, eher zufällig, der sächsische Chronist Widukind von Corvey im Jahr 963, als er eine Auseinandersetzung zwischen dem „König Misaca, unter dessen Gewalt die Slawen standen“, und dem Sachsen Wichmann erwähnt.[9] Mit „Misaca“ ist Fürst Mieszko I. von Polen (um 935–992) gemeint. Eingehender spricht über ihn der zeitgenössische jüdische Kaufmann Ibrahim ibn Jakub, der von der Macht Mieszkos und der straffen Organisation seines Reiches berichtet. Mieszko ist der erste historisch fassbare Ahnherr des Piastengeschlechts, das im Mittelalter und in der frühen Neuzeit weniger für Polen als für Schlesien bedeutsam war. Mieszko, der 966 zum Christentum übertrat und damit Polen für die westliche, die römische Kirche öffnete, herrschte über den Raum zwischen mittlerer Warthe und mittlerer Weichsel.

Das schlesische Gebiet wurde unter Mieszkos Sohn Boleslaw Chrobry („der Tapfere“, 967–1025) um 990 in das Piastenreich einbezogen. Dies führte in der Folgezeit zu ständigen Auseinandersetzungen zwischen Piasten und den über Böhmen und Mähren herrschenden Přemysliden um Schlesien.

Im Jahr 1000 gründete Boleslaw Chrobry mit Zustimmung Kaiser Ottos III. (Reg. 996–1002) die polnische Kirchenprovinz Gnesen. Dadurch wurde seine Stellung gefestigt und erhöht, denn die ihm im Ein-

Mit Zustimmung Kaiser Ottos III. und Einverständnis des Papstes gründete der Piastenfürst Boleslaw Chrobry im Jahr 1000 die polnische Kirchenprovinz Gnesen, zu der als untergeordnetes Bistum, als sogenanntes Suffraganbistum, Breslau gehörte. Polen orientierte sich damit nach Westen zum Römischen Reich und der römischen Kirche. Das Huldigungsbild aus dem Evangeliar Kaiser Ottos III., das um 1000 im Kloster Reichenau auf der gleichnamigen Bodenseeinsel entstand, drückt unter anderem die Anerkennung des Kaisers durch Polen aus: Ihm huldigen hier die Personifikationen von Sclavinia (für die Slawen), Germania, Gallia und Roma. Otto III. erkannte seinerseits Boleslaw als „dominus" an und stellte ihn damit über die Reichsfürsten.

verständnis mit dem Papst zugestandene Kirchenhoheit wie auch die ihm vom Kaiser zuerkannte Stellung als „dominus" (Herr) hoben ihn über die Herzöge des Reichs heraus. Die spätere Ehe von Boleslaw Chrobrys Sohn Mieszko II. mit der Kaisernichte Richenza zeugt ebenfalls von seinem hohen Rang. Der Kaiser hatte mit ihm einen Freund gewonnen, der die westliche Kultur nach Osten hin absicherte und auch durch seine Heirat nach Westen hin orientiert war. Beides war für die weitere Geschichte Schlesiens von Bedeutung.

Im Zusammenhang mit der Erhebung Gnesens zur Kirchenprovinz taucht Schlesien zum ersten Mal als historisch-politische Einheit in der Geschichte auf. Gleichzeitig wurde das Bistum Breslau gegründet, das dem Erzbischof (Metropoliten) der Kirchenprovinz Gnesen als untergeordnetes Bistum (Suffraganbistum) unterstellt war. Der sächsische Chronist Thietmar von Merseburg erwähnt als ersten Breslauer Suffragan den Bischof Johannes. Das Bistum deckte sich räumlich weitgehend mit dem späteren Herzogtum. Schlesien als territoriale Einheit ist also gleichsam durch die Bistumsgründung geschaffen worden.

Die Christianisierung war in Schlesien wohl zunächst nur recht oberflächlich gelungen, kirchliche Organisationsstrukturen waren kaum vorhanden. Als eigentliche Fixpunkte müssen die beim Bayerischen Geografen aufgeführten 17 Kastellaneien gelten, also die Bezirke rund um die landesherrlichen Burgen, in denen ein Kastellan im Namen des Fürsten die Gerichtsbarkeit ausübte und für die Heeresverwaltung sorgte. Die Kastellaneien bildeten auch die Basis für die kirchliche Verwaltung. Eine Seelsorge war damit allerdings kaum garantiert, sodass nach dem Tod Boleslaw Chrobrys 1025 das Heidentum aggressiv wieder auflebte. Der Breslauer Bischof musste fliehen und die Kirche ging in seiner ehemaligen Residenz offenbar völlig unter.

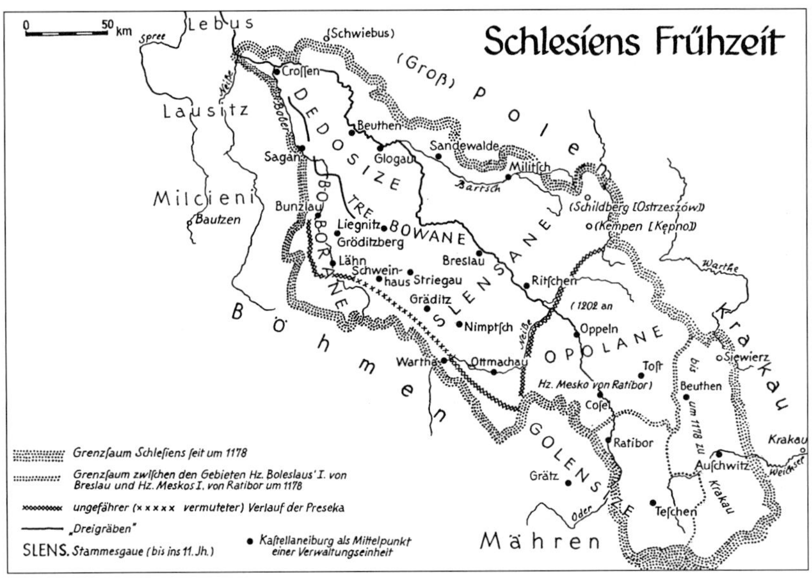

Nach den Angaben des sogenannten Bayerischen Geografen siedelten um die Mitte des 9. Jahrhunderts in Schlesien die slawischen Stämme der Dedosize, Slensane und Opolane. Urkunden des 11. Jahrhunderts führen als weitere Stämme die Boborane und Treborane auf. Die Herrschaft über den schlesischen Raum sicherten sich die Piasten durch Kastellaneien (Burgbezirke), von denen 17 bereits für das 9. Jahrhundert belegt sind. An ihrer Spitze stand ein Kastellan, der im Namen des Fürsten die Gerichtsbarkeit ausübte und für die Heeresverwaltung sorgte. Die Kastellaneien bildeten auch die Basis für die kirchliche Verwaltung.

Herzogtum Schlesien

Der Machtverlust der Piasten nach dem Tod Boleslaw Chrobrys rief erneut die böhmischen Přemysliden auf den Plan. Sie hielten Schlesien im 11. Jahrhundert zeitweilig besetzt. Erst der Glatzer Pfingstfrieden von 1137 bestimmte die endgültige Grenze zwischen Přemysliden- und Piastenreich, wobei der Begriff Grenze hier sehr offen zu verstehen ist. Sie verlief ungefähr entlang dem Riesengebirgskamm, dem Eulengebirge und südlich beziehungsweise westlich auf der Höhe der späteren Städte Wartha, Reichenstein, Patschkau, Ziegenhals entlang dem Fluss Zinna mit Leobschütz auf mährischer und Ratibor auf schlesischer Seite, ferner als südliche Städte Teschen und Bielitz.

Die seit dem Tod Boleslaw Chrobrys deutlich gewordenen politischen Auflösungserscheinungen versuchte der Piast Herzog

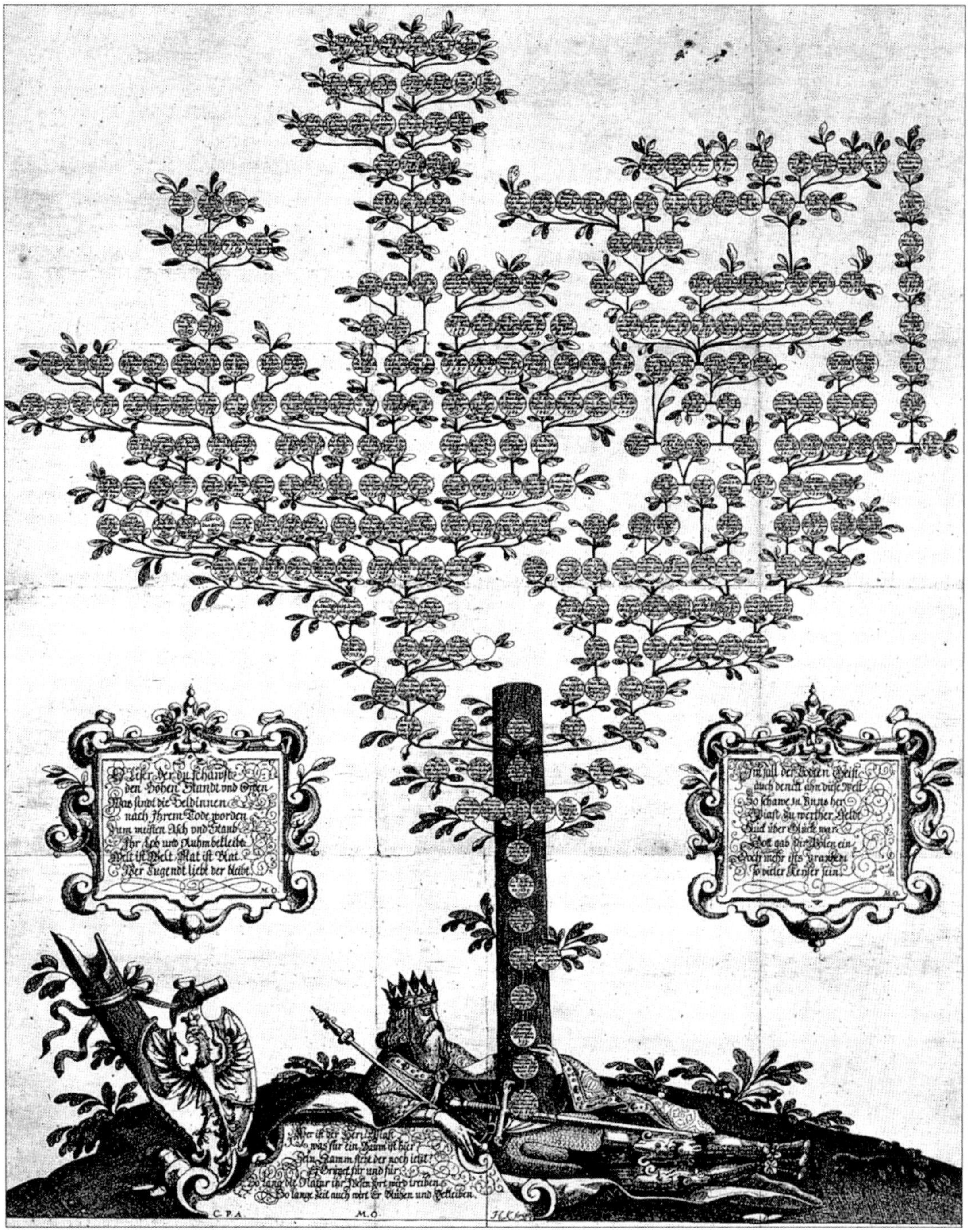

Stammbaum der schlesischen Piasten, Kupferstich, 1626. Nach 1138 wandelten die Piasten Polen in einen Verband politisch selbstständiger Teilfürstentümer um. Eines davon war Schlesien. Der erste schlesische Piastenherzog war Wladislaw II. (Reg. 1138–1148), der allerdings von seinen Brüdern aus dem Land verdrängt wurde und 1159 in der Verbannung im thüringischen Altenburg starb. Mit dem Tod des jungen Herzogs Georg Wilhelm von Liegnitz endete 1675 die über 500-jährige Herrschaft der Piasten in Schlesien. Von den drei Hauptlinien der Piasten regierte die schlesische Linie am längsten. Den königlichen Rang, den die Familie um das Jahr 1000 innehatte, büßte das Geschlecht im Lauf der Zeit ein. Seit dem 14. Jahrhundert waren die schlesischen Piasten Gefolgsleute des böhmischen Königs.

Alte Privilegien versuchte man im Mittelalter durch Rückdatierungen zu bekräftigen – so auch das Kloster Leubus, das um 1300 eine Urkunde mit einem gefälschten Siegel von Boleslaus I. (Reg. 1163–1201) versah. Boleslaus I. hatte im Jahr 1175 Zisterzienser aus dem thüringischen Kloster Pforta nach Leubus geholt, die dort die Mutterzisterze für Schlesien gründeten. Unter der Herrschaft Boleslaus' I. wurde Schlesien zu einer politischen Einheit.

Boleslaw III. („Schiefmund", Reg. 1102–1138) dadurch zu begrenzen, dass er Polen testamentarisch in einen Verband politisch selbstständiger Teilfürstentümer umwandelte. Eines davon war Schlesien. Zugleich wurde die sogenannte Senioratsverfassung eingeführt. Das hieß, der jeweils älteste Piastenfürst sollte als „Senior" die Oberhoheit über alle übrigen Mitglieder des Piastenhauses ausüben. Er hatte seinen Sitz in Krakau.

Ab 1138 verzweigte sich das Fürstenhaus der Piasten somit in drei Hauptlinien. Schlesien erhielt einen eigenen Herzog, Wladislaw II. (Reg. 1138–1148, † 1159), der zugleich Senior war. Er wurde zum Stammvater der schlesischen Piasten. Von allen Piastenlinien regierte die schlesische am längsten: mit ihrem oberschlesischen Zweig bis 1625 und mit ihrem niederschlesischen bis 1675.

Seine Stellung als Herzog garantierte Wladislaw II. allerdings keine unumschränkte Herrschaft, zumal die Adligen sich inzwischen als Kastellane eine bedeutende Machtposition ausgebaut hatten. Das im Westen bereits übliche Lehnsrecht, das Herrschaftsbeziehungen als Verleih von Land oder Rechten gegen Treue- und Dienstverpflichtungen regelte, gab es in Schlesien noch nicht.

1146 wurde Wladislaw II. von seinen rivalisierenden Brüdern aus dem Land vertrieben. Da er mit der Tochter Kaiser Heinrichs III., Judith Maria, verheiratet war, ging er an den Hof des Stauferkaisers Konrad III., zumal dieser der Halbbruder seiner Gemahlin war. Polen geriet damit erneut stärker in die Interessenssphäre des Römischen Reichs. Sowohl Kaiser Konrad III. (1146) als auch sein Sohn und Nachfolger Friedrich Barbarossa (1157) unternahmen Feldzüge gegen Polen, um es vom Reich lehensabhängig zu machen. Der nunmehrige Senior von Polen, Boleslaw IV. („Kraushaar", Reg. 1146–1173), erkannte zwar die Lehensabhängigkeit an, zögerte aber die Wiedereinsetzung von Wladislaw II. als Herzog von Schlesien und Senior von Polen so lange heraus, bis dieser 1159 im Exil, im thüringischen Altenburg, verstarb.

Kaiser Friedrich Barbarossa erreichte dann jedoch, dass die drei Söhne Wladislaws II. im Jahr 1172 ihr schlesisches Erbe antreten konnten. Gegen Tributzahlungen an das Reich garantierte er ihnen seine kaiserliche Unterstützung. Schlesien blieb im Rahmen der Senioratsverfassung von 1138 jedoch im polnischen Staatsverband. Solange diese Verfassung bestand, änderte sich daran nichts.

Die drei Söhne Wladislaws II. regierten Schlesien offenbar zunächst gemeinsam, doch kam es bald zu einer Landesteilung. Der älteste Sohn, Boleslaus I. (Reg. 1163–1201), erhielt nahezu das gesamte Land, da er auch die Gebiete des jung verstorbenen Bruders Konrad dazubekam. Damit regierte Boleslaus I. über den größten Teil Schlesiens, das unter ihm zu einer politischen Einheit wurde. Neben Boleslaus regierte nach dem Ausscheiden Konrads sein Bruder Mieszko I. (gest. 1211), der allerdings nur über ein kleines Gebiet im Süden von Schlesien um Ratibor und Teschen verfügte, zudem noch über das Gebiet um Beuthen und Pleß sowie das Land Sewerien. Letzteres gehörte zu Krakau, war aber von Herzog Kasimir II., dem Gerechten, Mieszko überlassen worden.

Die ungleiche Verteilung des Erbes führte nach Boleslaus' Tod 1201 zu einer Auseinandersetzung innerhalb der Piastenfamilie. Mieszko I. eroberte das Gebiet um Oppeln. Boleslaus' Sohn und Nachfolger Herzog Heinrich I. (Reg. 1201–1238) sah sich 1202 gezwungen, die Gebietseroberung seines Onkels vertraglich anzuerkennen und sogar Papst Innozenz III. um die Bestätigung dieses Vertrages zu bitten. Das zeigt, dass auch die römische Kirche an der Entwicklung des schlesischen Raumes interessiert war. Mit der Übereinkunft von 1202 wurde das Herzogtum Schlesien in zwei Teile aufgeteilt: in das verkleinerte Herzogtum Schlesien, wozu Mittel- und Niederschlesien mit dem Zentrum Breslau gehörten, und in das Herzogtum Oppeln, wozu Oberschlesien rechnete. Die Diözesangrenzen wurden nicht verändert, aber es existierten nun doch zwei voneinander getrennte, eigenständige Territorien.

Zugleich wurde im Vertrag von 1202 die Senioratsverfassung aufgehoben. Das hieß auch, dass die Nachkommen der ober- und niederschlesischen Piastenlinien gegenseitig nicht erbberechtigt sein sollten. Die Herrscher der Piastenfamilie waren von nun an nur noch durch ihre verwandtschaftlichen Beziehungen und eine gemeinsame geschichtliche Tradition verbunden. Diese wurde auch in bildlichen Darstellungen immer wieder beschworen und lebte im kollektiven Gedächtnis weiter.

Kirchen- und Klostergründungen

Das im Jahr 1000 gegründete Breslauer Bistum hatte sich in den ersten 150 Jahren seines Bestehens nur unter Schwierigkeiten entwickeln können. Um sich eine genaue Vorstellung davon zu machen, fehlt es an literarischen Zeugnissen und Urkunden, von denen viele in der wechselhaften Geschichte verloren gegangen sind. In der für die Christianisierung schwierigen Anfangsphase des 11. Jahrhunderts kam es 1037/38 zu einem Volksaufstand, in dessen Folge der Bischof von der Breslauer Dominsel fliehen musste. Er ging nach Schmograu im Bezirk Namslau und nach Ritschen im Bezirk Brieg. Spätere polnische Chronisten zogen daraus den Schluss, dass beide Orte die ersten schlesischen Bischofssitze gewesen seien. Der erste Bischof, von dem mehr als sein Name bekannt ist, war Hieronymus (Reg. 1051–1062), der aus der Kölner Gegend stammte. Das lässt auf eine starke Rückbindung Breslaus an die fränkischen Bistümer schließen. Sie wurde auch durch den Reliquienkult unterstützt. So brachte Hieronymus eine Reliquie des römischen Märtyrers Vinzenz mit, der somit zum Nebenpatron des Breslauer Doms und Domkapitels wurde.

Doch waren es weniger die Breslauer Bischöfe und Priester, die im 12. Jahrhundert den Ausbau der Kirchenorganisation und ihre Rückbindung an die Kirche im Westen förderten. Vielmehr gilt der Breslauer Kastellan und Adelige Peter Wlast (gest. 1151 oder 1153) als der große Kirchen- und Klostergründer in Polen. In Schlesien geht auf ihn und seine Familie unter anderem das Stift in Gorkau am Zobten (zwischen 1121 und 1138) zurück, das 1149/50 auf die Breslauer Sandinsel verlegt wurde und deshalb Sandstift genannt wird. Von seiner Stiftertätigkeit beziehungsweise derjenigen seiner Familie

Zu den großen Kloster- und Kirchengründern Schlesiens zählt die Familie des Breslauer Kastellans Peter Wlast. Sie gründete unter anderem das Augustiner-Chorherrenstift am Zobten, das bald danach (1149/50) nach Breslau auf die Sandinsel verlegt wurde und deshalb Sandstift heißt. Das Bild zeigt die Frau Peter Wlasts als Stifterin mit der zweitürmigen romanischen Kirche. Sie und ihr Sohn Swentoslaus huldigen Maria, der Patronin der Kirche. Das romanische Tympanon (ein figürlich geschmückter Türbogen) blieb gleichsam als bildliche Stiftungsurkunde trotz des gotischen Umbaus der Kirche erhalten.

Das 1546 an der Kirche St. Maria Magdalena in Breslau angebrachte romanische Tor wurde für das im 12./13. Jahrhundert auf dem Elbing errichtete Vinzenzstift geschaffen. Als dieses 1529 wegen der vermeintlichen Türkengefahr abgerissen wurde, fand man dieses Zeugnis aus der schlesischen Romanik doch erhaltenswert. Für die Romanik typisch sind die zahlreichen Fabeltiere auf den Kapitellen. Die Bogenrahmung (Archivolte) zeigt als sogenannte Armenbibel (biblia pauperum) – das bedeutet eine Art Bilderbibel für Leseunkundige – Szenen aus dem Leben Jesu, so die Verkündigung an Maria, Geburt Jesu, Anbetung der Weisen, Traum Josefs, bethlehemitischer Kindermord, der zwölfjährige Jesus im Tempel und die Taufe des Johannes. Die Türflügel stammen von 1890.

zeugt ein romanisches Tympanon (ein figürlich geschmückter Türbogen) an der Sandkirche, das Peter Wlasts Frau Maria als Stifterin und seinen Sohn Swentoslaus darstellt. Auf die Stiftertätigkeit dieser Familie gehen ferner das Vinzenzkloster auf dem Breslauer Elbing sowie die Breslauer Martins- und die Michaelskirche zurück, außerdem die Leonhardskirche in Ohlau. Zugeschrieben werden ihm und seiner Familie auch die Kirchen von Rothkirch bei Liegnitz, die Ägidien- und die Adalbertkirche zu Breslau sowie die Kirche in Naumburg am Bober.

Als erste Mönche kamen zwischen 1130 und 1140 Augustiner-Chorherren aus Arrouaise in Flandern nach Schlesien, wo sie in Gorkau am Zobten eine Kirche errichteten. Von diesem Bau stammen möglicherweise die granitenen romanischen Portallöwen lombardischen Typs, die an den Nachfolgekirchen im Gebiet um den Zobten wiederverwendet wurden und so erhalten geblieben sind. Papst Eugen III. bestätigte 1148 dem Abt von Gorkau seine Besitzungen.[10] Der Zobten, auf dem die Bewohner Schlesiens in den vergangenen Jahrhunderten die unterschiedlichsten Kulte ausgeübt hatten und wo sich laut Thietmar von Merseburg das Heidentum besonders lange gehalten hatte, sollte damit christianisiert werden. Allerdings zogen es die Mönche vor, ihr Stift bald in das bedeutendere Breslau zu verlegen, ohne jedoch ihren Besitz am Zobten aufzugeben.

Wenn auch einzelne Bischöfe, wie Bischof Walter von Malonne (Reg. 1149–1169), aus dem Bistum Lüttich kamen, blieb im Gegensatz zur Prager Kirche, die zur Mainzer Metropolitankirche gehörte, die Anbindung der Breslauer Kirche an die römische Gesamtkirche recht locker. Diese Verbindung wurde erst durch Mönche verstärkt, die aus den Mutterklöstern des Reichs kamen.

Die einheimischen Mönche wie die im Breslauer Vinzenzkloster hatten die in sie gesetzten Erwartungen als Geistliche nicht erfüllt und wurden mit päpstlicher Erlaubnis des Klosters verwiesen. 1175 rief Herzog Boleslaus I. Zisterzienser aus dem thüringischen Kloster Pforta nach Leubus. Die Mönche aus dem Vinzenzkloster ersetzte der Enkel Peter Wlasts durch Prämonstratenser aus der von Bischof Walter auf der Breslauer Dominsel gegründeten Martinsabtei.

Kloster- wie Kirchengründungen zeigen, dass die kirchliche Entwicklung mit dem Eigenkirchenwesen eng verbunden war. Das bedeutete: Der Fürst oder Adlige verfügte über die von ihm gegründeten Kirchen oder Klöster, die deshalb auch als Hausklöster bezeichnet wurden. Die im 11. Jahrhundert vom burgundischen Benediktinerkloster Cluny ausgehende kluniazensische Reformbewegung, die auf Unabhängigkeit der Kirche von den Laien (Nichtklerikern) drängte, konnte sich in Schlesien kaum durchsetzen. Allerdings war es den Breslauer Bischöfen gelungen, von den Piasten ein eigenes autonomes Fürstentum zu erhalten, mit dem sie in späteren Jahrhunderten gleichrangig neben die Piastenherzöge treten konnten.

Die Unabhängigkeit lag auch im Interesse von Papst Hadrian IV., der auf Bitten Bischof Walters von Malonne das Bistum Breslau am 23. April 1155 in seinen Schutz nahm. Es ist die erste, leider verloren gegangene Papsturkunde, die für die Breslauer Diözese ausgestellt wurde. Sie beschreibt das Bistumsgebiet durch 15 namentlich aufgeführte Kastellaneien, die auch weitgehend die Pfarrgebiete bildeten. Darunter findet sich auch die Kastellanei Ottmachau, die als direkter Grundbesitz des Bischofs bezeichnet wird.[11]

Die vom Herzog unabhängige Stellung der Breslauer Bischöfe war jedoch nicht auf einmal gegeben, sondern entwickelte sich erst in einem allmählichen Prozess im 13. und 14. Jahrhundert. Seit 1198 beanspruchten die Bischöfe Münz-, Gerichts- und Steuergewalt in ihrem Land. Doch erst Bischof Thomas II. (Reg. 1270–1292) erhielt 1290 eine weitgehend uneingeschränkte Landeshoheit über das Bischofsgebiet Neisse-Ottmachau. Der erste Ottmachauer Kastellan – er wird 1261 in den Urkunden genannt – war wahrscheinlich

Granitene Löwenfigur aus Gorkau (um 1240), die vermutlich von der ersten Stiftskirche der Augustiner-Chorherren am Zobten stammt und nach lombardischem Vorbild als Portallöwe diente.

Von dem ersten steinernen romanischen Dom von Breslau, der seit 1158 durch Bischof Walter von Malonne errichtet wurde, stammt diese Kopie einer archaisch wirkenden Johannes-Figur. Johannes der Täufer ist der Patron des Doms. Das Original ist 1945 zerstört worden.

bischöflicher Beamter, besaß aber wohl auch die Befugnisse eines landesherrlichen Kastellans. Erst durch den endgültigen Verzicht des Piastenherzogs Bolko II. von Münsterberg (Reg. 1321–1341) auf jegliche Herrschaftsrechte im Bischofsland im Jahr 1333 war der Bischof auch uneingeschränkter Landesherr. Im 14. Jahrhundert erweiterten die Bischöfe ihr Territorium durch Zukäufe, so des Fürstentums Grottkau.

Bis ins 13. Jahrhundert hinein blieb der Ausbau des Pfarrsystems im Breslauer Bistum zwar unbefriedigend, da es nur wenige Kirchen gab. Trotzdem war die Kirche durch Neugründungen, vor allem in Breslau unter Bischof Walter von Malonne, gefestigt worden. Er baute die Dominsel zum Bistumszentrum aus und begann 1158 mit der Errichtung des ersten steinernen Doms, der die hölzernen Vorgängerbauten ersetzen sollte. Erhalten geblieben sind von diesem romanischen Dom nur einige Figuren, wie die des hl. Johannes des Täufers von 1160 an der Südseite des heutigen Doms.

Die frühe Siedlungsstruktur

Im ausgehenden 12. Jahrhundert war Schlesien keineswegs durchgängig besiedelt, sondern bestand weiterhin aus einzelnen Siedlungskernen, deren Zentren die Kastellaneien bildeten, die sowohl kirchliche wie Verwaltungsmittelpunkte waren. Um sie herum waren Vorstädte entstanden, in denen Handwerker und Kaufleute lebten. Diese besaßen allerdings keine Selbstverwaltung, sondern unterstanden den herzoglichen Beamten.

Bedingt durch den schon im 12. Jahrhundert florierenden Ost-West-Handel hatten sich vor allem an den Handelsstraßen Marktorte wie Neumarkt oder Zobten gebildet, in denen auch deutsche, aus romanischen Ländern stammende sowie jüdische Kaufleute lebten. Die bedeutendste Handelsstraße war die Hohe Straße, die von Westeuropa über Görlitz, Breslau und Krakau ans Schwarze Meer führte. Hier wurden Produkte des Westens gegen Produkte des Orients gehandelt. Weitere Routen liefen von Nürnberg über Prag, Glatz, Breslau und Thorn an die Ostsee.

Wie die Städte, so konnten sich auch die Dörfer nicht als selbstständige politische Gebilde entwickeln. Bei den Dörfern handelte es sich meistens um Weiler mit nur wenigen Bauernstellen, zu denen kleine Blockfluren – also unregelmäßig angelegte Felder – gehörten. Als Städte im eigentlichen Sinne konnten nur die Residenzen Breslau, Liegnitz, Oppeln und Ratibor bezeichnet werden.

In Breslau konzentrierte sich die Siedlung im 12. Jahrhundert auf der Dominsel mit der herzoglichen Burg, dem Dom St. Johannes und einer Vorstadt, die überwiegend von Handwerkern und Kaufleuten bewohnt wurde. Doch war der eigentliche Dombezirk von dieser Vorstadt topografisch getrennt. Die Einwohnerzahl schätzt man auf circa 1000 Menschen. Ein weiterer Breslauer Siedlungskern ist im 11. und 12. Jahrhundert auf der linken Oderseite um die St.-Adalbert-Kirche herum auszumachen, wo eine wichtige Straßenkreuzung lag. Direkt am linken Oderufer, an der Stelle der späteren kaiserlichen Burg beziehungsweise der heutigen Universität, hatte der Herzog eine zweite Burg errichten lassen.

Breslau war also gegen Ende des 12. Jahrhunderts ein Ensemble von Siedlungen, beginnend im Süden mit dem Kern um St. Adalbert, weiterführend zur Sandinsel mit St. Marien, von dort zur Dominsel mit den Kirchen St. Martin, St. Peter und Paul, dem St.-Johannes-Dom des Bischofs Walter von Malonne. Die Siedlungskette fand ihre Fortsetzung auf dem Elbing mit der Kirche St. Michaelis (um 1138) und dem alten Vinzenzkloster, das 1529 angesichts der damaligen Türkengefahr abgerissen wurde.

Breslau hatte im ausgehenden 12. Jahrhundert nicht nur kirchliche und politische Bedeutung, sondern war wegen seiner Lage an einer Oderfurt auch Handelszentrum. 1204 wurde Breslau bereits als „civitas“ (Stadt) bezeichnet.

Stiftungsurkunde des Zisterzienserklosters Leubus von 1175. Hierin nimmt Herzog Boleslaus I. von Schlesien das von ihm gegründete Zisterzienserkloster Leubus in seinen Schutz und bestätigt dessen Rechte und Besitzungen. Diese Urkunde enthält die erste Erwähnung deutscher Siedler auf schlesischem Boden. Die Echtheit der Urkunde, die sich im Staatsarchiv Breslau befindet, war lange umstritten, ist aber inzwischen belegt.

Das dynamische 13. Jahrhundert

Heinrich und Hedwig

Der Beginn des 13. Jahrhunderts bildet eine Zäsur in der Geschichte Schlesiens. 1202 wurde die Senioriatsverfassung, die dem ältesten Piastenfürsten einen königgleichen Rang gegenüber den anderen Fürsten verliehen hatte, aufgelöst. Dadurch wurden die polnischen Teilfürstentümer, und damit auch Schlesien, selbstständig. Nur durch die Breslauer Bischofskirche, die nach wie vor in den Gnesener Metropolitanverband eingebunden war, blieben alte, grenzübergreifende Strukturen erhalten; auch wurde in der Geschichtsschreibung die Idee der Einheit Polens wachgehalten. Das 13. Jahrhundert sollte durch die deutsche Ostsiedlung und die erfolgreiche Binnenkolonisation eine totale Umformung der Wirtschafts-, Sozial- und Verfassungsstruktur in Schlesien bringen.

Von 1201 bis 1238 regierte Herzog Heinrich I. in Schlesien. Auch wenn er durch den Vertrag von 1202 für immer auf die Herrschaft über das Herzogtum Oppeln (Oberschlesien) verzichten musste, vergrößerte er doch sein Territorium um Teile Großpolens bis zur Warthe. Auch Krakau, die Niederlausitz sowie das Land Lebus, Teltow und Barnim kamen in seinen Besitz. Es wird deutlich, dass er danach strebte, ein größeres polnisches Reich mit dem Zentrum Schlesien zu schaffen. Auch die Herrschaft über das Herzogtum Oppeln erlangte er indirekt wieder, denn seit 1230 war er Vormund des dortigen minderjährigen Nachfolgers.

Die bedeutendste Herrscherpersönlichkeit unter den schlesischen Piasten war Herzog Heinrich I. (Reg. 1201–1238). Sein Herrschaftsgebiet reichte weit über Schlesien hinaus. Das Siegelbild dieses „dux silesiae“ (Herzog Schlesiens) stammt von 1212.

Heinrichs Regierungsjahre sind wohl die wichtigsten in der mittelalterlichen Geschichte Schlesiens. Obwohl schon um die Jahrhundertmitte durch die Politik seiner Enkel, die eine spätere Aufteilung Schlesiens in zahlreiche Kleinherzogtümer einleiteten, das politische Gewicht Schlesiens erheblich beeinträchtigt wurde, konnte der von ihm begonnene Strukturwandel bis ins 14. Jahrhundert hinein weitergeführt werden.

Durch Ehen seines Vaters und Großvaters war Heinrich I. eng mit den führenden deutschen Reichsfürstenfamilien verwandt. Eine Großmutter war die Kaisertochter Judith Maria, seine Mutter Christina war vermutlich die Tochter eines bedeutenden Grafen und Reichsfürsten. Er hielt sich an diese Familientradition und heiratete Hedwig (circa 1174–1243), die Tochter des Grafen von Andechs und Herzogs von Meranien. Damit verschwägerte er sich mit den Hohenstaufen.

Er orientierte sich wohl auch an deren Hofkultur und Regierungsstil. Seine Räte und zahlreiche Adelige für seine Hofhaltung holte er aus Deutschland. Nach staufischem Vorbild errichtete er in seinem Residenzbezirk auf der Breslauer Dominsel in den 1220er Jahren die ersten nichtkirchlichen Steinbauten Schlesiens: einen Palast von zehn Meter Breite und 24 Meter Länge mit zwei Obergeschossen, einem Badehaus und einer Küche. In seiner Residenz Liegnitz ließ er aus Ziegelstein einen Palast mit zwei Wehrtürmen sowie eine Kapelle erbauen.

Seine Frau Hedwig gründete mit ihm zusammen 1202 in Trebnitz bei Breslau das

Hedwig (um 1174–1243) war die Ehefrau des Herzogs Heinrich I. von Schlesien. 1267 heiliggesprochen, wurde sie zur schlesischen Landespatronin. Den Bedeutungsverlust, den das einst königliche Geschlecht der Piasten im 14. Jahrhundert erfuhr, versuchte der Enkel der hl. Hedwig, Herzog Ludwig I. von Liegnitz und Brieg (Reg. 1342–1398), zu kompensieren, indem er eine reich bebilderte Handschrift in Auftrag gab, den sogenannten Schlackenwerther Kodex von 1353, in dem das Leben Hedwigs dargestellt wird. Das nebenstehende Ganzfigurenbild der Heiligen, auf dem sich auch Herzog Ludwig und seine Ehefrau Agnes als Stifter abbilden ließen, ist sowohl Lobpreis wie Nachruf auf das große Geschlecht der Piasten.

erste schlesische Frauenkloster, in dem sie unter Leitung ihrer ehemaligen Lehrerin Petrussa aus Kitzingen einen Zisterzienserinnenkonvent mit Nonnen aus Bamberg einrichtete. Nachfolgerin Petrussas wurde Gertrud, die Tochter Heinrichs und Hedwigs. Das erhaltene Tympanon der um 1210 begonnenen Klosterbasilika zeigt Beziehungen zur Bauplastik Burgunds auf, wo Hedwigs Bruder Otto Pfalzgraf war, weist aber auch nach Bamberg hin, wo ein weiterer Bruder der Stifterin, Ekbert, als Bischof regierte und ihr Onkel zudem Dompropst war.

Als Witwe zog sich Hedwig nach Trebnitz zurück. Dort starb sie am 14. Oktober 1243. Ihr Grab in der Klosterkirche wurde bald zu einem Wallfahrtsort, zu dem nicht nur schlesische Pilger zogen. Ihr Enkel Wladislaus, Herzog von Breslau und Erzbischof von Salzburg (Reg. 1265–1270), bewirkte ihre Heiligsprechung, die durch Papst Clemens IV. 1267 in Viterbo erfolgte. Während bei den böhmischen Přemysliden mit dem hl. Wenzel ein männlicher Vertreter der Herrscherfamilie zum Landespatron erkoren worden war, trat in Schlesien mit der hl. Hedwig eine Frau an diese Stelle, ein für die damalige Zeit ungewöhnlicher Vorgang.

Zu den hervorragenden Taten Hedwigs gehörte die Gründung des Zisterzienserinnenklosters Trebnitz, die sie 1202 mit ihrem Mann Herzog Heinrich I. vollzog. In das Kloster berief sie Nonnen aus Bamberg unter der Leitung ihrer einstigen Lehrerin Petrussa.

Die Darstellung der Stiftung und Erbauung des Klosters Trebnitz stammt von dem schlesischen Kalligrafen Peter Freytag, der 1451 im Auftrag des Breslauer Ratsherrn Anton Hornig einen Zyklus von 60 Federzeichnungen zum Leben Hedwigs anfertigte.

Der Mythos von Wahlstatt

Als Witwe musste Hedwig noch eine der Katastrophen in der Geschichte des Landes miterleben: den Mongolensturm von 1241.[12] Im Jahr 1240 zogen die Mongolen gegen die Ungarn, um sie zu unterwerfen. Ihr Weg führte über Kiew, das im Dezember 1240 fiel. Auf dem Vormarsch nach Galizien teilte sich das Heer. Der Nordflügel rückte unter dem Dschingis-Khan-Enkel Orda mit circa 10 000 Kriegern gegen die polnischen Fürstentümer vor. Am 13. Februar 1241 überquerte das Heer die Weichsel, brandschatzte am 24. März Krakau und zog dann entlang der Hohen Straße, das Land verwüstend, gegen Breslau.[13] Dort zündeten die Einwohner der Bürgerstadt ihre Häuser an, um die Mongolen zum Vorbeiziehen zu veranlassen. Vermutlich fanden die Bürger Aufnahme in der Burg auf der Dominsel, die von den Mongolen nicht eingenommen wurde.

In der Nähe von Liegnitz, bei Wahlstatt, stellte sich Herzog Heinrich II. der Fromme (Reg. 1238–1241) mit einem polnisch-deutschen Heer, darunter auch Ritter des Johanniter- und des Deutschen Ordens, den Mongolen entgegen. Das schlesische Heer wurde am 9. April 1241 vernichtend geschlagen. Der Herzog fiel in der Schlacht, die überlebenden Kämpfer zogen sich in die Stadt Liegnitz zurück. Nach dem Sieg schwenkte das mongolische Heer nach Südosten zur Mährischen Pforte ab, um sich mit dem Hauptheer zu vereinigen und die Ungarn endgültig zu schlagen. Während Ungarn entvölkert wurde, blieb in Schlesien die Bevölkerung erhalten. Sie konnte trotz Brandschatzungen die Kolonisation fortsetzen. Den größten Verlust dieses Mongolensturms brachte für Schlesien der Tod Heinrichs II., weil das Land nun in zahlreiche kleinere Herzogtümer aufgeteilt wurde.

Im Gegensatz zu den Mongolen, für die die Schlacht von Wahlstatt nur eine der zahlreichen erfolgreichen Kämpfe auf dem Weg nach Ungarn war, maßen die unterlegenen Schlesier dem Ereignis im Lauf der Zeit immer größere Bedeutung bei. Man glaubte, dass das Abschwenken der Mongolen nach Ungarn dem heldenhaften Widerstand des deutsch-polnischen Heeres zuzuschreiben sei, ja dass dadurch der Vorstoß der Mongolen nach Westen aufgehalten und somit das Abendland gerettet worden sei.[14] Es gibt keine Augenzeugenberichte von den Vorgängen während der Schlacht. Bis ins 15. Jahrhundert erwähnt die Geschichtsschreibung die Niederlage eher beiläufig. Doch der Volksmund schmückte das Geschehen immer weiter aus und verwob es bald mit der Hedwigslegende, auch weil Hedwig auf dem Schlachtfeld ein Kloster als Gedenkstätte gründen ließ. Diese erzählte Geschichte fand ihren Niederschlag in der ausführlichen Schilderung der Schlacht bei dem polnischen Geschichtsschreiber Jan Dlugosz (1415–1480).

Auch das Reformationszeitalter änderte nichts an diesem Gedenken: Nach Inbesitznahme des Wahlstätter Klosters durch den Liegnitzer Herzog Friedrich II. im Jahr 1535 wurde einmal im Jahr der sogenannte Kriegssonntag gefeiert. Vor allem der schlesische Adel hatte ein Interesse an der Erinnerung, da die Vorfahren vieler Familien an diesem heldenhaften Ereignis teilgenommen haben sollen.[15] Durch die Aufnahme der sogenannten Tartarenmütze in die Helmzier ihrer Wappen demonstrierten sie die angebliche Teilnahme an der Schlacht. Urkundlich ist diese jedoch nicht bewiesen. Im 19. Jahrhundert schlossen sich die Familien der Prittwitz, Rothkirch, Seydlitz, Strachwitz und Zedlitz als „Vettern von der Wahlstatt“ zusammen und gründeten einen Traditionsverband, der heute noch besteht.

Das Barockzeitalter griff den Mongolensturm begierig auf. Der aus Glogau stammende Dichter Andreas Gryphius (1616–1664) verfasste ein Heinrich-Drama, das leider verloren ging. In der bildenden Kunst beeinflusste die bereits Jahrhunderte dauernde Auseinandersetzung der Habsburger mit den Türken Cosmas Damian Asam, der 1733 auf den Fresken der durch Kilian Ignaz Dientzenhofer neu errichteten Klosterkirche von Wahlstatt den Mongolensturm als Türkenkrieg darstellte. Auch die Verwüstungen des Dreißigjährigen Krieges projizierten Künstler, so Wolfgang Kilian 1655 auf seinem Bild „Maria auf dem Warthaberg“, auf die Ereignisse von 1241.

So entstand im Lauf der Zeit der Mythos von Wahlstatt, der Schlesien zum Bollwerk gegen alle Bedrohungen aus dem Osten stilisierte. So im Siebenjährigen Krieg (1756–

Nach der Niederlage gegen ein mongolisches Heer und dem Tod Herzog Heinrichs II. in der Schlacht bei Wahlstatt im April 1241 zogen sich die Kämpfer nach Liegnitz zurück und verteidigten die Stadt gegen die nachrückenden Mongolen erfolglos. Liegnitz wurde zerstört. Der Schlackenwerther Kodex hält über 100 Jahre später die Szene in zeitgenössischer Kulisse fest. Die Mongolen erscheinen mit dem aufgespießten Kopf Heinrichs vor der Stadt.

Aus der Niederlage von Wahlstatt konstruierte die spätere Geschichtsschreibung einen Mythos, der Schlesien zum Bollwerk gegen alle Bedrohungen aus dem Osten stilisierte.

1763) im Hinblick auf die „tartarischen" Russen, bis hin zur „Festung" Breslau 1945, mit der es angeblich die europäische Kultur gegen die asiatische Raserei zu verteidigen galt. Wenn auch der Mythos von Wahlstatt bisweilen noch heute in populärwissenschaftlichen Darstellungen weiterlebt, wird er von der seriösen Geschichtsschreibung als Deutung nicht verwendet. Stattdessen wird in zeitgenössischen historischen Darstellungen der Kampf des Heeres Heinrichs II. als „deutsch-polnische Schicksalsgemeinschaft" (W. Marschall) interpretiert. Wahlstatt aber ist heute einer der zentralen Erinnerungsorte der schlesischen Geschichte.[16]

Klostergründungen

Die Errichtung von Trebnitz als Familienkloster der Piasten, das sie mit reichem Grundbesitz ausstatteten, lässt auf ein generelles Interesse des Herzogspaares an Klostergründungen im Land schließen. Die Adeligen folgten ihnen hierin. So stiftete mit Herzog Heinrichs I. Erlaubnis sein Kanzler Nikolaus 1227 das Zisterzienserkloster Heinrichau, das nach Heinrich und seinem Sohn Heinrich II. benannt wurde. Mutterkloster war der erste schlesische Zisterzienserkonvent Leubus, während Heinrichau selbst zum Mutterkloster der Zisterze Grüssau im Vorland des Riesengebirges wurde.

Trotz Zerstörung durch die Mongolen 1241 und trotz ständiger Auseinandersetzungen um die Besitzrechte wurde Heinrichau seinem Auftrag gerecht und entfaltete, wie es zur Tradition des Zisterzienserordens gehört, eine erfolgreiche Kolonisation, also die Erschließung des bis dahin unkultivierten Landes. Davon legt das Heinrichauer Gründungsbuch aus dem ausgehenden 13. und beginnenden 14. Jahrhundert – eine bedeutende Quelle für den Kolonisierungsvorgang – Zeugnis ab. Es entstand ein großflächiges Wirtschaftsgebiet mit Siedlungen nach deutschem Recht, das bis zum Glatzer Land reichte.

Grüssau war ebenfalls eine Gründung der Herzogsfamilie. Der unerwartete Tod Herzog Heinrichs II. in der Mongolenschlacht von Liegnitz (1241) verhinderte zunächst den seit 1240 geplanten Aufbau des Klosters, der dann 1242 durch seine Witwe Anna und seinen Sohn Boleslaus II. weitergeführt wurde. Wie Heinrichau lag auch Grüssau am Rande undurchdringlicher Wälder, die durch die Mönche urbar gemacht werden sollten.

Allerdings hatten die Mönche, die 1242 aus dem böhmischen Benediktinerkloster Opatowitz nach Grüssau gekommen waren, ihrer Aufgabe der Landkultivierung nicht genügt. Deshalb berief die Stifterfamilie im Jahr 1292 Zisterzienser aus Heinrichau nach Grüssau. Durch Schenkungen und Rodungen schufen sich die Zisterzienser ein Stiftsland, das 40 Dörfer und zwei Städte (Liebau und Schömberg) und das Priorat Warmbrunn umfasste und bis 1810 existierte. Die Piastenherzöge der Schweidnitz-Jauer-Linie erwiesen sich auch weiterhin als großzügige Gönner gegenüber dem Kloster Grüssau. In der Klosterkirche richteten sie ihr Erbbegräbnis ein, während die Münsterberger Piasten dies in Heinrichau taten.

Neben der Herzogsfamilie traten die Breslauer Bischöfe und die hohen Adelsfamilien als Klosterstifter auf, vor allem die einflussreiche Familie der Pogarell, der auch einige Bischöfe entstammten. So hatte Bischof Lorenz von Pogarell (Reg. 1207–1232) zusammen mit seiner Familie 1210 das Augustiner-Chorherrenstift Kamenz als Hauskloster gegründet und als ersten Propst seinen bis dahin dem Breslauer Sandstift angehörenden Verwandten Vinzenz von Pogarell bestimmt. Auf dem Rodungsgebiet des Stiftes entstanden durch ein herzogliches Siedlungsprivileg nach 1230 zahlreiche Dörfer nach deutschem Recht. Auch hier erfüllten die Mönche wohl nicht die in sie gesetzten Erwartungen, sodass sie 1246/48 ebenfalls durch Zisterzienser aus dem Kloster Leubus ersetzt wurden, die nun die Siedlungstätigkeit an der oberen Neiße vorantrieben. Die Pogarells errichteten in Kamenz ihre Familiengrablege.

Bischof Lorenz übergab zudem 1226 die Breslauer Adalbertkirche den Dominikanern, die sich – typisch für die Bettelorden – um die Seelsorge der Menschen in den neu entstehenden Städten kümmerten. Gleichzeitig entstand in Goldberg, der ersten Stadtgründung nach deutschem Recht, ein Franziskaner-Minoritenkloster, der Überlieferung nach eine Gründung der hl. Hedwig. Dieses Kloster wurde zum Hauptsitz der Minoriten in Schlesien, die dort insgesamt elf Klöster hatten, unter anderem in Löwenberg, Breslau, Schweidnitz, Neisse und Brieg.

Die neu gegründeten Minoritenkonvente waren mit polnischen, böhmischen und deutschen Brüdern besetzt. Nationale Auseinandersetzungen in den Konventen, auch zwischen Polen und Böhmen, kamen wohl häufig vor, sodass eine einheitliche Ordensprovinzgründung in Schlesien scheiterte. 1272 wurden durch das Generalkapitel von Lyon die sechs mittelschlesischen Konvente Goldberg, Löwenberg, Breslau, Schweidnitz, Neisse und Brieg der Provinz Saxonia angeschlossen. Die übrigen schlesischen Konvente blieben bei der böhmisch-polnischen Provinz.

Die Zisterzienser und die Bettelorden gehörten zu den Triebkräften der dynamischen Entwicklung im 13. Jahrhundert. Die älteren Orden vermochten da nicht mitzuhalten. Die Benediktiner wurden wie oben erwähnt durch die tatkräftigeren Zisterzienser aus dem Kloster Grüssau verdrängt; bereits 1218 waren sie unter Mitwirkung von Papst Honorius III. durch die Prämonstratenser aus dem Breslauer Vinzenzkloster entfernt worden. Die Augustiner-Chorherren waren zwar der älteste Orden in Schlesien und verfügten über das bedeutende Breslauer Sandstift, mussten aber außer in Kamenz auch in Naumburg/Bober 1284 den von den Bürgern favorisierten Minoriten weichen. Sie verlegten ihr Stift nach Sagan. Auch die Ritterorden erhielten durch den schlesischen Adel Besitz und Patronatsrechte in Schlesien, so 1239 der Johanniterorden in Striegau und um 1240 die Kreuzherren in Breslau.

In dem seit 1202 selbstständigen Herzogtum Oppeln entwickelte sich ein eigenes Klosterwesen. Auch hier gründete die Herzogsfamilie der Piasten mit Rybnik ein Hauskloster

In die nach den Herzögen Heinrich I. und Heinrich II. benannte Zisterze Heinrichau zogen 1227 die aus dem Leubuser Mutterkloster kommenden Mönche ein. Trotz der Rückschläge durch den Mongolensturm 1241 vermochten die Mönche durch Rodung und Anlage deutscher Siedlungen ihren Besitzstand auszubreiten. Erneute Beeinträchtigungen brachten die Hussitenkriege, die Reformation und der Dreißigjährige Krieg. Doch in der zweiten Hälfte des 17. Jahrhunderts erlebte Heinrichau unter seinen tatkräftigen Äbten einen beachtlichen Aufschwung, wovon die große barocke Klosteranlage zeugt.

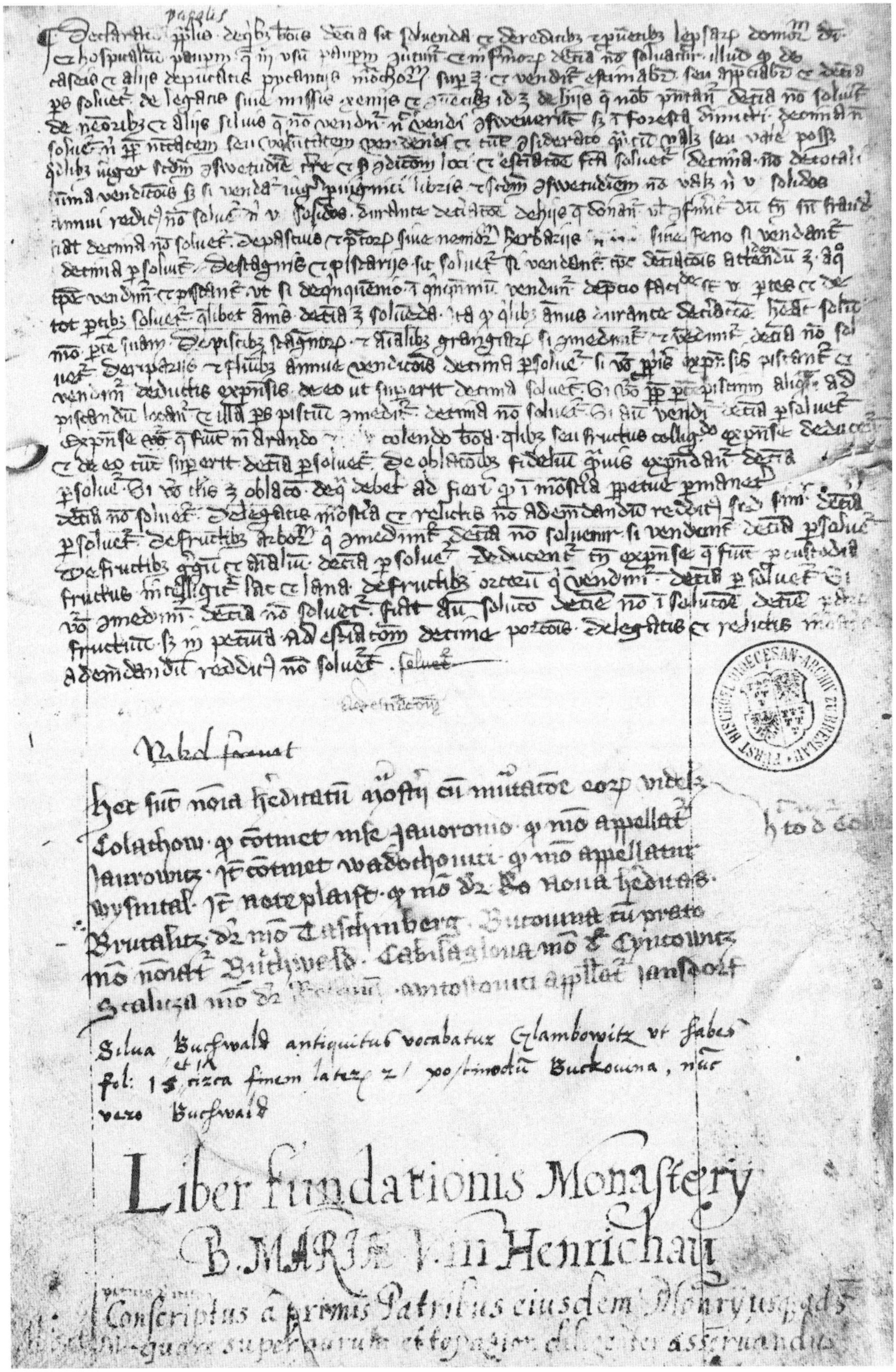

Die Mönche hielten die Erwerbungen des Klosters Heinrichau in einem Urkundenbuch fest, dem sogenannten Heinrichauer Gründungsbuch, das um 1300 angelegt wurde und interessante Einblicke in die kolonisatorischen Veränderungen in diesem Raum bietet.

(1198), das allerdings nicht an einen männlichen, sondern an einen weiblichen Orden, die Prämonstratenserinnen, ging. Herzog Kasimir I. verlegte diesen Konvent jedoch schon 1228 nach Czarnowanz bei Oppeln. Die Aufsicht lag bezeichnenderweise nicht beim Breslauer Prämonstratenserstift St. Vinzenz, sondern beim Propst des Prager Strahov-Klosters. Zu den Hausstiftungen der Oppelner Herzöge zählt auch die Zisterzienserabtei (Groß) Rauden (1258) bei Ratibor, deren Mönche aber nicht aus den schlesischen Zisterzienserklöstern, sondern aus der polnischen Zisterze Jedrzejów kamen. Von Rauden aus wurde 1282 das Zisterzienserkloster Himmelwitz gegründet. Neben den Zisterziensern förderten die Oppelner Herzöge auch die Niederlassungen der Bettelorden, so die der Franziskaner-Minoriten in Oppeln, in deren Kirche sie ihr Erbbegräbnis einrichteten.

Kolonisierung des Landes

Die Klostergründungen des 13. Jahrhunderts standen in engem Zusammenhang mit der Kolonisation und dem intensiven Ausbau des Landes. Diese hängen mit der „agrarischen Revolution“ zusammen, die im 11. und 12. Jahrhundert im Westen Europas stattgefunden hatte. Bedingt war sie durch eine Verbesserung der Geräte für den Ackerbau, vor allem des Räderpflugs mit asymmetrischer Pflugschar, der Egge zur Bodenpflege sowie der feingeschmiedeten Spaten, Beile, Sägen und Sensen. Durch die Erfindung des Kummets konnten nun auch Pferde für den Ackerbau eingesetzt und der Wenderadius der Zugtiere beim Ziehen der Furchen auf einen engeren Raum begrenzt werden. Durch die Dreifelderwirtschaft, also den Wechsel der Anbaufrüchte in zweijähriger Folge mit anschließender einjähriger Brache, ließ sich zudem der Boden besser nutzen.

Die Agrarrevolution hatte im Westen zur Auflösung der alten Großhöfe und zur Entwicklung des Dorfes als selbstständiger Siedlungsform beigetragen. Die damit zusammenhängende Vermehrung der Bevölkerung, mit der die Einwohnerzahl in Deutschland zwischen 1100 und 1350 von anderthalb auf

Auch das Zisterzienserkloster Grüssau ist eine Gründung der Piasten. 1292 übernahmen Mönche der Zisterze Heinrichau das Kloster Grüssau von den Benediktinern. Durch Rodungen im Vorland des Riesengebirges schufen sie sich ein Stiftsland, das aus 40 Dörfern, zwei Städten und der Propstei Warmbrunn bestand. Im Zeitalter der Gegenreformation kümmerten sich die Äbte um die Entwicklung einer katholischen Konfessionskultur durch Gründung eines Stiftsgymnasiums, der Josephsbruderschaft und einer katholisch geprägten Kunst.

fünf Millionen anstieg – ähnliche Zuwächse verzeichneten auch England und Frankreich –, führte zunächst zu einer Binnenkolonisation, das heißt der Nutzung bisher unbearbeiteter Böden. Wald, Ödland, Heide und Sumpf wurden in Ackerflächen verwandelt. Die Territorialherren und der Zisterzienserorden mit seinen Mustergütern taten sich dabei besonders hervor.

Bewohner von Landschaften mit hoher Bevölkerungsdichte – wie Flamen und Wallonen – drängten in weniger dicht besiedelte Gebiete, so nach Böhmen, Polen und Ungarn, wo sich die Besiedlung bislang auf Siedlungsinseln beschränkt hatte. Über Thüringen, die Mark Meißen und Brandenburg erreichte die deutsche Siedlungswelle zu Beginn des 13. Jahrhunderts auch Böhmen und Schlesien. Mit dem Zustrom neuer Siedler wurde sowohl die intensivere Nutzung bereits besiedelter Gebiete eingeleitet, als auch die Abholzung der breiten Grenzwaldsäume an den Mittelgebirgen begonnen (Rodungskolonisation). Dieser Landesausbau lag durchaus im Sinne der einheimischen weltlichen und geistlichen Elite.

Für die Rodung und die Dorfgründungen wurden Unternehmer beauftragt, sogenannte Lokatoren, die entweder mit eigenem oder vorgeschossenem Kapital Neusiedler ins Land holten. Sie wurden dafür mit guten Privilegien (Brau-, Mehl-, Schank- und Backrecht) oder durch verminderte Abgaben an den Grund- beziehungsweise Landesherrn entschädigt. In der Dorf- oder Stadthierarchie standen sie als Ortsverwalter (Scholzen) und auch als Richter an der Spitze.

Als günstige Dorfform bot sich bei der Rodung in waldreichen Gebieten das bisweilen mehrere Kilometer lange Waldhufendorf an; in nicht bewaldeten Gegenden wurden Straßen- oder Angerdörfer angelegt. Im Gegensatz zu den Haufendörfern im Westen hatte nun jeder Bauer sein Agrarland – zumeist eine Hufe – direkt hinter seinem Hof. Die Hufe war ein lang gestrecktes Ackerareal mit anteiligem Waldstück. Während bei der Binnenkolonisation nach flämischen Hufen (16,5 Hektar) gemessen wurde, nahm man bei der Rodungskolonisation die fränkische Hufe (23–28 Hektar) als Maß. In den Grenzwäldern an den Mittelgebirgen gab es etwa 8000 fränkische Hufen, also rund 193 600 Hektar Siedlungsland.

Die Zahl der Neusiedler war nicht so groß wie manchmal angenommen. Nach neuesten Forschungen betrug sie im 13. Jahrhundert für Pommern und Schlesien zusammen etwa 200 000. Dass sich die Einwohnerzahl in Schlesien dennoch bald verzehnfachte, ist zum einen auf die Vermischung der Neuankommenden mit der einheimischen Bevölkerung zurückzuführen, zum anderen auf die große Kinderzahl. Es stand ja genügend Land zur Verfügung.

Die bis weit ins 20. Jahrhundert nationalistisch geprägte deutsche Geschichtsschreibung pries die Neusiedler als „Kulturträger“

Typisch für die Kolonisationsphase des 13. und 14. Jahrhunderts sind die oft kilometerlangen Waldhufendörfer. Die Höfe ziehen sich entlang einer Straße, dahinter folgt die Hufe (Grundstück) des Kolonisten, die aus Acker- und Waldareal bestand. Durch den Strukturwandel in der Frühen Neuzeit entwickelten sich zahlreiche Dörfer – wie hier Langenbielau – zu Industriedörfern.

im Osten, was übertrieben ist. Sie brachten ihren kulturellen Hintergrund und die Neuerungen der Agrarrevolution mit. Ähnlich wie beim Deichbau die Niederländer traten auch bei den Rodungen bestimmte Spezialisten auf.

Der Siedlungsvorgang hat kaum schriftliche Spuren und – sieht man vom Rattenfänger von Hameln ab – keine Mythen hinterlassen. Die Migrationswellen hatten in den deutschen Gebieten kaum große Bevölkerungslücken verursacht. Auch kamen die Siedler vielfach aus Gebieten, die selbst Neusiedlergebiete waren, wie Thüringen oder Meißen, sodass man hier den Vorgang eher als selbstverständlich empfand.

Wie aus einer Urkunde des Breslauer Vinzenzklosters von 1240 für den Lokator Laubert von Tinz ersichtlich, wurde ihm ein Klosterhof im Kreis Neumarkt mit dem dazugehörigen Land „zur Ansetzung von Deutschen nach deutschem Recht und deutscher Freiheit" übergeben.[17] Während der Lokator für seinen Besitz von drei Hufen für immer frei von Zins und Zehnt blieb, mussten die Siedler nach drei Jahren Abgabefreiheit jährlich einen Vierdung (1/4 Mark) Silber zu Martini und je drei Maß Weizen, Roggen, Gerste und Hafer zu Weihnachten an das Kloster abliefern. Für die Befreiung (Exemption) vom polnischen Recht erhielt der Herzog je ein Maß Weizen und Hafer je Hufe.

Nimmt man diese Urkunde als Beispiel für den Lokationsvorgang, so werden folgende Sachverhalte deutlich: Das Vinzenzkloster ist an dem Ausbau seines noch nicht intensiv genutzten Klosterbesitzes durch einen Lokator (heute würde man diesen als Organisator und Investor bezeichnen) interessiert, der aus dem niederen deutschen Adel kommt. Mit ihm schließen der Abt und Konvent einen Vertrag für die von ihm angeworbenen deutschen Siedler, die ihre Arbeiten gemäß ihrem mitgebrachten Recht ausüben dürfen. Das bezieht sich wohl auch auf die Organisation ihrer Dörfer, in denen vermutlich die Familie von Tinz die Richter- und Scholzenrechte ausübt. Die Siedler sind nur zu Abgaben, nicht aber zu Diensten verpflichtet. Dass sie ihre Freiheiten nach deutschem Recht behalten, bringt den Herzog ins Spiel, der sie von dem polnischen Recht, das eine viel stärkere Abhängigkeit verlangt, befreien muss. Dafür zahlen die Siedler eine jährliche Steuer in Form von Naturalabgaben, die den herzoglichen Gütern, wie hier seinem Hof in (Deutsch-)Lissa, zur Versorgung dienen.

Das günstigere deutsche Recht kam in Schlesien den flämischen, wallonischen und deutschen Siedlern zugute, aber seit der Mitte des 13. Jahrhunderts auch den polnischen Einwohnern, wohl in Folge des Vermischungsprozesses von Neusiedlern und Alteinwohnern. Der Wunsch nach Steigerung seiner Einnahmen und Erweiterung seiner Machtbasis veranlasste Herzog Heinrich I., diesen Prozess nicht nur zu dulden, sondern ihn auch aktiv voranzutreiben.

Stadtgründungen

Wie im westlichen Europa machten die eigenständigen Dörfer auch in Schlesien die Gründung von Städten erforderlich, die umgekehrt mit ihrer handwerklichen Produktion und den lokalen Märkten auf die umliegenden Landbewohner angewiesen blieben. Wichtig für den Landesherrn war jedoch vor allem die Anlage von Bergstädten. Die Gewinnung von Edelmetallen oder auch Erzen versprach eine schnellere Kapitalgewinnung als die Einkünfte aus der landwirtschaftlichen oder gewerblichen Produktion. So waren die ersten Stadtgründungen nach deutschem Recht in Schlesien die Bergstädte Goldberg (1211) und Löwenberg (1217), die aber auch als Handelszentren für die zahlreichen Waldhufendörfer dienten, die im Riesengebirgsvorland entstanden waren. Außerdem stellten sie einen gewissen Schutz für die von Westen (Leipzig, Görlitz) über Goldberg und Löwenberg nach Breslau führende Hohe Straße dar, auf der viele Händler wertvolle Waren transportierten. Im Sudetenvorland entstand eine Kette kleiner Städte, die alle in der ersten Hälfte des 13. Jahrhunderts gegründet wurden,

HVNGARIA
MORAVIA
FONS ODERÆ
MERIDIES
SEPTENT
OLOMVNZ
TESCHE
TROPPA
RATIBOR
ODER
NEISSE
GROTKA
OPPELEN
BRIGK
PETERKAWS
POLONIA
ORTVS
CRAKAW
NEIS
LIGNITZ
BREGA
SMOGRA PRIMA SILESIORV SCHOLA

Der Rektor des Breslauer Maria-Magdalenen-Gymnasiums Martin Helwig (1516–1574) zeichnete 1561 die erste Schlesienkarte, die er in seiner Vaterstadt Neisse drucken ließ und dem Breslauer Patrizier Nikolaus Rhediger widmete. Bewusst zeigte er im oberen Teil der Karte den südlichen Gebirgsteil des Landes an, damit die Flüsse von oben nach unten laufen. Die circa 300 eingetragenen Städte, Flecken und Dörfer finden sich vorwiegend im Gebirgsvorland und am Flussnetz der Oder. Die wiedergegebenen Stadtbilder entsprechen nicht unbedingt der Realität, wie Helwig auch anmerkt. Der höchste Berg des Riesengebirges ist der Risenberg (zu erkennen links neben dem Wappen in der rechten oberen Ecke). Dieser Name wurde in früherer Zeit häufig für die Schneekoppe verwendet.

Fast idealtypisch wirkt dieser Stadtplan von Breslau, den Barthel Weiner und sein Sohn 1562 anlässlich der Krönung Maximilians II. zum König von Böhmen schufen. Nördlich außerhalb der Stadtbefestigung liegen die von geistlichen Stiften beherrschte Sand- und die Dominsel. Im Zentrum der nach 1242 planmäßig angelegten Stadt liegt der sogenannte Ring mit dem Rathaus. Der innere Stadtgraben zeigt den Verlauf der vor 1261 geschaffenen Befestigung. Eine weitere Stadtbefestigung, die neu entstandene Stadtteile einbezog, entstand in den 1340er Jahren. Um 1562 hatte die Stadt circa 29 000 Einwohner und zählte damit zu den mittelgroßen Städten Europas.

so Schönau, Bolkenhain, Freiburg, Reichenbach und Frankenstein.

Wie die Dörfer, so wurden auch die Städte nach einem festen, schachbrettartigen Muster angelegt. Die durch zwei oder vier Tore führenden Straßen liefen im Zentrum auf einen rechteckigen Platz zu, den sogenannten Ring, der von der Bebauung ausgespart blieb. Im Zentrum des Ringes stand das Rathaus, das den Mittelpunkt des Marktes bildete. Die Kirche oder eventuelle Klöster lagen etwas abseits in ebenfalls von der Bebauung freigehaltenen Arealen. Häufig wurden die städtischen Neugründungen – wie zum Beispiel in Neisse – neben slawischen Siedlungen errichtet, die dann als Altstadt weiterexistierten und in die Stadtbefestigung mit einbezogen wurden. Auch die Städte waren vom polnischen Recht ausgenommen und nach deutschem – meist Magdeburger – Recht organisiert, das den Bürgern die persönliche Freiheit garantierte, die sie nach polnischem Recht nicht hatten.

In der „Metropole" Breslau, deren bisherige Siedlungskerne eher zufällig entstanden waren, kam es um 1226 zu einer „echten" Stadtgründung. Das Zentrum lag zwischen den beiden Fernstraßen und der herzoglichen Burg links der Oder und war durch Gräben und Wälle befestigt. Ob die Gründung im Zuge der deutschen Ostkolonisation geschah, muss offen bleiben, denn das Magdeburger Recht ist für Breslau erst 1261 bezeugt. Doch ist schon für 1229 das Amt eines Schultheißen, das heißt eines gewählten Bürgermeisters, belegt, wie es das Magdeburger Stadtrecht vorschreibt. Da es dieses Amt im polnischen Recht nicht gab, lässt das auf die Existenz einer Gemeinde mit deutschem Recht schließen.

Nachdem die Einwohner Breslaus beim Mongolensturm von 1241 ihre eigene Stadt in Brand gesteckt hatten, um dadurch einem Überfall zu entgehen, wurde die Stadt ein weiteres Mal planmäßig angelegt. Dies geschah westlich von der ursprünglichen Siedlung. Noch heute bildet der damals entstandene „Ring" mit dem Rathaus sowie den beiden Hauptkirchen St. Elisabeth und St. Maria Magdalena das Zentrum der Stadt. Die Neugründung verfügte 1241/42 Herzog Boleslaus II. (Reg. 1242–1278), der auch die Neuanlage von Liegnitz und vermutlich von Brieg als deutschrechtliche Städte veranlasste.

Schon Herzog Heinrich I. hatte angestrebt, slawische Marktorte nach deutschem Recht zu organisieren: so Neumarkt, das an jenem Knotenpunkt lag, wo die Niedere Straße, die von Süden zur Ostsee führte, die Hohe Straße kreuzte. Der polnische Name Środa für Neumarkt bedeutet Mittwoch und verweist auf den Tag, an dem der dortige Wochenmarkt stattfand. Ähnlich verhielt es sich mit dem Marktflecken Zobten am gleichnamigen Berg, deren polnischer Name Sobótka auf den Wochenmarkt am Samstag hinweist. Auch Zobten erhielt um 1221 deutsches Stadtrecht.

Die Oppelner Herzöge verhielten sich im Kolonisations- und Städtegründungsprozess weniger offensiv als ihre Breslauer Verwandten. Die Aktivitäten an der Nordgrenze Mährens mit den mährischen Stadtgründungen von Freudenthal 1223, Troppau 1224 und Leobschütz 1230 bewirkten Gegengründungen im Oppelner Herzogtum, die von geistlichen Institutionen durchgeführt wurden, so Zülz und Kostenthal um 1225. Auch die Residenzorte Oppeln und Ratibor waren nach dem bewährten Muster neu angelegt worden.

Neben Bauern und Stadtbürgern kamen Adlige ins Land, die überwiegend aus den benachbarten Gebieten Lausitz, Sachsen, Thüringen und Meißen stammten. Sie wurden dem Lehensrecht unterstellt, das es vorher in Schlesien nicht gab. Sowohl der Herzog wie auch die geistlichen Institutionen verliehen ihr Land nun als Lehen und erhielten im Gegenzug die Dienste des Ritters.

Kultur und Gesellschaft

Aus der Vermischung von Neusiedlern und Alteinwohnern entstand in Schlesien im Lauf des 13. Jahrhunderts eine neue Bevölkerungsgruppe, ein sogenannter Neustamm. Es entwickelte sich ein eigener Dialekt, der sich über die Grenzen Schlesiens nach Polen, Mähren und Böhmen verbreitete. Die in den Klöstern entstehenden literarischen Denkmäler wie die Trebnitzer Psalmen aus der Mitte des 13. Jahrhunderts überliefern die mundartlichen Eigenarten des schlesischen Neustamms.

Auch eine neue Gesellschaft bildete sich – mit Rechtsformen, wie sie in Westeuropa üblich waren. Das einheimische Recht wurde diesen neuen Formen allmählich angepasst. Die Sozialpyramide, die sich nun entwickelte, glich ebenfalls derjenigen im Westen. Sie war weniger auf die herzogliche Spitze als vielmehr auf die lokalen Gewalten, geistliche und weltliche, ausgerichtet. Dem Fürstenhaus folgten in der Sozialhierarchie des Landes der Adel, der Klerus, die Bürger und die Bauern. Seit 1200 entstanden in Schlesien zudem Niederlassungen von Juden, die hier schon seit dem 12. Jahrhundert Handel trieben. Die Landesherren und die Städte benötigten dringend Kapital, das ihnen jüdische Geldhändler zur Verfügung stellten. Rechtlich waren die Juden den übrigen Bürgern gleichgestellt. Die Kirche, die um den Glauben ihrer Mitglieder fürchtete, bestimmte jedoch 1267 auf einer Synode (Kirchenversammlung) in Breslau, dass Juden in eigenen, ummauerten Vierteln wohnen und jüdische Männer den Judenhut tragen sollten; dass Juden keine von Christen frequentierten Wirtshäuser und Badstuben besuchen und keine christlichen Dienstboten halten dürften; dass sie außerdem Abgaben an die Kirche entrichten müssten. Es bleibt ungeklärt, ob diese Forderungen realisiert wurden.

Die Bauern behielten trotz Abgaben an die Grundherren ihre Freiheiten. An der dörflichen Spitze standen die Schultheißen beziehungsweise Scholzen, bei denen es sich oft um die ehemaligen Lokatoren und ihre Nachkommen handelte. Das Amt war erblich. Mitunter nahmen sie wie im Neisser Bischofsland eine ritterähnliche Stellung ein. Im benachbarten Glatzer Land, das zu Böhmen gehörte, erhielten die Lokatoren auch das Amt eines sogenannten Freirichters. Sie waren also frei von Abgaben und mit guten Privilegien (zum Beispiel Schank- und Braurecht) ausgestattet. Im Dorf übten sie das Amt des Richters aus. Erst allmählich verschob sich ihre herausragende Stellung zugunsten der adligen Grundherren, die nun häufig – wie im Glatzer Land – darauf aus waren, die Erbscholteien und Freirichtergüter mit ihren Privilegien dem adligen Besitz einzugliedern.

Der Adel und das Fürstenhaus der schlesischen Piasten orientierten sich im ausgehenden 12. und im 13. Jahrhundert an der deutschen Hofkultur und der deutschen Sprache. Der Piast Herzog Heinrich IV. von Breslau (Reg. 1270–1290) wird sogar in der Manessischen Liederhandschrift, der bedeutendsten Liedersammlung des Mittelalters, unter dem Namen „Heinrich von Pressela“ als deutscher Minnesänger geführt. Neben Breslau entstand ein weiteres Zentrum höfischer Kultur bei den Herzögen von Schweidnitz-Münsterberg, wo unter Herzog Bolko I. die Dichtung der Kreuzfahrer gefördert wurde.

Im Lauf der Zeit vermischten sich die Alteinwohner mit den Neusiedlern und bildeten eine einheitliche Kultur. Es ist erstaunlich, dass dies alles weitgehend ohne Konflikte verlief. Proteste gab es, wenn überhaupt, von Seiten der Kirche, denn die Neusiedler brachten nicht nur ihre technischen Erfahrungen, sondern auch ihre kirchlichen Gewohnheiten mit, was zum Beispiel die Kirchenabgaben oder die Fastenzeiten betraf, die in Polen viel länger waren. Doch konnte man sich einigen – zumal die Einnahmen der Kirche durch die Zuwanderer beträchtlich gesteigert wurden, weil zahlreiche neue Pfarreien entstanden.

Die Breslauer Kirche passte ihre Organisationsform dem westlich-römischen Muster an. Sie verfügte über eine Kanzlei, hielt Synoden ab und gliederte die neu entstehenden Kirchengemeinden in größere Verwaltungseinheiten, sogenannte Archidiakonatsbezirke. Ihre Fachkenntnisse erwarben die höheren Kirchenbeamten durch ihr Studium

In dem bedeutendsten mittelalterlichen Lieder-Kodex, der um 1300 in Zürich entstandenen Manesse-Handschrift, wird mit einem Bild und einigen Gedichten „Heinrich von Pressela“ aufgeführt, womit vermutlich Herzog Heinrich IV. von Breslau (Reg. 1270–1290) gemeint ist, der letzte Spross der Breslauer Piastenfamilie. Die Zuschreibung beweist die Anpassung der Piasten an die staufische Hofkultur, in deren Zentrum der Minnesang stand. Heinrich nimmt hier nach einem Turnier von zwei Damen den Siegeskranz entgegen.

an den neu entstandenen Universitäten in Süd- und Westeuropa. So hatte Bischof Thomas I. (Reg. 1232–1268) in Italien in Kirchenrecht promoviert. Diesen intellektuellen und organisatorischen Vorsprung nutzten die Bischöfe, um ihre Unabhängigkeit von den Herzögen zu festigen. Eine Verbindung zu westlicher Kultur schufen auch die aus dem Westen nach Schlesien kommenden Bauhütten, also die mittelalterlichen Kirchbauunternehmen, vor allem diejenigen des Zisterzienserordens, die die Übergangsphase von der Romanik zur Gotik einleiteten.

Der Ausbildung einer geistigen und geistlichen Elite im Land dienten die neu gegründeten Schulen. Die älteste war die Kathedralschule am Breslauer Johannesdom, die 1212 das erste Mal erwähnt wird. Weitere Schulgründungen in Breslau erfolgten im Wettstreit zwischen den Klöstern und Stiften und den Pfarrgemeinden. Die Pfarrschulen an St. Maria Magdalena (1267) und Elisabeth (1293) in Breslau standen vermutlich auch der Ausbildung einer bürgerlichen Elite zur Verfügung. Doch sind die schlesischen Intellektuellen des 13. Jahrhunderts fast ausschließlich in den Domkapiteln und in den Kloster- und Stiftskonventen zu finden, wie zum Beispiel der Johanniter Johannes von Frankenstein, der im ausgehenden 13. Jahrhundert eine Passion Christi in mittelhochdeutscher Sprache verfasste. Die auch in den anderen neu angelegten Städten schon früh gegründeten Bettelordenskonvente und andere Klöster sorgten dafür, dass die geistige und geistliche Elite sich nicht nur in Breslau konzentrierte.

Herzog Heinrich IV. hatte 1288 auf der Breslauer Dominsel das Kreuzstift gegründet. In der Oberkirche der gotischen Doppelkirche wurde er in einem Hochgrab beigesetzt. Das Monument befindet sich heute im Breslauer Nationalmuseum (Muzeum Narodowe).

Politischer Bedeutungsverlust der Piasten

Das 13. Jahrhundert hatte Schlesien einen grandiosen Fortschritt in seiner wirtschaftlichen und kulturellen Entwicklung gebracht. Eine blühende Stadtwirtschaft, die mit ihren Produkten auch am Fernhandel teilhatte, korrespondierte mit einer Landwirtschaft, die sich „grenzenlos“ entfalten konnte. Doch hielt die politische Entwicklung des Landes in der zweiten Hälfte des 13. Jahrhunderts mit den kulturellen und sozialen Prozessen nicht Schritt. Dazu haben weniger äußere Katastrophen beigetragen als vielmehr die internen Landesaufteilungen nach dem Tod des 1241 in der Mongolenschlacht bei Liegnitz gefallenen Herzogs Heinrich II.

Da sich das Prinzip der Primogenitur – ein Erbfolgeprinzip, bei dem nur der Erstgeborene das Erbe antritt und sämtliche Geschwister ausgeschlossen bleiben – bei den Piasten nicht durchgesetzt hatte, konnten sich die Söhne Heinrichs II. nicht über das Erbe einigen. Der Streit endete 1251 mit einem Kompromiss, der das Land in mehrere Teile zerschnitt. Herzog Konrad I. (Reg. 1249–1274) begründete das Herzogtum Glogau, Herzog Boleslaus II. (Reg. 1249–1278) Liegnitz, Herzog Heinrich III. (Reg. 1248–1266) Breslau, während Wladislaus die geistliche Laufbahn vorbehalten blieb, auf der er es immerhin zum Erzbischof von Salzburg und damit zu einem hochgestellten Reichsfürsten brachte. Im Gegensatz zur Teilung von 1202, als das Herzogtum Oppeln (Oberschlesien) abgetrennt wurde, blieb das Herzogtum Schlesien diesmal eine Einheit und damit jeder „Teilherzog“ Herzog von Schlesien.

Mochten aus dieser Dreiteilung noch Fürstentümer hervorgegangen sein, die respektable Größen darstellten, so führten weitere Teilungen ab 1283 zu letztlich 17 Herzogtümern und damit zu weitgehend unbedeutenden Kleinststaaten. Nur die Herzogtümer Breslau, Glogau, Liegnitz und später Schweidnitz behielten politische Bedeutung. Die Herzöge des seit 1202 autonomen Herzogtums Oppeln nahmen ebenfalls Teilungen vor, und zwar zunächst in vier Herzoglinien: Oppeln, Ratibor, Cosel-Beuthen und Teschen. Auch hier fanden dann weitere Zerstückelungen statt.

Abgesehen davon, dass die Erbstreitigkeiten immer wieder mit kriegerischen Auseinandersetzungen verbunden waren, unter denen besonders die Landesbewohner zu leiden hatten, wurde durch die Teilungen das politische Potenzial Schlesiens erheblich beeinträchtigt. Das ehemalige schlesische Gesamtherzogtum und sein oberschlesisches Pendant stellten seit dem ausgehenden 13. Jahrhundert ein Machtvakuum dar. Zwischen den sich im 14. Jahrhundert herausbildenden Großreichen Polen, Böhmen und Ungarn konnte sich Schlesien als eigenständige Macht nicht behaupten. Der mit den Teilungen verbundene politische Machtverlust kam langfristig vor allem den böhmischen Königen zugute, die ihren Einfluss auf die schlesischen Teilherzogtümer ausdehnen konnten und schließlich die Oberhoheit erlangten.

Doch vertrat zunächst einmal der Piastenherzog Heinrich IV. von Breslau – cr ist uns schon als Minnesänger in der Manessischen Liederhandschrift begegnet – schlesische Ansprüche auf Böhmen. Er war unter König Ottokar II. von Böhmen, seinem Vormund, am Prager Hof erzogen worden. Nach dessen Tod 1278 versuchte er vergeblich, die Statthalterschaft über Böhmen zu erringen. Doch wurde er durch den deutschen König Rudolf von Habsburg mit dem zu Böhmen gehörenden Glatzer Land belehnt. Mit Ottokars Sohn König Wenzel II. hatte Heinrich IV. einen Erbvertrag geschlossen, dem gemäß das Herzogtum Breslau nach seinem Tod an Wenzel fallen sollte. Auf dem Sterbebett kündigte Heinrich diesen Vertrag zwar auf: Nur das Glatzer Land ging zurück an Böhmen, das Herzogtum Breslau kam an den Piastenherzog Heinrich III. von Glogau. Mit dem ursprünglich geplanten „Ausverkauf“ seines Herzogtums an Böhmen hatte Heinrich IV. jedoch eine neue Entwicklung für Schlesien eingeleitet. Als Erste folgten ihr die Oppelner Herzöge 1289: Sie unterstellten sich mit dem Herzogtum Cosel-Beuthen der böhmischen Lehnshoheit. Ihnen taten es im 14. Jahrhundert sämtliche schlesischen Herzöge nach.

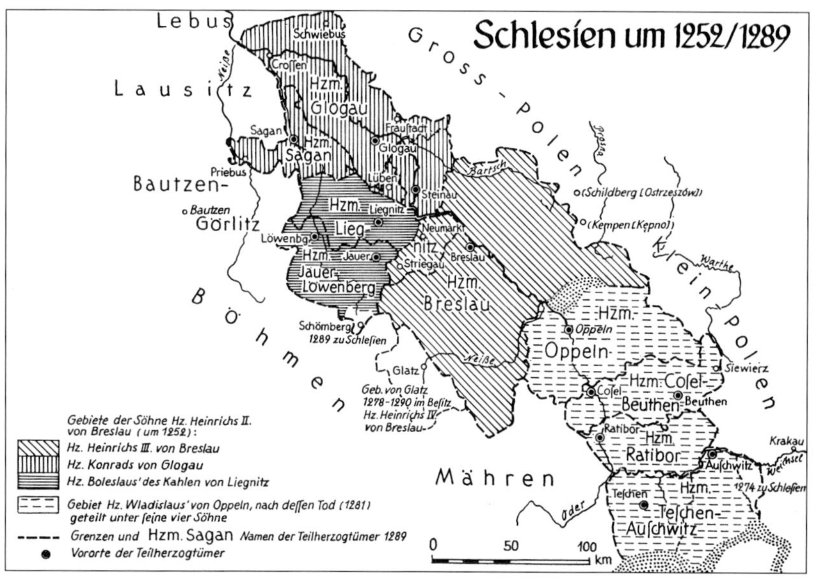

Nach dem Tod Herzog Heinrichs II. (1241) setzte die Aufteilung des Herzogtums Schlesien ein. Im Herzogtum Oppeln erfolgte die Aufteilung nach dem Tod Herzog Wladislaus' I. (1281). Die Aufteilung der beiden schlesischen Herzogtümer führte zu einem politischen Machtverlust der Piasten in Schlesien.

Schlesien unter der Herrschaft des Hauses Luxemburg

Endgültige Trennung von Polen

Dem Beispiel des Herzogs Kasimir II. von Cosel-Beuthen, der sich 1289 der böhmischen Lehnshoheit unterstellt hatte, waren 1292 weitere Oppelner Herzöge gefolgt. Doch erst unter dem böhmischen König Johann von Luxemburg (Reg. 1310–1346), der durch seine Heirat mit der Tochter des letzten Přemysliden-Königs die Dynastie der Luxemburger in Böhmen begründete, unterstellten sich ab 1327 die meisten Herzöge der 17 schlesischen Teilherzogtümer der Böhmischen Krone; einzige Ausnahme war Bolko II. von Schweidnitz (gest. 1368).

Dies bedeutete de facto die Trennung Schlesiens von Polen. Obgleich die polnischen Piasten das polnische Königtum wiederhergestellt hatten und es zu neuer Größe führten, entschieden sich ihre schlesischen „Vettern" für Böhmen. Sie taten dies wohl deshalb, weil der polnische König Wladislaw Łokietek („Ellenlang", gest. 1333) noch immer Ansprüche auf Schlesien erhob, die schlesischen Fürsten aber eher in den politischen Strukturen des Reiches ihr Ideal sahen. Doch ging auch von König Johann von Böhmen ein gewisser Druck aus. Der polnische König Kasimir III. der Große verzichtete jedenfalls 1335 im Vertrag von Trentschin auf alle Ansprüche auf die schlesischen Herzogtümer. Im Gegenzug leistete König Johann Verzicht auf das polnische Königtum, das sein Vorgänger Wenzel II. noch zwischen 1300 und 1305 innegehabt hatte.

1344 bezeichnete sich Johann als „supremus dux Slezianorum",[18] also als oberster Herzog der Schlesier. Tatsächlich war es ihm ja gelungen, die seit 1202 getrennten Herzogtümer Schlesien und Oppeln unter seiner Oberhoheit zu vereinen. Dieses Schlesien erstreckte sich nun von Schwiebus und Krossen im Norden bis zu einer Linie Auschwitz–Teschen. Im Westen reichte es mit dem Herzogtum Sagan an die Lausitzer Neiße. Jenseits der Westgrenze begann die Lausitz, die erst später zu Schlesien kommen sollte. Die Ostgrenze, oder genauer die Nordwest-Südostgrenze verlief auf der Linie Schwiebus–Fraustadt–Siewierz–Zator. Die Mitte des Landes bildete der Oderstrom, der zwischen den schlesischen Herzogtümern Ratibor und Teschen-Auschwitz ins Land trat und es bei Krossen wieder verließ. Die ehemals mährischen Fürstentümer Troppau und Jägerndorf waren als Erbe eines unehelichen Přemyslidensprosses um 1300 an Schlesien gegangen.

Nach dem Aussterben der Breslauer Piastenlinie 1335 war das Herzogtum Breslau als Lehen an die böhmische Krone zurückgefallen. Der König vergab es jedoch nicht wieder als Lehen, sondern unterstellte es als sogenanntes Erbfürstentum direkt der Krone und ließ es durch einen Landeshauptmann verwalten. In Zukunft gab es also zwei Typen von schlesischen Herzogtümern: die sogenannten Mediatherzogtümer unter der Herrschaft eines Herzogs und die Erbfürstentümer, die direkt der Böhmischen Krone unterstanden.

Unter der Herrschaft Karls IV.

Eine einheitliche Landesordnung, die den verwirrenden schlesischen Verhältnissen ein Ende bereitete, hat erst Johanns Nachfolger Karl IV. geschaffen, seit 1346 römisch-deutscher, ab 1347 böhmischer König, ab 1355 Kaiser. Karls Herrschaft hatte ihr Machtzentrum in Böhmen, Mähren und Schlesien. Letzteres gliederte er 1348 förmlich in die Böhmische Krone und damit zugleich in das Heilige Römische Reich Deutscher Nation ein. Indem er dies 1355 als Kaiser noch einmal wiederholte, betonte er die Bedeutung Schlesiens für das Reich. Schlesiens Fürsten gewannen allerdings nicht die Reichsstandschaft, das heißt, sie erhielten nicht Sitz und Stimme auf den Reichstagen, sondern blieben böhmische Vasallen. Sie behielten aber ihre Herrschaftsrechte.

Breslaus Stellung hob Karl insofern heraus, als er 1359 den Rat der Stadt, vertreten durch die Ratsältesten, zum Landeshauptmann bestellte. Obwohl Breslau keine Reichsstadt wurde, gewann sein Rat als Landeshauptmann nicht nur Unabhängigkeit, sondern auch eine den schlesischen Herzögen gleichrangige Position. Deshalb versammelten sich die schlesischen Fürsten im Breslauer Rathaus und nicht in der Burg. Die Bezeichnung Fürstensaal für den schönsten Saal des Rathauses erinnert an diese Funktion. Karl hielt sich 25-mal in der Stadt auf und betonte damit ihre Bedeutung. Auch begünstigte er Breslau durch mehrere Wirtschaftsprivilegien. So verlieh er der Stadt ein eigenes Münzrecht, befreite sie 1359 vom Prager Stapelrecht und stellte Breslaus Kaufleute gleichberechtigt neben die Prags und Nürnbergs. Neben diesen beiden Städten wurde Breslau zur drittwichtigsten Stadt im Reich.

Die politischen Verhältnisse des Landes strukturierte Karl neu. Im „Landbuch", das er für das Herzogtum Breslau anlegen ließ, wurde der gesamte Grundbesitz mit Zinsen und Renten erfasst. Durch eine Kommission aus Adligen und Breslauer Bürgern ließ er 1356 außerdem das sogenannte Schlesische Landrecht erstellen. Es basierte auf dem Sachsenspiegel, dem bedeutendsten deutschen Rechtsbuch des Mittelalters. Den Frieden sicherte er durch verschiedene Landfriedensverbindungen.

Die sogenannten Pestpogrome von 1348 und in den folgenden Jahren, die im Reich in fast allen Städten die Judengemeinden vernichteten, wirkten sich in Schlesien nicht so verheerend aus. Karl IV., der in der unsicheren Anfangsphase seiner Herrschaft im Reich die Pogrome durchaus deckte, versuchte dagegen als Landesherr, die Juden in Schlesien weitgehend zu schützten. So kam es 1349 nur in Breslau zu vereinzelten Pogromen. 1350 befahl Karl den Breslauer Bürgern, die Judenmörder ausfindig zu machen und sie zu bestrafen. Als jedoch 1360 eine Hungersnot und eine Feuersbrunst die Breslauer heimsuchten, gab man wieder den Juden die Schuld und tötete einige von ihnen.

Karls Plan, das Breslauer Bistum dem 1344 errichteten Prager Erzbistum zu unterstellen, scheiterte am Widerstand des Gnesener Erzbischofs, dem Breslau seit dem Jahr 1000 als sogenanntes Suffraganbistum unterstellt war. Der Gnesener Erzbischof wurde von der päpstlichen Kurie unterstützt, die um ihre Einkünfte in Schlesien, den sogenannten Peterspfennig, fürchtete. Breslau blieb bis 1821 beim Gnesener Erzbistum.

Eine Abhängigkeit des Breslauer Bischofs vom böhmischen König bestand aber über das Lehnswesen. Seit 1333 besaß der Bischof die volle Landeshoheit über sein Territorium, das er 1344 durch den Ankauf von Grottkau zum Fürstentum Neisse-Grottkau erweiterte. Bereits 1342 hatte er für sein Bistumsland dem König Johann von Böhmen gehuldigt. Als „Fürstbischof" war er seitdem durch das Lehensverhältnis mit dem böhmischen König verbunden. Es versteht sich, dass dies nicht im Interesse des polnischen Königs und des Gnesener Erzbischofs lag.

Bei allem Glanz, den Karl dem Land durch seine Herrschaft verlieh, begriffen sich die schlesischen Herzöge noch keineswegs als eng zusammengehörend. Hinzu kam, dass sie in ihrer Konkurrenz zum wirtschaftlich erfolgreichen Breslau eher gegen- als miteinander vorgingen. Eine politische Einheit wurde Schlesien erst, als sich die Fürsten und die Stadt Breslau im Rahmen der Landfriedensbewegung von 1349 bis 1351 zu einer Ständeversammlung zusammenschlossen und unter Herzog Konrad I. von Oels als gemeinsamem Landeshauptmann regelmäßig zusammentraten.

Die Schlesier am Kaiserhof und Kaiserin Anna

Die Bedeutung Schlesiens für das Reich zeigte sich nicht nur in der bevorzugten Stellung Breslaus, sondern auch in den Funktionen, die zahlreiche Schlesier am Hof Kaiser Karls IV. innehatten. Da Deutsch als Kanzleisprache eine wichtige Rolle spielte, eigneten sich die deutsch sprechenden Schlesier eher für diese Positionen als die tschechischsprachigen Böhmen. Mit Peter von Jauer fungierte als erster Nichtkleriker ein Schlesier in der Hofkanzlei. Eine herausragende Stellung unter den Schlesiern am Hof nahm als Kanzler des kaiserlichen Hofes Johann von Neumarkt (um 1310–1380), Bischof von Leitomischl, von Olmütz und kurz vor seinem Tod noch von Breslau, ein. Die Verwaltungsposten in der Regierung waren zu 25 Prozent mit Schlesiern besetzt, während es zum Beispiel die Böhmen nur auf zwei Prozent brachten. Dass der Kaiser hier auf die geistige Elite aus Schlesien zurückgriff, erklärt sich einmal mit den Bildungschancen, die die 1348 neu gegründete Universität Prag den Schlesiern bot, zum anderen aber auch mit der Krise, durch die der Westen des Reiches seit der Jahrhundertmitte infolge der Pest erschüttert wurde.

Die bedeutendste Persönlichkeit aus Schlesien in der Umgebung des Kaisers ist aber seine dritte Gemahlin Anna von Schweidnitz (1339–1362), Erbin des Herzogtums Schweidnitz-Jauer, das sich als einziges schlesisches Herzogtum noch nicht der Böhmischen Krone unterstellt hatte. Ehestiftungen waren ein wichtiges politisches Instrument in dieser Zeit. Die 1353 geschlossene Ehe des 37-jährigen Kaisers mit der 14-Jährigen brachte Karl IV. nicht nur die Anwartschaft auf das Schweidnitzer Erbe, sondern auch die Ver-

Zu imperialer Würde stieg als Frau Kaiser Karls IV. die schlesische Piastentochter Anna von Schweidnitz (1339–1362) auf. Sie war hochgebildet und galt als die schönste Frau ihrer Zeit. Sie starb jedoch schon mit 23 Jahren. Annas Schönheit trug die Hofkunst mit elf Bildnissen der jungen Kaiserin Rechnung. Das Bild über dem Eingang der Katharinenkapelle auf der Burg Karlstein zeigt sie mit ihrem Gemahl Kaiser Karl, ein Reliquienkreuz hochhaltend.

wandtschaft mit dem ungarischen Königshaus aus der Anjou-Dynastie (Annas Mutter war eine ungarische Prinzessin).

Anna empfing drei Kronen: 1353 die böhmische in Prag, 1354 die deutsche in Aachen und schließlich 1355 die Kaiserkrone in Rom. Als Kaiserin nahm sie an wichtigen Reichsgeschäften teil, so 1356 an den Beratungen zur „Goldenen Bulle", jener Urkunde, die die Wahl des deutschen Königs durch die sieben Kurfürsten regelte und eines der wichtigsten Dokumente der Reichsverfassung darstellt. Annas kaiserliche Würde, aber auch ihre Selbstständigkeit dokumentiert ihre Titulatur am Eingang der Urkunden: „Wir Anna von gots gnaden Römische Keiserinne, zu allen zeiten mererin des Reichs und Kunigin zu Behem".[19] Anna korrespondierte mit Francesco Petrarca und Papst Clemens VI., zudem galt sie als die schönste Frau ihrer Zeit.

Annas hohe Stellung überdeckt etwas den Abstieg, den die schlesischen Piasten als böhmische Kronvasallen inzwischen genommen hatten. Deren Länderbesitz wurde immer kleiner, denn jedes Herzogtum, dessen Piastenfürst ohne Erben starb, fiel direkt an die Böhmische Krone. Doch die herausragende Rolle, die die Piasten am kaiserlichen Hofe einnahmen, ließ ihre neue, abhängige Position nicht so offenkundig werden. Immerhin begleiteten sieben Piastenherzöge – die von Troppau, Ratibor, Oppeln, Falkenberg, Teschen, Münsterberg und Sagan – neben 20 Reichsfürsten Anna zur Kaiserkrönung nach Rom. Piastenherzöge bekleideten vor allem wichtige Ämter als Hofrichter. In der Regierungszeit von Annas Sohn, König Wenzel IV. (Reg. 1378–1419), nahmen fünf der 21 Amtsträger eine so hohe Position ein.

Es ist unverkennbar, dass die Piastenherzöge durch eine spezifische Traditionspflege auf ihre einst königliche Stellung und ihre Verschwägerungen mit königlichen, ja kaiserlichen Geschlechtern verweisen wollten. Eine wichtige Rolle spielte dabei die Verehrung der hl. Hedwig. Die Leistungen dieser Landespatronin für Schlesien sollten untrennbar mit dem Haus der Piasten verbunden werden. Vor allem Herzog Ludwig I. von Liegnitz und Brieg (Reg. 1342–1398) förderte den Hedwigskult. Er ließ den nach seinem Aufbewahrungsort benannten Schlackenwerther Kodex, eine kostbare Handschrift, zusammenstellen. Ein „anonymer franziskanischer Autor"[20] hatte dafür eine Lebensbeschreibung der hl. Hedwig verfasst. Die Illustrationen dieses Buches zeigen ihre Taten und damit die Werke der Piasten. Das Geschlecht tritt in seiner königlichen Abstammung gleichrangig neben das der herrschenden Luxemburger, zu deren Vasallen die Piasten gerade geworden waren.

Für die zur selben Zeit durch die polnischen Piasten wiederhergestellte Königswürde kam die schlesische Linie nicht mehr in Frage. In ihrem Selbstverständnis war sie ganz auf das Reich ausgerichtet. Es verband sie nichts mehr mit dem Piastenerbe in Krakau, das 1386 mit Wladislaus Jagello ein gerade zum Christentum übergetretener litauischer Großfürst antrat.

Kunst und Bildung im 14. Jahrhundert

Es ist bemerkenswert, dass die von Karl IV. geförderte Kunst, insbesondere die seiner bekannten Prager Bauhütte um Peter Parler, in Schlesien kaum in Erscheinung getreten ist. Nachzuweisen ist ihr Einfluss nur im Glatzer Land an der Pfarrkirche in Habelschwerdt und am Grabmal des in der Glatzer Pfarrkirche ruhenden Prager Erzbischofs Arnestus von Pardubitz. Schlesien blieb, schon durch die Verwendung des Backsteins, eher mit dem norddeutschen als mit dem böhmischen Kunstkreis verbunden. Nur vereinzelt treten böhmische Einflüsse in der Plastik auf, vor allem in der Grab- und Bauplastik; selten ist der Typ der sogenannten Schönen Madonna zu finden, einer um 1350 in Böhmen entwickelten, besonders anmutigen Form des Madonnen-Andachtsbildes. Erst nach dem Tod Karls IV. (gest. 1378), gegen Ende des 14. und zu Beginn des 15. Jahrhunderts, entwickelte sich die schlesische Plastik zur höchsten Blüte. Sie zeigt nun auch engere Beziehungen zum böhmischen Kunstkreis.

Auch in Schlesien ist, wenn auch seltener als in Böhmen, der Typus der dort um 1350 entwickelten Schönen Madonna zu finden. Eine der bedeutendsten unter den erhaltenen Werken aus Breslau ist eine Schöne Madonna aus Kalkstein, die sich heute im Nationalmuseum in Warschau befindet.

Die Literatur war zu dieser Zeit in Schlesien zweisprachig. Die Kleriker schrieben Latein; an den Höfen hatte sich die deutsche Sprache durchgesetzt, obgleich zahlreiche Schlesier auch Polnisch beherrschten. Das Bildungsmonopol, das im 13. Jahrhundert noch eindeutig bei der Kirche lag, verlagerte sich im 14. und 15. Jahrhundert an die über 100 Stadtschulen. In den Landpfarreien existierten sogenannte Küsterschulen, wo der Kirchenküster zugleich als Lehrer fungierte und den Kindern mehr schlecht als recht Lesen und Schreiben beibrachte. Auf den ab 1348 durch die Gründung der „Landesuniversität“ Prag erleichterten Universitätsbesuch der Schlesier bereiteten die höheren Schulen in Breslau, Liegnitz, Glogau und Neisse vor.

In Prag stellten die schlesischen Studenten bis 1409 eine der größten Gruppen der deutschen Studenten. Bis dahin hatten 360 Schlesier in Prag einen akademischen Grad erreicht, darunter 160 in Jura, dem damals bedeutendsten Studienzweig. Doch war mit der Gründung der Universität Prag das Studium schlesischer Studenten in Italien nicht Vergangenheit. In Bologna gab es allein bis 1450 mehr als 50 schlesische Studenten, die sich auf eine Karriere in der Verwaltung vorbereiteten.

Die meisten Studenten aus Schlesien aber zog es an die näher gelegenen Universitäten, so nach Erfurt (bis 1466: 140 schlesische Studenten), Wien (im 14. Jahrhundert: 713 schlesische Studenten) und nach Krakau, wo die Matrikelbücher allein zwischen 1400 und 1525 etwa 3500 schlesische Studenten verzeichnen. An den Universitäten bildete sich im 14. Jahrhundert, dann aber vor allem im 15. Jahrhundert eine geistige Elite heraus, die eine eigene soziale Gruppe darstellte. Sie setzte sich nicht nur aus Geistlichen, sondern immer stärker auch aus Nichtklerikern zusammen, die nach Anstellung in der Verwaltung suchten.

Mit der neuen geistigen Elite wuchs die literarische Produktion in Schlesien. Es entstanden vor allem Schriften im medizinischen Bereich sowie Formelbücher, also Sammlungen vorgefertigter Formulierungen für die Briefabfassung in den Kanzleien. Die bedeutendste literarische Persönlichkeit dieser Epoche, Johann von Neumarkt, verfasste ein lateinisches und ein deutsches Formelbuch, das auch an schlesischen Höfen benutzt wurde. Damit schuf er die Voraussetzungen für die Herausbildung der neuhochdeutschen Sprache. Die Verbreitung seiner Formelbücher auch in schlesischen Kanzleien prägte die schlesische Mundart mit.

Der im Glatzer Augustinerstift gegen Ende des 14. Jahrhunderts entstandene sogenannte Florianspsalter, ein Gebetbuch, das in lateinischer, deutscher und polnischer Sprache für die polnische Königin Hedwig (1372–1399) verfasst wurde, zeigt, dass Schlesien – und hier muss das Glatzer Land, das durch deutsche Zuwanderer geprägt war, hinzugezählt werden – eine literarisch vermittelnde Funktion über die Sprachgrenzen zwischen West und Ost hinweg ausübte.

Die Krise des 15. Jahrhunderts

Wirtschaftliche und soziale Krise

Die Bedeutung, die Schlesien als böhmisches Nebenland unter Kaiser Karl IV. erlangt hatte, musste verloren gehen, sobald Böhmen in eine Krise geriet. Die Piastenherzöge waren nicht in der Lage, zusammen mit Breslau eine von Böhmen unabhängige Position zu entwickeln. Dieser Fall trat in der ersten Hälfte des 15. Jahrhunderts ein, die eine der schlimmsten Zeiten der schlesischen Geschichte darstellt.

Die durch die Pest ausgelöste Wirtschaftskrise, die den Westen des Reiches bereits um 1350 ergriffen hatte und unter anderem in grausamen Judenpogromen ihren Ausdruck fand, erreichte den Osten etwa 50 Jahre später. Es handelte sich im Wesentlichen um eine Absatzkrise, da die erheblichen demografischen Verluste durch die Seuche zu einem Rückgang der Getreidenachfrage und damit zum Verfall der Getreidepreise führten.

Zwar war Schlesien nicht so sehr von der Pest betroffen wie andere Regionen, doch sank auch hier die Einwohnerzahl, und die Siedlungstätigkeit ging zurück. In Oberschlesien nahm deshalb die Bedeutung der deutschen Sprache als Umgangssprache ab. Es bildeten sich vielfach deutsche Sprachinseln in einer slawisch sprechenden Umgebung. In der Folge nahmen die bis dahin deutsch sprechenden Oberschlesier die slawische Sprache an. Auch in den Städten Oberschlesiens wurde ein slawischer Dialekt zur Umgangssprache. Verstärkt wurde diese Tendenz durch die Hussitenkriege in der ersten Hälfte des 15. Jahrhunderts, in deren Verlauf das Tschechische in Oberschlesien zur Schriftsprache wurde.

Die Stagnation oder gar die Abnahme des deutschsprachigen Bevölkerungsanteils waren nicht die einzige Folge der Krise in Oberschlesien. Die verminderte Nachfrage nach Weizen führte zu einem Rückgang des Feldanbaus und zur Umstellung auf Schaf- und Fischzucht. Die oberschlesischen Bauern, die abgesehen vom Neisser Bischofsland nie so weitgehende Rechte hatten wie die in Niederschlesien, wurden zudem noch stark durch den Adel bedrängt, der ein eingeschränktes Erbrecht durchsetzte. Das bedeutete, dass der Bauer seinen Besitz nur mit Erlaubnis des Adligen weitervererben durfte.

Auch in Niederschlesien gewann der Adel an Macht und Einkünften. Hier führte die Reduzierung des Getreideanbaus zum Anbau von Spezialkulturen mit Hanf und Flachs, ferner der Pflanzen Waid und Färberröte, die zur Farbgewinnung benötigt wurden. Desgleichen wurde auch hier die Schafzucht intensiviert. Diese Spezialisierung führte schon früh zu einer heimgewerblichen Produktion von Textilien, die in enger Zusammenarbeit mit dem westeuropäischen Handelskapital eine bedeutende Einnahmequelle der Gutsherrschaften bildete. Die Rechte der bäuerlichen Bevölkerung wurden immer mehr eingeschränkt. Es gelang den Adligen, Abgaben in Dienste umzuwandeln, zudem ihren Einfluss auf die Dorfgerichtsbarkeit zu erhöhen. Die später das Land bestimmende Gutsherrschaft, in deren Folge der Bauer auch persönlich unfrei war, nahm hier ihren Anfang.

Während die Adligen im Westen eher zu den Verlierern der Krise gehörten, da ihre Einnahmen aus den Grundzinsen sanken und viele als Raubritter verkamen, wurde der Adel in Schlesien durch die Krise gestärkt. Doch versuchten auch hier zahlreiche Adlige, die unsichere Zeit des 15. Jahrhunderts als Raubritter zu nutzen. Bekannt war insbesondere die Burg Neuhaus bei Frankenstein, die um 1438 und auch später unter Sigismund von Reichenau als Raubritternest diente. Erst als 1509 der Bischof von Breslau die Burg eroberte, gab es wieder Ruhe auf den Handelsstraßen.

Im Gegensatz zum Westen, wo die niedrigen Getreidepreise in den Städten für einen Aufschwung des Handwerks und seine Differenzierung in zahlreiche Berufszweige sorgten, profitierte die städtische Wirtschaft in

Schlesien nicht von der Krise. Externe Faktoren waren dafür ausschlaggebend: die Hussitenkriege, später die schlesisch-böhmischen Kriege und auch die durch die bereits drohende Türkengefahr verursachten hohen Ausgaben für die Stadtbefestigungen. Auch Kirchen, wie die in Patschkau, wurden zu Befestigungsanlagen ausgebaut.

Obwohl die Pest in Schlesien nicht so schlimm gewütet hatte wie in anderen Territorien, machte sich gerade in den Städten der Bevölkerungsrückgang bemerkbar. Durch Raubritter wurden die Handelsstraßen unsicher, was den bis dahin florierenden West-Ost-Handel sehr stark beeinträchtigte. Die Handelsroute verlagerte sich notgedrungen nach Norden und verlief nun von Leipzig nach Posen. Breslau verlor deshalb an Bedeutung, da außerdem der Verkehr auf der Hohen Straße in Richtung Schwarzes Meer durch die Türken bedroht wurde.

Darüber hinaus wurde Breslau durch interne Auseinandersetzungen erschüttert, deren Ursache die ungleiche politische Machtverteilung war. Gegen das Machtmonopol des Patriziats im Rat erhoben sich die in Zünften organisierten Handwerker und Krämer. Schon 1333 kam es zu einem Aufruhr, 1418 dann zu einem blutigen Aufstand, dem sich auch die Unterschichten anschlossen. Wie der bekannte Historiker Samuel Benjamin Klose im 18. Jahrhundert aufgrund seiner urkundlichen Recherchen berichtet, drangen die Aufständischen in das Rathaus ein, brachen Kisten und Kasten auf, zerrissen fürstliche und königliche Urkunden, ließen Gefangene frei und töteten sieben Ratsherren. Kaiser Sigismund aber, dem Stadtherrn, war an einer Umorganisation der Machtverhältnisse in Breslau nicht gelegen. Als er sich 1420 anlässlich eines Reichstages in Breslau aufhielt, ließ er 23 Rädelsführer, weitgehend Handwerker, hinrichten. Darunter war auch die Frau des Braumeisters Hancke, die mit der Ratsglocke Sturm geläutet und so das Zeichen zum Aufstand gegeben hatte.

Auseinandersetzungen gab es ferner zwischen Stadt und Domkapitel um wirtschaftliche Vorteile der Geistlichen. Vergleichbare Konflikte spielten sich in zahlreichen Städten des Heiligen Römischen Reiches ab. Streitpunkt waren die Privilegien, die geistliche Institutionen für sich in Anspruch nahmen, ohne jedoch zu den gestiegenen Kosten der städtischen Infrastruktur wie zum Beispiel dem Festungsbau beizutragen. Häufig nutzten geistliche Einrichtungen ihre wirtschaftlichen Vorrechte, indem sie die Preise der städtischen Kaufleute auf dem Markt unterboten. In Breslau entzündete sich ein solcher Konflikt um die Bierpreisprivilegien des Domkapitels. Die Auseinandersetzung wurde deshalb als Bierkrieg bezeichnet.

Die Judenpogrome

Die unsicheren Zeiten um die Mitte des 15. Jahrhunderts führten zu einer Katastrophe für die Juden in ganz Schlesien. Die Aufstände der Stadtbevölkerung richteten sich auch gegen sie. Als Begründung mussten der Vorwurf des Hostienfrevels und die Blutschuldlüge herhalten. Demnach sollten Juden sich durch Bestechung in den Besitz geweihter Hostien gesetzt haben, um durch Einstiche in die Hostien die Kreuzigung Christi nachzuvollziehen. Die Blutschuldlüge verstieg sich zu dem Vorwurf, Juden würden christliche Jungen töten, da sie deren Blut für ihre Reinigung benötigten. Schon 1402 war in Glogau gegen die Juden Jacob und Pessach Rotbart der Vorwurf der Hostienschändung erhoben worden. Ohne Beweisführung in einem Prozess wurden die beiden Juden vor dem Stadttor verbrannt, die übrigen Juden vorübergehend aus der Stadt vertrieben. Ein Bild in der Pfarrkirche sollte dieses Ereignis im kollektiven Gedächtnis erhalten.

Eine Steigerung dieser Anschuldigungen erfolgte 1453 im Zusammenhang mit dem Auftreten des Franziskanermönchs Johann Capistrano, der die Breslauer Kleriker, aber auch die Einwohner im Sinne der Reformkonzilien zu einem lasterfreien Leben bekehren und gegen Häresien feien wollte. Im Februar 1453 kam er in die bischöfliche Residenzstadt Neisse und Mitte Mai auf Einladung des Bischofs Peter Nowak im Einverständnis mit dem Rat nach Breslau.

Davon unabhängig hatte ein Bauer nach einem Kirchendiebstahl vor Gericht ausgesagt, er habe im Auftrag der Breslauer Juden geweihte Hostien entwendet und ihnen diese gegeben. Auf diese Aussage hin wurden am 2. Mai 1453 sämtliche Juden Breslaus verhaftet. Ihr Vermögen wurde konfisziert. Auf Anzeige bei König Ladislaus Postumus von Böhmen (Reg. 1453–1457) hin wurden zwei königliche Kommissare, die Anfang Juni in Breslau eintrafen, mit der Untersuchung beauftragt. Beraten wurden sie durch Johann Capistrano, der gleichzeitig durch seine Bußpredigten das Volk in aufgeregte Stimmung versetzte. Für die Juden trat interessanterweise nur der Breslauer Bischof Peter Nowak ein, der den Rat am 2. Juni 1453 zur Mäßigung ermahnte.

Die St.-Adalbert-Kapelle in Jauer, eine ehemalige Synagoge aus der zweiten Hälfte des 14. Jahrhunderts, ist das älteste jüdische Bauwerk in Schlesien. Seit 1364 lebten Juden in Jauer, wurden aber schon 1420 wieder aus der Stadt vertrieben. 1438 erlaubte König Albrecht den Bürgern, die Synagoge in eine Hospitalkapelle umzuwandeln. Später in die Stadt zurückkehrende Juden wurden infolge der Verfolgungen durch den Franziskanermönch Johann Capistrano 1453 verhaftet und vermutlich verbrannt. Die Hospitalkapelle wurde 1729 grundlegend umgebaut.

Die in Breslau unter der Folter erpressten Geständnisse, aber auch die Zeugenaussagen getaufter Juden hatten für alle jüdischen Gemeinden Schlesiens fatale Folgen, denn es wurde behauptet, dass sie an dem Hostienfrevel beteiligt gewesen seien. Nach dem Gerichtsurteil wurden in Breslau auf dem Salzmarkt, wo Johann Capistrano wohnte, 41 Juden verbrannt, in Schweidnitz 17. Auch die Liegnitzer Juden, die gefangen gesetzt worden waren, wurden ermordet. Die übrigen Juden Schlesiens – nach Angaben der königlichen Kommissare 318 Personen – mussten das Land verlassen.

Neben der religiösen Unruhe, die durch Capistrano angefacht wurde und die fast hysterische Züge annahm, waren es vor allem materielle Interessen, die das Ende der jüdischen Gemeinden herbeiführten. Nicht nur die Fürsten, auch die einfachen Bürger versuchten auf diese Weise, ihre Schulden oder zumindest ihre Zinslasten bei den Juden loszuwerden. Zudem waren, jedenfalls für die Breslauer Kaufleute, die Juden nicht mehr die einzigen Kapitalgeber. Bereits 1420 hatte Papst Martin V. auf ein Bittgesuch hin seinen „geliebte[n] Söhne[n], des Klerus, des Adels, der Bürger und Insassen der Stadt und Diözese Breslau" den Zinskauf erlaubt und erklärt, dass dieser mit dem „gemeinen Recht" vereinbar sei.[21] Die Juden wurden damit für den städtischen Geldhandel unwichtiger, das Interesse, sich für ihren Schutz einzusetzen, sank. Viele Städte erwarben nach 1453 vom Landesherrn das Recht, keine Juden mehr aufnehmen zu müssen.

In den folgenden Jahrhunderten wurde Juden in Schlesien in nur wenigen Städten unter adliger oder geistlicher Herrschaft Schutz gewährt, so in Glogau, Zülz, Dynhernfurth und bedingt auch in Breslau. Ein bedeutendes jüdisches Zentrum konnte sich ab 1495 in Oels bilden, da Herzog Heinrich I. aus dem Hause Podiebrad Juden das Niederlassungsrecht gewährte. Hier betrieb Chaim

Unter dem Podiebrad-Herzog Heinrich I. (Reg. 1465–1498) durften sich ab 1495 Juden in seiner Residenzstadt Oels niederlassen. Sein Sohn Karl I. (Reg. 1498–1536) erlaubte sogar die Einrichtung einer hebräischen Druckerei als eine der ersten jüdischen Druckereien im Reich. Hier erschien mit dem „Oelser Pentateuch“, den fünf Büchern Moses, der erste hebräische Druck in Deutschland. Das Titelblatt zeigt das Wappen Herzog Karls I. sowie einen Segensspruch auf ihn. Als 1535 ein Blitzschlag die Druckerei zerstörte, setzten die Bürger von Oels unter Karls Nachfolger Johann die Vertreibung der Juden durch. Die Synagoge wurde nach Einführung der Reformation 1538 zur evangelischen Salvatorkirche umgebaut.

Schwarz von 1530 bis 1533 eine der ersten hebräischen Druckereien im Alten Reich. Ihm folgte 1535 Samuel Helitz. Im selben Jahr aber vernichtete ein Blitzschlag die Druckerei, was die Bürger als Gottesurteil betrachteten und zum Anlass für die Vertreibung der Juden nahmen. Die Synagoge wurde zum Arsenal, später zur evangelischen Salvatorkirche umgebaut. Neben der in eine Kapelle umgewandelten Synagoge von Jauer (circa 1364) kann sie heute als zweitältestes jüdisches Bauwerk in Schlesien gelten.

Schlesien und die Hussiten

Die ökonomische und soziale Krise des 15. Jahrhunderts spiegelte sich in den politischen Wirren: König Wenzel IV. (Reg. 1378–1419), der Nachfolger Karls IV., konnte nur unter großen Zugeständnissen seine Macht behaupten. Die Situation in Böhmen verschlechterte sich durch Johannes Hus, der seit 1402 als radikaler Volksprediger auftrat. In Anlehnung an die Lehre des englischen Reformators John von Wyclif, die in England als Häresie verurteilt worden war, vertrat Hus ein strenges Bibelverständnis und die Auffassung von der Kirche als Gemeinschaft Prädestinierter. In Prag radikalisierte sich die Reformbewegung zu einem Volksaufstand, nachdem ihre beiden führenden Köpfe, Johannes Hus und Hieronymus von Prag, vom Konstanzer Konzil (1414–1418) verurteilt und 1415 als Ketzer verbrannt worden waren.

Die Hinrichtungen lösten in Schlesien keine unmittelbaren Reaktionen aus; doch blieb es von den nach dem Tod König Wenzels 1419 in Böhmen ausbrechenden Unruhen nicht verschont. Der Bruder Wenzels, Sigismund, König von Ungarn und seit 1410 römisch-deutscher Kaiser, wurde von den Böhmen nicht als König anerkannt, da er das Jan Hus versprochene sichere Geleit zum Konstanzer Konzil nicht eingehalten hatte; er galt geradezu als dessen Mörder. Sigismund verblieben nur noch Schlesien und die Lausitz. Von Schlesien aus, so plante er, sollte Böhmen unterworfen werden.

Sigismund berief deshalb 1420 den – schon im Zusammenhang mit dem Breslauer Handwerkeraufstand von 1418 erwähnten – Reichstag nach Breslau ein. Es ist der einzige Reichstag, der in Schlesien abgehalten wurde. Auch wenn Kaiser und Reichsfürsten prachtvoll in Erscheinung traten, so war das Ergebnis doch eher kläglich. Papst Martin V. hatte einen militärischen Kreuzzug gegen die böhmischen Hussiten verkündet, den Sigismund ab Juni 1420 führte. Doch die schlesischen Piastenfürsten ließen ihn dabei weitgehend im Stich. Sie interessierten sich nur für ihre kleinen Territorien und sprachen politisch nicht mit einer Stimme. Angesichts der Gefahr, die von Böhmen her drohte, schlossen 1421 der Breslauer Bischof, die Herzöge sowie die Stände der Erbfürstentümer ein Verteidigungsbündnis gegen die Hussiten. Es überdauerte aber nicht die Niederlage, die Sigis-

Neben der Mongolenschlacht von 1241 galt im kollektiven Gedächtnis der Schlesier die Schlacht gegen die Hussiten am 27. Dezember 1428 bei Altwilmsdorf nahe Glatz als eines der bedeutendsten kriegerischen Ereignisse im Land. 1655 stellte der Kupferstecher Wolfgang Kilian die Madonna von Wartha als Schützerin der Bedrängten dar. Der Bildausschnitt zeigt im Vordergrund, wie das schlesisch-glätzische Heer nach seiner Niederlage vor dem Heer der Hussiten flieht. Die Hussiten führen die Kelch-Fahne als Symbol für ihre Forderung nach der Einführung des Abendmahls in beiderlei Gestalt (Brot und Wein). In der Bildmitte ist der Tod des Herzogs Johann von Münsterberg in der Schlacht dargestellt.

mund im Januar 1422 im Kampf gegen die Böhmen erlitt.

Angesichts dieser dramatischen Situation setzte der Kaiser eine Verfassungsänderung durch, die für die kommenden Jahrhunderte Schlesien zu einer Einheit zusammenfügen sollte. Am 16. April 1422 ernannte er den Breslauer Bischof Konrad von Oels zum Oberhauptmann über ganz Schlesien, der damit als Vertreter der Krone ein königliches Amt innehatte. Doch war die politische Macht damit noch keineswegs gesichert, solange die schlesischen Herzöge auf eigene Faust agierten. Zum eigentlichen Akteur wurde in der Auseinandersetzung mit den Hussiten zunächst der Hauptmann des zu Böhmen gehörenden Glatzer Landes, Puotha von Czastolowitz, ein böhmischer Großgrundbesitzer, den Kaiser Sigismund dort 1422 eingesetzt hatte.

Die Glatzer Stände, die hier zum ersten Mal in Erscheinung traten, schlossen am 14. Oktober 1424 mit dem Münsterberger Piastenherzog Johannes ein Bündnis gegen die hussitischen „Ketzer". Wohl aus diesem Grund gingen die radikalen Hussiten, die sogenannten Orebiten, aus Nordostböhmen nun zum Angriff über. Im Dezember 1425 überfielen sie im Glatzer Land die kleine an der Heuscheuer gelegene Stadt Wünschelburg, Anfang 1427 zerstörten sie das schlesische Städtchen Landeshut und plünderten das Zisterzienserkloster Grüssau.

Im Februar 1427 schlossen sich die schlesischen Fürsten in der sogenannten Einung von Strehlen enger zusammen und installierten ein Zentralgericht als Institution für Gesamtschlesien. Doch hielten die Schlesier nicht zusammen. Die Bürger von Schweidnitz schlossen 1427 mit den Hussiten Frieden, während andere Städte wie Goldberg erfolgreich Widerstand leisteten. In dem nun folgenden „regulären" Hussitenkrieg von 1428 verwüsteten diese das Herzogtum Troppau, zogen über Neustadt/Oberschlesien in Richtung Neisse, wo sich ihnen zum ersten Mal ein reguläres Heer unter Führung des Bischofs entgegenstellte, das aber überrannt wurde. Während das Bischofsland nun geplündert wurde und Ottmachau und Patschkau in Flammen aufgingen, konnte sich die Stadt Neisse unter Führung des Glatzer Hauptmanns Puotha von Czastolowitz erfolgreich gegen die Hussiten wehren. Zerstört wurden auch weitere kleinere Städte. Allerdings wagten es die Hussiten nicht, Breslau anzugreifen. Am 27. Dezember 1428 kam es vor den Toren von Glatz zu einer Schlacht, bei der das schlesisch-glätzische Heer unterlag und Herzog Johann von Münsterberg, der letzte der dortigen Piasten, fiel. Nur die Stadt Glatz selbst vermochte sich zu halten. Erneut wurden 1429 die südschlesischen Städte bis nach Jauer und sogar Neumarkt gebrandschatzt.

Die schlesische Einung von Strehlen überstand diese Feuerprobe nicht. Alle oberschlesischen Herzöge schlossen Sonderabkommen mit den Hussiten, der Oppelner Herzog kämpfte sogar auf ihrer Seite. Weil er als Einziger gegen die Hussiten standhaft geblieben war, wurde der Glatzer Hauptmann Puotha von Czastolowitz vom Kaiser Sigismund mit dem Herzogtum Münsterberg belehnt. Das böhmische Glatzer Land rückte damit näher an Schlesien heran. Die Hussiten waren nicht zu besiegen. Auch in den folgenden Jahren drangsalierten sie Schlesien und das Glatzer Land, wobei sie von festen Punkten, Burgen und Städten, die sie inzwischen eingenommen hatten, agieren konnten, so Ottmachau, Nimptsch, Kreuzburg, Gleiwitz und die Hummelburg.

Politische Entwicklung

Dass die Kriege schließlich ein Ende fanden, war nicht der militärischen Gewalt der schlesischen Fürsten, sondern den veränderten politischen Konstellationen und Einsichten zu verdanken. Eine wichtige Rolle spielte dabei der polnische König Wladislaus II. Jagello (Reg. 1386/99–1434), der zwar den Schlesiern nicht zu Hilfe kam, andererseits aber auch die Hussiten nicht unterstützte. Außerdem fühlten sich die meisten Böhmen

Siegel Georgs von Podiebrad, der als König von 1458 bis 1471 in Böhmen regierte. Da er zu den gemäßigten Hussiten, den sogenannten Utraquisten gehörte, wurde er vom Papst nicht anerkannt. In den schlesisch-böhmischen Kriegen, die das zur Folge hatte, stellte sich die Stadt Breslau gegen König Georg.

Der polnische Königsspross Wladislaw II. (Reg. 1471–1516) war von Georg Podiebrad als Nachfolger vorgesehen, musste aber zunächst mit dem ungarischen König Matthias Corvinus (Reg. 1458–1490) eine Auseinandersetzung um die böhmische Krone führen. Erst nach dessen Tod (1490) konnte Wladislaw II. die Herrschaft auch über Schlesien antreten.

in ihrer politischen und geistigen Isolation nicht wohl. Sie sahen nicht ein, dass ihnen eine radikale Minderheit das Gesetz des Handelns aufdrängte. Nicht die Schlesier, sondern die Böhmen selbst lösten das Problem. In der Schlacht bei Lipan besiegten 1434 die gemäßigten Hussiten die radikalen. Einer Einigung mit der römischen Kirche stand auf dem damals tagenden Konzil von Basel (1431–1449) nun nichts mehr im Wege. Den gemäßigten Hussiten wurde das Abendmahl in beiderlei Gestalt, das heißt mit Brot und Wein, zugestanden. Sigismund wurde König von Böhmen.

Die schlesischen Fürsten schlossen 1435 auf Anregung Kaiser Sigismunds einen Landfriedensbund, der künftighin Kriege untereinander verhindern sollte. Damit keiner aus dem Bündnis ausscherte, durfte kein schlesischer Fürst ohne Wissen und Zustimmung des Oberhauptmannes einen Krieg beginnen. Bischof Konrad wurde erneut Oberhauptmann, ihm zur Seite stand ein Ausschuss. Beide zusammen bestimmten auch über das für alle Schlesier zuständige Zentralgericht.

Doch die Wirren, die nach dem Tod Kaiser Sigismunds (1437) um dessen Nachfolge in Böhmen auftraten, machten aufgrund polnischer Ambitionen auf den Thron ein geeintes Schlesien illusorisch. Die Piastenherzöge allein waren dazu nicht fähig, und ein machtvoller Oberherr fehlte. Nur wenn der gegeben war, hielten Schlesiens Fürsten zusammen. Sigismunds Nachfolger, sein Schwiegersohn Albrecht, starb schon 1439. Sein ungarisches und böhmisches Erbe versuchte seine Witwe Elisabeth für den nachgeborenen Sohn Ladislaus Postumus (geb. 1440) zu retten. Einen Anspruch auf den böhmischen Thron erhob aber auch König Ladislaus III. von Polen (Reg. 1434–1444). In den daraufhin beginnenden Auseinandersetzungen wurde Schlesien immer wieder mit Krieg überzogen. Der Tod Ladislaus' III. im Kampf gegen die Türken bei Warna 1444 veränderte insofern die Situation, als sein Nachfolger Kasimir IV. keine Ansprüche auf Böhmens Krone erhob.

In Böhmen wurde inzwischen ein Vertreter der böhmischen Adelsfamilien, Georg von Podiebrad, zu einer mächtigen Persönlichkeit. Er hätte auch in Schlesien zu einem machtvollen und Ordnung schaffenden Herrscher werden können, hätte dies die Stadt Breslau nicht verhindert, die um ihre Vormacht fürchtete. Die „königlose" Zeit, das Machtvakuum bis zum Regierungsantritt von Ladislaus Postumus, nutzten die böhmischen Stände, um das Land zu einem Wahlkönigtum zu erklären. Sie wählten Ladislaus Postumus 1453 zum König; doch starb dieser bereits 1457. Ein Jahr später kürten die Stände Georg von Podiebrad zum König. Bei allen Fähigkeiten, die ihn persönlich auszeichneten, so sein diplomatisches Geschick, besaß sein Königtum doch zwei Makel: Zum einen war er nur von einer hussitischen Minderheit (deren Stimme allerdings großes Gewicht hatte) zum König gewählt worden und bekannte sich selbst als Utraquist, das heißt als gemäßigter Hussit. Nur das Baseler Konzil hatte die Utraquisten anerkannt, nicht jedoch der Papst. Zum anderen entstammte Georg zwar einer einflussreichen Adelsfamilie, doch fehlte ihm die königliche Abstammung. Immerhin gelang es ihm, Böhmen zu befrieden. Er schaffte es aber nicht, das päpstliche Misstrauen zu beseitigen. Papst Pius II. verwarf 1462 ausdrücklich die Einigung mit den Hussiten, da sie durch das Konzil, nicht aber durch den Papst herbeigeführt worden war.

Da Georg seinen Söhnen die böhmische Königswürde nicht im Erbgang zu sichern vermochte, erhob er das Glatzer Land 1459 zur Grafschaft und machte seine Söhne zu Grafen von Glatz und Herzögen von Münsterberg. Damit trat nun neben den Piasten ein neues Geschlecht in Schlesien auf, das in den kommenden zwei Jahrhunderten dessen Geschicke mit bestimmen sollte. Die Stadt Breslau stellte sich auf die Seite des Papstes und leistete dem „Ketzerkönig" Georg von Podiebrad Widerstand. Es ist nicht ganz einsichtig, warum Breslau nur um seiner Vorrangstellung willen Widerstand leistete, der zu zahlreichen Kriegen führte.

Mit der Hilfe der päpstlichen Kurie gelang es den Gegnern Podiebrads 1469, den ungarischen König Matthias Corvinus (Reg. 1458–1490) als böhmischen Thronanwärter zu gewinnen. Georg von Podiebrad hatte dagegen im selben Jahr den katholischen Spross des polnischen Königshauses Wladislaw II. (Reg. 1471–1516) als Nachfolger vorgeschlagen. Dieser war ein Neffe von Ladislaus Postumus und damit Nachkomme der Luxemburger und der Jagiellonen. Nach dem Tod Georgs von Podiebrad 1471 kam es zu der voraussehbaren Auseinandersetzung zwischen beiden Thronanwärtern, die erst 1479 endete. Beide behielten den Titel eines Königs von Böhmen, doch wurde das Herrschaftsgebiet aufgeteilt. Schlesien, Mähren und die Lausitz blieben bei Matthias, das böhmische Kernland bei Wladislaw II. Nach dem Tod eines der beiden sollte der Überlebende beide Reiche, Böhmen und Ungarn, erben. Dies war Wladislaw, dessen Erbvertrag von 1491 mit Kaiser Maximilian I. zur Grundlage der Habsburger Herrschaft über Böhmen bis 1918 werden sollte.

Die Kriege des 15. Jahrhunderts hatten kolossale Verwüstungen im Land angerichtet. Die Piastenfürsten hatten sich als unfähig erwiesen, das Land zusammenzuhalten und nach außen hin zu verteidigen. Im Gegenteil, selbst in der Zeit äußerer Bedrohung kämpften sie gegeneinander und boten sogar den Feinden im Interesse des eigenen Machterhalts ihre Dienste an. Auch die piastische Leidenschaft der Landaufteilung hatten sie nicht abgelegt und ihre Machtbasis damit immer mehr geschmälert.

In Schlesien war dadurch erneut ein Machtvakuum entstanden. Es war damit den Machtinteressen benachbarter Herrscher preisgegeben, denen es ein Leichtes war, Teile des Landes, vor allem in Oberschlesien, zu okkupieren. Im Westen des Landes war Sagan zwar nicht aus dem schlesischen Gesamtverband ausgeschieden, aber politisch an die Wettiner verloren gegangen. Von der Unfähigkeit der Piasten profitierten besonders die Podiebrad-Nachkommen, die nicht nur das Herzogtum Münsterberg, sondern nach dem Aussterben der Oelser Piasten (1492) auch noch dieses Herzogtum (1495) bekamen. Dafür verkauften sie die Grafschaft Glatz an die österreichischen Grafen von Hardeck. Immerhin gab es erste Ansätze zur Bildung eines schlesischen Gesamtstaates unter Leitung eines Oberlandeshauptmanns.

Bildung und Kultur

Die böhmische Reformbewegung, die zur endgültigen Trennung von der römischen Kirche führte und durch ihre Radikalisierung zum Hussitenkrieg eskalierte, hat Schlesien nicht erfasst. Die schlesische Reformbewegung zielte auf eine innere Erneuerung der römischen Kirche. Sie war in den 1380er Jahren noch vom böhmischen Chorherrenstift in Raudnitz ausgegangen. Von dort reichte sie über das Glatzer Chorherrenstift bis nach Sagan. Hier trat vor allem der Saganer Propst Ludolf (um 1353–1422) hervor, der aus dem niedersächsischen Einbeck stammte.

Die Forderung nach Reform wird von den zeitgenössischen Chronisten in ihrem historischen Kontext gedeutet. Deshalb enthalten in Sagan wie in Glatz die Aufzeichnungen der Klostergeschichte wichtige historische Reflexionen über die allgemeine Geschichte. So werden zum Beispiel in Ludolfs „Katalog der Saganer Äbte" der Beginn des großen abendländischen Schismas (1378) – also der gleichzeitigen Wahl zweier Päpste – sowie die Auseinandersetzung zwischen König Wenzel IV. und der Prager Kirche thematisiert, die für den Prager Generalvikar Johannes von Nepomuk 1393 gewaltsam durch Ertränken in der Moldau endete. „Die Klostergeschichte wird zur Reformgeschichte" (C. Proksch).[22] Auch in seinen weiteren Werken befasst sich Ludolf mit dem Schisma und der Einheit der Kirche sowie dem Konzil von Pisa, an dem er für den Breslauer Bischof teilgenommen hatte. In seinem letzten Werk, dem „Tractatus", widmete er sich der hussitischen Revolution sowie der hussitischen Theologie, deren Kirchen-, Eucharistie- und

Bilderlehre er im Sinne der römischen Kirche angreift.

Bestimmten im 15. Jahrhundert noch weitgehend geistliche Chronisten die Geschichtsschreibung Schlesiens, so betrat mit dem Breslauer Stadtschreiber Peter Eschenloer ein Vertreter der nichtkirchlichen Intelligenz die Szene. Kritisch beurteilt er die Zustände Breslaus für die Zeit von 1440 bis 1479, darunter auch die Haltung der Breslauer gegenüber den Juden. Deutlich wird vor allem seine distanzierte Haltung gegenüber dem Klerus. Zu den säkularen Chronisten, die die dynastischen und kirchlichen Wirren des 15. Jahrhunderts darstellen, zählen auch der Bolkenhainer Kaufmann Martin Kotbus und der Namslauer Stadtschreiber Johannes Froben.

In der Musik, Architektur und bildenden Kunst haben sich die großen Auseinandersetzungen des 15. Jahrhunderts nicht niedergeschlagen. Die aus dieser Zeit in Schlesien überlieferten Liederhandschriften zeigen niederländisch-burgundische Einflüsse, aber auch einheimische Kreativität, so die Glogauer Liederhandschrift um 1480. Obgleich dieses Werk im kirchlichen Umfeld, dem dortigen Kollegiatstift, entstanden ist, sind als Produzenten auch Bürger anzunehmen. Desgleichen zeigt auch der Breslauer Musikkodex von um 1500 Einflüsse niederländischer Musik. Ähnliches gilt in der bildenden Kunst für den anonymen Künstler des 1447 für die Breslauer Barbarakirche geschaffenen Flügelaltars. Der vermutlich zugewanderte Künstler verarbeitete fränkische, österreichische, burgundische, aber auch italienische Einflüsse.

Dagegen präsentiert sich die einheimische Kunst in den zahlreichen neu entstehenden Kirchen eher konservativ oder rustikal und verweist damit noch am ehesten auf die unruhigen Zeiten. Den großen Kirchen, die in der Zeit Karls IV. erbaut oder vollendet wurden, wie St. Peter und Paul in Liegnitz, St. Marien in Goldberg, die Pfarrkirche in Patschkau, St. Martin in Jauer, die Stadtpfarrkirche in Schweidnitz oder St. Elisabeth in Breslau, folgte im 15. Jahrhundert als große spätgotische neunjochige Hallenkirche St. Jakobus in Neisse. Obgleich Neisse die eigentliche Bischofsstadt Schlesiens war, wurde dieses imposante Gotteshaus von der Bürgerschaft zwischen 1401 und 1431 errichtet, in einer Zeit also, als die Stadt 1428 der Belagerung der Hussiten trotzte.

Das 15. Jahrhundert endete mit der Errichtung des bedeutendsten Profanbaus Schlesiens, des Breslauer Rathauses, das zwischen 1470 und 1510 durch Künstler aus Sachsen, der Lausitz und Schlesien neugestaltet wurde. Der spätgotische Bau leitet zur Renaissance und damit zu einem neuen Zeitalter über.

Zu den ältesten realistischen Stadtdarstellungen in Deutschland zählen diejenigen der Nürnberger Maler Michael Wolgemut und Wilhelm Pleydenwurff in der Weltchronik des Nürnberger Humanisten Hartmann Schedel von 1493. Unter den 21 Stadtansichten befinden sich auch die der schlesischen Städte Breslau und Neisse. Das Bild oben zeigt Neisse mit der Kirche St. Jakobus im Zentrum. Der linke Kran verweist auf den Bau des Turms, mit dem 1474 begonnen wurde. Der zweite Kran zeigt den 1482 begonnenen Bau des Rathausturmes an. Die Bauten erfolgten während der Amtszeit von Bischof Johannes Roth (Reg. 1482–1506), dessen Wappen am linken Torturm (Breslauer Tor) angebracht ist.

Im Zentrum des Breslauer Rings steht das Rathaus, das 1299 zum ersten Mal erwähnt wird und an dem vom 13. bis zum 15. Jahrhundert kontinuierlich gebaut wurde. Zwischen 1470 und 1510 erfuhr es eine grundlegende Modernisierung, die zwischen 1528 und 1564 unter Hinzufügung von Renaissanceformen fortgesetzt wurde. 1558 erhielt der Turm seine heutige charakteristische Gestalt. Die Ostseite mit den drei Giebeln, der Sonnenuhr (1580), dem Südost-Erker mit Schatzkammer und dem Kapellenerker (1450er Jahre) bildet die Schauseite dieses wohl bedeutendsten Profanbaus Schlesiens. Im Rathaus tagten nicht nur die städtischen Gremien, sondern auch die schlesischen Stände, der sogenannte Fürstentag. Damit war das Rathaus das politische Zentrum des Landes.

Schlesiens Weg in die Frühe Neuzeit

Wie ein Renaissancefürst gestaltete König Matthias Corvinus, der von 1479 bis 1490 auch über Schlesien herrschte, seine Politik. Dies verrät auch das Profil seiner Porträtfigur am Bautzener Schloss. Den Widerstand gegen seine Reformpolitik beseitigte er mit Militärgewalt. Es gelang ihm, das zersplitterte Schlesien auf den Weg zu einem modernen Staat zu bringen.

Die Herrschaft des Matthias Corvinus

Die Auseinandersetzung zwischen dem böhmischen König Wladislaw II. und dem ungarischen König Matthias Corvinus war im Hinblick auf Schlesien 1479 zugunsten von Corvinus ausgegangen. Daher war Schlesien bis zu dessen Tod 1490 stärker auf Ungarn fixiert. Ungarn war immer mehr unter den Druck der Türken geraten, eine Westorientierung war als Schutzgarantie des Landes dringend erforderlich. Corvinus setzte darum sehr stark auf seine Länder Schlesien und die Lausitz.

Wie der frühere böhmische König Georg Podiebrad war auch Matthias Corvinus ein Emporkömmling. Vielleicht trat er gerade deshalb wie ein typischer Renaissancefürst auf. Mit ihm setzte auch die Renaissancekunst in Schlesien und der Lausitz ein. Eine schlesische Gesamtregierung, wie sie seit Kaiser Sigismund in Ansätzen vorhanden war, befestigte er durch die Ernennung eines Oberlandeshauptmanns. Da sich von den schlesischen Fürsten dafür keiner zur Verfügung stellen wollte, setzte der König Statthalter für Ober- und Niederschlesien ein. In Breslau wurde dies nach der Reform der Ratsverfassung (1475) der Ratsälteste. Wegen ihrer Amtsführung waren die Statthalter allerdings nicht beliebt, wie ihr Ende nach dem Tod Corvinus' beweist. Der vom König ins Amt gebrachte Breslauer Ratsälteste Heinz Dompnig wurde öffentlich auf dem Breslauer Rathausplatz hingerichtet, dem Statthalter für Niederschlesien, Georg von Stein, gelang die Flucht nach Brandenburg.

Gegen Widerstand setzte Corvinus Söldnertruppen ein. Durch sein hartes Vorgehen gelang es ihm, das Eintreiben der Steuern für den Staat in Schlesien durchzusetzen und dabei die Stände in die Pflicht zu nehmen. Die gesamtschlesische Ständeversammlung beziehungsweise die Fürstentage wurden seit 1474 fast jährlich zusammengerufen. Zu ihnen gehörten die Fürsten der einzelnen Herzogtümer und Standesherrschaften sowie Vertreter der Prag direkt unterstellten Erbfürstentümer und der Stadt Breslau. Sie hatten sich um die Landesverwaltung, den Landfrieden, die Münzordnung sowie um Steuersachen zu kümmern.

Gerade diese Beschlüsse waren für den modernen Staat des Matthias Corvinus wichtig. Eine neue Münzordnung sollte der Münzverwirrung und Falschmünzerei der letzten Jahrzehnte ein Ende bereiten, was allerdings zunächst nicht gelang. Um den Landfrieden aufrechtzuerhalten und die Wegelagerer und Raubritter zu beseitigen, benötigte Corvinus hohe Summen, ebenso für die Landesverwaltung seines Statthalters Georg von Stein. Die Fürstentage mussten ihm dafür die Mittel bewilligen. Über Steuerprivilegien setzte sich der König schon einmal hinweg, interne Zwistigkeiten beendete er kurz entschlossen. Mit seiner skrupellosen Handlungsweise gelang es ihm, das zersplitterte Schlesien auf den Weg zu einem modernen Staat zu bringen.

Die Ständeherrschaft

Die Fürstentage traten auch nach Corvinus' Tod in regelmäßigen Abständen zusammen. Der Oberlandeshauptmann, seit 1491 mit Kasimir von Teschen wiederum ein einheimischer Fürst, übte sein Amt gleichsam in einer Doppelfunktion als oberster Beamter des Königs sowie als Vorsitzender der Stände aus. Die schwache Position König Wladislaws II. (Reg. als König von Ungarn und Böhmen 1490–1526) nutzten die Stände, indem sie sich 1498 in dem sogenannten Großen Landesprivileg ihre traditionellen Rechte und Privilegien festschreiben ließen. Garantiert wurde ihnen nun ihre Steuerfreiheit, die ihnen Matthias Corvinus nicht hatte zugestehen wollen. Bewilligt wurde ihnen auch das Recht, dass in Zukunft nur ein schlesischer Fürst zum Oberlandeshauptmann ernannt werden sollte. Auch das Obergericht lag bei den Ständen, wodurch das Fehde- und Raubritterwesen begrenzt werden sollte.

Das in Zukunft immer wieder einmal in Frage gestellte Landesprivileg von 1498 bedeutete für die böhmischen Könige, dass sie bei Amtsantritt die Forderungen der schlesischen Stände garantieren mussten. Die hier gewonnene Unabhängigkeit Schlesiens wurde nur wenig später durch den sogenannten Kolowrath'schen Vertrag gestärkt. Dieser kam so zustande: Im Jahr 1503 war es Bischof Johannes IV. Roth von Breslau (Reg. 1482–1506) gegen den Willen des Domkapitels gelungen, Johannes Turzo, den ungarischen Adelsspross und Sohn einer kapitalstarken Familie, als seinen Nachfolger durchzusetzen. Diese Schwäche des Domkapitels nutzte die Stadt Breslau, die seit 1503 wegen einer Verstärkung der Stadtbefestigung mit dem Domkapitel in Streit lag, zusammen mit den Fürsten aus, um mit dem Domkapitel 1504 einen Vertrag zu schließen, der die Sonderstellung der geistlichen Untertanen einschränkte. Diese wurden nun auch besteuert und zu militärischen Aufgaben herangezogen. Die Kirche musste auf den Bann verzichten, durch den schon einmal politische Ziele durchgesetzt wurden. In Zukunft durften in das Domkapitel und zu Bischöfen in Breslau nur noch Personen aus den Ländern der böhmischen Krone gewählt werden. Damit wurde zum Beispiel die Aufnahme von Polen in das Domkapitel verhindert.

Trotz der erlangten Privilegien wäre die Bilanz der Herrschaft Wladislaws II. für Schlesien recht dürftig, stände an ihrem Ende nicht der Wiener Erbvertrag von 1515, der Schlesiens Entwicklung in den nächsten 200 Jahren bestimmen sollte. Wie schon der Habsburger Friedrich III. Interesse für den Osten des Reiches bekundete, so setzte nun auch sein Sohn Kaiser Maximilian I. (Reg. 1493–1519) auf die böhmische Karte. Er adoptierte den erst neunjährigen Sohn Wladislaws, Ludwig II., an Sohnes Statt und traf gleichzeitig eine doppelte Eheverabredung. Seine Enkel Ferdinand und Maria, Kinder des spanischen Königspaares Philipp und Johanna, sollten Wladislaws Kinder Ludwig und Anna heiraten, was dann auch geschah.

Der 1516 nach dem Tod seines Vaters Wladislaw zehnjährig an die Regierung gekommene König Ludwig II. fiel bereits 1526 gegen die Türken bei Mohacz. Sein Erbe war sein doppelter Schwager, der Habsburger Erzherzog Ferdinand von Österreich. Der böhmische Gesamtlandtag akzeptierte die Wiener Abmachung von 1515 und wählte 1526 Ferdinand zum König von Böhmen. Die schlesischen Stände folgten im selben Jahr. Ferdinand wurde also König von Ungarn und Böhmen, außerdem 1531 römischer (das heißt deutscher) König und 1556 Kaiser. Damit entstand eine Konstellation, die bis ins 20. Jahrhundert für Böhmen-Ungarn-Österreich bestimmend sein sollte.

Das 1515 von Bernhard Strigel geschaffene Bild verweist auf den habsburgisch-spanischen Erbvertrag, der im selben Jahr zwischen König Wladislaw II. von Böhmen und dem habsburgischen Kaiser Maximilian I. (links im Bild) abgeschlossen wurde. Nach dem frühen Tod von Wladislaws Sohn und Nachfolger König Ludwig II. (rechts unten) 1526 in der Schlacht gegen die Türken bei Mohacz erbte der Habsburger Erzherzog Ferdinand (links unten) die Herrschaft über Böhmen und Ungarn und begründete damit die habsburgische Herrschaft über diese Länder, die bis 1918 dauern sollte. Auch Schlesien war nun fest in habsburgischem Besitz.

Schlesien war seit den Reformen durch Matthias Corvinus auf dem Weg zu einem modernen Staat. Trotz der schwachen Herrschaft Wladislaws II. war der von Corvinus geschaffene Verfassungsrahmen erhalten geblieben. Die Habsburger knüpften nun daran an. Die Einheit des Landes wurde durch die unter dem Oberlandeshauptmann in regelmäßigen Abständen tagenden Fürstentage zusammengehalten.

Zu den schlesischen Fürsten gehörten zunächst die drei Linien der Piasten: die Brieger Linie, die über die Fürstentümer Liegnitz-Oels-Brieg herrschte – sie brachte im 16. Jahrhundert noch einige bedeutende Herrscher hervor und war bestrebt, durch die am Torgebäude des Brieger Schlosses dargestellte Ahnenreihe auf die große Tradition der Piasten hinzuweisen; ferner die Oppelner Linie, die neben dem alten Fürstentum auch über Cosel, Beuthen und Ratibor verfügte; schließlich die Linie der Teschener Piasten.

Wie schon sein Vorfahr Herzog Ludwig I. von Liegnitz und Brieg (Reg. 1342–1398) die Bedeutung des Piastengeschlechts im 14. Jahrhundert durch die Bilder des Schlackenwerther Kodex hervorhob, so verfolgte Herzog Georg II. im 16. Jahrhundert dieselbe Absicht. Am Torgebäude des ab 1532 im Renaissancestil umgebauten Brieger Schlosses ließ er 1553 die Ahnenreihe der in Polen und Schlesien herrschenden Piasten von dem legendären Urvater Piast bis zu seinem Vater Herzog Friedrich II. von Liegnitz darstellen. Sich selbst und seine Frau Barbara von Brandenburg ließ er in vollplastischen Steinfiguren abbilden. Das Allianzwappen der Häuser Liegnitz/Brieg und Brandenburg weist auf die 1537 abgeschlossene Erbverbrüderung beider Häuser hin.

Doch auch andere Fürstenhäuser etablierten sich in Schlesien. Verglichen mit den immer wieder zerstückelten Piasten-Fürstentümern verfügte der Breslauer Fürstbischof mit Neisse-Grottkau über ein ansehnliches Territorium. Seit König Johann von Luxemburg (gest. 1346) hatten die böhmischen Könige die an die Krone zurückgefallenen schlesischen Fürstentümer nicht wieder als Lehen vergeben, sondern sie als sogenannte Erbfürstentümer direkt der Krone unterstellt, so Breslau, Schweidnitz, Jauer, Glogau und Troppau. Über Münsterberg und Oels herrschten die Podiebrad. Auch für reichsfürstliche Familien waren die schlesischen Fürstentümer als Territorium von Interesse: Das Fürstentum Sagan war an die Wettiner, das Fürstentum Crossen an die Brandenburger Hohenzollern und das Fürstentum Jägerndorf unter Markgraf Georg an die fränkischen Hohenzollern von Ansbach gekommen.

Eine Besonderheit stellten im schlesischen Territorialverband die seit dem ausgehenden 15. Jahrhundert entstandenen „Freien Standesherrschaften“ dar. Sie lagen am Rande der alten Fürstentümer und verfügten über landesherrliche Rechte, die an nichtfürstliche Familien vergeben worden waren, wie Groß Wartenberg, Trachenberg und Militsch, die einmal zu Oels gehört hatten, ferner Pleß. Unter den Habsburgern kamen mit Beuthen/Oder und Carolath noch weitere dazu. Sie bildeten für die Habsburger eine willkommene Verfügungsmasse, um wichtige Parteigänger in Herrschaftspositionen zu bringen wie die Liechtenstein und Hatzfeldt. Zwar bildete Schlesien so auch weiterhin einen territorialen Flickenteppich, doch wurde seine Einheit dadurch nicht in Frage gestellt.

Die Herrschaft Ferdinands I.

Im Jahr 1532 stand mit dem Tod des letzten Oppelner Piastenherzogs Johann die Nachfolgefrage im Herzogtum Oppeln an. Markgraf Georg von Hohenzollern gedachte mit

Wie durch einen Zufall verfügen einige schlesische Städte über Ansichten ihres Stadtbildes, die der historischen Realität des Jahres 1536/37 entsprechen. In diesem Jahr reiste der Pfalzgraf Ottheinrich von seinem Residenzort Neuburg an der Donau über Böhmen und Schlesien nach Krakau. In seinem Gefolge befand sich vermutlich sein Hofmaler Matthias Gerung, der die Städtebilder als Skizzen festhielt und später ausarbeitete. So auch die Ansicht von Oppeln, die das sogenannte Inselschloss, allerdings mit quadratischem statt rundem Bergfried, sowie die Minoritenkirche und im Zentrum die heutige Kathedralkirche zum Hl. Kreuz festhält.

Im Zentrum des Bildes von Liegnitz, das derselbe Künstler anfertigte, findet sich die auch heute noch das Stadtbild dominierende Piastenburg mit dem Petersturm. Interessant an dieser Ansicht ist die rechts von der Piastenburg dargestellte Domvorstadt, deren Existenz nur durch Urkunden bestätigt ist, da sie 1540 angesichts der drohenden Türkengefahr niedergelegt wurde.

Zustimmung der schlesischen Stände diese Erbschaft anzutreten. Die Reaktion Ferdinands auf diesen politischen Schachzug des Hohenzollern verweist damals schon auf eine Konstellation, die dann im 18./19. Jahrhundert zu einer bestimmenden Konfliktlinie in Deutschland werden sollte: der habsburgisch-preußische Dualismus. Bereits Ferdinand versuchte ein allzu starkes Engagement der Hohenzollern in Schlesien zu verhindern. Auf der anderen Seite durfte er es sich, schon im Hinblick auf die Reichspolitik, mit diesem bedeutenden Geschlecht nicht verderben. Das Ergebnis war ein Kompromiss: Ferdinand verpfändete das Herzogtum Oppeln an die Hohenzollern.

Den Hohenzollern war es außerdem gelungen, mit dem Liegnitzer Piasten Friedrich 1522 unter Zustimmung von König Ludwig II. eine Erbverbrüderung einzugehen. Das bedeutete: Starb eine der beiden Familien aus, so sollte die andere das Erbe antreten. Damit hatten die Hohenzollern eine Anwartschaft auf eins der wichtigsten niederschlesischen Herzogtümer, nämlich Liegnitz-Brieg-Wohlau, erhalten. Dies war nicht im Sinne Habsburgs, doch konnte sich Ferdinand bei der Bekämpfung des hohenzollerschen Einflusses auf die böhmischen und mährischen Stände verlassen, die willens waren, die schlesischen Sonderrechte, so das Landesprivileg von 1497, zu beseitigen.

Die Möglichkeit dazu bot sich mit dem Tod des Markgrafen Georg 1545. Auf dem Breslauer Fürstentag von 1546 beanspruchten die böhmischen Stände, unterstützt von dem großen Juristenstab des Königs, dass es neben dem König in Schlesien keine zweite Obrigkeit geben dürfe. Damit war die komplizierte Verfassungskonstruktion in Schlesien gemeint, nach der der Oberlandeshauptmann ja nicht nur als Vertreter des Königs fungierte, sondern auch als oberster Vertreter der Stände. Er war sozusagen gleichzeitig Mitregent des Königs. Die schlesischen Fürsten wiesen den böhmischen Anspruch zurück, denn die böhmischen Stände wollten für Böhmen und seine Nebenländer allein die Mitregenten des böhmischen Königs sein. Für das Nebenland Schlesien beanspruchten natürlich die schlesischen Stände dasselbe Recht und lehnten jede Vorherrschaft der Böhmen mit der Begründung ab, „des Königs von behaimb [= Böhmen] getreue Fürsten unnd vasallis, nicht aber der Cron Behaimb“[23] zu sein.

Ferdinand aber nutzte den für ihn günstigen Anspruch der böhmischen Stände, um im selben Zug die liegnitz-brandenburgische Erbeinigung von 1522 zu kassieren. Ihm, der ja auch die Reichsgeschäfte führte, war es damit 1546 gelungen, angesichts des Schmalkaldischen Bundes, des Zusammenschlusses der protestantischen Fürsten in Deutschland, in Schlesien eine gefährliche protestantische Machtkonzentration abzuwehren, vor allem damit ein gemeinsames Handeln der Stände in seinen Kronländern zu verhindern. Mit der wenig später erfolgenden Einlösung der an die Hohenzollern verpfändeten Herzogtümer Glogau, Oppeln und Ratibor war die Macht der Hohenzollern in Schlesien zugunsten der Habsburger entscheidend eingeschränkt.

Mochte dies noch Hausmachtpolitik sein, so trieb Ferdinand doch auch die Entwicklung Schlesiens zu einem Staat mit regelmäßigen Steuereinnahmen voran, denn er brauchte dringend Geld für die Kriege gegen die Türken, die 1529 vor Wien standen. Über die Sondersteuern für die Türkenkriege entwickelte der Staat das Instrument der jährlichen Steuerabgaben. War es 1527 noch eine Sonderabgabe von 100 000 Gulden, die von den Steuerpflichtigen nach eigener Vermögenseinschätzung aufgebracht werden musste, so wurde ab 1552 daraus eine jährlich abzuführende Steuer. Dazu kamen weitere Steuern wie 1546 die Biersteuer. Wenn die schlesischen Stände beziehungsweise ihre Untertanen auch zahlen mussten, so behielten sie doch die Kontrolle über das Generalsteueramt und damit indirekt auch das Steuerbewilligungsrecht. Der König verfügte ferner über Einnahmen aus seinen Münz-, Berg- und Zollrechten, die er gegen Zahlung abtreten konnte. Letzteres führte jedoch zum Widerstand der schlesischen Stände, da Ferdinand aus Schlesien ein eigenes Zollgebiet machte, das den Handel entscheidend belastete.

Einer Bevormundung durch die Kammer in Prag, das heißt durch die dortige Regierung, konnten sich die Schlesier dadurch entziehen, dass 1558 in Breslau eine eigene Schlesische Kammer eingerichtet wurde, die direkt der Wiener Hofkammer zugeordnet war. Schon 1546 war auf dem Breslauer Fürstentag ein wichtiges Argument der Schlesier gegenüber den Böhmen der Satz gewesen: „... wo der Königl. siez, da ist auch daß haubtt" (Wo der König residiert, da ist auch die Regierung).[24] Und das war Wien und nicht Prag. Die Schlesische Kammer war fürs Erste auch die königliche Oberaufsichtsbehörde für Gesamtschlesien. Ihr unterstanden als Nebenbehörden ein Rentamt, eine Kanzlei und eine Buchhalterei.

Ferdinand I. hat als erster Habsburger Landesherr Entscheidendes für das Land Schlesien geleistet. Von den schlesischen Fürsten erreichte keiner auch nur annähernd ein gleichrangiges politisches Profil. Ferdinand kümmerte sich auch um die Wirtschaft des Landes, während er sich in der Religionspolitik in Schlesien – im Gegensatz zum Reich – merkwürdigerweise sehr zurückhielt.

Die schlesischen Fürstentage konnten nur vom König einberufen werden, der damit auch die Tagesordnung bestimmte. Doch verstanden sich die Fürstentage nun als Vertretung eines gemeinsamen Landes, für das sie 1529 eine Landesverteidigungsordnung schufen. Schlesien wurde entsprechend zur Kreiseinteilung des Reiches in vier Militärkreise untergliedert. Als sinnfälliges Zeichen für die Landeseinheit wurde ein gemeinsames Banner mit dem schlesischen Adler geschaffen.

Die Wirtschaft

Nach der Krise des 15. Jahrhunderts erfolgte im 16. Jahrhundert nicht zuletzt durch die Politik seit Matthias Corvinus eine Erholung und bald auch ein Aufstieg der Wirtschaft. Die politische Verbindung nach Ungarn und die Verbesserung der Verkehrssituation förderten den Erzhandel mit Ungarn. Schlesien wurde nun auch für die süddeutschen Handelshäuser in Nürnberg und Augsburg interessant. Diese geschäftlichen Verbindungen spiegelten sich im geistigen Leben, wie die zahlreichen Nürnberger Gelehrten in Breslau beweisen. Erinnert sei hier nur an Peter Eschenloer, Johannes Hess oder Johannes Cochläus. Die Fugger eröffneten für ihren ungarischen Kupferhandel 1517 ein Kontor in Breslau, wobei sie mit der ungarischen Unternehmerfamilie Turzo zusammengingen, die in Breslau mit Johannes V. Turzo (Reg. 1506–1520) einen der bedeutendsten humanistischen Bischöfe stellte.

Durch die Angehörigen der Familie Turzo erlebte auch der schlesische Erzbergbau einen Aufschwung. Die Stadt Reichenstein, deren mittelalterlicher Erzbergbau untergegangen war, wurde 1491 durch ihren Landesherrn, Herzog Heinrich d. Ä. von Münsterberg, als freie Bergstadt mit dem Stadtrecht privilegiert. Zudem durften die Bergleute schon seit 1484 einen Bergmeister und vier Geschworene

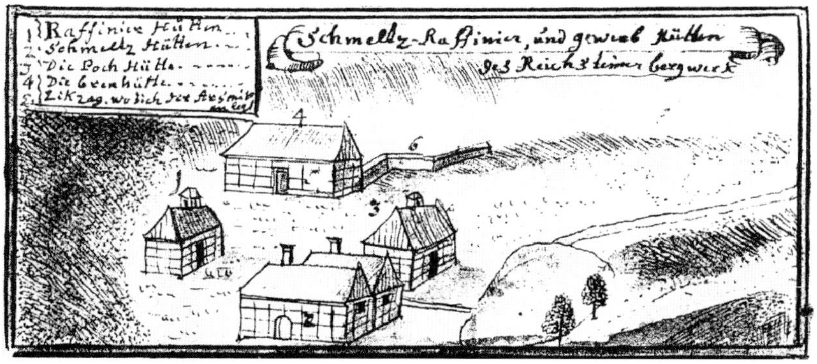

Wenn auch nicht sehr imposant, so stellt Friedrich Bernhard Werner, der bedeutendste schlesische Vedutenmaler des 18. Jahrhunderts, 1738 doch die wichtigsten Industriekomplexe der Bergstadt Reichenstein, am Rand der Sudetenkette gelegen, dar. Der dortige Erzbergbau war Ende des 15. Jahrhunderts durch den Münsterberger Herzog Heinrich d. Ä. in Aufschwung gebracht und durch internationale Geldgeber finanziert worden.

wählen, denen die Verwaltung des Bergwerks unterstand. Als Bergbauunternehmer traten hier neben den Turzo die Familien Fugger, Imhof und Welser auf. Auch in Silberberg im Eulengebirge wurde 1527 unter Kapitalbeteiligung von Fürsten, Adligen, Breslauer Kaufleuten und Geistlichen der Bergbau wieder aufgenommen, der Stadt wurden ebenfalls die Rechte einer freien Bergstadt verliehen.

Trotz der Zölle stand Schlesien wirtschaftlich im 16. Jahrhundert günstig da. Auch die Türkengefahr konnte den Handel nach Ungarn nicht unterbinden. Weiterhin wurden Wachs, Honig, Leder und Metalle gegen Kolonialwaren und Gewerbeprodukte ausgetauscht. Die europäischen Handelsachsen hatten sich nach der Entdeckung Amerikas 1492 allerdings verschoben. Nicht mehr Venedig, sondern Antwerpen mit seinem Überseehandel war nun das Handelszentrum, das von den schlesischen Kaufleuten angefahren wurde. Dies führte nicht zuletzt zu einem regen Kunstaustausch zwischen den Niederlanden und Schlesien, beispielsweise zur Errichtung eines Hedwig-Altars in einer Antwerpener Kirche. Trat Schlesien im Handel auch eher als Vermittler zwischen Ost und West auf, so kamen die eigenen gewerblichen Erzeugnisse doch nicht zu kurz. In den Städten entwickelte sich ein differenziertes Handwerksgewerbe mit Spezialisierungen bei der Produktion von Pelz- und Tuchwaren.

Erneut wuchs die Bevölkerung, und so wurde es möglich, nicht nur die durch Pest, Seuchen und Kriege entstandenen Wüstungen wieder zu besiedeln, sondern auch die Bergregionen über 500 Meter Höhe allmählich zu bevölkern. Es entstanden Siedlungen für Gärtner und Häusler, unterbäuerliche Schichten also, die zwar über ein Haus, aber nur wenig Land verfügten und deshalb nebengewerblich tätig sein mussten, um ihre Existenz zu sichern. Das geschah durch Bergarbeit, Holzkohlengewinnung und damit verbunden durch Glasherstellung und Pottaschegewinnung.

Auch die Leinenweberei verlagerte sich nun aus den Städten in die Dorfgemeinden. Dies lag im Interesse der Gutsherrschaften, die sich über die Privilegien der Städte hinwegsetzen konnten. Allerdings partizipierten auch Städte wie Hirschberg, Reichenbach und Jauer am Leinwandhandel. Die Leinenweberei war vom 16. bis zum 18. Jahrhundert der wichtigste Industriezweig in Schlesien, da er die internationalen Märkte besonders nach Amerika belieferte. Von ihm profitierten vor allem die Gebirgs- und Vorgebirgsregionen, wo der Flachsanbau vorherrschte.

Die Expansion der Leinenweberei verstärkte allerdings das Abhängigkeitsverhältnis der Bauern im Rahmen der Gutsherrschaft. Im Gegensatz zur Grundherrschaft, wo die Bauern und unterbäuerlichen Schichten nur Abgaben oder festgelegte Dienste zu leisten hatten, standen die Untergebenen in den Gutsherrschaften unter einer weitgehenden Verfügungsgewalt des Gutsherrn. Dieser versuchte, deren Dienste zu seinem Vorteil auszudehnen. Jeder Webstuhl brachte zwei Taler Weberzins im Jahr, die von dem Weber an den Gutsherrn abgeführt werden mussten. Das Interesse des Adels an diesem Industriezweig war so groß, dass schließlich die städtische Bannmeile aufgehoben wurde. Zu Fall gebracht wurde damit die Bestimmung, dass in einem Umkreis von etwa zehn Kilometern um die Stadt nur Zunfthandwerker produzieren durften.

Trotz oder vielleicht gerade wegen der positiven wirtschaftlichen Entwicklung kam es auch in Schlesien in den 1520er Jahren zu Bauernunruhen, die sich gegen die adligen und die städtischen Grundbesitzer richteten. Die Forderungen der „Zwölf Artikel“ im west- und mitteldeutschen Bauernkrieg waren in Schlesien durch einen Nachdruck des Breslauer Verlegers Adam Dyon von 1525 bekannt. Ursachen des Protestes waren die Furcht vor dem Absinken in die Gutsuntertänigkeit, also in die Leibeigenschaft, oder die Belastung durch zu hohe Abgaben. Der Protest verhinderte allerdings nicht, dass sich im Verlauf des 16. und 17. Jahrhunderts die Abhängigkeit der Bauern immer mehr vergrößerte.

Humanismus und Reformation

Neben den politischen und ökonomischen Veränderungen kennzeichnet vor allem der geistige Wandel den Eintritt Schlesiens in die Frühe Neuzeit. Die Breslauer Kirche war diesem Prozess nicht abgeneigt, ja förderte ihn indirekt, wie die frühe Einrichtung einer Druckerei durch den Domherrn Kaspar Elyan aus Glogau beweist. Bereits 1475 druckte er die Breslauer Synodalstatuten der beiden Diözesansynoden von 1473, ein Beweis dafür, dass die Kirche das neue Kommunikationssystem gezielt in ihren Dienst stellte. Das Wissen, das bisher einer kleinen Bildungselite vorbehalten war, die über Schreibstuben und Bibliotheken verfügte, wurde nun zur Angelegenheit des Marktes und einer breiteren Öffentlichkeit.

Die Breslauer Bischöfe dieser Zeit standen dem Humanismus nahe, der zeitgenössischen Lehre von der freien Entfaltung der individuellen Persönlichkeit. Vor allem Johannes Turzo förderte die Schulen der Humanisten und versammelte mit Ursinus Velius, Georg von Logau, Bartholomäus Stein und Johannes Hess die bedeutendsten schlesischen Humanisten seiner Zeit an seinem Hof. In der Tradition ihres Lehrers Konrad Celtis (1459–1508), des größten deutschen Humanisten, widmeten sich die schlesischen Humanisten Pancratius Vulturinus und Laurentius Corvinus der Landesbeschreibung Schlesiens und dem Lobgedicht auf eine Stadt, hier auf Breslau.

Diese Gelehrten beließen es nicht bei Beschreibungen, sondern versuchten, der bäuerlichen Bevölkerung, gestützt auf die Lektüre antiker Autoren, durch allgemein verständliche Darstellungen Anleitungen für den Ackerbau und die Haushaltung, aber auch für ein „nützliches" und moralisches Leben zu bieten. Die schlesischen Prediger Martin Grosser sowie Jacob und Johannes Coler schufen einen neuen literarischen Typus: die Hausväterliteratur. Grosser verfasste eine „Anleitung zu der Landwirtschaft" (Görlitz 1590), Jacob und Johannes Coler gaben ein „Calendarium oeconomicum et perpetuum" (Wittenberg 1592) heraus, das später zu einer „Oeconomia ruralis et domestica" (Ökonomie für Land und Haus) erweitert wurde. Mit diesen Büchern, die in deutscher Sprache veröffentlicht wurden, versuchten sie, den einfachen Hausvätern und -müttern zu zeigen, „wie sie am besten ihre Felder bestellen sollten, um frei von Schulden und Erbuntertänigkeit zu bleiben".[25] Dabei kam der Beschreibung bäuerlicher Acker- und Hausgeräte große Bedeutung zu.

Der Einfluss der Humanisten war entscheidend für die reformatorischen Bewegungen in den schlesischen Städten. Je nach ihren Einstellungen neigten sie hier zum

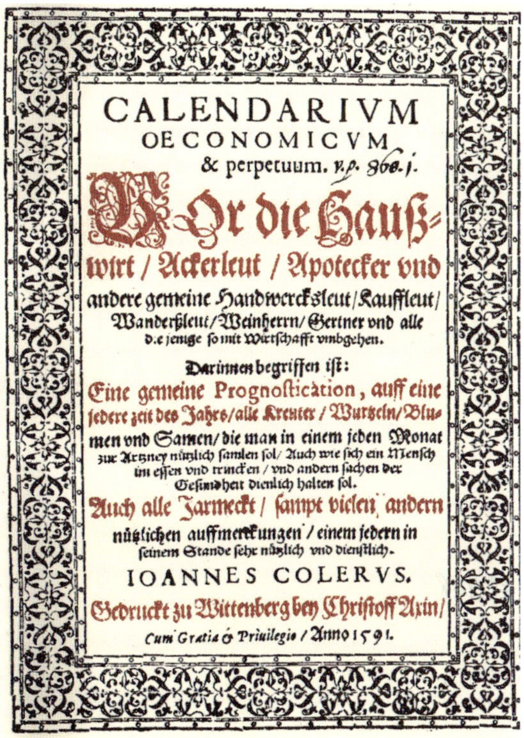

CALENDARIVM OECONOMICVM & perpetuum.

Vor die Haußwirt / Ackerleut / Apotecker vnd andere gemeine Handwercksleut / Kauffleut / Wanderßleut / Weinherrn / Gertner vnd alle d.e jenige so mit Wirtschafft vmbgehen.

Darinnen begriffen ist:

Eine gemeine Prognostication, auff eine jedere zeit des Jahrs / alle Kreuter / Wurtzeln / Blumen vnd Samen / die man in einem jeden Monat zur Artzney nützlich samlen sol / Auch wie sich ein Mensch im essen vnd trincken / vnd andern sachen der Gesundheit dienlich halten sol.

Auch alle Jarmeckt / sampt vielen andern nützlichen auffmerckungen / einem jedern in seinem Stande sehr nützlich vnd dienstlich.

IOANNES COLERVS.

Gedruckt zu Wittenberg bey Christoff Axin / Cum Gratia & Priuilegio / Anno 1591.

Lutherische Geistliche in Schlesien, die den Humanisten nahestanden, kümmerten sich auch um die Landwirtschaft und den sozialen Status der Bauern. Zu den berühmten Werken der sogenannten Hausväterliteratur zählt Johannes Colers „Calendarium oeconomicum et perpetuum", das 1591 in Wittenberg erschien. Johannes Coler, 1567 in Adelsdorf bei Goldberg geboren, setzte hierin das Werk seines Vaters Jacob Coler (1537–1612) fort, der mit seiner Frau Ursula, geb. Teichmann, das Material dafür gesammelt hatte. Neben Ratschlägen für die Landwirtschaft enthält das Werk auch eine Arzneikunde, die vor allem in den periodisch wiederkehrenden Pestepidemien eine wichtige Hilfe bot.

radikalen oder zum gemäßigten Flügel. Die städtischen Räte, soweit ihre Stadtherren nicht anders entschieden, versuchten die Reformation in ihrem Sinne zu nutzen, um die Verfügungsgewalt über die Kirchen für sich in Anspruch zu nehmen. Auf dem Land waren es die Adligen als Patronatsherren der Dorfkirchen, die über die Einführung der Reformation verfügten. Der Breslauer Rat taktierte dabei sehr vorsichtig und vermied einen allzu offenen Bruch, da König Ludwig II. sich am 24. Dezember 1521 gegen eine Verbreitung der Schriften Luthers in Schlesien ausgesprochen hatte.

Der Buchdruck spielte eine wichtige Rolle für die Verbreitung und Diskussion reformatorischer Ideen. Zwar hatte der bereits genannte Drucker Elyan 1482 seine Tätigkeit beendet, und der Wanderdrucker Konrad Baumgarten, der 1503 aus Olmütz nach Breslau kam, hatte die Stadt schon 1506 wieder verlassen, vermutlich weil die Breslauer Universitätsgründung desselben Jahres gescheitert war. 1518 ließ sich der aus Nürnberg kommende Drucker Adam Dyon für längere Zeit, vermutlich bis 1525, in Breslau nieder. Er stand auf Seiten der Reformation und druckte bereits 1519 in Breslau Luthers Schriften, während der altkirchlichen Seite in Breslau keine Druckerei mehr zur Verfügung stand, sodass ihr einflussreichster Propagandist, Johannes Cochläus, seine Schriften gegen den Breslauer Reformator Ambrosius Moibanus noch 1540 in Ingolstadt drucken lassen musste.

Als wichtiges Medium der Reformation diente das Bild. Das Epitaph des Breslauer Reformators Johannes Hess (um 1490–1547), ein nach 1547 entstandenes Gedächtnisbild für den Toten, stellt in der Tradition der Gegenüberstellung von Altem und Neuem Testament dem Gesetz die Gnade entgegen: den Gesetzestafeln das Erlösungsblut Christi, der ehernen Schlange die Kreuzigung, dem Tod die Auferstehung. Die lateinische und griechische Inschrift weist auf die humanistische Bildung des Verstorbenen hin.

Die reformatorische Bewegung Schlesiens wurde in den 1520er Jahren weitgehend von den dortigen Humanisten getragen. Sie wirkten entweder als Lehrer an den Stadtgymnasien oder als Geistliche an den Stadtkirchen. Schon früh spaltete sich die Bewegung in zwei Flügel, einen radikal-reformatorischen um Caspar von Schwenckfeld (1490–1561) und einen gemäßigten, der Luther und Melanchthon folgte. Die Theologen um Schwenckfeld – Valentin Krautwald, Fabian Eckel und Johann Sigismund Werner – wandten ihrer humanistischen Tradition entsprechend der Glaubenslehre große Aufmerksamkeit zu und spendeten in Liegnitz, wo sie tätig waren, 1524 erstmalig in Schlesien das Abendmahl in beiderlei Gestalt, also mit Brot und Wein.

Die Ablehnung der Hussiten in Schlesien, die 1417 die Kelchkommunion eingeführt hatten, ließ es den Breslauer Reformatoren Johannes Hess (um 1490–1547) und Ambrosius Moibanus (1494–1554) nicht geraten scheinen, nun ebenfalls das Abendmahl mit Brot und Wein zu spenden. Die Trennung von der römischen Kirche war, was die Liturgie betraf, in Schlesien nicht sehr radikal. Selbst die Schwenckfelder in Liegnitz behielten zunächst die Messe bei und führten neben dem Abendmahl in beiderlei Gestalt lediglich die deutsche Sprache in die Liturgie ein. Nach dem Breslauer Reformationshistoriker Nikolaus Pol, der seine Geschichte allerdings erst 100 Jahre später (1612) schrieb, wurden in den Breslauer Pfarrkirchen „das Anbeten und die Verehrung der Bilder, die Prozession mit dem Sakrament, Vigilien, Seelenmessen, Requiem, Anniversarien [Jahresgedenktage], Weihung des Heiligthums, Weihung des Wassers, Gewürzes, Salzes [und der] Kräuter“ abgeschafft und die Taufe in deutscher Sprache gespendet. Pol betont, dass dies „ohne einigen Tumult“ geschehen sei, was als Zeichen allgemeiner Zustimmung zu werten ist.[26]

Das umsichtige Taktieren der Breslauer Reformatoren Hess und Moibanus lag sicher im Sinne des dortigen Rats. Johannes Hess stammte aus dem Humanistenkreis um den Breslauer Bischof Johannes Turzo und war 1523 mit Zustimmung des Bischofs Jakob von Salza (Reg. 1520–1539) durch den Breslauer Rat als Pfarrer an die Kirche St. Maria Magdalena berufen worden. Bis dahin hatte er es vermieden, sich offiziell auf die Seite Luthers zu stellen, obgleich er mit Philipp Melanchthon befreundet war. Mit Hess' Berufung hatte sich der Breslauer Rat durchgesetzt und sich damit in dieser wichtigen Frage gegenüber dem Domkapitel im Hinblick auf seine Kirchenhoheit behauptet.

Dass der Rat im April 1524 durch Hess eine öffentliche Disputation zugunsten der lutherischen Reformation durchführen ließ, zeigt, dass er dessen Position nutzen konnte, um den Bruch mit der römischen Kirche ohne großes Aufsehen deutlich zu machen. Hess kam dem Rat hierin entgegen und vermied es, in seinen Disputationsthesen Luthers Kernsätze vom Glauben und den Werken, der Gnade und dem unfreien Willen zu problematisieren. Allerdings neigte er in seinen Einstellungen generell noch eher zu der vermittelnden Position Melanchthons als zu der radikaleren Luthers. Erst allmählich gestaltete Hess auch den Gottesdienst lutherisch, initiierte 1525 das erste Breslauer evangelische Gesangbuch, ordnete im Sinne einer verantwortlichen Obrigkeit das Armenwesen, führte aber erst relativ spät die Kelchkommunion ein.

Auch die Berufung von Ambrosius Moibanus 1525 als Pfarrer von St. Elisabeth nahm der Rat vor. Sie wurde zwar nachträglich durch Bischof Jakob von Salza bestätigt, doch hatte auch hier der Rat seine Kirchenhoheit bewiesen. Moibanus, Sohn eines Schuhmachers aus Breslau, hatte seit 1523 in Wittenberg studiert. Er unterstützte Hess in der Einrichtung eines lutherischen Kirchenwesens, sowohl was die liturgische Gestaltung als auch die Entwicklung des Armenwesens betraf. Seine bedeutendste Leistung

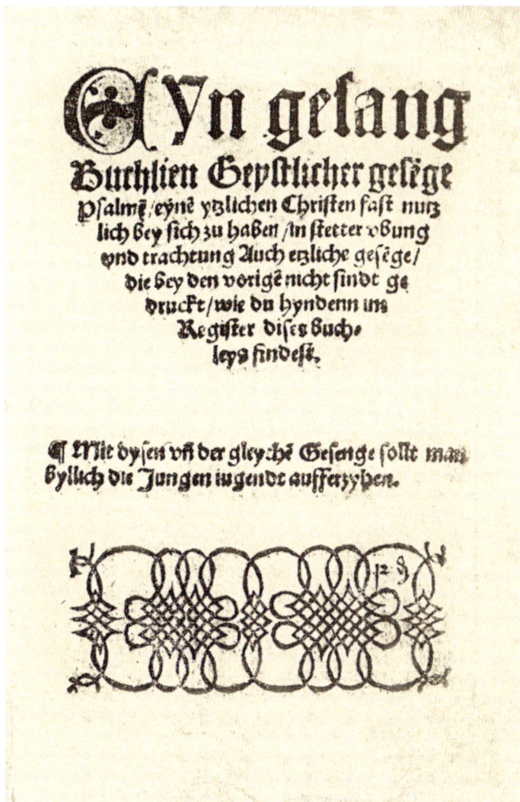
Ayn gesang Buchlien Geystlicher gesēge Psalmē/eynē yzlichen Christen fast nutzlich bey sich zu haben/in steter vbung vnd trachtung Auch ezliche gesēge/ die bey den vorigē nicht sindt gedruckt/wie du hyndenn im Register dises Buchleys findest.

Mit dysen vñ der gleychē Gesenge solte man byllich die Jungen iugendt aufferzyhen.

Als eines der ersten lutherischen Gesangbücher erschien 1525 in Breslau „Ayn gesang Buchlien Geystlicher gesenge“. Der lutherischen Sache stand in Breslau seit 1518 mit dem aus Nürnberg kommenden Drucker Adam Dyon ein rühriger Verleger zur Verfügung. Bereits 1519 druckte er in Breslau Luthers Schriften.

Einer der bedeutendsten Reformatoren Schlesiens war der adlige Jurist Caspar von Schwenckfeld (1490–1561) aus Ossig, der sich allerdings wegen seiner radikalen Ansichten mit Luther überwarf. Seine Anhänger, die Schwenckfelder, wirkten vor allem in Liegnitz, bis sie unter dem Druck des Kaisers von dort vertrieben wurden. Ein neues Wirkungsfeld fanden sie in der Grafschaft Glatz. Das Porträt zeigt Schwenckfeld ungefähr im Alter von 45 Jahren. Es ist in einem Skizzenbuch eines Breslauer Goldschmieds überliefert.

ist die Abfassung eines eigenen Katechismus, der unabhängig von dem Luthers 1538 mit einem Vorwort Philipp Melanchthons erschien.

Eine kurze Darstellung der reformatorischen Bewegung in Breslau, 1528/29 von einem anonymen Verfasser geschrieben, betonte bereits damals – wie später dann auch die lutherische Kirchengeschichtsschreibung – den friedlichen Verlauf der Reformation in der Odermetropole. Hervorgehoben wird darin vor allem, dass die Prediger mit Gottes Hilfe Aufstände und Wiedertäuferei verhütet hätten. Auch sei niemand um seines Glaubens willen getötet worden. Als wesentliche Punkte evangelischer Verkündigung hebt der anonyme Autor hervor: die Rechtfertigung durch den Glauben, die Abschaffung katholischer Bräuche wie Tierweihen, Opfermessen für die Toten und der Nothelferkult, bei dem 14 spezielle Heilige – die sogenannten Vierzehnheiligen – als Gebetserhörer angerufen wurden. Um dem Traditionsgefühl der Gemeinde nachzukommen, seien allerdings das Glockenläuten, die Orgeln und das (lateinische) Singen und Psalmieren beibehalten worden,Letzteres „der Polen halben, die in allen Kirchen sind".[27]

Über diese Gruppe und damit die Sprachverhältnisse im Breslau der Reformationszeit heißt es in dieser Quelle weiter: „Den Polenn predigk man polnisch das evangelion, tauffen und reycht man yn das Sacrament in beyder gestalt polnisch [...]." Das Nebeneinander der beiden Sprachen scheint diesem Autor durchaus das Normale zu sein. Kritik aber übt er daran, dass mit Rücksicht auf den königlichen Hof und auf die „Schwachen und Halsstarrigen" um des Friedens in der Gemeinde willen zu viel nachgegeben worden sei. Was den Stand der Reformation betrifft, so versichert er, dass „inn denn acht kirchenn, die der Stadt zustenn [...] das Wort frey ungehindert geprediget" werde.

Der Rat hatte also nicht nur an St. Maria Magdalena und St. Elisabeth, sondern auch an alle anderen städtischen Kirchen lutherische Prediger berufen und damit die Ratsreformation konsequent zu Ende geführt. Katholisch aber blieben weiterhin, wie der anonyme Autor betont, die Kirchen der Domherren, der Dominikaner, der Äbte der Augustinerchorherren und Prämonstratenser sowie die Kirche der Kreuzherren. Die lutherischen Prediger bildeten keine Sondergruppe in der Stadt, wie einst der Klerus mit seiner eigenen Gerichtsbarkeit, sondern sie erhielten das Bürgerrecht. Auch verehelichen sollten sie sich, was dann auch alle taten.

Es war insgesamt eine sehr behutsame Reformation, die sich in Breslau ereignete. Die Breslauer Reformatoren Hess und Moibanus trugen zwar – abgesehen von Moibanus' Katechismus – nicht durch selbstständige theologische Schriften zur Vertiefung der reformatorischen Theologie bei, können aber durch die konsequente Einführung des lutherischen Kirchenwesens durchaus als die Reformatoren Breslaus gelten.

Anders war die Situation in Liegnitz, wo die Humanisten Caspar von Schwenckfeld, Valentin Krautwald und Johann Sigismund Werner eine eigene reformatorische Theologie entwickelten. Im Gegensatz zu den Breslauern vollzogen sie konsequent den Bruch mit der römischen Kirche. Als Humanisten legten sie großen Wert auf die Vermittlung der Glaubensinhalte an das einfache Volk. Sie verfassten deshalb bereits 1525 den Liegnitzer Katechismus, der nur knapp die beiden erhalten gebliebenen Sakramente Taufe und Abendmahl abhandelte. Johann Sigismund Werner schrieb 1534 einen etwas ausführlicheren Katechismus, der dann die theologische Basis der Schwenckfelder Gemeinden bildete. Die Liegnitzer Reformatoren vertraten mit ihrer Lehre von der Deificatio, das heißt der Vergöttlichung des Menschen, ein positives Menschenbild, wenn sie auch seine Sündhaftigkeit nicht leugneten. Diese Theologie führte zum Bruch mit Luther, der sie als „Sektierer" verstieß und Schwenckfeld als „Stenkfeld" verketzerte.

In Liegnitz konnte sich die reformatorische Lehre ungehindert verbreiten, solange der Landesherr, Herzog Friedrich II. (Reg.

1498–1547), die Reformation nicht nur deckte, sondern sie sogar förderte. So gründete er eine evangelische Universität in Liegnitz, die sich zwar nicht lange behaupten konnte, jedoch nicht – wie etwa die Breslauer Universitätsgründung von 1506 – von vornherein gescheitert war. Dagegen kam in seinem Territorium unter Leitung des Humanisten und Lutheraners Valentin Trotzendorf das Gymnasium in Goldberg zum Erfolg, das zu einem der führenden lutherischen Gymnasien in Schlesien wurde.

Unter dem Druck des Kaisers musste Friedrich II. jedoch die Schwenckfelder aus Liegnitz verweisen, nachdem 1539 ein letzter Versuch, einen Ausgleich zumindest mit Melanchthon herbeizuführen, gescheitert war. Die Schwenckfelder Prediger gingen in die Grafschaft Glatz, über die zwischen 1537 und 1548 der mährische Hochadlige Johann von Pernstein bestimmte, der sich auch gegenüber den radikalen Gruppen der reformatorischen Bewegung offen zeigte und sie in seinem Land trotz kaiserlichen Protests duldete. Unterstützt wurde Pernstein dabei durch den Rat von Glatz, der den Schwenckfelder Fabian Eckel als Pfarrer an die Stadtkirche berufen hatte, sowie von Adligen, die als Patronatsherrn die aus Liegnitz vertriebenen Schwenckfelder an ihren Dorfkirchen unterbrachten. So amtierte Johann Sigismund Werner bis zu seinem Tod 1554 in der nahe Glatz gelegenen Pfarrei Rengersdorf.

In den meisten schlesischen Städten, soweit sie dem böhmischen König direkt unterstellt waren, vollzog sich die Einführung reformatorischer Neuerungen in einem zeitlich recht lang gestreckten Prozess, der von Dialog- und Kompromissbereitschaft gekennzeichnet war. So auch in Schweidnitz. Diese Stadt hatte zu Beginn des Jahrhunderts noch einen Aufstand gegen den Rat, der nur aus den führenden Familien gebildet wurde, durch die Zünfte erlebt, die um Teilhabe am Stadtregiment kämpften. Die Zünfte waren es auch, die den Rat zur Einführung der neuen Lehre drängten. Dem gab der Rat nach, da er hoffte, so den Konsens aller Bürger herzustellen, um damit seine obrigkeitliche Stellung zu festigen. In den fürstlichen Städten und in den Territorien hing es von der Einstellung des Landesherrn ab, ob sie sich der neuen Lehre anschließen durften. Da die meisten schlesischen Fürsten zum Luthertum neigten, kam es zu einer Neuerung im Rahmen der sogenannten Fürsten- oder Junkerreformation, bei der der Fürst oder der adlige Kirchenherr über die Konfession seiner Untertanen bestimmte.

Setzte sich die Reformation in den schlesischen Territorien trotz der 1526 an die Macht gekommenen Habsburger als Oberherren fast problemlos durch, so bildete das geistliche Fürstentum Neisse, dessen Territorialherr der Breslauer Bischof war, eine Ausnahme. Vor allem das Breslauer Domkapitel hielt hier strikt zur römischen Kirche. Die Bischöfe Jakob von Salza und Balthasar von Promnitz (Reg. 1539–1562) leisteten dagegen wenig, um diese zu festigen. Auch ihr Nachfolger Kaspar von Logau (Reg. 1562–1574), der aus Neisse stammte, unternahm, gedrängt vom Domkapitel, nur halbherzige Versuche, die Beschlüsse des Trienter Konzils (1545–1563) durchzuführen, auf dem sich die römische Kirche in Abgrenzung zu den neuen reformatorischen Kirchen als katholische Kirche definiert hatte. Zum Kanzler ernannte er den Protestanten Simon Haniwald. Erst die Bischöfe Martin von Gerstmann (Reg. 1574–1585), Andreas Jerin (Reg. 1585–1596) und Johann von Sitsch (Reg. 1596–1608) vertraten einen entschiedeneren Kurs. Sie setzten sich für die Vertreibung lutherischer Geistlicher und Lehrer aus Neisse ein und unterdrückten ein offenes Bekenntnis zum Luthertum.

Bis auf Neisse und auf Städte wie Glogau, wo geistliche Institutionen das geistliche Leben mitbestimmten, hatte sich die reformatorische Bewegung in Schlesien in ihren unterschiedlichen Zweigen dank humanistischer Tradition friedlich durchgesetzt. Erst durch die Herausbildung der Konfessionskirchen und die Verfolgung der Sektenkirchen in der zweiten Hälfte des 16. Jahrhunderts sollte sich dieses friedliche Klima ändern.

Schlesien im Zeitalter der Glaubenskämpfe

Verspätete Konfessionalisierung in Schlesien

Nach dem Augsburger Religionsfrieden von 1555 ging die reformatorische Bewegung im Reich in den Konfessionalisierungsprozess über. Das bedeutet: Es bildeten sich drei große Konfessionskirchen heraus, die die konkurrierenden Sektenkirchen wie die Schwenckfelder oder Täufer unterdrückten, nachdem diese auch politisch verboten worden waren. Die drei im Reich zugelassenen Kirchen waren erstens die katholische, zweitens die Kirche des Augsburger Bekenntnisses von 1530, also die Lutheraner, drittens wurden auch die Calvinisten dazu gezählt, obgleich sich Lutheraner und Calvinisten heftig bekämpften.

Alle drei Kirchen grenzten sich in der Lehre, im Ritus und in der Organisation streng voneinander ab. Die Konfessionalisierung ist also nicht als Auseinandersetzung der römischen Kirche mit der oder den protestantischen Kirche(n) zu deuten, sondern als Auseinandersetzung zwischen den neu entstandenen Konfessionskirchen, zu denen auch die katholische zu zählen ist. Diese hatte sich auf dem Trienter Konzil (1545–1563) neu formiert. Die Lutheraner hatten sich 1577 mit der sogenannten Konkordienformel eine gemeinsame Basis geschaffen. Die Calvinisten in Deutschland fanden ihre Form im sogenannten Heidelberger Katechismus von 1563, der die reformierten (= calvinistischen) Glaubenswahrheiten in 129 Fragen und Antworten übersichtlich zusammenfasste. Die katholische Konfessionskirche nahm freilich für sich in Anspruch, die einzig wahre Kirche zu sein, von der sich die anderen Kirchen – als solche wurden sie von der katholischen Kirche allerdings nicht anerkannt – abgespaltet hätten. Sie seien deshalb zur einen wahren Kirche wieder zurückzuführen.

Die Reichsfürsten hatten ein starkes Interesse an der Trennung der Konfessionen, garantierte ihnen doch der Religionsfrieden von 1555 das ius reformandi, das heißt das Recht, allein über die Konfession ihrer Untertanen bestimmen zu können. Neben dem Steuerrecht, über das die Landstände noch mitbestimmten, war das ius reformandi für die Reichsfürsten das wichtigste Recht, um ihre Macht im Land zu festigen und sich der Loyalität ihrer Untertanen zu versichern.

In Schlesien setzte die Konfessionalisierung erst verzögert in den 1590er Jahren unter Kaiser Rudolf II. (Reg. 1576–1612) ein. Die Habsburger hatte in ihren Ländern verspätet damit begonnen, das ius reformandi durchzusetzen. Umso intensiver verfolgte das Kaiserhaus als Landesherrschaft die katholische Konfessionalisierung in Schlesien. Wenn diese auch nicht der einzige bestimmende Faktor für die habsburgische Politik in Schlesien blieb, so bildete sie doch ein wesentliches Motiv für das politische Verhalten des Kaisers.

Die Grundlagen für eine katholische Konfessionalisierungspolitik hatten die Habsburger zusammen mit Bayern 1579 auf einer Konferenz in München festgelegt. Dabei kamen die Vertreter Österreichs, Bayerns, Tirols und Salzburgs sowie der päpstliche Nuntius überein, die Verfügungsgewalt über die Druckereien – und damit die Kontrolle über den Büchermarkt – unter die Macht der Fürsten zu bringen. Ferner sollten bereits gemachte Zugeständnisse an die Stände durch eine Neuinterpretation des Rechts allmählich außer Kraft gesetzt werden. Zudem wollten sie ihre Patronatsrechte strikt zugunsten der Katholiken nutzen und die protestantischen Beamten durch eine katholische, an den neuen katholischen Schulen ausgebildete Elite ersetzten. Jeder, der sich als Bürger im Land niederlassen wollte, sollte sich schriftlich zur katholischen Religion bekennen. Ferner sollte der Erzherzog in Österreich die von den Ständen nicht zu bewilligenden Einnahmen des Landes erhöhen, die er aus den sogenannten Regalien – den wirtschaftlich nutzbaren Hoheitsrechten – erhielt, also Gelder für die Vergabe von Privilegien. Die protestantischen Prediger sollte er als Laien des Amtsmissbrauchs bezichtigen und ihnen den Dienst verbieten; ihre Predigten sollte er als Aufruhr gegen den Landesherrn hinstellen. Des Weiteren sollte er den Bau protestantischer Kirchen unterbinden und die Prediger schließlich des Landes verweisen.

Dem desolaten Zustand der alten Kirche, der die Reformation ausgelöst hatte, sollte durch eine Reform abgeholfen werden, die durch geistliche Kontrollen (sogenannte Visitationen) und die Ausbildung von qualifizierten Geistlichen in neu zu schaffenden Seminaren gewährleistet sein müsste. Die Katholiken in den habsburgischen Landen leiteten mit diesen Maßnahmen die Erneuerung ihrer Kirche ein. Von den konkurrierenden Konfessionskirchen wurde dies freilich als eine „Gegenreformation" verstanden, als Versuch, die evangelische Reformation wieder rückgängig zu machen.

In Innerösterreich setzten Erzherzog Karl von Steiermark (der Bruder Kaiser Maximilians II.) und sein Sohn Ferdinand, der spätere Kaiser Ferdinand II., diese Maximen in Politik um. In Schlesien versuchte der jüngste Sohn des Erzherzogs, der ebenfalls Karl hieß, als Bischof von Breslau (Reg. 1608–1624) zumindest in seinem bischöflichen Territorium Neisse diese Politik zu realisieren.

Zum Testfall wurde dabei der 1609 auch für Schlesien gültige Majestätsbrief Kaiser Rudolfs II., der aufgrund der inneren Auseinandersetzungen im Hause Habsburg den Protestanten in Böhmen und dem Nebenland Schlesien die freie Wahl der Konfession und den Bau von Kirchen zugestand. Damit waren die Katholisierungsversuche, die Rudolf II. seit den 1590er Jahren in Schlesien unternommen hatte, zunächst einmal beendet. In dieser ersten Katholisierungsphase Schlesiens hatte der Kaiser als böhmischer Landesherr versucht, die Kirchen, über deren Patronat er verfügte, mit katholischen Geistlichen zu besetzen, wobei er allerdings nur in Troppau erfolgreich war. In Glogau und Schweidnitz zum Beispiel scheiterte er am heftigen Widerstand der dortigen Einwohner; desgleichen in der Grafschaft Glatz.

Doch gelang es ihm, allmählich die katholische Infrastruktur zu verbessern. So konnten mit seiner Unterstützung die Jesuiten 1597 von Prag aus im protestantischen Glatz ein Kolleg einrichten, während sie in Breslau mit der Errichtung einer Missionsstation zunächst noch scheiterten. Der erfolgreiche Versuch, die Jesuiten zumindest in die dem Fürstentum Neisse benachbarte Grafschaft Glatz zu bringen, die damals zu Böhmen gehörte, war dem ehemaligen Neisser Rektor Christoph Kirmeser zu verdanken. Dieser hatte als Oberster des Glatzer Augustiner-Chorherrenstifts am 9. März 1595 Papst Clemens VIII. (Reg. 1592–1605) das Stift übergeben, der daraufhin das Chorherrenstift den Jesuiten verlieh. Dies war ein wichtiger Schritt des Papstes, zusammen mit den Habsburgern, Böhmen und das böhmische Nebenland Schlesien „zur Hochburg der Gegenreformation auszubauen"[28] und von hier aus die für die habsburgischen Lande vorgesehenen Katholisierungsmaßnahmen einzuleiten.

Der Fall Neisse

Der nächste Schritt in dieser Strategie sollte die Festigung katholischer Macht im Stiftsland Neisse sein. So plante es zumindest Erzherzog Ferdinand von Innerösterreich, der spätere Kaiser Ferdinand II. (Reg. 1619–1637). Von Graz aus versuchte er seit 1606 zusammen mit der römischen Kurie, seinen Bruder Karl auf den Breslauer Bischofsstuhl zu bringen. Dafür konnte er auch den polnischen Königshof gewinnen, gehörte doch die polnische Königin Konstanzia als Schwester des Kandidaten zur Familie. Die Kurie unter Papst Paul V. (Reg. 1605–1621) hoffte, zusammen mit den Grazer Habsburgern die Katholisierung Schlesiens vorantreiben zu können. Zurückhaltend verhielt sich dabei allerdings der kaiserliche Onkel Rudolf II., der die Opposition der schlesischen Fürsten fürchtete.

Bischof Karl (Reg. 1608–1624), der Bruder des späteren Kaisers Ferdinand II., versuchte, in Schlesien die habsburgische Katholisierungspolitik, die 1579 auf einer Konferenz in München konzipiert worden war, durchzusetzen. Karl war 1608 zum Bischof von Breslau gewählt worden. In seinem Bischofsland Neisse weigerte er sich, den Majestätsbrief Kaiser Rudolfs II. von 1609 anzuerkennen, der den Untertanen seiner Kronländer – Böhmen und Schlesien – die freie Konfessionswahl und den Bau lutherischer Kirchen zugestand.

Auch wenn das Breslauer Domkapitel 1608 Karl nur die Hälfte seiner Stimmen gab, so war er doch zum Bischof gewählt. Er versuchte nun, die 1579 in München beschlossenen Katholisierungsmaßnahmen in seinem weitgehend nicht mehr katholischen Stiftsland durchzusetzen. Sein vorrangiges Ziel war es, zu verhindern, dass der protestantenfreundliche Majestätsbrief von 1609 für das Stiftsland Neisse anerkannt wurde. Zugeständnisse an die lutherischen Bürger Neisses sollten nur unter taktischen Gesichtspunkten erfolgen und, sobald es die politische Situation zuließ, widerrufen werden. Grundsätzlich sollten Protestanten aus den städtischen Körperschaften ausgeschlossen und ihnen die Bürgerrechte genommen werden. Auf keinen Fall sollte die lutherische Konfession in der Stadt Neisse öffentlich in Erscheinung treten.

Um Neisse als katholische Stadt und katholisches Land im weitgehend protestantischen Schlesien zu behaupten, sollte die katholische Infrastruktur der Stadt genutzt werden. Doch Bischof Karls Versuch, die Jesuiten 1608 dauerhaft nach Neisse zu bringen, scheiterte nach sechs Jahren am Widerstand der Protestanten, sodass die Mitglieder dieses Ordens die Stadt wieder verlassen mussten.

Die schlesischen Stände, die fast ausschließlich protestantisch waren, stellten sich entschieden gegen Karls Konfessionspolitik, die wiederum kräftig von der römischen Kurie unterstützt wurde. Da der Breslauer Bischof bis zu dieser Zeit noch in Personalunion das Amt des Oberlandeshauptmanns ausübte, drängte die Kurie darauf, Karl solle kraft seines Amtes bei der Berufung von Funktionsträgern nur Katholiken berücksichtigen.

Zu einer entscheidenden Zuspitzung des Konflikts kam es während der Auseinandersetzung um den Majestätsbrief von 1609, der für Schlesien den konfessionellen Status quo festschrieb, den Protestanten die Glaubensfreiheit sicherte und ihnen erlaubte, eigene Kirchen und Schulen zu errichten, sofern die Pfarrkirchen im Besitz der Katholiken waren. Zudem hätte der Breslauer Bischof dadurch das Amt des Oberlandeshauptmanns verloren. Das beeinträchtigte erheblich Karls Konfessionalisierungsstrategie in seinem Stiftsland. Er erkannte deshalb für sein Neisser Territorium den Majestätsbrief nicht an und schuf damit einen Konflikt, der zwischen ihm, den Protestanten in seinem Land sowie den schlesischen Ständen bis 1620 andauern sollte.

Noch vor Erlass des Majestätsbriefs für Schlesien hatte Karl am 20. August 1609 für sein Stiftsland verfügt, das Bürgerrecht der Städte nicht durch die Magistrate, sondern durch den Stadtherrn erteilen zu lassen; dem Bürgereid fügte er die Formel bei, dass sich der neue Bürger verpflichte, nur zur (katholischen) Pfarrkirche zu halten. Für die Stadt Neisse verfügte er am 23. Juli 1609, ihm alle Käufe von Grundstücken und Häusern zu melden. Dem schlesischen Fürstentag, der ihn 1610 wiederholt aufforderte, den Majestätsbrief anzuerkennen, antwortete er ausweichend.

Karl war alles andere als ein Bischof, wie ihn sich das Trienter Konzil vorgestellt hatte. Obgleich von Jugend auf für den geistlichen Beruf bestimmt und bei den Grazer Jesuiten erzogen, hatte er weder die Priester- noch Bischofsweihe empfangen. Er hielt es eher mit dem höfischen Leben als mit der Theologie. Den Besitz seiner Bischofsstühle – zu dem Breslauer hatte er 1613 noch den von Brixen dazugewonnen, zudem war er ab 1621 Hochmeister des Deutschen Ordens – sah er wohl eher unter machtpolitischen als unter religiösen Gesichtspunkten: Das Bekenntnis seiner Untertanen zur katholischen Konfession war schließlich eine Grundvoraussetzung für das Weiterbestehen seines geistlichen Territoriums.

Der Majestätsbrief jedoch schuf in Schlesien eine Situation, die – weitgehender als im Reich – dem einzelnen Untertan die Entscheidung überließ, welcher Konfession er sich anschließen wollte. Wäre Karl dem nachgekommen, so hätte er – wie die Dinge standen – bald nur noch protestantische Untertanen gehabt. Die Weiterexistenz seines geistlichen Territoriums wäre fraglich gewesen. Schon diese politische Überlegung erforderte von ihm, gegen die Protestanten in seinem Territorium vorzugehen, ihnen keinerlei Zugeständnisse zu machen und zudem die Forderungen der schlesischen Stände, die die Anerkennung des Majestätsbriefs in seinem Land verlangten, strikt zurückzuweisen. Unter diesem Gesichtspunkt ist sein rigoroses Vorgehen zu verstehen.

In der Auseinandersetzung mit den Forderungen der protestantischen schlesischen Stände, vertreten durch das Königliche Oberamt unter dem Landeshauptmann Karl II. von Münsterberg-Oels, konnte Bischof Karl jedoch nicht verhindern, dass die Protestanten in seinem Territorium – zwar nicht in Neisse selbst, aber in dem fünf Kilometer davon entfernten Dorf Sengwitz – 1613 eine eigene Kirche errichteten. Karl protestierte gegen diesen Eingriff in seine Territorialhoheit und verlangte per Dekret die Entfernung des Predigers und seines Gehilfen, der die Kinder unterrichtete. Trotz Bitten der Stände blieb er dabei.

Von Kaiser Matthias (Reg. 1612–1619) erbat Karl die Aufhebung des Majestätsbriefs. Doch davon riet sogar der Wiener Bischof Melchior Klesl ab, obwohl dieser selbst in Niederösterreich die Gegenreformation strikt durchgeführt hatte. Um die katholische Position in Neisse zu behaupten, berief Karl im September 1614 die Franziskaner in die Stadt zurück, die 1575 ihren Konvent in Neisse aufgegeben hatten.

Den Neisser Protestanten dagegen kam bei der Behauptung ihrer Position zugute, dass sich der Bischof selten in seiner schlesischen Residenz, sondern meistens in Graz oder Brixen aufhielt. Vom schlesischen Fürstentag erbaten sie, die ihnen im Majestätsbrief zugesagte Religionsfreiheit in Neisse energisch durchsetzen zu können. Der Fürstentag mahnte jedoch zur Mäßigung, was auch im Interesse des Kaisers lag. Dennoch ließen die Neisser Protestanten durch ihren Prediger Petrus Bohemius (1582–1617) in einem Schulhaus einen Gottesdienst abhalten und errichteten demonstrativ ein Schild mit der Inschrift: „Auf Verwilligung der verstorbenen und der jetzigen kaiserlichen Majestät ist dieses Werk angefangen worden.“[29] Das ging allerdings auch dem schlesischen Fürstentag zu weit. Das Königliche Oberamt sprach sich am 9. März 1616 strikt gegen diese Demonstration aus.

Bischof Karl aber nutzte die für ihn günstige politische Situation, ließ den Gottesdienstraum in Neisse schließen, befahl, den Prediger aus Neisse auszuweisen und verbot jede weitere evangelische Religionsausübung. Vom Kaiser verlangte er am 1. August 1616 einen Befehl, in dem alle „Zusammenrottirungen und Conventicula“ verboten würden. Um seine Macht zu demonstrieren, ließ er zwei städtische Gesandte auf ihrem Rückweg vom Fürstentag in Oels verhaften, ins Gefängnis nach Johannisberg bringen, sie foltern und einen von ihnen, Hans Buchs, durch einen böhmischen Scharfrichter hinrichten. Dem entsetzten Fürstentag ließ er erklären, dass dies „nicht wegen der Religion noch wegen des Majestätsbriefs“ geschehen sei, „sondern wegen allerhand politischer Verbrechen“. Buchs habe „verlauten lassen, er wolle nichts lieber als seine Hände in des Erzherzogs Blut waschen“.[30] Von den Fürsten verlangte Karl die Aufhebung des Majestätsbriefs. Der evangelische Prediger Petrus Bohemius wurde am 19. September 1616 des Landes verwiesen.

Kaiser Matthias ermahnte seinen Neffen am 10. Januar 1617, „sich aller Bedenklichkeiten zu enthalten“.[31] Rückendeckung hatte Karl dagegen von seinem Schwager, dem polnischen König Sigismund III. Wasa, erhalten, der die schlesischen Stände warnte, er werde nicht zulassen, dass dem Bischof wegen der Religion Bedrängnis widerfahre. Dies veranlasste den Fürstentag am 27. November 1616, dem Kaiser die bereits bewilligte Steuer auszuschlagen, da man sie eventuell zur Verteidigung gegen einen polnischen Angriff benötige. Dennoch stimmten die schlesischen

Infolge des Majestätsbriefs von 1609 hatte der Bischof von Breslau das Amt als Oberlandeshauptmann verloren. Dieses Amt kam nun an einen protestantischen Fürsten, Herzog Karl II. von Münsterberg-Oels (1545–1617), einen Spross der Podiebrad-Familie. Die Umschrift des Kupferstichs von 1610 bezeichnet ihn unter anderem als „supremus Silesiae capitanus" (Oberlandeshauptmann von Schlesien). Karl vertrat eine vorsichtige Politik gegenüber dem katholischen Landesherrn.

Fürsten am 29. Juni 1617 der Wahl von Karls Bruder Ferdinand zum König von Böhmen zu. Sie verlangten aber beim Huldigungseid am 21. September 1617 in Breslau, der König solle sich nicht in die Politik einmischen, solange sein kaiserlicher Onkel Matthias regiere.

Trotz der Auseinandersetzung mit Bischof Karl als Vertreter der Habsburger-Dynastie hatten die schlesischen Stände durch den Habsburger „Bruderzwist" und die dadurch bedingte Konfessionspolitik einen größeren politischen Spielraum erhalten. In dem Konflikt hielten sie zu Kaiser Rudolf II., was zu einer Annäherung an die böhmischen Stände führte, mit denen die Schlesier 1609, noch vor Inkrafttreten des Majestätsbriefes, ein Widerstandsbündnis gegen die Katholisierungsmaßnahmen geschlossen hatten.

Neben der durch Bischof Karl bestrittenen freien Wahl der Konfession erreichten die schlesischen Stände, dass Rudolf II. den Bischof von Breslau von der Oberlandeshauptmannschaft ausschloss. Dieses Amt kam nun an einen protestantischen Fürsten, nämlich an Herzog Karl II. von Münsterberg-Oels, einen Spross der Podiebrad-Familie. Die Situation der schlesischen Stände verbesserte sich dadurch auch erheblich gegenüber den böhmischen Ständen. Rudolfs Nachfolger, Kaiser Matthias, bestätigte bei seiner Huldigung in Breslau 1612 nicht nur die Privilegien seines Vorgängers, sondern festigte auch die Stellung der Breslauer Kanzlei gegenüber den Ansprüchen der Prager Kanzlei, in der die katholischen Ständevertreter das Sagen hatten.

Die schlesischen Protestanten schwächten jedoch durch interne Scharmützel ihre Position. Dabei spielte seit den 1570er Jahren weniger die Auseinandersetzung mit den Schwenckfeldern und den Täufern eine Rolle, sondern eher die Differenz zwischen den Lutheranern auf der einen Seite, die sich, wie die Brieger Geistlichkeit, 1574 im Heidersdorfer Bekenntnis auf eine gemeinsame Glaubensformel geeinigt hatten, und auf der anderen Seite den Anhängern Philipp Melanchthons, den sogenannten Philippisten, zu denen die Breslauer Prediger zählten. Zu starken Spannungen innerhalb der Gemeinden und unter den protestantischen Geistlichen führte auch das Vordringen der calvinistischen Reformation in Schlesien und der Grafschaft Glatz. Sie gewann unter dem Adel und den Intellektuellen, aber auch den Geistlichen zahlreiche Anhänger.

Die politische Situation Schlesiens und der Grafschaft Glatz machte die Einrichtung einer Landeskirche mit einem für alle zuständigen Konsistorium, also einer oberen Leitungsbehörde, unmöglich. Obgleich den schlesischen Herzögen in ihren Territorien das ius reformandi nicht zustand – dies behielt sich der böhmische König vor –, erließen sie dennoch Kirchenordnungen, so Markgraf Georg der Fromme für sein Fürstentum Jägerndorf, desgleichen der Herzog von Brieg. Doch geschah das nicht durchgängig. Vielfach wurde die kursächsische Kirchenordnung von 1580 oder die württembergische von 1582 in Kraft gesetzt.

Der böhmische Aufstand

Die religiösen Auseinandersetzungen wirkten sich auch auf die politische Situation aus: 1610 war Herzog Adam Wenzel von Teschen zum Katholizismus konvertiert. In die schlesische Politik griff ab 1610 immer mehr einer der wichtigsten Parteigänger der Habsburger in Schlesien ein, der Konvertit Karl von Liechtenstein, der 1613 das Fürstentum Troppau als Erblehen erhalten hatte. Die Position der Lutheraner im Land wurde zudem dadurch geschwächt, dass der Piastenherzog Johann Christian von Brieg und sein Bruder Georg Rudolf von Liegnitz sowie der Hohenzoller Markgraf Johann Georg von Jägerndorf nach dem Vorbild des brandenburgischen Kurfürsten Sigismund zum Calvinismus übertraten.

Hatten die schlesischen Stände zuvor eine gewisse Unabhängigkeit von den böhmischen erreicht, so zog sie das Widerstandsbündnis mit diesen von 1609 dann doch in die böhmischen Wirren. Deren Höhepunkt war der sogenannte Prager Fenstersturz im Mai 1618, der den Dreißigjährigen Krieg auslöste: Anlässlich einer Auseinandersetzung um den Bau evangelischer Kirchen in Böhmen, den König Ferdinand verweigerte, hatten auf der Prager Burg, dem Hradschin, Vertreter der böhmischen Stände die beiden königlichen Beamten Wilhelm von Slawata und Jaroslaw Martinitz aus dem Fenster geworfen. Die beiden überlebten allerdings den Sturz aus 15 Metern Höhe. Zum Schutz der Religionsfreiheit stellten die schlesischen Stände im Oktober 1618 unter Markgraf Johann Georg von Jägerndorf eigene Truppen auf, die den Böhmen zu Hilfe kommen sollten.

Auch wenn die Böhmen den Konflikt aus konfessionellen Gründen ausgelöst hatten, so stand dahinter als eigentliches Ziel die Stärkung eines ständisch-föderalistischen Staatsmodells. Es sollte unter einem König die Einheit der Böhmischen Krone garantieren, wies aber den Ständen die eigentliche Macht zu. Die Stände der böhmischen Nebenländer sollten im Rahmen dieser Verfassung eine eigenständige und gleichberechtigte Stellung erhalten und auch an der Königswahl teilnehmen. Dies war die Basis der am 31. Juli 1619 beschlossenen „Confoederatio Bohemica“, der auch die Schlesier beitraten.

Auch die schlesischen Stände wählten 1619 mit den böhmischen den calvinistischen Pfälzer Kurfürsten Friedrich zum böhmischen König, obgleich Erzherzog Ferdinand bereits 1617 ganz legal als Nachfolger Matthias' zum böhmischen König gewählt worden war. Die schlesischen Fürsten und Stände huldigten Friedrich V. von der Pfalz im Februar 1620 in Breslau, und sogar das Breslauer Domkapitel leistete seinen Eid auf den „Winterkönig“. So nannten ihn seine Zeitgenossen, weil er nur einen Winter lang regierte.

Der Breslauer Bischof Karl war während des Aufstands an den Hof seines polnischen Schwagers Sigismund III. geflohen, nachdem empörte Neisser Protestanten versucht hatten, ihn am 28. Dezember 1618 in der Kirche gefangen zu nehmen. Gegen alle konfessionellen Änderungen in Neisse, die der Winterkönig gestattete, legte der Bischof, unterstützt vom polnischen König, Protest ein. Der aber blieb unter der bestehenden politischen Konstellation wirkungslos.

Politik und Konfessionen nach 1620

Trotz des entscheidenden Sieges der Katholischen Liga – des 1609 geschlossenen Militärbündnisses der katholischen Fürstentümer – blieb der im Oktober 1620 am Weißen Berg bei Prag erreichte politische und konfessionelle Status in Schlesien zunächst relativ unverändert. Der sächsische Kurfürst, der – obgleich protestantischer Fürst – dennoch auf Seiten Kaiser Ferdinands II. stand, vermittelte 1621 den sogenannten Dresdner Akkord. Diese Übereinkunft zwischen den schlesischen Ständen und dem Kaiser sah die Aner-

Aus Protest gegen die vermeintliche Verweigerung der Privilegien des Majestätsbriefs durch den böhmischen König Ferdinand warfen am 23. Mai 1618 böhmische Adlige die königlichen Statthalter auf dem Hradschin aus dem Fenster. Mit dem Prager Fenstersturz begann der Dreißigjährige Krieg. Die schlesischen Stände unterstützten die Rebellion und stellten den Böhmen Truppen zur Verfügung.

Der Sieg der Katholischen Liga bei Prag 1620 veränderte die Situation der Protestanten in Schlesien grundlegend, auch wenn ihnen die Beibehaltung ihrer lutherischen Konfession zugestanden wurde. Sie mussten politisch lavieren. Das bedeutendste schlesische Geschichtswerk dieser Zeit, die „Schlesische Chronica" des Protestanten Jacobus Schickfus von 1625, ehrt mit dem Titelkupfer die Tugenden Kaiser Ferdinands II., der entschlossen war, trotz seiner Zusage an die Protestanten auch in Schlesien die Katholisierung durchzusetzen. Der schlesische Adler auf dem Schild der Allegorie des Glaubens, der gekrönte böhmische Löwe bei der Personifizierung der Tapferkeit, das Bild Breslaus als Hauptstadt sowie die Betonung von Ferdinands Stellung als „supremus dux Silesiae" (höchster Herzog Schlesiens) sollen seine herausragende Stellung und den Machtverlust der schlesischen Stände verdeutlichen.

kennung Ferdinands II. als rechtmäßigen Landesherrn vor, ächtete zudem den calvinistischen Markgrafen Johann Georg von Jägerndorf und vertrieb damit die Hohenzollern endgültig aus Schlesien. Auch verlangte der Akkord vom schlesischen Fürstentag eine Geldbuße von 300 000 Gulden, ließ aber die alten konfessionellen und politischen Privilegien bestehen.

Nur Glatz leistete bis 1622 Widerstand und hielt weiterhin zum calvinistischen Winterkönig, der das Land aber längst verlassen hatte. Das verhinderte zunächst auch eine zügige Katholisierung des Neisser Bischofslandes. Nach dem Fall der Grafschaft Glatz, die der Breslauer Bischof Karl von seinem Bruder Ferdinand II. in dessen Funktion als böhmischer König ebenfalls als Herrschaftsterritorium erhalten hatte, stand der katholischen Konfessionalisierung der Grafschaft nichts mehr im Wege, und nun konnte Karl dies auch in seinem Bischofsland wagen. Als Basis dafür war die Gründung einer katholischen Universität vorgesehen, die – wie in Graz – Jesuiten leiten sollten. Am 9. Februar 1623 stellte Karl den Stiftungsbrief aus und schenkte dem Orden diverse Güter, darunter die Herrschaft Olbersdorf. In Neisse selbst erhielten die Jesuiten unter anderem die Kirche Mariae Himmelfahrt sowie das Kloster der Kreuzherren.

Obgleich zum Superior des neuen Kollegs in Neisse 1623 der bedeutende Naturwissenschaftler P. Christoph Scheiner ernannt wurde, gedieh das Universitätsprojekt nicht. Scheiner ging schon im Juni 1624 für zwölf Jahre nach Rom und Bischof Karl zur selben Zeit als Vizekönig von Portugal nach Madrid, wo er aber bereits am 28. Dezember desselben Jahres verstarb. Sein Nachfolger, der bereits mit zwölf Jahren zum Bischof von Breslau gewählte polnische Prinz Karl Ferdinand (Reg. 1625–1655), verfolgte den Universitätsplan nicht weiter, zumal sowohl für den Jesuitenorden wie für den Kaiserhof ein Kolleg in Breslau als katholisches wissenschaftliches Zentrum für Schlesien immer stärker in den Mittelpunkt des Interesses rückte.

Doch trug der Orden mit seinem Kolleg in Neisse tatkräftig zur Katholisierung des Stiftslandes bei. Wie er das bewerkstelligte, zeigt sein Vorgehen in seiner Herrschaft Olbersdorf, wo die protestantischen Untertanen trotz Protest und Bekenntnis zur Augsburger Konfession am Sonntag Invocavit (dem ersten Fastensonntag) 1625 gezwungen wurden, am katholischen Gottesdienst teilzunehmen und „sub una specie" (das heißt Kommunion nur mit der Hostie) „bey Vermeidung höchster und unnachlässiger Strafe" zu kommunizieren.[32]

Auf ähnliche Weise sollte durch die Jesuiten ganz Schlesien katholisiert werden. Dies ist einer Abhandlung des lange Zeit auch in Glatz tätigen Jesuiten Christoph Weller von 1625 zu entnehmen, der die katholische Konfessionalisierung, die dort nach 1622 anlief, als vorbildlich für ganz Schlesien ansah. Er plädierte dafür, die protestantischen Prediger aus dem Land zu vertreiben, den protestantischen Kultus zu verbieten, den katholischen Gottesdienst wieder einzuführen, und zwar mit Benutzung derjenigen katholischen Gegenstände, die sich, weil im Volk fest verwurzelt, auch bei Lutheranern erhalten hatten, wie zum Beispiel Bilder, Altäre, Kruzifixe und Taufsteine. Auf spektakuläre Katholisierungsmaßnahmen verzichteten die Habsburger zunächst bis 1629 angesichts der unsicheren Kriegssituation, schufen aber durch eine kluge Personalpolitik die Voraussetzungen hierfür.

Der Dreißigjährige Krieg

Der Durchzug des protestantischen Heerführers Ernst von Mansfeld durch Schlesien nach Ungarn im Jahr 1626 bot dem Kaiser einen Vorwand, in seinen schlesischen Erbfürstentümern die Vergünstigungen des Dresdner Akkords zu widerrufen. Als der kaiserliche Heerführer Wallenstein um 1629 durch seine Kriegserfolge alle Gegner in den habsburgischen Erblanden niedergeworfen hatte, konnte die Katholisierung in den Erbfürstentümern planmäßig und rücksichtslos

Notularum explicatio
Vrbes
Pagi
Arces
Monasteria
Montes notabiles.
MARCHIÆ BRANDENBURGICA
CONFINIA
DVCATVS CROSNENSIS
LVSATIÆ INFERIORIS PARS.
LVSATIA SVPERIOR
MISNIÆ PARS
DVCATVS LIGNICENSIS
DVCATVS SCHWIDNICENSIS
DVCATVS WOLAVIENSIS
COMITATVS GLACENSIS
BOHEMIÆ PARS.
Milliaria Germanica Communia
Occidens
Custrin
Francfurt
Landsberg
Posen
Guben
Crossen
Cotbus
Sorau
Sagan
Sprottaw
Glogaw
Bautzen
Gorlitz
Lauban
Lignitz
Dresden
Pirnaw
Zittaw
Leutmeritz
Praga
Der Weißenberg
Brandeis
Alt Buntzel
Kolin
Glatz
Nachod
Konig Grats
Montes Sudetes
Elb fl.

Der Schlesier Jonas Scultetus publizierte 1638 eine relativ genaue Karte des Herzogtums Schlesien. Sie erschien bei Hondius in Amsterdam und fand deshalb weite Verbreitung. Gegenüber der Karte von Martin Helwig aus dem Jahr 1561 (siehe die Abbildung auf S. 34/35) zeigt sie genauere Eintragungen. Die einzelnen Herzogtümer und Herrschaften werden durch eigene Grenzen hervorgehoben. Zu den „Montes notabiles“, den bemerkenswerten Bergen, wird auch der Zobten mit seinen zwei Bergkuppen gezählt, der hier zum ersten Mal auf einer Karte auftaucht. Er bildet geografisch fast die Mitte Schlesiens.

durchgeführt werden. Wo sich die Protestanten wehrten, wurden die Liechtensteiner Dragoner, als „Seligmacher“ verschrien, eingesetzt. Durch ihre Schikanen zwangen sie die lutherische Bevölkerung zum Übertritt zur katholischen Kirche. Die Erbfürstentümer erhielten katholische Landeshauptleute, in den städtischen Räten – wie in Schweidnitz – durfte kein Protestant mehr amtieren.

Verschont blieben zunächst noch die Herzogtümer, in denen ein Piast oder Podiebrad regierte. Auch die Stadt Breslau konnte sich gegen die Katholisierungsmaßnahmen behaupten. Die schlesischen Stände, der sogenannte Fürstentag, durften nur noch auf Anordnung aus Wien zusammentreten. Das Breslauer Oberamt verlor zudem 1629 seinen Doppelcharakter als ständische und kaiserliche Behörde und unterstand ausschließlich dem Kaiser. Der Fürstentag durfte nur noch die Steuerfragen behandeln. Die Reihe der habsburgtreuen Fürsten in Schlesien wurde 1628 durch die Belehnung Wallensteins mit dem Herzogtum Sagan und später auch noch mit Glogau verstärkt.

Die Situation der Fürsten und des Protestantismus in Schlesien hatte sich bis 1630 erheblich verschlechtert, was wohl mit dazu beitrug, dass die schlesischen Evangelischen auf die Schweden und ihren König Gustav Adolf (Reg. 1611–1632) setzten. Es herrschte bei den schlesischen Protestanten die Hoffnung auf eine Restitution des Luthertums durch die Schweden, die noch vor der Schlacht von Lützen aktuell wurde, als im Juli 1632 die mit den Schweden verbündeten sächsischen Truppen zum Schutz des evangelischen Glaubens in Schlesien eindrangen.

Die Schweden besetzten im Herbst 1632 die katholische Dom- und Sandinsel in Breslau, vertrieben die katholische Geistlichkeit und plünderten deren Häuser. Ähnliches geschah auch in anderen schlesischen Städten wie in Reichenbach, Frankenstein und Schweidnitz. Schweden und Sachsen boten sich den ehemals lutherischen Städten als „Freunde und Beschützer“ der evangelischen Religion an, worauf sich Ratsmitglieder dieser Städte einließen und um lutherische Prediger baten.

Die von außen herbeigeführte Situation erzwang von den schlesischen Herzögen und der lutherischen Stadt Breslau eine schwierige politische Entscheidung. Verbanden sie sich mit Sachsen und Schweden, bedeutete das den Abfall von dem obersten Landesherrn, dem Kaiser. Dennoch entschlossen sich im August 1633 die Herzöge Johann Christian von Brieg, Georg Rudolf von Liegnitz, Karl Friedrich von Münsterberg-Oels sowie die Stadt Breslau zu einem Bündnis mit dem sächsischen General Hans Georg von Arnim, und damit für die Schweden. Der neutrale Begriff „Konjunktion“ für dieses Bündnis kaschierte kaum den Abfall vom Kaiser.

Die politische Situation der protestantischen Verbündeten verschlechterte sich erheblich, als am 11. Oktober 1633 der auf Seiten Wallensteins kämpfende schlesische Adlige Hans-Ulrich Freiherr von Schaffgotsch die schwedischen Truppen bei Steinau an der Oder besiegte. Der Kaiser schloss mit dem sächsischen Kurfürsten, der bis dahin den Dresdner Akkord geschützt hatte, 1635 einen Separatfrieden. In diesem sogenannten Prager Frieden verzichtete der sächsische Kurfürst auf die 1621 im Dresdner Akkord garantierten konfessionellen Zugeständnisse an die Protestanten. Die Herzöge von Brieg, Liegnitz und Oels sowie die Stadt Breslau erhielten für sich und ihre Untertanen zwar Religionsfreiheit gewährt, mussten sich aber dem Kaiser unterwerfen und ihm erneut huldigen.

Herzog Johann Christian von Brieg lehnte dies ab und ging ins Exil nach Danzig. Für die protestantischen Schlesier wurde er – und nicht Gustav Adolf – zum eigentlichen „Helden“ der Konfessionsauseinandersetzung. Seine Bedeutung hebt eines der bedeutendsten Gemälde dieser Zeit hervor, das der Breslauer Künstler Bartholomäus Strobel d. J. 1640/42 in seinem Elbinger Exil geschaffen hat und das sich heute im Madrider Prado befindet: „Das Gastmahl des Herodes“. Das

Haupt des ermordeten Johannes, hereingetragen auf einem Teller wie auf dem Breslauer Stadtwappen, trägt die Gesichtszüge des Herzogs Johann Christian von Brieg. „Das Werk ist eine Huldigung an die antihabsburgischen Eliten Schlesiens, die im [...] Exil lebten.“[33]

Auch die schlesischen Dichter Martin Opitz und Andreas Gryphius sahen sich gezwungen, nach dem Prager Frieden von 1635 ins Exil zu gehen. Schon in den 1620er Jahren waren aus dem Fürstentum Glogau zahlreiche protestantische Untertanen vor den Liechtensteiner Dragonern geflohen. Besonders Polen war das Ziel zahlreicher Exilanten, sodass an der polnisch-schlesischen Grenze um Lissa regelrechte Exilantenstädte entstanden. 1629/30 waren aus der Stadt Guhrau über die Hälfte der Einwohner – insgesamt 4000 Personen – vor den Verfolgungen durch die Liechtensteiner mit ihrem Bürgermeister über die polnische Grenze gegangen und hatten sich in dem nahen (Polnisch-) Lissa niedergelassen. Alte Handelsbeziehungen, die vor allem auf der Leinenproduktion beruhten, erleichterten den Wegzug nach Polen, wo die Exilanten in den Grenzstädten wie Fraustadt siedelten oder kleine Städte wie Schlichtingsheim gründeten, in denen sie durch Privileg des polnischen Königs die lutherische Konfession ausüben und lutherische Kirchen errichten durften. Der Bevölkerungsverlust in Schlesien in den Jahren von 1618 bis 1648 betrug etwa 200 000 Menschen, das war knapp ein Viertel des Bevölkerungsbestandes, den das Land vor dem Dreißigjährigen Krieg zählte.

Für die dem Kaiser direkt unterstehenden schlesischen Erbfürstentümer blieb trotz des Prager Friedens die künftige Regelung der Religionsangelegenheiten offen. Die Zusagen des Majestätsbriefs von 1609 und des Dresdner Akkords von 1621, die allen Schlesiern die freie Wahl ihrer Konfession garantierten, waren aufgehoben worden. Doch zumindest für die von den Piasten und den Podiebrad regierten Fürstentümer und die Stadt Breslau war die Augsburger Konfession durch kaiserliche Gnade erst einmal garantiert.

Die Schweden hatten 1635 fürs Erste das Land verlassen, doch seit 1639 waren sie bis zu ihrem endgültigen Abzug 1650 wieder präsent. Sie kamen einerseits mit dem Versprechen, die lutherische Lehre in den Erbfürstentümern zu schützen beziehungsweise wieder einzusetzen, traten aber andererseits auch ihren Glaubensgenossen gegenüber wie Marodeure auf. In den Städten der Erbfürstentümer, die sie eroberten, verjagten sie, so in Schweidnitz, die katholischen Geistlichen oder erpressten von ihnen hohe Abgaben. Zumindest einige Städte – wie Hirschberg – vermochten sie mit dem Versprechen, die lutherische Lehre zu schützen, auf ihre Seite zu ziehen.

Die Piastenherzogtümer sowie Breslau aber wollten sich die jüngst wiedererlangte

Der Maler Bartholomäus Strobel d. J. aus Breslau (gest. 1647) schuf im Danziger Exil 1640/42 mit dem Bild „Das Gastmahl des Herodes“ eine Allegorie auf die Verhältnisse seiner Zeit. Das Haupt des Johannes, das von den Gästen unbemerkt hereingetragen wird, kann als Sinnbild für die Situation in Schlesien aufgefasst werden. Es erinnert an das Stadtwappen von Breslau, in dem ebenfalls das Haupt des Johannes dargestellt ist. Strobels Johanneskopf trägt die Züge des kurz zuvor verstorbenen Herzogs Johann Christian von Brieg, der als Widerstandskämpfer gegen den Religionszwang auch in einem Gedicht des bedeutenden schlesischen Barockdichters Martin Opitz (1597–1659) geehrt wird.

Im Westfälischen Frieden von 1648 wurde den protestantischen Untertanen der Erbfürstentümer nach langen Verhandlungen der Bau von drei sogenannten Friedenskirchen in Glogau, Schweidnitz und Jauer zugestanden. Die Kirchen durften nicht aus Stein errichtet werden und mussten außerhalb der Städte liegen, da es offiziell keine lutherischen Gemeinden geben durfte. Der Festungsbaumeister Albrecht von Säbisch vollbrachte das Kunststück, in Schweidnitz und Jauer auf engem Raum Gotteshäuser zu schaffen, die im Innern Platz für 7500 beziehungsweise 6000 Gläubige boten. Die hier abgebildete Friedenskirche von Jauer wurde 1654/56 erbaut; der Turm durfte erst nach 1704 errichtet werden. Seit 2001 zählen die beiden nach 1945 erhaltenen Friedenskirchen von Schweidnitz und Jauer zum Weltkulturerbe der UNESCO.

kaiserliche Gnade nicht erneut verscherzen und widerstanden den Angeboten der Schweden, weshalb sie von diesen hart bedrängt wurden. Für den zeitgenössischen protestantischen schlesischen Historiografen Friedrich Lucae ist es unverständlich, dass trotz ständiger Plünderungen „etliche Städte den Schweden beständig an[hingen]".[34]

Durch ihr brutales Vorgehen hatten die Schweden sich inzwischen auch bei den schlesischen Lutheranern unbeliebt gemacht. Auch sie empfanden wohl weitgehend so wie 1640 der Breslauer Wilhelm Schwartz: „Ihr [der Schweden] Evangelium, das sie den Bedrängten hilfreich vermeinen zu bringen, ist sehr hart und streng als türkisch und teuflisch mit Schänden, Morden, Rauben, Brandschatzen, das nicht zu beschreiben [...]"[35]

Der Krieg traf Schlesien nicht gleichmäßig, verwüstete aber die fruchtbaren Landschaften um Glogau, Schweidnitz, Liegnitz und Brieg. Verstärkt wurden die Schäden durch den Bevölkerungsverlust infolge von Seuchen. Hinzu kam die Flucht aus dem Lande um des Glaubens willen. Dadurch änderte sich vor allem die Sozialstruktur. In Schlesien gab es nun eine neue Adelsschicht, die den vertriebenen oder geflohenen protestantischen Adel beerbte. Der Besitzerwechsel bedeutete fast immer eine Verschlechterung für die abhängigen Bauern, die sich in Schlesien schon seit der zweiten Hälfte des 16. Jahrhunderts gegen die sich etablierende Gutsherrschaft wehrten. Doch war die Tendenz eindeutig: Kleine Adelsherrschaften wurden zugunsten größerer zusammengelegt, um damit die Gutsherrschaft durchzusetzen.

Auch in den Standesherrschaften, also den von den Herzogtümern abgetrennten Gebieten, die an Adlige verteilt wurden, versuchten die Habsburger, loyale Adelsfamilien einzusetzen, die ihnen im Krieg geholfen hatten. Die Herrschaft Trachenberg ging an den General Melchior von Hatzfeldt. Ihr voriger Inhaber Hans-Ulrich von Schaffgotsch, der Sieger von Steinau gegen die Schweden, hatte sie verloren, weil er als Mitverschwörer Wallensteins galt. Nach dessen Absetzung und Ermordung in Eger am 25. Februar 1634 war Schaffgotsch wegen Verrats, der ihm allerdings nicht eindeutig nachgewiesen werden konnte, am 23. Juli 1635 in Regensburg hingerichtet worden. Das Herzogtum Sagan, über das einst Wallenstein verfügte, ging im Juli 1646 an den Fürsten Wenzel Eusebius von Lobkowitz, einen strengen Katholiken.

Wenn auch der Dreißigjährige Krieg zu einem internationalen europäischen Krieg geworden war, blieb die Konfessionsfrage in Schlesien bei den seit 1645 abgehaltenen Friedensverhandlungen in Münster und Osnabrück ein wichtiges Problem, das für Habsburg nur auf der Grundlage des Prager Friedens von 1635 gelöst werden konnte. Letztlich bestätigte der Artikel V des Westfälischen Friedens von 1648 lediglich die schon bestehenden Verhältnisse. Nur die Herzöge von Liegnitz, Brieg und Oels durften die freie lutherische Religionsausübung sowie ihre Kirchen behalten. In den übrigen Territorien gab es nur mehr katholische Kirchengemeinden, auch wenn die dortigen Einwohner lutherisch bleiben durften. Ein Sonderzugeständnis war die Errichtung der sogenannten Friedenskirchen in Schweidnitz, Jauer und Glogau, die allerdings nur vor den Städten und nicht aus Stein errichtet werden durften. Offiziell waren sie keine Gemeindekirchen; erst später wurde den Protestanten erlaubt, auch Schulen zu gründen. Letztlich war der Artikel V des Westfälischen Friedens das Eingeständnis der Habsburger, die katholische Konfessionalisierung in Schlesien nicht durchsetzen zu können.

Die Habsburger und die Kunst des schlesischen Friedens

Habsburgische Konfessionspolitik nach 1648

Trotz des Friedens von 1648 gaben die Habsburger ihre Katholisierungspolitik in Schlesien nicht auf. Damit verhinderten sie eine politische Weiterentwicklung des Landes. Als Devise galt auch nach 1648, was Kaiser Ferdinand II. dem Bürgermeister Treptau aus Neustadt in Oberschlesien 1629 auf dessen Bitte, die lutherische Konfession beizubehalten, in seiner Stadt mitteilen ließ, „daß der Kaiser wegen der vergangenen Rebellion keine andere als die katholische wissen und haben wolle".[36] Noch Ferdinands Enkel Kaiser Leopold I. (Reg. 1657–1705) bestand 1674 auf der Auswanderung der lutherischen Einwohner dieser Stadt, während er den lutherischen Einwohnern der umliegenden Dörfer die Auswanderung verbot, damit nicht durch den Wegzug deren „Leib und Seel auf einmal verloren" gehe.[37] „In ganz Oberschlesien", so konnte der zeitgenössische Chronist Gottfried Ferdinand Buckisch um 1683 festhalten, wurden „die Prädikanten außgeschaffet, hingegen Chatholische Priester surrogieret [an ihre Stelle gesetzt], weil sie sich durch erwehnte Rebellion des Majestäts-Briefs und darauf erfolgten Chursächsischen Accords verlustig gemachet" hätten.[38]

Während die Grafschaft Glatz, das Neisser Bischofsland sowie die oberschlesischen Herzogtümer gänzlich katholisch wurden, blieb in Niederschlesien trotz der starken Unterdrückung das Luthertum erhalten. Die verbliebenen Fürsten erstrebten einen engeren Anschluss an die protestantischen Reichsstände. Im Artikel V des Westfälischen Friedens wurde den evangelischen schlesischen Fürsten und der Stadt Breslau die freie Entscheidung über ihren Konfessionsstand ausdrücklich zugestanden. Ihr Recht zur freien Entscheidung über ihre Konfession war also in die Reichsverfassung aufgenommen worden.

Seit den 1650er Jahren bildeten die schlesischen Religionskonflikte ein Dauerthema auf dem „Immerwährenden", das heißt seit 1663 ständig tagenden Reichstag in Regensburg. Das Corpus Evangelicorum, das sind die evangelischen Stände auf dem Reichstag, erinnerte den Kaiser immer wieder daran, dass eine friedliche Lösung der Religionsfrage in Schlesien eine Voraussetzung für einen dauerhaften Reichsfrieden sei. Nach innen versuchten die schlesischen Lutheraner, durch eine straffere Organisation ihre Position zu festigen, indem sie in den noch verbliebenen Piastenherzogtümern seit den 1650er Jahren Visitationen einführten, das sind periodisch stattfindende Überprüfungen der Gemeinden.

Doch die kaiserliche Politik war zielstrebig auf die Katholisierung ausgerichtet. Das Breslauer Oberamt, das nun nur noch dem Kaiser beziehungsweise dem König von Böhmen unterstand, setzte zur selben Zeit eine Verfügung Kaiser Ferdinands III. (Reg. als König von Böhmen 1627–1657) aus dem Jahr 1653 um, den sogenannten Reduktionserlass. Kaiserliche Kommissionen nahmen in den Erbfürstentümern, zu denen seit 1648 auch Münsterberg gezählt wurde, den Protestanten die ihnen in diesem Fürstentum noch verbliebenen Kirchen weg und übergaben sie der katholischen Kirche.

Dies führte zu handgreiflichen Auseinandersetzungen, bei denen sich vor allem Frauen hervortaten. In Tepliwoda bei Frankenstein beschimpften sie zum Beispiel die katholischen Kommissare und blockierten ihre protestantische Kirche. Die Soldaten, die sie an den Haaren von der Kirchentür wegzogen, verunglimpften sie als „Kirchen- und Seelendiebe und Mörder"[39] und versicherten ihnen, dass sie sich eher umbringen lassen würden, als die Kirche gewaltsam einnehmen zu lassen. Sie wollten vor ihrer Kirche sterben. Wenn ein katholischer Priester mit Waffengewalt eingesetzt würde, würden sie ihn vor dem Altar töten. Solch offener Widerstand blieb jedoch erfolglos. Die Habsburger konnten sich bei diesen sogenannten Kirchenreduktionen neben dem Militär vor allem auf die wieder erstarkte katholische Kirche stützen, die mit ihrer auch ästhetisch eindrucksvollen Machtentfaltung auf protestantische Intellektuelle nicht ohne Eindruck blieb, wie zahlreiche Kirchenübertritte beweisen.

Die unterschiedlichen Glaubensangebote, aber auch die Schrecken des Dreißigjährigen Krieges und die zahlreichen Seuchen, die Schlesien heimsuchten, hatten in der Bevölkerung zu einer von Angst gesteuerten Verunsicherung geführt, in der der Teufels- und Hexenglaube eine wichtige Rolle spielten. Ob der Teufel, der angeblich in einem Kruzifix in Neisse wohnte, nicht auch Wunder wirken könne wie die Madonna, darüber diskutierten zum Beispiel katholische und lutherische Bauern und Handwerker nach Aussage von Gerichtsakten 1687 in einer Gastwirtschaft in Nimptsch.

Geistliche Verunsicherungen, wie sie hier deutlich werden, beweisen auch die Hexenprozesse in Schlesien. Allerdings spielen dabei auch politische und wirtschaftliche Motive eine Rolle. Während in anderen Territorien des Alten Reiches die Hexenprozesse nach dem Dreißigjährigen Krieg allmählich abflauten, kam es in Schlesien dagegen seit den 1640er Jahren zu schwerwiegenden Verfolgungswellen. Die Zentren lagen im bischöflichen Fürstentum Neisse, wo die Hexenprozesse fast „in einem rechtsfreien Raum durchgeführt wurden“[40], da die mittleren Gerichtsinstanzen nach eigenem Gutdünken urteilen konnten.

Diese Hexenprozesse dienten unter anderem zur Herrschaftssicherung, so im Erbfürstentum Glogau, wo die Landstände die Prozesse zur Auseinandersetzung mit dem Landeshauptmann nutzten, indem sie sich direkt an die kaiserlichen Behörden wandten. Adlige Grundherren zogen aus den Hexenprozessen zudem ihren Vorteil, indem sie ihre Güter durch den Besitz jener Bauern abrundeten, die von den Hexenprozessen betroffen waren. Viele Bauern klagten auf Wiederherstellung ihrer Ehre, aber ihren Besitz bekamen sie nicht wieder zurück. Zu den Opfern der Prozesse gehörten auch Kinder, ja sogar Kleinkinder unter sechs Jahren, von denen im Neisser Land 14 hingerichtet wurden.

Den Hexen – über 90 Prozent der Hingerichteten waren Frauen – wurde eine Verbindung zum Teufel vorgeworfen. Als schlimme Folgen der Hexenprozesse ist neben der Ausrottung ganzer Familien die Zerstörung der betroffenen Dorfgemeinschaften zu sehen. Denunziationen beeinträchtigten den Dorffrieden. Wer geächtet war, wurde nicht wieder in die Gemeinde integriert. Die Vorgänge, die zu den Prozessen und Hinrichtungen führten, sind vielschichtig und keineswegs allein durch die gewaltsamen Maßnahmen der Konfessionalisierungspolitik zu erklären.

Als Akteure des habsburgischen Katholisierungsprogramms traten in der zweiten Hälfte des 17. Jahrhunderts die Breslauer Bischöfe sowie die Zisterzienseräbte auf, die vielfach auch als Landeshauptleute eingesetzt wurden und dabei die Katholisierungspolitik der Habsburger konsequent ausführten. So nahm der Grüssauer Abt Bernhard Rosa 1687 die Abwanderung der 1200 Einwohner von Reichshennersdorf in Kauf, nachdem diese sich der Katholisierung widersetzt hatten. Sie zogen in die nicht weitab gelegene sächsische Lausitz und gründeten dort ihr Dorf neu.

Als Breslauer Bischöfe und damit als nur ihm verantwortliche Oberlandeshauptleute brachte der Kaiser Personen seines Vertrauens ins Amt. Wiederholt waren dies Erzherzöge wie Leopold Wilhelm (Reg. 1656–1662) und Karl Joseph (Reg. 1663/64) oder dem Kaiserhaus nahestehende Reichsfürsten wie Kardinal Friedrich von Hessen (Koadjutor seit 1664, Bischof 1671–1682) oder Franz Ludwig von Pfalz-Neuburg (Reg. 1683–1732). Sie verstärkten den Druck auf die evangelische Kirche, sorgten für die Abschaffung der protestantischen Konsistorien und zwangen die lutherischen Untertanen in den Erbfürstentümern, die katholischen Feiertage einzuhalten. Religionsmandate von 1680/81 verboten den schlesischen Protestanten den Besuch der sogenannten Zufluchtskirchen. Das waren evangelische Kirchen, die hinter der sächsischen beziehungsweise polnischen Grenze besonders für schlesische Protestanten eingerichtet worden waren und zumindest für Trauungen und Taufen zur Verfügung standen.

Solange die Piasten und Podiebrad regierten, war ein lutherisches Kirchenleben lediglich in deren Herzogtümern garantiert. Nach dem Aussterben der schlesischen Piasten im Jahr 1675 fielen ihre Herzogtümer an den Kaiser und wurden zu Erbfürstentümern. Zwar kam es in den nun an den Kaiser gefallenen Fürstentümern Liegnitz, Brieg und Wohlau zu keiner generellen Katholisierung, jedoch wurden in diesem Gebiet 109 der noch vorhandenen 241 evangelischen Kirchen mit katholischen Geistlichen besetzt und damit die Ausübung der lutherischen Konfession erheblich eingeschränkt. Immerhin sicherte der Kaiser 1676 den Landständen dieser Herzogtümer, der Vertretung des Adels und der Städte, die Erhaltung ihrer lutherischen Konfession zu.

Durch die 1707 beschlossene Altranstädter Konvention zwischen Kaiser Joseph I. und dem schwedischen König Karl XII. wurden den Protestanten weitere sechs sogenannte Gnadenkirchen zugestanden. Die bedeutendste darunter ist die 1709–1718 durch den aus Reval (Tallinn) stammenden Architekten Martin Frantz errichtete Gnadenkirche in Hirschberg. Sie ist nach dem Vorbild der Stockholmer Katharinenkirche errichtet worden. Die Protestanten dankten damit dem schwedischen König für seine Unterstützung.

Die Altranstädter Konvention

Die weitere Einschränkung traf die Lutheraner in Schlesien zu einer Zeit, in der sie im Reich erheblich an politischer Macht einbüßten, wie 1697 durch den Übertritt des sächsischen Kurfürsten Friedrich August I. zum Katholizismus. Die Habsburger standen nach ihren Siegen über die Türken, so 1683 vor Wien und 1717 in Belgrad, auf der Höhe ihres Erfolgs – trotz des Spanischen Erbfolgekrieges (1701–1714), nach dessen Ende sie Spanien an die Bourbonen abtreten mussten.

Da Sachsen als protestantische Macht nun quasi ausfiel, konnten die schlesischen Lutheraner nur noch auf das calvinistische Brandenburg oder aber auf Schweden setzen. Dessen junger König Karl XII. zog 1706 im Krieg gegen Polen mit seinen Truppen ohne Erlaubnis des seit 1705 regierenden Kaisers Joseph I. (Reg. 1705–1711) durch das habsburgische Schlesien. In dieser Situation wurde Karl XII. für die schlesischen Protestanten gleichsam zu einem neuen Gustav Adolf, der sie gegen die Katholisierungsversuche der Habsburger zu schützen versuchte.

Der schwedische König enttäuschte die schlesischen Protestanten nicht. Er setzte sich vehement für sie ein. Der Wiener Hof befürchtete, Karl könnte im Spanischen Erbfolgekrieg zur französischen Seite überwechseln. Deshalb wurden alle konfessionalistischen Bedenken zurückgestellt. So kam es relativ schnell, schon am 1. September 1707, zur Unterzeichnung der sogenannten Altranstädter Konvention, die „den wahren Verstand des Oßnabrückischen Friedensschlusses“ von 1648 wiederherstellen,[41] das heißt, den Protestanten die ihnen im Westfälischen Frieden zuerkannten Rechte wiedergeben sollte. Die Lutheraner erhielten ihre 109 Kirchen zurück, zudem sollten sie künftig bei der Vergabe von Landes- und Stadtämtern in den ehemaligen piastischen Fürstentümern nicht mehr benachteiligt werden. Den Protestanten in den Erbfürstentümern aber gestand der Kaiser „aus Gnade" sechs Kirchen zu, die dann so genannten Gnadenkirchen in den Städten Hirschberg, Landeshut, Sagan, Freystadt, Militsch und Teschen. Ferner sollte niemand mehr zum Glaubenswechsel gezwungen oder an der Auswanderung aus konfessionellen Gründen gehindert werden. Die Organisation der lutherischen Kirchen wurde den neu errichteten Konsistorien in Liegnitz, Brieg und Wohlau unterstellt. Deren Besetzung lag allerdings in Händen des Kaisers.

Anders als 1632 kam nun eine echte Begeisterung für die Schweden in Schlesien auf. Ein Flugblatt erschien, das unter dem Trinitätszeichen die Porträts Kaiser Josephs und König Karls zeigte. Die eindruckvollste Ehrung für die Schweden und ihren König aber stellt die 1718 vollendete Hirschberger Gnadenkirche des aus Reval stammenden Architekten Martin Frantz dar. Als Vorbild diente die Stockholmer Katharinenkirche mit ihrer Fünfturmgruppe über kreuzförmigem Grundriss. Die Hirschberger Gnadenkirche bildet eine „Synthese zwischen römisch geprägtem katholischem Barock und protestantischem Barockklassizismus".[42] Durch die symmetrische Form der vier gleich großen Schiffe mit der Kanzel in der Mitte und der Orgel über dem Altartisch ist sie die erste Kirche in Schlesien, bei der die protestantische Liturgie – wo die Predigt im Mittelpunkt steht – ausschlaggebend für die architektonische Gestaltung war.

In etwas kleinerer Form führte Martin Frantz diese Idee auch bei der zwischen 1709 und 1720 erbauten Landeshuter Gnadenkirche aus. Das durch die Schweden gerettete schlesische Luthertum trat hier selbstbewusst neben dem repräsentativen katholischen Barock auf und machte deutlich, wem es die Rettung zu verdanken hatte.

Bildungsinstitutionen

Auf katholischer Seite stieß die Altranstädter Konvention unter anderem auf den Protest des Breslauer Fürstbischofs und Kaiseronkels Franz Ludwig von Pfalz-Neuburg. Ihm erschien die auf Ausgleich eingestellte Konfessionspolitik seines Neffen zu weitgehend. Dessen Ausgleichsversuch zeigt sich vor allem in den unterschiedlichen Konzepten der beiden Bildungsinstitutionen Schlesiens, die zu Beginn des 18. Jahrhunderts unter habsburgischer Herrschaft eingerichtet wurden: die Breslauer Universität Leopoldina, am 15. November 1702 eröffnet, und die Liegnitzer Ritterakademie Josephina, deren Einweihung auf den 11. November 1708 datiert wird.

Die Lehrpläne der Leopoldina orientierten sich am traditionellen Bildungsprogramm

Obwohl der Bau der 1702 eröffneten Breslauer Universität Leopoldina nach dem Beginn der Schlesischen Kriege (1740) nicht mehr gemäß den ursprünglichen Plänen zu Ende geführt wurde, zeigen Zeichnungen und Radierungen aus den 1750er und 1760er Jahren die Schauseite von Norden, wie sie eigentlich hätte gestaltet werden sollen. Der Ostflügel blieb unvollendet. Dennoch ist der Breslauer Universitätsbau einer der prächtigsten, die im Alten Reich entstanden sind.

Der prunkvollste Saal der Breslauer Universität ist die 1731/33 erbaute Aula Leopoldina. Oberhalb des Gesimses befindet sich eine Sitzfigur Kaiser Leopolds I., der die von ihm gestiftete Universität der im Deckengemälde abgebildeten Gottesmutter empfiehlt. Unter ihm stehen an den Seitenwänden links und rechts Figuren der Kaiser Joseph I. und Karl VI. In den Fensternischen sind Medaillons mit Darstellungen berühmter Philosophen, Schriftsteller und Gelehrter angebracht. Nicht auf dem Bild zu erkennen sind die acht ovalen Porträts an den Seitenwänden, die Wohltäter der Universität zeigen, darunter der preußische König Friedrich II. Vorn rechts befindet sich die Loge des Rektors.

der Jesuiten, in dem das Gymnasial- und Hochschulstudium zusammengefasst waren. Die philosophische Fakultät, an der auch Mathematik und Naturwissenschaften gelehrt wurden, besuchte das Gros der Studenten (5444 Studenten zwischen 1702 und 1756), während die theologische Fakultät lediglich 287 Studenten, die Juristen sogar nur 106 Studenten während dieser 50 Jahre zählten. Insgesamt erreichte die Breslauer Universität, verglichen mit anderen Universitäten im Alten Reich, eine relativ hohe Besucherzahl. Auch wenn die Leopoldina nicht ausdrücklich als katholische Universität eingerichtet worden war, gab es keine protestantischen Studenten. Diese studierten weiterhin an den traditionellen Universitäten des Reiches wie Frankfurt an der Oder und Leipzig, zu denen als Neugründungen nun Halle und Göttingen hinzukamen. Während die Breslauer Universität in den Naturwissenschaften einige zukunftsweisende Kapazitäten aufzuweisen hatte, so den Mathematiker Christoph Heinrich, sperrten sich die Theologen gegen alle Neuerungen.

Eine Entwicklung in Richtung Frühaufklärung zeigte jedoch die Neugründung Josephs I., die Liegnitzer Ritterakademie. Sie blieb als Standesschule zwar nur dem Adel zugänglich, jedoch dem katholischen ebenso wie dem protestantischen. Die Statuten orientierten sich an der 1705 in Berlin eröffneten Fürsten- und Ritterakademie. Die Direktoren waren wie die Lehrkräfte konfessionell gemischt.

Zeigte Kaiser Joseph I. bei dieser Gründung von 1708 eine gewisse frühaufklärerische Toleranz, so musste er ein Jahr später unter dem Druck der kirchlichen Opposition das sogenannte Apostasie-Edikt erlassen, das sich gegen die Übertritte von Katholiken zur evangelischen Konfession richtete. Noch stärker versuchte Josephs Sohn und Nachfolger Karl VI. (Reg. 1711–1740) den protestantischen Bewegungen gegenreformatorisch entgegenzuwirken, um der Zunahme des „verrufenen ketzerischen Irrtums“[43] entgegenzusteuern.

Konfessionskulturen

Trotz aller politischer Schikanen der habsburgischen Konfessionalisierungsstrategien gab es im Alltagsleben keineswegs ständige Auseinandersetzungen zwischen den Konfessionsparteien. Zumindest sind in den Quellen keine Anzeichen für derartige Konflikte zu finden. In diesem Miteinander liegt eine große kulturelle Leistung. Für die bikonfessionelle Stadt Schweidnitz steht fest, dass es enge Kontakte im Wirtschaftsleben gab und dass den Zünften und bürgerlichen Bruderschaften Mitglieder beider Konfessionen angehörten. In testamentarischen Verfügungen spendeten manche Katholiken für die lutherische Friedenskirche wie andererseits Protestanten für die katholische Pfarrkirche. Katholische und evangelische Künstler arbeiteten jeweils für beide Seiten. Entscheidend waren hier die professionellen Fähigkeiten.

In ihren kirchlichen Bildprogrammen verzichteten die Lutheraner auf eine scharfe konfessionelle Polemik, betonten jedoch die unterschiedlichen theologischen Deutungen. Ein gutes Beispiel bietet ein Vergleich der Hochaltäre in der katholischen Jesuitenpfarrkirche und in der evangelischen Friedenskirche in Schweidnitz. Die Künstler beider Altäre verwendeten für den Aufbau des Altars die Form eines Baldachins. Beide Altäre sind als Häuser der Weisheit im Sinne der Bibel zu verstehen (Spr. 9,1: „Die Weisheit hat ihr Haus gebaut und ihre sieben Säulen behauen.“). Doch während die Jesuiten dies als Glorifizierung der Gottesmutter Maria darstellen ließen, gab der Künstler der Friedenskirche seinem Altarwerk eine auf Christus als Erlöser bezogene Deutung.

Zwischen den Konfessionen herrschte ein nüchterner Pragmatismus, sodass zuweilen sogar hohe katholische Regierungsbeamte wie der Glogauer Landeshauptmann Johann Bernhard von Herberstein die Anerkennung nur der katholischen Konfession als schädlich für das Wirtschaftsleben anprangerten. Lutherische Untertanen in geistlichen Herrschaften vollzogen allerdings wie in der Priorei Warmbrunn ohne größeren Widerstand die katholischen Riten, wo sie „am Fest corpus Christi das Läuten, Paukentragen, Birkenstecken, Altar bauen, Gras streuen [verrichten mussten], an Ostern das Hl. Grab bauen, nichtsweniger an Weihnachtstagen das Krippel [die Krippe] bauen".[44] Das Ganze „ohne wissend warum". Von der Faszination des Barockkatholizismus ließen sie sich nicht beeindrucken, sondern strebten danach, Trauungen und Kindstaufen im Geheimen von sogenannten Buschpredigern vornehmen zu lassen, das heißt von Geistlichen, die heimlich in den Wäldern predigten. Sogar die Schwenckfelder konnten in den Dörfern zwischen Löwenberg, Goldberg und Haynau im Herzogtum Liegnitz und Erbfürstentum Jauer in privaten religiösen Versammlungen zusammenkommen, während sie freilich auch an den evangelischen Gottesdiensten teilnehmen mussten, solange es diese unter den Piasten, also bis 1675, noch gab.

Dieses friedliche Nebeneinander trotz der amtlichen Repressionen und des jesuitischen Bekehrungseifers ist sicher auch eine Folge der in Schlesien lang andauernden humanistischen Tradition, die durch die Gymnasien und ihre Bibliotheken weitergegeben wurde. Vermittelt wurde dies auch in zahlreichen Privatbibliotheken, deren bedeutendste die des Breslauer Patriziers Thomas Rehdiger mit über 6000 Büchern war. Die humanistische Tradition spiegelt sich zudem in den zahlreichen Landeskunden in der Nachfolge von Konrad Celtis wider, die von allen Konfessionen genutzt wurden. Auch die großen Geister Schlesiens zogen keine engen Konfessionsgrenzen. So übersetzte der Lutheraner Martin Opitz eine kontrovers-theologische Schrift des Jesuiten Martin Becanus, aber auch das auf Ausgleich der Konfessionen zielende Werk von der Wahrheit der christlichen Religion des niederländischen protestantischen Philosophen Hugo Grotius.

Dieser schlesische Frieden wurde auch nicht durch die Herausbildung der beiden Konfessionskulturen, also der durch die jeweilige Konfession geprägten Kultur und Alltagswelt der Menschen, beeinträchtigt. Im Gegenteil: Schlesien gelangte dadurch in der zweiten Hälfte des 17. Jahrhunderts an die Spitze der Kunstentfaltung im Alten Reich. Die politischen Vorgaben begünstigten dabei allerdings eindeutig das Hervortreten der katholischen Konfession.

Ein Jahrhundert nach dem Trienter Konzil (1545–1563) erreichte der Barockkatholizismus in Schlesien eine demonstrative Entfaltung. Er basierte auf der politischen Strategie der Habsburger, die durch die sogenannte Pietas Austriaca („Österreichische Frömmigkeit") Herrscherhaus und Untertanen in einem einheitlichen Glauben zusammenführen wollten. Der eine, „wahre" katholische Glaube musste nach außen hin prachtvoll in Erscheinung treten, sei es durch die Architektur, durch Bildstöcke, Wegkreuze und Brückenfiguren, sei es durch Wallfahrten und

Der barocke Hochaltar in der katholischen Pfarrkirche in Schweidnitz wurde 1694 durch den Bildhauer J. Riedel errichtet. Der auf sieben Säulen ruhende Baldachin bezieht sich als „sedes sapientiae" (Sitz der Weisheit) auf die Gottesmutter Maria. Die beiden Hauptfiguren stellen die beiden Kirchenpatrone St. Wenzel und St. Stanislaus dar.

Chorraum der evangelischen Friedenskirche zur Hl. Dreifaltigkeit in Schweidnitz, die 1656/57 nach Entwürfen von Albrecht von Säbisch erbaut wurde. Sie war für circa 7500 Besucher geschaffen. Der Altar mit dem Baldachin auf sechs korinthischen Säulen wurde 1752 von A. G. Hoffmann aus Dresden geschaffen. Im Zentrum ist die Taufe Jesu durch Johannes dargestellt. Die seitlichen Figuren Moses, Aaron, Petrus und Paulus symbolisieren die Überlieferung des Alten und des Neuen Testaments, die ihre Erfüllung in der Erlösung Jesu finden. Das Erlösungswerk beginnt mit der Taufe. Die Kanzel von 1729 stammt von demselben Künstler.

Zu den bedeutendsten Barockbauten Schlesiens zählt die Zisterzienserabtei Leubus, die zwischen 1681 und 1720 von einem vermutlich in Böhmen tätigen Italiener erbaut wurde. Die hier abgebildete Bibliothek ist ein zweigeschossiger saalartiger Raum, der von einer Galerie umgeben ist. Die Bilder von Philipp Christian Bentum, die den Raum schmücken, haben die Glorifizierung der göttlichen Weisheit zum Thema. Der auf Säulen ruhende Tempel Salomons symbolisiert die Weisheit.

Bruderschaften. Das gesamte Herrschaftsgebiet sollte so zu einer „sakralen Landschaft“ werden, nachdem die Bedrohung des Glaubens durch die Protestanten oder aber durch die Türken glücklich überwunden schien.

In Schlesien verbreiteten insbesondere die Zisterzienser diese habsburgische Programmatik. Wie bereits im Mittelalter waren sie nun auch im Zeitalter des Barock führend in der Baukunst. So errichteten sie die barocken Abteikomplexe in Leubus, Heinrichau, Grüssau und Trebnitz, die zu den größten im Alten Reich zählten. Durch die Ausstattung prächtiger Fürstensäle wie in Leubus trugen sie zur Glorifizierung der Habsburger-Monarchie bei, auch wenn nach dem Dreißigjährigen Krieg kein Herrscher aus dieser Dynastie mehr nach Schlesien gekommen war. Neben den Zisterziensern und den Breslauer Bischöfen Friedrich von Hessen und Franz Ludwig von Pfalz-Neuburg sowie einigen Mitgliedern des Domkapitels war es vor allem der Jesuitenorden, der mit seinen Kollegbauten und Kirchen in Glatz, Neisse, Breslau, Schweidnitz und Glogau dieses Programm mittrug.

Der schlesische Barock war eindeutig von Italien her beeinflusst. Italienische Künstler führten die Bauten und Bildprogramme aus, hatten aber bereits durch ihre Tätigkeit in Österreich und Böhmen den italienischen Stil zu italienisch-österreichischen oder italienisch-böhmischen Bauformen variiert, die sich auch in Schlesien wiederfinden. Lediglich die Grabkapelle des Kardinals Friedrich von Hessen im Breslauer Dom wurde zwischen 1680 und 1684 im Stil des römischen Barberini- beziehungsweise Bernini-Kreises ausgeführt.

Aus verständlichen Gründen konnten die Protestanten in Schlesien der barockkatholischen Prachtentfaltung nichts Gleichartiges entgegensetzen, da jede Polemik gegen die katholische Religion einer Majestätsbeleidigung nahegekommen wäre. In den katholisierten Gebieten war die späthumanistisch geprägte Kultur des lutherischen oder reformierten Bürgertums buchstäblich vernichtet worden, zum Beispiel durch die Beseitigung der evangelischen Epitaphien, den kunstvollen Gedenktafeln für Verstorbene, aus den Kirchen. Sie lebte allerdings fort in Städten wie Breslau, Schweidnitz und Glogau sowie in den lutherischen Fürstentümern der Piasten, wo eine bürgerliche Elite die gesellschaftliche Grundlage für die Kulturleistungen der großen schlesischen Barockdichter bot. Angeregt durch Martin Opitz schufen sie ihre Werke nun in deutscher Sprache.

Die schlesischen Protestanten stellten mit Martin Opitz und Andreas Gryphius die vielleicht bedeutendsten deutschen Dichter dieser Periode. In humanistischer Tradition entstanden außerdem die sogenannten schlesischen Dichterschulen, also Zusammenschlüsse von Poeten. Zu diesen gehörten auch zahlreiche Gelegenheitsdichter, die ihre Gedichte für Familienfeiern wie Trauungen, Taufen und Beerdigungen verfassten. Fast

Bildnis des 1597 in Bunzlau geborenen Poeten und Diplomaten Martin Opitz von 1665. Über seinen Tod hinaus – er starb 1639 in Danzig an der Pest – blieb sein Ruhm lebendig und wurde durch Bilder und Lobgedichte gefeiert.

MARTINI
OPITII
Buch von der Deutschen
Poeterey.
In welchem alle jhre eigenschafft vnd zugehör gründtlich erzehlet/ vnd mit exempeln außgeführet wird.

Gedruckt in der Fürstlichen
Stadt Brieg/ bey Augustino
Gründern.
In Verlegung David Müllers Buchhändlers in Breßlaw. 1624.

Martin Opitz’ wichtigstes Werk ist sein „Buch von der Deutschen Poeterey“. Dieses Werk des erst 26-Jährigen erschien 1624 bei dem Breslauer Buchhändler David Müller. Es bildet die Basis für die deutsche Verskunde.

Eine der wichtigsten Persönlichkeiten der Gegenreformation in Schlesien war der Grüssauer Abt Bernhard Rosa (1624–1696). Er war der Mäzen des Malers Michael Willmann, der unter seinem Einfluss zum katholischen Glauben konvertierte. Von ihm stammt auch dieses Porträt des Abtes (um 1684).

alle epochemachenden schlesischen Dichter dieser Zeit kamen aus dem protestantischen Milieu. Durch die politischen und kulturellen Bedingungen waren sie vielfach gezwungen, ausländische Universitäten zu besuchen, was sie gegenüber neuen Entwicklungen in Europa aufgeschlossener machte und ihrer Dichtkunst einen internationalen Charakter gab. War Schlesien in diesem letzten Jahrhundert habsburgischer Herrschaft auch politisch an den Rand geraten, so stand es kulturell doch im Zentrum der europäischen Entwicklung.

Der Barockkatholizismus hatte im Rahmen der Pietas Austriaca eine wichtige politische Bedeutung. Die Frömmigkeit des Kaiserhauses sollte für alle ein Vorbild sein. Neben der Kunst entfaltete sich der Barockkatholizismus auch in neuen Sozialformen. Die Jesuiten sorgten sich vor allem um die Verankerung des erneuerten katholischen Glaubens in der Elite ebenso wie in der einfachen Bevölkerung. Mit ihren Bruderschaften und den sogenannten Sodalitäten (jesuitische Zusammenschlüsse) erfassten sie auch das städtische Bürgertum und die Landbevölkerung. Die neuen religiösen Vereinigungen sollten gesellschaftliche Gegensätze einebnen, aber durch ihre innere hierarchische Gliederung zugleich die Ständegesellschaft festigen.

Dazu dienten auch die Wallfahrten. Schon bald nach dem Dreißigjährigen Krieg kümmerten sich die Glatzer Jesuiten um die Wiederaufnahme der Wallfahrten zur Madonna im benachbarten Wartha, die während der Reformationszeit eingestellt worden waren. Sie orientierten sich damit am Vorbild des Kaisers, der jährlich mit seinem Hofstaat nach Maria Zell in Niederösterreich pilgerte. An der Wallfahrt nach Wartha nahmen deshalb auch der Landeshauptmann sowie seine Beamten, Offiziere und Mannschaften teil. Die Wallfahrtsordnungen verdeutlichten in ihren Vorschriften die hierarchischen gesellschaftlichen Abstufungen der Untertanen.

Die wohl bedeutendste Bruderschaft in Schlesien schuf der Zisterzienserabt Bernhard Rosa mit seiner Josephsbruderschaft, die um 1700 mehr als 100 000 Mitglieder umfasste. Der Josephskult, der von Spanien kam, stellte das Leben der Heiligen Familie den Bruderschaftsmitgliedern, das waren Laien wie Geistliche, als Vorbild hin. Die Josephsbruderschaften sollten Frieden, Einheit und Segen ins Land tragen und die Menschen nach den Gräueln des Dreißigjährigen Krieges wieder an Sitte und Ordnung gewöhnen.

Es steht außer Zweifel, dass die Katholisierung in Schlesien durch die geistlichen Bruderschaften ein starkes Fundament besaß. Mit ihren Festtagen und gemeinschaftlichen Veranstaltungen bestimmten sie sehr stark das tägliche Leben der einfachen Menschen. Unterstützt wurden sie auch durch den neuen katholischen Adel, dem besonders an einer Umsetzung der habsburgischen Konfessionsprogrammatik gelegen war.

Schon räumlich – wie an den Friedenskirchen erkennbar, die nur außerhalb der Stadt im Glacisbereich, also vor den Festungsgräben, errichtet werden durften – beschränkte sich die lutherisch geprägte Kultur auf den Kirchenraum. Zumindest dort konnten die Künstler sich barock entfalten. Wie bei den katholischen Einrichtungen achtete man auf die gesellschaftliche Hierarchie, zum Beispiel bei der Anordnung der 7500 Plätze in der Schweidnitzer Friedenskirche. Unterstrichen wurde diese Hierarchie durch das Anbringen von Stammbäumen, Ahnentafeln, Adels- und Zunftwappen. Doch in der streng an der Bibel ausgerichteten Bildprogrammatik wird der Unterschied zum katholischen barocken Heiligenhimmel deutlich, wie ihn zum Beispiel Johann Michael Rottmayr und Christoph Tausch für die Jesuitenkirchen in Breslau und Glatz entwarfen. Auch für den künstlerisch bildlichen Bereich blieb das Sola-Scriptura-Prinzip bestimmend, das nur das Wort der Bibel gelten ließ.

Zu voller Entfaltung kam diese Programmatik im Kirchenlied, mit dem Johann Heermann der barockkatholischen Sinnlichkeit eine durch die lutherische Theologie geprägte Innerlichkeit entgegensetzte, während Apelles von Löwenstern an die humanistische

Innenansicht der Kuppel der Kurfürstenkapelle am Breslauer Dom. Sie ist das Mausoleum des Kardinals Franz Ludwig von Pfalz-Neuburg (1664–1732), der Kurfürst von Mainz, Kurfürst und Erzbischof von Trier und Bischof von Breslau war. Die Kapelle wurde nach Plänen von Johann Bernhard Fischer von Erlach 1716–1724 erbaut und von Carlo Carlone ausgemalt. Das Fresko im Kuppelraum stellt den Engelssturz dar. Über dem Gesims befinden sich allegorische Figuren der Ecclesia (Christentum) und der Synagoga (Judentum) von Ferdinand Maximilian Brokoff (1688–1731). Die Ecclesia ist mit dem Kreuz, die Synagoga mit der ehernen Schlange dargestellt. Damit deutet die Synagoga – nach christlicher Auffassung – auf die Erlösung am Kreuz hin. Sie selbst kann kein Heil mehr vermitteln, ihr Gesicht ist deshalb verdeckt.

Bürgerkultur in Schlesien anknüpfte. Selbst die Kirchenlieder eines Angelus Silesius scheinen trotz seines Übertrittes 1653 und seines exaltierten Bekenntnisses zur katholischen Konfession bei der Breslauer Fronleichnamsprozession 1662 mit ihrer auf Christus ausgerichteten Bildsprache lutherisch geprägt zu sein. Das Kirchenlied stand in einem engen Verhältnis zur weltlichen Dichtung des schlesischen Barocks.

Einen wesentlichen Beitrag leisteten die schlesischen Konfessionskulturen auch zur Mystik dieser Epoche. Sie bildete eine Gegenbewegung zu dem in Schlesien – durch die politischen Verhältnisse bedingt – sehr orthodox auftretenden Luthertum. Der Görlitzer Schuhmacher Jacob Böhme beeinflusste eine große Gruppe Schlesier. Die „Jesus-Minne" weckte auch bei Frauen das dichterische Talent, so bei der Adligen Elisabeth von Senitz, die 1673 in den Pegnesischen Blumenorden aufgenommen worden war. Jedes Mitglied dieser Dichtervereinigung hatte ein persönliches Symbol. Elisabeth von Senitz wählte eine Jasmin-Blume mit der Beischrift „Sprechend von der Jesus-Liebe". Im katholischen Kulturkreis spiegelt sich der schlesische Mystizismus des 17. Jahrhunderts eher in der Expressivität der Plastiken eines Matthias Steinl, Thomas Weisfeldt oder des Meisters von Heinrichau in der dortigen Kirche der Zisterzienser.

Offen bleibt, eine schlüssige Antwort auf die Frage zu finden, inwieweit das Konkurrenzverhältnis der Konfessionen in Schlesien im 17. Jahrhundert zu der Blüte der beiden Konfessionskulturen beigetragen hat. Kriegsnöte, Pest und schließlich die Unterdrückung der Lutheraner haben eine Innerlichkeit gefördert, die sich getreu der Lehre Luthers im evangelischen Kirchenlied ausdrückte. Auf der anderen Seite stand sicher das Bewusstsein, dass die „ecclesia militans" (kämpfende Kirche) – und das war im Selbstverständnis der katholischen Konfession nur die katholische Kirche – ihre Zeit des Kampfes überwunden hatte und nun als allein selig machende Kirche triumphierte, als „ecclesia triumphans".

Wirtschaftsleben

Die Blüte des Barockbaus lässt einen schnellen wirtschaftlichen Aufstieg Schlesiens nach dem Dreißigjährigen Krieg vermuten. Er hängt sicher auch mit der Entwicklung der Gutsherrschaft zusammen, die zu einer stärkeren Ausbeutung der bäuerlichen Schichten führte. Die umfangreichen Arbeiten (Handdienste) wurden fast gänzlich auf diese Gruppe abgewälzt. Wo durch Rodung oder Rekultivierung neues Ackerland hinzukam, wurde es Gärtnern oder Häuslern zur Verfügung gestellt. Da diese von ihrer Landwirtschaft allein nicht leben konnten, standen sie als billige Arbeitskräfte den Gutswirtschaften zur Verfügung. Eine andere Möglichkeit, den Lebensunterhalt zu verdienen, bot den Unterschichten die Heimweberei, von der jedoch auch die Gutsherren profitierten. Zudem intensivierten die Gutsbesitzer die Anbaumethoden oder verlegten sich auf Spezialkulturen wie die Schafzucht. Die verstärkte Ausbeutung bäuerlicher Schichten führte in der zweiten Hälfte des 17. Jahrhunderts in Schlesien und in der Grafschaft Glatz zu zahlreichen Aufständen. Die großen Abteien und Jesuitenkollegien bauten ebenfalls ihre großen Güter auf Kosten der bäuerlichen Schichten aus, was auch dort zu Unruhen führte, die unterdrückt wurden. Die Finanzierung der großen Abteien und Kollegien war auf diese Weise gewährleistet.

Die Städte verloren als Wirtschaftsfaktor an Bedeutung. Sowohl das Zunftwesen als auch die Konkurrenz durch das sich entwickelnde Dorfhandwerk auf den Gütern verhinderten eine rasche wirtschaftliche Erholung nach dem Dreißigjährigen Krieg. Nur dort, wo die Textilproduktion blühte und durch einheimische Kaufleute auf die internationalen Märkte vermittelt wurde, wie in den Städten im Vorland des Riesengebirges, gelang neues wirtschaftliches Wachstum. Auch hier war man auf Spezialisierungen angewiesen, wie zum Beispiel die Produktion des sogenannten Schleiergewebes, einer feinen Form der Leinwand. Breslau, das 1657 ein Leinwandhaus am zentralen Marktplatz, dem Ring, den auswärtigen Kaufleuten zur Verfügung stellte, profitierte ebenfalls davon. Viele Kaufleute betätigten sich als Kommissionshändler für die großen Hamburger Handelshäuser.

Die Wirtschaftspolitik der Habsburger zielte durchaus auf die Ausfuhr von Qualitätswaren, um durch einen verstärkten Export der Staatskasse Gelder zuzuführen. Staatliche Behörden führten deshalb Garnkontrollen ein und versuchten, durch Leinwand- und Schleierordnungen einen hohen Qualitätsstandard zu garantieren. Zudem tat man alles, um die Ausfuhr von Rohstoffen zu verhindern. Doch trotz des hoch entwickelten Tuchgewerbes wurde ein erheblicher Teil der durch die Schafzucht gewonnenen schlesischen Wolle exportiert. Hohe Gewinne brachte auch die im Verlagssystem heimgewerblich produzierte Leinwand. Das bedeutete, der Weber lieferte seine Ware an den Kaufmann, der sie auf dem Markt absetzte. Der Export, der über Hamburg abgewickelt wurde, ging bis nach Übersee.

Trotz dieser blühenden Wirtschaftszweige, die Schlesien im beginnenden 18. Jahrhundert den Ruf einbrachten, das vielseitigste und reichste der Habsburger Erbländer zu sein, waren Widersprüchlichkeiten nicht zu übersehen. Dazu zählte, dass die reichen Bodenschätze, hier vor allem die Kohle sowie die Eisen- und Metallerze, kaum genutzt wurden. Zudem erwies es sich als wenig hilfreich, dass die Wiener Wirtschaftspolitiker forderten, Schlesiens Export über die österreichischen Mittelmeerhäfen Triest und Fiume zu leiten. Auch setzten sie sich kaum für die Entwicklung von Manufakturen ein.

Anders dagegen der bekannte Kameralist (Wirtschaftswissenschaftler) Paul Jacob Marperger, der 1712 als Hofrat in die Dienste der Herzogin Sophie von Oels trat. Zu seinen Aufgaben gehörte es auch, den schlesischen Handel zu analysieren, was zu einem intensiven Kontakt mit der Breslauer Kaufmannschaft führte. In seiner Untersuchung „Schlesischer Kaufmann“ von 1714 bietet er ein detailreiches Bild von Schlesiens zeitgenössischer Produktion, sowie von Handel und Verkehr. Gemäß merkantilistischer Theorie, die die wirtschaftliche Bedeutung eines Landes am Export maß, plädierte er allerdings für die Verarbeitung der im Land produzierten Rohstoffe in eigenen Manufakturen, wobei er auch Vorschläge zur Abhilfe der sozialen Not bei den dort beschäftigten Arbeitern machte. Doch blieb das weitgehend Theorie. Insgesamt aber zählte Schlesien durch seine Wirtschaftskraft in der ausgehenden Habsburger Ära zu den bedeutendsten Provinzen der Donaumonarchie.

Jüdische Niederlassungen

Bedeutsam für die wirtschaftliche Entwicklung in Schlesien wurden im 17. Jahrhundert wiederum die Juden. Hier waren es vor allem einzelne Adelsfamilien, die den Juden auf ihren Gütern oder in ihren kleinen Territorien Niederlassungsrechte gegen Gebühr einräumten, zum Beispiel die Adelsfamilie Proskau, die 1564 von Kaiser Maximilian II. das kleine Ackerbürgerstädtchen Zülz in Oberschlesien verpfändet bekam. Die in dieser Zeit dort lebenden neun jüdischen Familien nahmen die Proskaus gegen die Ende des 16. Jahrhunderts in Schlesien einsetzenden Judenvertreibungen gegen Zahlung von einem Goldgulden pro Jahr und Familie in Schutz.

1699 erhielten die Zülzer Juden von Kaiser Leopold I. ein vorteilhaftes Handelsprivileg, das sie den christlichen Kaufleuten gleichstellte und ihnen Handel in ganz Schlesien und Böhmen ermöglichte. Für ihren Osthandel gründeten sie deshalb eine Niederlassung in Breslau, wo sie eine eigene Betstube einrichten durften. 1724 lebten in Zülz bereits 600 Juden neben 2000 Katholiken. Im ausgehenden 18. Jahrhundert drehte sich sogar das Verhältnis um (1782: 961 Christen und 1061 Juden). Neben Zülz räumte im 16. und 17. Jahrhundert der Kaiser den Juden nur in Glogau gegen Widerstand der Stände ein Niederlassungsrecht ein.

Die Verfolgungen durch die Kosaken unter ihrem Anführer Bogdan Chmielnicki in den

Jahren 1648/49 hatten viele Juden aus Polen vertrieben und in mehreren Städten im Reich zur Gründung kleiner jüdischer Gemeinden geführt. In Breslau bot sich dazu die Gelegenheit in den Vororten, die nicht unter der Hoheit des Magistrats standen, sondern geistlichen Herrschaften wie dem Matthias- oder dem Vinzenzstift gehörten.

In Breslau gelang es in der zweiten Hälfte des 17. Jahrhunderts den sogenannten Messjuden, die sich sonst nur während der Marktzeiten in der Stadt aufhalten durften, sich über die Messezeit hinaus einzuquartieren und mit Produkten zu handeln, die eigentlich den Kaufmannsgilden vorbehalten waren, vor allem mit Seide. Sie bildeten in ihren Synagogen, die als „Stubensynagogen“ in Privathäusern eingerichtet waren, Gebetsgemeinschaften, die offiziell nicht als Gemeinden anerkannt waren.

Der Versuch der Stadt, 1694 die Juden „auszuschaffen“, scheiterte an den habsburgischen Handelsinteressen, da zwei Drittel des Handels mit Polen durch Juden zustande kam. Der Rat musste eine Regelung herbeiführen, rief aber mit seinen Vorschlägen den Protest der Breslauer Kaufmannschaft hervor, die schon 1699 zugeben musste, dass der Breslauer Handel „in ganz Pohlen, Reussen und Litauen“ durch die „polnischen und böhmischen wie auch mährischen Juden“ getragen wurde.[45] Die städtische Judenordnung von 1697 beziehungsweise von 1702 räumte deshalb einer kleinen Gruppe von 13 Familien ein unbegrenztes Niederlassungsrecht in der Stadt ein.

Bei dieser Gruppe handelte es sich primär um Münzlieferanten, die unter dem Schutz des Kaisers standen, sowie um die sogenannten Schammesse, das sind die Funktionäre der auswärtigen Judenschaften, die während der Messen nach Breslau kamen, ferner um Spezialisten wie Ärzte, Goldschmiede und Steinschleifer. Auch ein Schlachter und ein Koch, die für koschere Nahrung zu sorgen hatten, zählten dazu. Alle übrigen Juden mussten nach den Messen die Stadt wieder verlassen. Dennoch stieg die Zahl jüdischer Einwohner bis 1726 auf 755 an.

Wenn auch die Judenordnung von 1702 die Einrichtung von Synagogen verbot, so wurde es doch geduldet, dass die Schammesse für ihre Judenschaften Stubensynagogen für das tägliche Gebet einrichteten. Eine einheitliche Gemeinde aller Breslauer Juden konnte so nicht entstehen, obgleich im ausgehenden 17. Jahrhundert die Voraussetzungen für eine jüdische Gemeinde gegeben waren. Außer dem Schächter, der für koscheres Fleisch sorgte, gab es spätestens seit Beginn des 18. Jahrhunderts auch einen Rabbiner, der 1704 als „Kronrabbiner von Krakau“ geführt wird.

Gegen den jüdischen Gottesdienst in den Stubensynagogen protestierten allerdings beide christlichen Kirchen. Sowohl die bischöfliche Behörde führte Klage über die „öffentliche Verspottung des Christentums“ als auch die lutherische Geistlichkeit, die beim Todes-

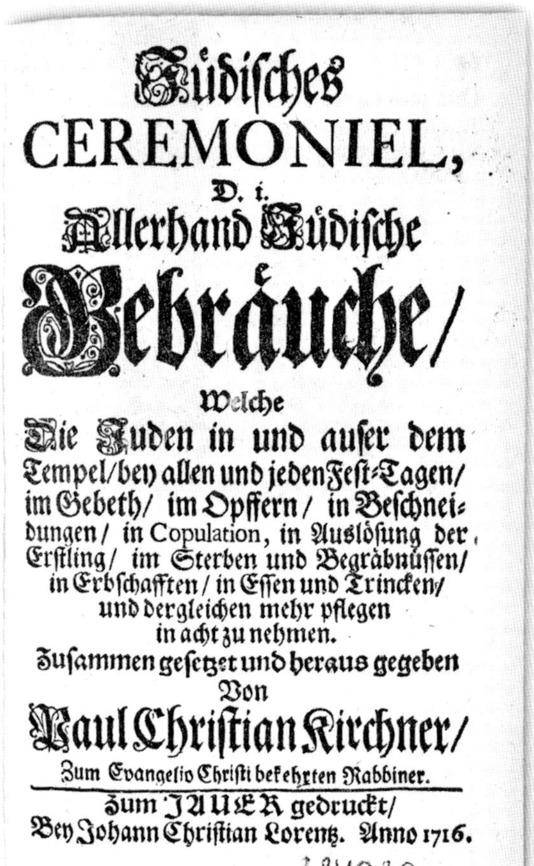

Jüdisches CEREMONIEL, D. i. Allerhand Jüdische Gebräuche/ Welche Die Juden in und auser dem Tempel/ bey allen und jeden Fest-Tagen/ im Gebeth/ im Opffern/ in Beschneidungen/ in Copulation, in Auslösung der Erstling/ im Sterben und Begräbnüssen/ in Erbschafften/ in Essen und Trincken/ und dergleichen mehr pflegen in acht zu nehmen. Zusammen gesetzet und heraus gegeben Von Paul Christian Kirchner/ Zum Evangelio Christi bekehrten Rabbiner. Zum JAUER gedruckt/ Bey Johann Christian Lorentz. Anno 1716.

384039

Zu den wichtigsten Publikationen, die im 18. Jahrhundert eine objektive Darstellung jüdischer Feiertage, Gottesdienste und Alltagsbräuche boten, zählt das „Jüdische Ceremoniel“ des zum Protestantismus konvertierten ehemaligen Rabbiners Paul Christian Kirchner. Schlesische Adelsfamilien ermöglichten ihm die Abfassung und die erste Publikation 1716 bei J. C. Lorentz in Jauer. 1724 erschien dann eine erweiterte Ausgabe in Nürnberg.

fall eines jeden Juden einen Ersatz für die entgangenen Begräbnisabgaben forderte. Im Gegensatz zur lutherischen Geistlichkeit in Hamburg, die durch ihre Predigten und Publikationen wiederholt antijüdische Stimmungen erregte, verhielt sich diese in Breslau eher moderat und tolerant. Als jedoch 1700 ein getaufter Jude die Stubensynagogen beim lutherischen Konsistorium denunzierte, forderte dieses vom Oberamt das Verbot der „Schulen", deren Existenz gegen das Synagogenverbot verstoße. Die Schammesse betonten dagegen 1701 in einer Eingabe an das Oberamt, dass sie in gemieteten Zimmern nur ihre Gebete verrichteten. Gleichzeitig wiesen sie auf ihre wirtschaftliche Bedeutung für die Stadt und den Kaiser hin.

Das Gutachten, das der Rat auf Veranlassung des Oberamts daraufhin von dem Hebräisch-Professor am Elisabeth-Gymnasium, Daniel Springer, anforderte, gab den Argumenten der Juden weitgehend Recht und widerlegte die einzelnen Anklagepunkte. Es verwies darauf, dass es sich wirklich um Betstuben und nicht um Synagogen handle, dass die Gebetbücher keine Angriffe auf das Christentum, dagegen aber Gebete für den Kaiser und die städtische Obrigkeit enthielten und dass Gebetsmäntel auch beim einfachen Gebet getragen würden. Das Konsistorium akzeptierte Springers Interpretation allerdings nicht und forderte entsprechend dem Verbot die Aufhebung der zehn „Judenschulen". Der Forderung kam der Rat allerdings nicht nach, verbot aber den Gebrauch von Kultusgegenständen; es konnten also weiterhin Gottesdienste stattfinden und die Rabbiner in Rechtsfällen entscheiden.

Die Rabbiner, die nach 1700 in Breslau wirkten, zogen es allerdings vor, sich nicht im Machtbereich des Breslauer Magistrats niederzulassen, sondern in den den geistlichen Stiften unterstehenden Vorstädten, wo die jüdische Gemeinde einen quasi offiziellen Charakter hatte. So ließ sich der seit 1724 in Breslau wirkende Rabbiner Bendix Ruben Gompertz seine Wahl zum Rabbiner durch den Prälaten des Matthiasstifts bestätigen. Wohl auch aus diesem Grund polemisierte der Breslauer Rat 1727 in einem Schreiben nach Wien gegen „das gottlose, gemeine, nichtswürdige jüdische vorstädtische Gesindel".[46] Den geistlichen Stiften sprach der Rat das Recht ab, Juden aufnehmen zu dürfen.

Da nach 1730 sowohl das kaiserliche Oberamt als auch die städtische Breslauer Judenkommission gemeinsam auf eine Verringerung der über 1000 jüdischen Einwohner Breslaus hinarbeiteten, kam es 1737 zur Vertreibung eines Teils der nichtprivilegierten Juden, sodass im Jahr 1742 Stadt und Vorstädte nur noch 900 jüdische Einwohner zählten.

Die Endphase der Habsburger Herrschaft über Schlesien brachte für die Juden also noch einmal eine bedrohliche Situation. 1738 befahl Kaiser Karl VI., binnen drei Monaten alle „unprivilegierten" Juden, das hieß auch die nachgewachsenen, inzwischen selbstständigen Kinder der privilegierten Juden auszuweisen. Nur dem ältesten Sohn jeder Familie war es erlaubt, zu heiraten, doch durfte er dies erst nach dem Tod des Vaters und wenn er mindestens 24 Jahre alt war. Für Gesamt-Schlesien erlaubte der Kaiser nur den Verbleib von 119 Familien. In Breslau allein waren 1737 insgesamt 236 Haushalte gezählt worden. Karls Tod (1740) brachte keinen Wandel der rigiden habsburgischen Judenpolitik. Trotz der Schwierigkeiten, die Maria Theresia als weibliche Nachfolgerin 1740 bei ihrer Thronbesteigung hatte, setzte sie die Judenpolitik ihres Vaters fort, hielt dessen Austreibungsbefehl aufrecht und erlaubte nur, etliche Schammesse, Krankenwärter, Totengräber, Viehstecher und Garköche sowie einen „Plautzen-Rabbiner" (Plautze = Brust, entspricht den in-petto-Ernennungen) in Breslau und seinen Vorstädten zu dulden.

Mit der Eroberung Schlesiens durch Friedrich II. von Preußen begann nicht nur für die Juden ein neues Zeitalter.

Schlesien „auf preußischen Fuß“ gestellt

Die Eroberung Schlesiens

Der preußische König Friedrich II. (Reg. 1740–1786).

Am 20. Oktober 1740 starb Kaiser Karl VI., und am 16. Dezember desselben Jahres fiel Friedrich II. in Schlesien ein, um es für Preußen zu erobern. Keine der europäischen Mächte hatte das von diesem 28-jährigen Rokokoprinzen erwartet, der erst am 31. Mai 1740 auf den Thron gekommen war. Ihm gegenüber stand die 21-jährige Erzherzogin Maria Theresia von Österreich, deren Thronfolge zwar in ihren Erblanden anerkannt war, deren Kaisertum – beziehungsweise das ihres Gemahls, des Lothringers Franz Stephan – jedoch von dem bayerischen Wittelsbacher Karl Albrecht in Frage gestellt wurde.

Die Darstellung einer der prekärsten Szenen der schlesischen Geschichte verdanken wir dem als Vedutenzeichner äußerst produktiven schlesischen Maler Friedrich Bernhard Werner (1690–1776). Noch bevor der erste Schlesische Krieg beendet war, huldigten die schlesischen Stände am 7. November 1741 im Fürstensaal des Breslauer Rathauses dem preußischen König Friedrich II. und kündigten damit öffentlich ihre Treue gegenüber den Habsburgern auf.

Friedrich II. machte Rechtsansprüche auf Schlesien geltend, doch letztlich ging es ihm um seinen Ruhm und einen Machtgewinn für Preußen. Die sich von Königsberg in Ostpreußen bis Wesel am Rhein erstreckenden preußischen Lande, die aber nicht zusammenhängend waren, sollten durch das wirtschaftsstarke Schlesien „abgerundet“ werden. Die protestantische preußische Monarchie sollte damit fast gleichrangig neben Habsburg treten. Der König setzte alles auf eine Karte: entweder den Gewinn Schlesiens oder das Auseinanderfallen Preußens.

Am 10. April 1741 besiegte Friedrich II. bei Mollwitz in der Nähe von Brieg die österreichische Armee. Der Sieg führte ihm Verbündete zu: Frankreich und Bayern. Während bei Frankreich die jahrhundertealte Gegnerschaft zu Habsburg mitspielte, ging es dem Wittelsbacher Karl Albrecht um das habsburgische Erbe. Mit französischen Truppen marschierte er über Passau in Österreich ein und eröffnete den bayerisch-österreichischen Erbfolgekrieg, der bis 1748 dauern sollte. Der Wittelsbacher eroberte im November 1741 Prag und ließ sich mit der Wenzelskrone zum böhmischen König erheben. Im Januar 1742 wurde er in Frankfurt als Karl VII. zum Kaiser gekrönt.

Doch die Österreicher marschierten in München ein, und der neue Kaiser musste in seiner Residenzstadt Frankfurt wie im Exil leben. In Prag vermochte er sich zwar noch bis zum 27. Dezember 1742 zu behaupten. Dann wurde auch diese Stadt von den Österreichern eingenommen. Das bayerische Kaiserabenteuer hatte für Friedrich II. den Vorteil, dass die Wiener Hofburg den preußischen König als Gegner möglichst schnell loswerden wollte und deshalb zu einem Friedensschluss bereit war.

Der Frieden von Berlin (28. Juli 1742) brachte Friedrich alles, was er haben wollte. Schlesien wurde zweigeteilt. Der größere Teil (6/7) fiel an Preußen, der kleinere Teil (1/7), das Gebiet um Teschen, verblieb bei Österreich. Zudem bekam der preußische König auch noch die strategisch wichtige Grafschaft

Glatz, die bis dahin zu Böhmen gehört hatte. Insgesamt gewann er für Preußen 37 000 Quadratkilometer Land und etwa eine Million Menschen. Habsburg behielt von Schlesien nur noch 5100 Quadratkilometer.

Zu den Friedensbedingungen gehörte auch, dass Schlesien und die Grafschaft Glatz aus dem böhmischen Lehensverband entlassen wurden. Ob sie in Zukunft damit noch zum Heiligen Römischen Reich Deutscher Nation gehörten, blieb umstritten. Da die Grafschaft Glatz im Gegensatz zu dem böhmischen Nebenland Schlesien direkt aus Böhmen herausgelöst wurde, vereinbarte Friedrich mit seinem Verbündeten, dem als böhmischer König regierenden Wittelsbacher Karl, die Zahlung von 400 000 Gulden an Böhmen, von denen Preußen jedoch nur die Hälfte entrichtete.

Eine Bedingung setzte Habsburg im Berliner Friedensvertrag allerdings durch: An den kirchlichen Zuständen sollte sich nichts ändern. Das bedeutete: Das den schlesischen Protestanten nach 1648 aufgezwungene katholische Pfarrsystem durfte nicht umgestaltet werden. Sie konnten also keine eigenen Pfarreien errichten, sondern nur Bethäuser, und sie mussten den katholischen Geistlichen weiterhin Stolgebühren – das heißt Abgaben für geistliche Dienste wie Taufen, Trauungen, Beerdigungen – entrichten, auch wenn sie diese nicht in Anspruch nahmen.

Es überrascht, dass Maria Theresia so schnell auf ihren „Garten“ (das nun preußische Schlesien) verzichtete und nur den „Zaun“, wie sie es nannte, behielt. Preußen wurde durch den Berliner Friedensvertrag zur zweitgrößten Macht im Reich und neben England, Russland, Frankreich und Österreich zur fünften Großmacht in Europa. Doch blieb Österreich fest entschlossen, sich das Land wiederzuholen. Ein auf Gegenseitigkeit beruhendes Misstrauen überdauerte und zeigte sich selbst noch in den Napoleonischen Kriegen, als Österreich und Preußen zu Alliierten geworden waren. Der österreichisch-preußische Dualismus wurde zu einer politischen Konstante in Deutschland bis 1866.

Nach dem Berliner Frieden von 1742 gewann Österreich mit England und Holland zwei potente Alliierte. Die Situation wurde für Friedrich II. sowie seinen Bündnispartner Frankreich, mit dem er am 5. Juni 1744 eine neue Allianz geschlossen hatte, gefährlich. Die österreichische Allianz stieß nämlich im Sommer 1744 ins Elsass vor. Friedrich fiel daraufhin in Böhmen ein und eroberte Prag. Da die Franzosen ihm jedoch nicht schnell genug zu Hilfe kommen konnten, wurde die Lage für Friedrich bedrohlich, zumal Sachsen mit Polen auf Seiten Österreichs kämpfte und Bayern 1745 nach dem Tod Karls VII. seinen Krieg mit Österreich beenden wollte.

Dank diplomatischen Geschicks hatte Österreich die Oberhand gewonnen. Nur gegen die Kurstimmen von Brandenburg und der Pfalz wurde der Gemahl Maria Theresias, Franz Stephan von Lothringen, als Franz I. am 13. September 1745 zum Kaiser gewählt und am 4. Oktober in Frankfurt gekrönt. Maria Theresia verzichtete jedoch darauf, sich neben ihrem Gemahl Franz zur Kaiserin krönen zu lassen.

Doch Friedrich konnte sich militärisch behaupten, zumal die Franzosen in Flandern, den sogenannten Österreichischen Niederlanden, angriffen und er am 5. Juni 1745 bei Hohenfriedberg das österreichisch-sächsische Heer besiegte. Endgültig entschied sich das Kriegsglück zugunsten Preußens im Dezember 1745 in einer Schlacht in der Nähe von Dresden, sodass zu Weihnachten 1745 mit dem Dresdner Frieden der zweite Schlesische Krieg beendet werden konnte. Friedrich hatte Schlesien unter seiner Herrschaft und für Preußen den Rang einer europäischen Großmacht behauptet. Zum Friedensschluss gab er nun nachträglich seine Zustimmung zur Kaiserwahl von Franz I.

Neuordnung des Landes

Schlesien, das in der habsburgischen Politik an den Rand gerückt war – seit 1617 hatte kein habsburgischer Herrscher mehr das Land betreten –, wurde nun zu einem Zen-

Trotz des Krieges gegen Bayern und Preußen behauptete sich die junge österreichische Monarchin Maria Theresia (Reg. 1740–1780). Sie vermochte aber für ihre Erblande nur ein Siebtel ihres damaligen schlesischen Besitzes zu retten. Schlesien wurde zweigeteilt in ein preußisches und ein österreichisches Schlesien.

CAMP DE BATAILLE
Des von Sr. Königln. Majestæt in Preussen
Uber die unter Commando Sr. Durchl: des Printzen Carls von Lothringen
und des Hertzogs von Weissenfels Durchl: Stehenden Combinirten Österreichischen
und Sächsischen Armee höchst rühmlich erfochtenen Sieges bey
Hohen Friedberg in Schlesien den 4 Juny 1745.
A Königl: Preuss. Armee wo sie die nacht Zwischen dem 3. und 4. Juny halte gemacht.
B Königl: Preuss. Avant Garde unter Commando des G. L. du Moulin, und G: Major von Winterfelds.
C Königl: Preuss. Corps de Bataille, Erste Position.
D Königl: Ungarisch und Sächsische Corps Ersten und Zweiten Treffens Erste Position.
E Batterie des du Moulinischen Corps. von welcher der anfang zur Bataille gemacht worden.
F Königl. Preuss. Infant: Ersten und Cavallerie beider Treffens 2te Position.
G Königl. Ungarisch: und Sächsl: Ersten und Zweiten Treffens 2te Position
H Königl: Preuss. Batterie, wo von des feindes Lincker fliegel Canonirt worden.
I Des du Moulinischen Corps 2te Position.
K Siben Oesterreichl. Infanterie Regim: auf der flucht in welche das Baruthl. Regim: bey
L ein gehauen und die fahnen von Ihnen er beutet hat.
M Flucht der Oesterreichl: und Sächsl: Armee
N Des du Moulinischen Corps, nach dem es die feinde verfolgt. 3te Position
O Königl: Preuss: rechter fliegel mit welchem Sr. Majest: die feinde
hinter Kauder bis ans gebürge verfolget.
P Königl: Preuss: Linken fliegels 3.te Position.
Q Königl: Ungarische Baterien von denen sie Währender
Flucht den Preuss: Lincken fligel mit wenigen
effect Canonirt hat.
R Haupt Quartier nach der Bataille.
Häslich
Dätzdorf
Seifersdorf
Rohnstock
Kauder
Sächs. Infant.
Oesterreich.

Der Sieg bei Hohenfriedberg im zweiten Schlesischen Krieg am 5. Juni 1745 sicherte Preußen den Besitz Schlesiens. Den Schlachtplan hat der bekannte Vedutenmaler Friedrich Bernhard Werner festgehalten. Die von Bartholomäus Strakowsky in Breslau in Kupfer gestochene Karte zeigt anschaulich die einzelnen Phasen der Schlacht, die sieben Stunden dauerte und die Verbündeten Österreichs 14 000 Mann, die Preußen 5000 Mann kostete.

tralland Preußens. Nach der Eroberung des Landes hatte Friedrich II. geäußert, er wolle Schlesien „auf preußischen Fuß“ stellen.

Wirtschaftlich und politisch wurde das Land modernisiert. Friedrich gab ihm eine neue Verfassung. Er schaffte den alten schlesischen Ständestaat mit seinen 15 Herzogtümern, sechs freien Standesherrschaften fürstlichen Ranges, weiteren sechs Standesherrschaften nichtfürstlichen Ranges sowie 24 kleinen Herrschaften ab. Alle habsburgischen Beamten wurden entlassen und des Landes verwiesen. Zwei große Kammerbezirke mit Sitz in Breslau und Glogau wurden eingerichtet. Oberschlesien wurde dem Kammerbezirk Breslau zugeordnet. An der Spitze der Kammern standen zwei vom König ernannte Kammerpräsidenten. Die Beamtenschaft kam weitgehend aus den anderen preußischen Ländern.

Neu geordnet wurde auch das Steuersystem. Während in den Städten die Akzise erhoben wurde – das war eine Art Umsatzsteuer –, zahlten die Landgemeinden einen relativ festen Satz, die Kontribution. Durch diese Neuordnung verloren vor allem die Städte ihre noch vorhandene Selbstverwaltung. Viele Kleinstädte gaben ihre Stadtrechte auf, da ihnen die Akzise zu teuer gekommen wäre. Das weitgehend überschuldete Kämmereiwesen der Städte wurde der Aufsicht eines Steuerrats unterstellt, der in Zukunft auch deren Politik bestimmte. Nur die Metropole Breslau behielt ihre autonome Ratsverfassung.

Durch das neue Steuersystem wurden auch Adel und Klerus belastet, die ihren Grundbesitz genau so versteuern mussten wie die Bauern ihre Höfe. Doch zeigte sich auch hier die Adelslobby erfolgreich. Während der Hebesatz für Bauernland bei 34 Prozent lag, betrug er für Rittergüter nur 28 Prozent. Härter traf es allerdings die Geistlichkeit. Die Steuersätze für die Stiftsgüter betrugen 45 Prozent, schließlich sogar 50 Prozent. Mit der barocken Bautätigkeit war es schon aus diesen Gründen nun vorbei.

Das Gesamtvolumen des schlesischen Etats betrug 3,5 Millionen Taler. 800 000 Taler davon beanspruchte die Dispositionskasse des Monarchen. Aus ihr wurden die von den Österreichern übernommenen Schulden des Landes, die Festungsbauten sowie andere außergewöhnliche Infrastrukturmaßnahmen finanziert, vor allem aber sollte der preußische Staatsschatz damit aufgefüllt werden.

Trotz dieser radikalen Neuerungen wurde der Adel als Stand bevorteilt. Dies widersprach eigentlich den Prinzipien des Absolutismus, also der Konzentration der Staatsgewalt auf den Herrscher und der Entmachtung der Stände. Gemäß dem preußischen System wurde jedoch der Adel über die Verwaltung und das Heer an der Herrschaft beteiligt.

In Schlesien geschah dies schon seit 1741, also noch während des ersten Schlesischen Krieges, durch das Institut der Landräte. Sie wurden vom Adel gewählt und vom König ernannt. In Oberschlesien bestimmte der König jedoch zunächst einmal die Landräte selbst, da er dem dortigen katholischen Adel als österreichfreundlich misstraute. Niederschlesien und die Grafschaft Glatz wurden in 18 Kreise aufgeteilt, die dem jeweiligen Landrat unterstellt waren, der wiederum die Direktiven von den Kammern in Glogau und Breslau erhielt. Die neu eingerichteten elf oberschlesischen Kreise wurden dem Kammerbezirk Breslau zugeteilt. Außerdem war der Adel durch die Patrimonialgerichtsbarkeit, das bedeutet die Eigengerichtsbarkeit der Gutshöfe, sowie durch die Polizeigewalt und die kirchlichen Patronatsrechte an der Herrschaft beteiligt. Der schlesische Adel behielt also durch die Gutsherrschaft ein erhebliches Stück Macht. Auch durch ihre persönlichen Privilegien bestimmten die Adligen bis 1918, nicht gerade zum Vorteil des Landes, entscheidend die Politik Schlesiens mit, und als Großgrundbesitzer verhinderten sie eine Reform der schon lange unhaltbaren Verhältnisse auf dem Lande mit ihren Abhängigkeiten.

Der schlesische Adel unterschied sich stark von dem nüchternen brandenburgischen oder preußischen Adel. Friedrich kritisierte dessen Luxus und Verschwendungssucht, die er als böses österreichisches Erbe einschätzte. „... Gute Kerls, ein wenig beschränkt [...] hassen [sie] eine stetige Arbeit oder diesen strengen Fleiß, den man militärische Disziplin nennt", so charakterisierte er die schlesischen Adligen in seinem politischen Testament von 1752.[47] Dennoch versuchte er sie als wichtige Stütze für den Staat einzusetzen. Zur wirtschaftlichen Förderung des Adels richtete er 1768 die „Schlesische Landschaft", ein Kreditinstitut, ein. Die Erfolge, die Friedrich im Hinblick auf die Erziehung des schlesischen Adels erreicht hatte, bestätigte er sich selbst in seinem zweiten politischen Testament von 1768: „Der Adel hat Geist, und vorausgesetzt, man begrenzt seinen Leichtsinn, kann man von ihm hervorragende Dienste erhalten."[48]

Doch konnte sich nicht einmal der seit 1742 amtierende preußische Provinzialminister gegen den Adel behaupten, wenn es um Reformmaßnahmen zugunsten der durch die Gutsherrschaft unterdrückten Bauern ging. Das Amt des Provinzialministers war eine Sondereinrichtung im preußischen Staatsgefüge. Im Gegensatz zu den älteren preußischen Provinzen war Schlesien nicht den Berliner Ministerien, sondern direkt dem König unterstellt. Er bestimmte den Provinzialminister, der in Breslau residierte. Diesem waren die beiden Kammerbezirke Glogau und Breslau unterstellt. Er selbst war nur dem König verantwortlich. Friedrich äußerte einmal, die Position des schlesischen Provinzialministers sei die beste, die er im zivilen Dienst zu vergeben habe.

1743 wurde eine begrenzte Wehrpflicht, das sogenannte preußische Kantonssystem, eingeführt. Obgleich davon nur circa 35 000 Landeskinder betroffen waren, stieß das preußische Militärwesen in der schlesischen Bevölkerung auf erheblichen Widerstand, weil dies, solange es noch keine Kasernen gab, auch Einquartierungen bei der Zivilbevölkerung bedeutete. Von der Wehrpflicht waren Handwerker und Heimgewerbetreibende ausgenommen, sodass die Verpflichteten weitgehend von den Bauernhöfen kamen. Die Lage der ohnehin schon schlecht gestellten schlesischen Bauern verschlimmerte sich deshalb. Zahlreiche Wehrpflichtige flohen über die Grenze nach Österreich.

Dagegen fand die Neuordnung des Justizwesens weitgehende Zustimmung, auch wenn die Patrimonialgerichtsbarkeit nicht abgeschafft wurde und der Adelsstand seine eigene Gerichtsbarkeit behielt. Allerdings standen die Adelsgerichte in Zivil- und Kriminalsachen unter der Kontrolle der Oberamtsregierungen in Breslau und Glogau. Als letzte Instanz gab es das Obertribunal in Berlin. Eine Sonderheit im preußischen Staatsverband stellte die Einrichtung eines eigenen schlesischen Justizministeriums dar.

Trotz der Spannungen, die wegen des Militärsystems in Schlesien nach 1742 bestanden, hatten die schlesischen Untertanen im zweiten Schlesischen Krieg loyal zum preußischen König gehalten; auch in der Grafschaft Glatz, die der König wegen des dortigen Barockkatholizismus für österreichisch gesonnen hielt, hatte es keine Überläufe gegeben. Einige Dörfer durften sich nun nach königlichem Edikt sogar als „besonders treu" bezeichnen.

Schlesien im Siebenjährigen Krieg

Die allmähliche Umstellung Schlesiens „auf preußischen Fuß" wurde noch einmal durch einen langen, den Siebenjährigen Krieg (1756–1763), verzögert. Bei diesem dritten Schlesischen Krieg ging es allerdings nicht mehr nur um Schlesien, sondern auch um die kolonialen Interessen der beiden Verbündeten England und Frankreich. Im Gegensatz zu den beiden ersten Schlesischen Kriegen kämpften nun jedoch Frankreich auf österreichischer und England auf preußischer Seite. Die österreichischen Diplomaten, vor allem Wenzel Anton von Kaunitz, ließen keinen Zweifel daran, dass Österreich trotz der Friedensschlüsse auf Schlesien nicht verzichten wollte. Kaunitz war es gelungen, ein Bündnis mit Frankreich und Russland zustande zu bringen. Friedrich versuchte deshalb, durch einen Präventivschlag Österreich zuvorzukommen, fiel 1756 in Sachsen ein und stieß bis Prag vor.

Obgleich die Preußen gegen eine doppelt so starke Übermacht zu kämpfen hatten, war das Kriegsglück wechselnd. Bei Leuthen in Schlesien siegte das preußische Heer 1757 über die österreichische Armee, doch geriet Preußen, wie etwa nach der Niederlage bei Kunersdorf 1759, des Öfteren an den Rand seiner Existenz. Der Festungsgürtel, den Friedrich II. sogleich nach dem ersten Schlesischen Krieg mit Neisse, Glatz, Kosel und Schweidnitz hatte ausbauen lassen, bewährte sich nur in der ersten Hälfte des Krieges. Glatz fiel 1760 und Schweidnitz 1761 in die Hände der Österreicher. Diese besaßen damit einen Rückhalt für ihre Feldzüge in die schlesische Ebene.

Doch kam dieser taktische Vorteil für sie zu spät. Österreich verlor nach dem Tod der Zarin Elisabeth im Januar 1762 mit Russland seinen wichtigsten Verbündeten, der ab Juni 1762 sogar zu einem Allianzpartner Preußens wurde. Bis auf Glatz gelang es Friedrich im übrigen Schlesien, die Österreicher im Sommer 1762 an die böhmische Grenze zurückzudrängen. Der Hubertusburger Frieden vom 15. Februar 1763 bestätigte dann erneut den Besitz Schlesiens für Preußen. Dass Österreich aber auch künftighin nicht auf Schlesien verzichten wollte, zeigte der Bayerische Erbfolgekrieg, der sogenannte Kartoffelkrieg von 1778/79, als österreichische Truppen wiederum in die Grafschaft Glatz einfielen und den südlichen Teil dieses Ländchens besetzt hielten. Doch war am Besitz Preußens für die nächsten 200 Jahre nichts mehr zu ändern.

Maria Theresia hatte damit gerechnet, dass die Schlesier in diesem Krieg zu ihr überlaufen würden, um das vermeintliche preußische Joch loszuwerden. Aber das Gegenteil war der Fall. Selbst die katholischen Untertanen hatten daran kein Interesse, denn auch sie litten sehr unter der österreichischen Besatzung, die vielfach durch Russen gestellt wurde. Zudem wurde Friedrich immer mehr zur Idealfigur eines preußisch geprägten

In den Kriegen zwischen Österreich und Preußen spielte die öffentliche Meinung in Deutschland eine wichtige Rolle. Mit den unterschiedlichsten Medien ließ Friedrich für sich werben. Neben den literarischen spielten vor allem „handhabbare“ Medien wie diese Schnupftabakdose eine wichtige Rolle. Die von dem Graveur I. H. Hamer entworfene und in der zu den preußischen Westprovinzen gehörenden Stadt Iserlohn hergestellte Schnupftabakdose brachte die Kunde von den Siegen Friedrichs II. – hier in Roßbach und Lissa (Leuthen) – unter das einfache Volk. Die Bezeichnung „so genaemde [sogenannte] Reychs-Armee“ für die als Reichsarmee aufgebotene antipreußische Armee soll die Distanz der Deutschen zu Österreich und die Sympathien für Preußen kennzeichnen.

Nationalgefühls in Deutschland, während in Soldatenliedern die „Reichsarmee des Kaisers“ als „Panduren- und Franzosen“-Armee verspottet wurde.

Nicht anders in Schlesien. Hier begeisterten sich Autoren wie Karl Ludwig von Klöber und Karl von Seidel für den preußisch-deutschen Nationalismus. Der bedeutendste Dichter dieser Zeit allerdings, Gotthold Ephraim Lessing, der von 1760 bis 1765 als Sekretär des Stadtgouverneurs General von Tauentzien in Breslau lebte, hielt sich in dieser Beziehung zurück. In seinem Lustspiel „Minna von Barnhelm“, das in Breslau entstand, ist weniger der steife preußische Major die sympathische Figur, sondern eher das sächsische Edelfräulein.

Die Wirtschaft im 18. Jahrhundert

Mit Schlesien hatte Friedrich eine wirtschaftlich gut dastehende Provinz gewonnen. Den Schwerpunkt bildete die Landwirtschaft, vor allem in den Lössgebieten des Oderstromtales, wo Weizen und Roggen angebaut wurden. Ein Spezialzweig war – schon in Habsburger Zeit – die Schafzucht. Von der Wollproduktion profitierte vor allem das städtische Tuchgewerbe. Die Kriege warfen allerdings die schlesische Wirtschaft stark zurück, zumal nach dem Frieden von 1763 zunächst eine Wirtschaftskrise eintrat und erst ab 1765 ein allgemeiner Aufstieg einsetzte.

Hatten die Habsburger in Schlesien den Bergbau und das Hüttenwesen vernachlässigt, so widmete Preußen diesem Bereich besondere Aufmerksamkeit. Wie in seinen westlichen Landen, so trat auch in Schlesien der Staat auf diesem Sektor als Unternehmer und Förderer auf. Im Gegensatz zum Westen engagierten sich allerdings in Schlesien die Adligen als Industrielle. Für ihre Gutsuntertanen bedeutete dies freilich, dass sie wie in der Landwirtschaft nun auch im Bergbau durch weitgehend ungemessene Dienste, also Dienste, die nicht durch feste Zeiten begrenzt waren, ausgebeutet wurden. Eine standesbewusste Knappschaft wie im westfälisch-märkischen beziehungsweise im Ruhr-Industriegebiet hat sich deshalb in Schlesien kaum entwickelt. Geregelt wurde in Schlesien das Nebeneinander von staatlicher und privater Unternehmerschaft durch die „Revidierte Bergordnung für das Herzogtum Schlesien und die Grafschaft Glatz“ von 1769.

Das neu gebildete Berg- und Hüttendepartement gehörte zum Generaldirektorium. An seiner Spitze stand ab 1777 Friedrich Anton von Heynitz, ab 1779 sein Neffe Friedrich Wilhelm von Reden. Mit ihren Namen verbindet die Forschung große innovative Leistungen für Schlesien, ein Urteil, das in neuerer Zeit stark eingeschränkt wird. Ihre Aktivitäten wie die frühe Einführung der Dampfmaschine bezogen sich wohl nur auf einzelne Betriebe, nicht aber auf das gesamte Industriegebiet.

In ihrer Breitenwirkung war vor allem die Leinenindustrie für die wirtschaftliche Entwicklung Schlesiens bedeutend. Zunächst im Rahmen der Grund- und Gutswirtschaft entstanden, hatte sich die gewerbliche Leinenproduktion aus dem agrarischen Sektor gelöst und als eigener Industriezweig etabliert. Die alten Abhängigkeiten vom Gutsbesitzer waren dadurch aber nicht beseitigt worden, obwohl nun der Heimweber das Leinen direkt an einen sogenannten Verleger (Zwischenhändler) verkaufte. Der Heimweber musste dem Gutsherrn weiterhin einen sogenannten Weberzins entrichten, auch wenn er nicht mehr auf dem Gutshof arbeitete. In der Regel waren die Verleger Kaufleute, von deren Reichtum die Palais im Hirschberger Land zeugen. Sie hatten Beziehungen zu den internationalen Märkten und konnten die Verkaufssituation besser einschätzen als die Produzenten. Die Weber, die über kein Kapital verfügten, wurden von jeder Krise schwer getroffen. Soweit sie als Gärtner oder Häusler nicht über ein kleines Landareal verfügten, konnten sie kaum ihren Lebensunterhalt sichern. Nach der durch die Kriege und die Zollpolitik bedingten Rezessionen trat in der ausgehenden friderizianischen Zeit ein „Leinenboom“ ein, doch zeichnete sich bereits

Nach der Annexion schuf Friedrich II. für Schlesien eine neue Verfassung. Die Verwaltung des Landes unterstand nicht den Berliner Ministerien, sondern direkt dem König. An der Spitze stand der Provinzialminister von Schlesien. Fast 40 Jahre, von 1770 bis 1806, übte der aus Pommern stammende Graf Karl Georg Heinrich von Hoym dieses Amt aus.

seit den 1790er Jahren die schwere Krise ab, die die Entwicklung dieses Industriezweiges dann im 19. Jahrhundert bestimmen sollte.

Die Integration der Schlesier in Preußen war auch das Ergebnis des Landesausbaus, wie er nach 1763 betrieben wurde, nachdem der Besitz für Preußen endgültig gesichert war. Trotz der Kriege und einer Hungersnot in den Jahren 1771/72 waren die Entwicklungsdaten sowohl der Wirtschaft wie der Bevölkerung fast durchgängig positiv. Dazu trug nicht zuletzt die häufige Präsenz des Königs im Lande bei. Regelmäßig im August kam er nach Schlesien und suchte dabei bewusst den Kontakt mit der Bevölkerung. Die Bittschriften, die ihm die einfachen Menschen auf dem Weg durch das Land übergaben, wurden ernst genommen und die Ursachen berechtigter Kritik abgestellt. So erhielt die Bevölkerung nicht nur den Eindruck von der Zweckrationalität, Transparenz und Effizienz des friderizianischen Systems. Sie war überzeugt davon.

Zu Recht konnte der König dem Provinzialminister gegenüber behaupten: „Ich habe Augen und Ohren, die alles wissen, was in Schlesien passiert."[49] Aber auch Friedrich war nicht davor gefeit, dass ihm der fast 40 Jahre lang, nämlich von 1770 bis 1806 amtierende Provinzialminister Graf Karl Georg Heinrich von Hoym als „Vizekönig" Potemkinsche Dörfer vorführte und die Monats- und Jahresberichte frisierte oder gar fälschte.

Dennoch erlebte Schlesien in den 40 Jahren friderizianischer Herrschaft einen deutlichen Modernisierungsschub, der auch zu einem Mentalitätswandel führte. Als Friedrich 1786 starb, tanzte man in Berlin auf den Straßen, weil man den alten Plagegeist endlich los war, während in Schlesien ehrliche Trauer herrschte, die sich in spontanen und nicht von oben angeordneten Trauerfeiern kundtat.

Friedrichs Religionspolitik in Schlesien

Trotz aller Schwierigkeiten der Integration Schlesiens in das preußische Staatssystem kann man am Ende der Regierungszeit Friedrichs feststellen, dass sie gegen alle Erwartungen gelang. Und das trotz der Abneigung, die der katholische Teil der Bevölkerung, also die Hälfte der Einwohner Schlesiens, Preußen entgegenbrachte. Die Sympathien, die die Lutheraner für den protestantischen König hegten, der er ja als Atheist eigentlich gar nicht war, wurden bald enttäuscht. Nicht nur das Militärsystem oder die höheren Steuern waren hieran schuld, auch die Kirchenfrage trug dazu bei – hatten viele Protestanten doch erwartet, dass die Lutheraner ihre alten Kirchenbesitzrechte und -titel zurückerhielten, die sie in der Reformationszeit besessen hatten. Doch Friedrich hatte sich 1742 im Berliner Friedensvertrag verpflichtet, den überkommenen Status quo einzuhalten. Dabei blieb es bis zum Siebenjährigen Krieg.

Allerdings war der Protestantismus nun keine unterdrückte Konfession mehr, sondern bald führend im öffentlichen und politischen Leben. Die Vorrangstellung, die einst Katholiken in den Ämtern, auch in den Kommunalämtern, eingenommen hatten, fiel nun an die Protestanten. Das glich den Verlust der Kirchenbesitzrechte aus. Auch konnte sich nun ein gut organisiertes Kirchenleben entfalten. Mit dem 1742 von Johann Friedrich Burg herausgegebenen „Allgemeinen und vollständigen Evangelischen Gesang-Buch für die Königl. Preußis. Schlesis. Lande" erhielten die schlesischen Protestanten zum ersten Mal ein offiziell verordnetes Gesangbuch. Sie waren damit nun in das preußische Kirchensystem eingefügt.

Schwieriger war dies bei den Katholiken. Die preußischen Herrscher hatten seit dem Großen Kurfürsten (1640–1688) eine Religionspolitik betrieben, die sich positiv von der eng auf die Staatsreligion ausgerichteten Politik der meisten Staaten unterschied. Aufgabe des Monarchen war es, trotz unterschiedlicher Konfessionen im Staat den Frieden zu sichern. Dabei hatte er durchaus das Recht, in die innerkirchlichen Belange als oberster Kirchenherr aller Konfessionen einzugreifen.

Friedrich wich von diesem Grundsatz nicht ab. Er brauchte die Religion, um die staatliche Ordnung aufrechtzuerhalten. Die Entwicklung gerade der katholischen Kirche in seinen Landen war ihm deshalb nicht gleichgültig. Allerdings gab es in der ersten Phase des Siebenjährigen Krieges auch schwere Missgriffe von Seiten Friedrichs, die die Loyalität der schlesischen Untertanen erschüttern mussten. Der bekannteste ist sein Vorgehen gegen den Glatzer Kaplan Andreas Faulhaber, der ohne Prozess im Dezember 1757 am Galgen hingerichtet wurde, weil er das Beichtgeheimnis zweier Deserteure nicht preisgeben wollte.

Das katholische Kirchensystem in seinen Ländern stellte Friedrich jedoch nicht in Frage. Mit Schlesien hatte er über eine halbe Million Katholiken für seine Monarchie gewonnen, in der es vorher nur 100 000 gegenüber 2,4 Millionen Protestanten gegeben hatte. Mit dem Bistum Breslau verfügte er zudem über eines der größten Bistümer in Deutschland. Es konnte ihm also nicht gleichgültig sein, wer hier als Bischof regierte, musste er doch damit rechnen, dass dessen Loyalität zu Wien besonders stark ausgeprägt sein würde.

Wie es vor ihm der Wiener Hof im Hinblick auf die Breslauer Bischofskandidaten praktiziert hatte, so sah nun auch Friedrich die Möglichkeit, einen Günstling, den Grafen Philipp Gotthard von Schaffgotsch, als Koadjutor (Nachfolger des amtierenden Bischofs) beim Breslauer Domkapitel durchzusetzen. Allerdings enttäuschte Schaffgotsch den König, als er im Siebenjährigen Krieg auf die Seite Österreichs wechselte und in dem österreichischen Teil seiner Diözese residierte. Friedrich hat ihm diesen „Verrat" nie verziehen. Schaffgotsch durfte bis zu seinem Tod 1795 nicht in den preußischen Teil Schlesiens zurückkehren.

Die Amtsgeschäfte versah als Weihbischof und Generalvikar Johann Moritz von Strachwitz, der 1760 durch Friedrich in dieses Amt gekommen und vom Papst bestätigt worden war. Mit ihm führte Friedrich eine Reihe von Kirchenreformen durch, die im Zeichen der Aufklärung stehen. Die eine ist die Regelung der Mischehenfrage. Sie sah vor, dass Töchter bis zu ihrer eigenen Entscheidung mit 14 Jahren die Konfession der Mutter, Söhne die des Vaters annehmen sollten. Die zweite war die Schulreform, die der Saganer Abt Ignatz Felbiger ab 1765 in Schlesien durchführte. Die dritte Maßnahme war die Verminderung der kirchlichen Feiertage (1753), die der Papst durch ein Schreiben für Schlesien bestätigte. Sie schränkte die Bräuche des Barockkatholizismus ein und griff damit rigoros in die Alltagskultur der Bevölkerung ein.

Eine der überraschenden Entscheidungen des Königs in Kirchenfragen war, die 1773 vom Papst verfügte Aufhebung des Jesuitenordens in seinen Ländern nicht durchzuführen. Gegenüber seinem Freund Voltaire entschuldigte Friedrich sich damit, dass sonst das ganze Schulwesen durch Lehrermangel bedroht gewesen wäre. Auch sei nur mithilfe der Jesuiten die Erhaltung der Universität Breslau möglich. Löste sich diese auf, so würden alle Priesteramtskandidaten in Böhmen studieren, was gegen die Staatsinteressen sei. Daher überließ Friedrich trotz aller Reformanstrengungen im Elementarschulwesen das katholische Gymnasialwesen und die Universität Breslau weiterhin den Jesuiten.

Alle Anläufe protestantischer Bürger, eine juristische und eine medizinische Fakultät für Studenten aller Konfessionen einzurichten, scheiterten. Weder die ehemaligen Jesuiten-Professoren noch der König hatten ein Interesse an einer Veränderung des Status quo. Friedrich II. wollte den anderen Universitäten seines Herrschaftsgebiets – Halle und Frankfurt/Oder – keine Konkurrenz schaffen. Deshalb blieb es in Breslau trotz des prächtigen Universitätsbaus bei den beiden Fakultäten.

Es wäre jedoch vermessen, die Breslauer Universität als überholte Bildungseinrichtung abzutun. Der Jesuitenorden wurde in Preußen 1776 in das „Königliche Schulen-Institut" umgewandelt, was mit Genehmigung des neuen Papstes Pius VI. geschah. Die Güter des Jesuitenordens gingen dabei allerdings an den Fiskus. Zur Loyalität der Katholiken zum preußischen Staat, wie sie sich am Ende der Regierungszeit Friedrichs zeigte, hatte nicht zuletzt der Umstand beigetragen, dass sich der katholische Klerus und die katholischen Untertanen in ihren kirchlichen Rechten und Bräuchen respektiert sahen. Selbst die großen Abteien wussten sich trotz der hohen Abgaben, die sie zu leisten hatten, gegenüber den Klöstern in Österreich im Vorteil, denn diese wurden im Zuge der josephinischen Reformen seit 1780 aufgelöst.

Die Juden Breslaus im 18. Jahrhundert

Im Rahmen der Konfessions- und Religionsangelegenheiten darf eine Religion nicht vergessen werden, die in den kommenden Jahrhunderten eine wichtige Rolle in Schlesien spielen sollte: die jüdische. Nach dem Austreibungsbefehl für die Juden aus Breslau durch Karl VI., der von seiner Tochter Maria Theresia nach deren Thronbesteigung 1740 wiederholt worden war, begrüßten die Breslauer Juden nicht ohne Grund den Eroberer, wie dies in dem gedruckten Begrüßungsgedicht des Rabbiners Gompertz deutlich wird. Dessen Titelvignette zeigt den preußischen Adler mit ausgebreiteten Schwingen über Palmenzweigen schwebend. Gompertz, dessen Familie seit den Tagen des Großen Kurfürsten zu den einflussreichsten brandenburg-preußischen Hoffinanziers zählte, begrüßt den König in diesem Gedicht nicht nur im Namen der Judenschaft, sondern sprach gleichsam im Namen aller Schlesier.

Nach der Zerstörung der Breslauer Synagoge im 15. Jahrhundert entstand erst zwischen 1827 und 1829 nach Plänen des bekannten Breslauer Architekten Carl Ferdinand Langhans (1782–1869) wieder eine Hauptsynagoge in dieser Stadt. Als klassizistischer Bau zählte sie damals zu den architektonischen Prunkstücken Breslaus. Das Bild vom Innern der sogenannten Storchensynagoge dokumentiert den baulichen Zustand nach 1905, als Eisenbeton-Emporen angebracht wurden.

Zu einem grundlegenden Wandel der Judenpolitik kam es allerdings nicht. Schon der Titel des königlichen Edikts für die Breslauer Juden vom 6. Mai 1744 zeigt, dass es bei einer restriktiven Judenpolitik bleiben sollte. Das neue Edikt ermöglichte jetzt allerdings auch in der Stadt Breslau die Einrichtung einer jüdischen Gemeinde, schränkte aber die Rechte des Rabbiners erheblich ein. So durfte er unter seinen Glaubensgenossen nicht mehr die niedere weltliche Gerichtsbarkeit ausüben, keinen Bann verhängen, noch Fasten anordnen. Er erhielt jedoch den Titel eines Landrabbiners und damit die Amtskompetenz über alle schlesischen Juden, die nicht zur Gemeinde in Glogau oder Zülz gehörten. Das Rabbinatsgericht war nur noch für Ehe- und Erbrechtsfragen zuständig.

Was die übrigen Gemeindeangelegenheiten betraf, so gestattete die Breslauer Judenordnung von 1744 die Anlegung eines eigenen „Kirchhofs“ gegen eine jährliche Zahlung von 25 Reichstalern. 1761 erwarb die Gemeinde ein Grundstück in der Nähe des heutigen Hauptbahnhofs, das bis 1856 belegt und 1944 durch Bomben und Granaten zerstört wurde. Auch war ihr „vergönnet, sich einen Saal zu ihrer Synagoge zu miethen“.[50] Bis zum Bau des ersten neuzeitlichen jüdischen Gotteshauses in Breslau, der nach Entwürfen von Carl Ferdinand Langhans zwischen 1827 und 1829 errichteten Synagoge

„Zum weißen Storch", diente über 80 Jahre eine einfache Stubensynagoge in einem Wohnhaus des Pokoyhofs, eines Gasthauses, als Landessynagoge.

Die Breslauer Judenordnung von 1744 gestattete ferner die Einrichtung eines Vorstehergremiums, was von Seiten der Regierung aber wohl eher unter fiskalischem Aspekt geschah, da als dessen primäre Aufgabe „die Einsammlung der [...] Gelder" angegeben wurde.[51] Die Breslauer jüdische Gemeinde als wichtiges Zentrum jüdischen Lebens in Schlesien war damit zwar etabliert, aber auch in Zukunft in ihrer Existenz gefährdet, da auch in preußischer Zeit bis 1812 immer wieder die Verringerung der Zahl jüdischer Einwohner – das heißt ihre Ausweisung – befohlen wurde.

Österreichisch-Schlesien

Seit der Trennung vom Habsburgerreich ist Schlesien im kommunikativen Gedächtnis weitgehend identisch mit der preußischen Provinz Schlesien. Doch auch die Bevölkerung des nun so genannten Österreichisch-Schlesien verstand sich als Schlesier. Noch heute findet sich im Staatswappen der Tschechischen Republik der schlesische Piastenadler.

Die Teile Schlesiens, die bei Böhmen beziehungsweise Österreich verblieben, bildeten kein geschlossenes Territorium. Im Westen gehörten dazu Teile der Herzogtümer Troppau und Jägerndorf, ferner der Süden des Neisser Bischofslandes sowie elf sogenannte Minderherrschaften. Der davon territorial getrennte Osten von Österreichisch-Schlesien umfasste das Herzogtum Teschen. Getrennt wurden beide Landesteile durch einen Nordzipfel Mährens, der bis Mährisch-Ostrau reichte. Das nördlich davon liegende Hultschiner Ländchen war an Preußen gefallen und kam erst nach dem Ersten Weltkrieg an die dann neu entstehende tschechischslowakische Republik.

Unter der anspruchsvollen Bezeichnung „Herzogtum Ober- und Niederschlesien" behielt das österreichische Restschlesien nach 1742 als kleinstes österreichisches Kronland die alte Ständeordnung bei. Auch blieben die böhmische Lehenshoheit sowie die kleinen Standesherrschaften samt eigener Ständeverwaltung bestehen. Während sich im Herzogtum Teschen nichts änderte, wurden die westlichen Restherzogtümer unter dem Fürsten Liechtenstein 1746 zu dem gemeinsamen Amt Troppau zusammengefügt.

Der südliche Teil des Neisser Bischofslandes, das nach dem Frontenwechsel von Bischof Schaffgotsch politisch an Bedeutung gewann, hatte ab 1767 seinen Verwaltungssitz in Johannisberg-Jauernig, wo auch die Residenz des Fürstbischofs lag. Beibehalten wurde auch die alte Ständeversammlung, der aber nur noch fünf Fürsten beziehungsweise Standesherren angehörten. Daneben „regierte" das königliche Amt, nun Gubernium genannt, das von dem Statthalter, dem Schlesier und Protestanten Friedrich Wilhelm Graf von Haugwitz, geleitet wurde.

Das Herzogtum Teschen bildete in der Gesamtmonarchie insofern einen Sonderfall, als hier im Gegensatz zur allgemeinen Staatsdoktrin der Protestantismus offiziell zugelassen war und mit der Gnadenkirche in Teschen ein kirchliches Zentrum besaß. Als 1782 durch die josephinischen Toleranzgesetze auch die „Akatholiken" (griech. „Nichtkatholiken") ihre Konfession ausüben durften, wurde Teschen zur „Mutterkirche" des Protestantismus in Österreich.

Die friderizianischen Reformen in Schlesien sowie die Kriegskosten brachten Österreich in Zugzwang. Durch die maria-theresianischen Neuerungen, die Graf von Haugwitz ab 1744 in Österreichisch-Schlesien einführte, verloren die Stände die Steuerhoheit und ihre politische Bedeutung, behielten aber die Gerichtshoheit. Das in Österreich-Schlesien entwickelte Reformmodell wurde dann ab 1749 unter Haugwitz' Leitung (bis 1761) auf den Gesamtstaat übertragen.

Radikaler als in Preußisch-Schlesien waren, vor allem durch die josephinischen

Kaiser Joseph II. (1716–1795) schaffte 1781 die Leibeigenschaft im böhmischen Schlesien ab, hob aber 1782 gegen den Willen der Schlesier die Selbstständigkeit dieses Landes auf und schlug es zu Mähren.

Reformen, die Umgestaltungen im Agrarbereich. Nach den Bauernunruhen von 1766 wurde durch das sogenannte Robottpatent von 1771 die Robottleistung – das heißt Zwangsdienste auf den Gutshöfen – auf drei Tage in der Woche zu je zehn Arbeitsstunden eingeschränkt. Zehn Jahre später, 1781, wurde die Leibeigenschaft durch Kaiser Joseph II. ganz abgeschafft. Preußen folgte damit erst drei Jahrzehnte später – in Schlesien wegen der ablehnenden Haltung des Adels allerdings mit wenig Erfolg.

Als Joseph II. seine Reformen durchführte, existierte Österreichisch-Schlesien als politische Einheit allerdings nicht mehr. Im Gegensatz zu seiner Mutter, die die weitere Existenz Schlesiens in ihrem Staat befürwortete, da sie trotz der Friedensschlüsse mit Preußen auf Gesamtschlesien als Teil ihrer Monarchie bestand, schlug Joseph II. es 1782 gegen den Willen der Schlesier zu Mähren. Brünn und nicht mehr Prag war nun das Zentrum. Erst in der Revolution von 1848 sollte Österreichisch-Schlesien seine Autonomie wiedererhalten.

Wirtschaftlich war die Bauernbefreiung von großer Bedeutung, da sie eine Binnenwanderung auslöste. Die Gutsländereien wurden in Erbpachthöfe umgewandelt, für die die Pächter den Besitzern einen Zins entrichten mussten. Dies führte zur Gründung neuer Dörfer. Durch den Handelskrieg mit Preußen erlebte die Textilindustrie einen Boom, der sich nicht nur auf die Heimweberei, sondern auch auf die städtische Produktion auswirkte. Während der Bergbau zurückblieb, entwickelte sich die Bäderkultur sehr vorteilhaft. Eine medizinische Innovation war die Wasserheilkunst von Johann Schroth in Lindewiese. Der Aufschwung, den Österreich-Schlesien im ausgehenden 18. und beginnenden 19. Jahrhundert erlebte, schlug sich auch in der demografischen Entwicklung nieder. Die Bevölkerung stieg seit 1798 von 295 436 auf 443 912 Einwohner im Jahr 1857 an.

Aufklärung in Schlesien

Erst nach dem Siebenjährigen Krieg konnte sich die Aufklärung in Schlesien entfalten. Ihr Zentrum war zweifelsohne Breslau, wo sich Beamte, Juristen, Mediziner, Gymnasiallehrer und evangelische Theologen in zahlreichen Clubs zusammenfanden. Eine führende Metropole der Aufklärung in Deutschland war Breslau jedoch nicht, vergleicht man sie mit Berlin, Leipzig oder Hamburg. Auch entwickelte sich nur mühsam eine Aufklärungskultur, die über alle Standesgrenzen hinweg einen herrschaftsfreien und an der Vernunft orientierten öffentlichen Diskurs propagierte, der auch in den politischen und ökonomischen Bereich hineinwirken sollte.

Erst um 1800 entstand die schlesische Provinzial-Ressource, eine Vereinigung, der sowohl adlige Offiziere als auch Kaufleute angehörten. Frauen waren jedoch weder in

Zu Österreichisch-Schlesien gehörte nach der Teilung Schlesiens 1742 auch der südliche Teil des Neisser Bischofslandes mit der Residenz Johannisberg und der Stadt Jauernig, hier in einer Darstellung von Friedrich Bernhard Werner. Nach Johannisberg zog sich der Breslauer Bischof Graf Philipp Gotthard von Schaffgotsch (1739–1799) zurück, nachdem er im Siebenjährigen Krieg zur österreichischen Partei übergewechselt war. An seinem Hof entwickelte sich ein reiches Kulturleben. So engagierte er 1769 den bekannten Komponisten Karl Ditters von Dittersdorf (1739–1799), der hier bis 1794 wirkte und zugleich als Verwaltungsbeamter die Funktion des Hauptmanns von Freiwaldau ausübte.

den Clubs noch in den literarischen Zirkeln vertreten. Von den rund 60 000 Einwohnern, die Breslau damals hatte, können etwa 500 Persönlichkeiten zur Aufklärungselite gerechnet werden. Aufklärungsideen gingen allerdings auch in Handwerkerkreisen um. Davon zeugt der Bericht des Schneiderzunftmeisters Johann Gottlieb Klose über den Breslauer Gesellenaufstand von 1793, der mit dem aufschlussreichen Satz beginnt: „Wie leben itz [jetzt] in einem Zeitalter, wo Aufklärung beynahe unter allen Nationen sich verbreitet, u[nd] wo jeder, auch der ungelähreste [ungelehrteste] Mensch, wen[n] er vernünftig denckt, einsehen gelehrnd hat, das[s] er nicht zum Sclafen [Sklaven] der Obern, oder Vorgesetzten bestimbt ist."[52]

Fast keine Bedeutung hatten katholische Mitglieder in den Aufklärungszirkeln, obgleich mit dem seit 1766 die Breslauer Diözese leitenden Weihbischof Johann Moritz von Strachwitz ein bedeutender Vertreter der katholischen Aufklärung in dieser Stadt wirkte, der in der katholischen Kirche Schlesiens die bereits genannten Reformen durchsetzte. Er führte die Feiertagsreduktionen, vor allem aber die Reform der Trivialschulen, also der später so genannten Volksschulen durch.

Der wohl bekannteste Kopf der Breslauer Aufklärungsgesellschaft, der Popularphilosoph Christian Garve (1742–1798), der die „Absonderung" der „Classen und Professionen" in den Breslauer Aufklärungszirkeln kritisierte, schuf sich einen Freundeskreis, dem auch katholische Aufklärer sowie der Dichter und Pädagoge Johann Gottlieb Schummel (1748–1813) angehörten. Im Gegensatz zu den Berliner Aufklärern Johann Erich Biester und Friedrich Nicolai vertraten die beiden Breslauer Aufklärer Garve und Schummel eine sehr tolerante Haltung. Die Berliner sahen im Katholizismus eine große Gefahr für die Aufklärung. Garve dagegen kritisierte in dem ihm von den Berlinern 1785/86 aufgezwungenen Katholizismusstreit deren „Jesuitenriecherei" als gefährlich für den Religionsfrieden und die Toleranz in Deutschland. Hass und Misstrauen – so Garve – ständen einer allmählichen Ausbreitung der Aufklärung entgegen. Schummel unterstützte ihn hierin. In seiner „Reise durch Schlesien" (1791), einem typischen Aufklärungsjournal, schildert er die Auswüchse des Barockkatholizismus zwar mit einer gewissen Skepsis, aber nicht ohne Sympathie. Die Tradition der schlesischen Toleranz, die Schummel in seinem Reisebericht hervorhebt, war also keineswegs einem verbissenen Aufklärungseifer zum Opfer gefallen, wie ihn die Berliner bisweilen an den Tag legten.

Von Garves Zirkel gingen eine Reihe Initiativen aus wie die Gründung der Schlesischen Provinzialblätter (1785), die die Aufklärungsideen und -programme unter der kleinen Bildungselite verbreiten sollten. Der sogenannten Volksaufklärung stand Garve zurückhaltend gegenüber, nicht aber der Verbesserung der sozialen Situation. Er übersetzte 1780 die „Untersuchungen über die Armuth, die Ursachen derselben und die Mittel ihr abzuhelfen" des schottischen Aufklärers John Macfarlan aus dem Englischen und versuchte, deren Grundsätze mit Hilfe des Breslauer Armenpflegers Johann Gustav Süßmilch in die Praxis umzusetzen.

In seiner Schrift „Über den Charakter der Bauern und ihr Verhältnis gegen die Gutsherren und gegen die Regierung" (1796) übte Garve Kritik an der überkommenen Feudalstruktur, die die Situation der Bauern derjenigen der Sklaven ähnlich mache. Trotz Garves verhaltener Kritik an der Gutsherrschaft und seinem Plädoyer für die rechtliche Gleichstellung der Bauern brachte die Aufklärung in Schlesien keine Verbesserung der bäuerlichen Situation. Der Adel war zu keiner Reform bereit; auch das Bauernlegen, also der Aufkauf bäuerlichen Besitzes, ging weiter. Ein kleiner Erfolg der Aufklärung wird jedoch in der Verbesserung der landwirtschaftlichen Methoden deutlich, die auch vom König gefördert wurde. Dazu gehörten die Durchsetzung des Kartoffelanbaus, die Einführung der Stallfütterung, die Propagierung des Klee- und Ölfruchtanbaus, der Bienenzucht und

Christian Garve (1742–1798) lebte nach Aufgabe seiner Leipziger Professur seit 1772 als Privatgelehrter in Breslau. In seinem Aufklärungszirkel trafen sich Mitglieder aller Konfessionen. In seinen Schriften widmete er sich auch sozialen Problemen.

Der jüdische Philosoph Salomon Maimon (1753–1800) studierte in Breslau Medizin. Seine Lebenserinnerungen vermitteln ein anschauliches Bild von der Breslauer Aufklärungsgesellschaft.

der Obstkulturen. Angeregt wurde auch die Fruchtwechsel-Wirtschaft, die durch ständigen Wechsel der anzubauenden Früchte den Boden schonen sollte. Propagiert wurde sie durch die seit den 1770er Jahren in Schlesien entstehenden ökonomischen Sozietäten, Gesellschaften, die Entwicklungsvorschläge für Industrie und Landwirtschaft machten.

Die Diskussion um den Status der Juden

Vor allem für die Juden verbesserte sich die Situation durch die Ideen der Aufklärung und ihr Hineinwirken in den politischen Bereich. Bemühungen um eine Anpassung an die bürgerliche Kultur, ebenso aber auch deren strikte Ablehnung waren in der Breslauer Judenschaft vorhanden, was sich durch ihre Zusammensetzung aus unterschiedlichen Gruppen erklärt. Durch den ständigen Kontakt zu polnischen Gemeinden war das beharrende traditionelle Element sehr groß; durch die engen, auch verwandtschaftlichen Beziehungen zu Berliner Vertretern der Haskala, der jüdischen Aufklärung, hatte aber auch die Aufklärung starken Einfluss. Ein Kreis junger gebildeter Männer schloss sich 1780 in der „Gesellschaft der Brüder“ zusammen. Sie wollten Bildung und Aufklärung in der Gemeinde verbreiten.

Diesen Bestrebungen widersetzte sich jedoch der Landrabbiner Joseph Jonas Fränckel, der von 1745 bis 1793 amtierte. Er verstand Gelehrsamkeit ausschließlich als Talmudgelehrsamkeit. Breslau war neben Berlin eine der ersten Gemeinden in Deutschland, in denen der Konflikt zwischen Tradition und Moderne auftrat und bis hinein in die einzelnen Familien wirkte und ausgetragen wurde; auch in der Familie des Rabbiners Fränckel. Obwohl sein Schwiegersohn Rabbi Saul traditionell im Talmudstudium ausgebildet worden war, schloss er sich den Maskilim an, den Anhängern der jüdischen Aufklärung.

1793 entstand in Breslau ein weiterer jüdischer Aufklärungszirkel, die „Zweite Brudergesellschaft“, die sich stärker für Bildungsbelange einsetzte. In Zusammenarbeit mit den Breslauer Aufklärern Friedrich Albert Zimmermann und Johann Gottlieb Schummel hatte sie 1791, unterstützt von der preußischen Regierung, in Breslau die „Königliche Wilhelmsschule für die Jüdische Jugend“ gegründet, die 120 Schüler besuchten und die von einem Schul-Collegium aus zwei christlichen und drei jüdischen Mitgliedern geleitet wurde. Das Schulprogramm, das auch Sprachen und Naturwissenschaften umfasste, verzichtete zunächst auf den Talmud-Unterricht, da die beiden dafür vorgesehenen Lehrer nicht die Zustimmung des Landrabbiners Joseph Jonas Fränckel erhalten hatten.

Im Kern ging es bei dieser Auseinandersetzung zwischen Landrabbiner und Regierung aber um das Recht der Eigenständigkeit der jüdischen Gemeinde im vormodernen Staat. Eine aufgeklärte Beamtenschaft wollte diese Selbstständigkeit zugunsten von Reformen einschränken und wurde darin von den Anhängern der jüdischen Aufklärung, den Maskilim, unterstützt.

Während die Aufklärungselite in Berlin schon in den 1770er Jahren mit jüdischen Persönlichkeiten in Kontakt trat, war dies für die jüdischen Aufklärer in Breslau nicht so einfach gegeben, weil sich das Bürgertum, auch das aufgeklärte, einem solchen Kontakt widersetzte. Sobald ein Kontakt zustande kam wie zwischen Ephraim Kuh (1731–1790), dem ersten neuzeitlichen jüdischen Dichter, der in deutscher Sprache schrieb, und seinen Breslauer Freunden, erwarteten diese den Übertritt zum Christentum. Offener war in dieser Hinsicht Christian Garve, der zu Kuh wie auch zu dem jüdischen Philosophen Salomon Maimon (1753–1800) Kontakt pflegte, der von den Berliner Maskilim zum Medizinstudium nach Breslau geschickt worden war. Aus Maimons Lebenserinnerungen lassen sich in etwa die Szene der Breslauer Aufklärer und die Beziehungen zwischen jüdischen und christlichen Aufklärern rekonstruieren.

Zu dem Kreis jüdischer und christlicher Aufklärer, der sich um Garve gebildet hatte, gehörte auch Esther Gad, die circa 1767 in Breslau geboren wurde und dort bis 1799 lebte, bevor sie nach Berlin und anschließend nach England ging. In der Haller Aufklärungszeitschrift „Der Kosmopolit" und dem „Berlinischen Archiv der Zeit und ihres Geschmacks" setzte sie sich für die Emanzipation der Frau und das aufklärerische Bildungsstreben ein. Doch bleiben die christlich-jüdischen Kontakte in der neuen bürgerlichen Aufklärungselite für Breslau eher schemenhaft.

Die angeblich aufgeklärte schlesische Judenordnung vom 21. Mai 1790, die nach dem Tod Friedrichs II. die Einschränkungen der Juden beseitigen sollte, brachte jedoch mehr Verschlechterungen als Verbesserungen. Letztlich waren es auch hier nur fiskalische Gründe, die die Neuordnung bestimmten. Es blieb bei einer Drei-Klassen-Einteilung: nämlich in die erste Gruppe der sogenannten General-Privilegierten, die ihr Wohn- und Handelsrecht auf ihre Nachkommen vererben konnten und den christlichen Kaufleuten nahezu gleichgestellt waren. Als zweite Klasse galten die auf 160 Personen reduzierten „Stamm-Nummeranten", die fast ausschließlich auf den Handel mit Fabrik- und Galanterieprodukten sowie auf den Geldhandel beschränkt blieben, wofür sie der christlichen Kaufmannschaft jährlich 500 Reichstaler zu zahlen hatten. Sein Recht durfte der Stamm-Nummerant nur auf ein Kind vererben. Der Name des erbenden Kindes musste bei der Regierung eingetragen werden. Die dritte Klasse bildeten die Breslauer „Schutzgenossen", die ein lebenslängliches Wohnrecht hatten, das jedoch nicht vererbbar war. Wie die Stamm-Nummeranten durften auch die Schutz-Verwandten Handel mit Fabrik- und Galanteriewaren treiben.

Geblieben waren nach der Neuordnung auch die hohen Abgaben, die von Juden an den Staat beziehungsweise an die Stadt zu entrichten waren. Für ihre sozialen Einrichtungen, die Kranken- und Armen-Verpflegungs-Anstalt musste die Gemeinde zusätzlich etwa 6000 Reichstaler aufbringen, während die Kosten für die Friedrich-Wilhelm-Schule von den Zinsen des Stiftungskapitels, dem Schulgeld, aber auch einem Gemeindezuschuss getragen wurden. Auch wenn nun die freie Berufswahl ermöglicht wurde, blieben in der Judenordnung von 1790 doch viele der alten Beschränkungen bestehen. Zudem waren dem Staat nun noch mehr Möglichkeiten gegeben, in die inneren Belange der Gemeinde einzugreifen

Literatur und Kunst

Obgleich auch einige Literaten wie der schon genannte Johann Gottlieb Schummel, ferner Johann Caspar Friedrich Manso (1759 oder 1760–1826) und Georg Gustav Fülleborn (1769–1803), die durchaus überregionale Bedeutung besaßen, der Breslauer Aufklärungsgesellschaft angehörten, ist es eher das politisch-wirtschaftliche Feld, das die Aufklärung in Schlesien kennzeichnet. Doch versuchten die zeitgenössischen Aufklärer, insbesondere Schummel, auch über ihre Romane Aufklärung unters Volk zu bringen.

Schummels politische Einstellung war nicht ganz widerspruchsfrei. In seinem Roman „Spitzbart" (1779) übte er satirische Kritik an dem Reformpädagogen Johann Bernhard Basedow (1724–1790).[53] In seinem Roman „Die Revolution in Schöppenstedt" (1794), in dem er seine Erfahrungen aus dem Breslauer Gesellenaufstand von 1793 verarbeitete, kritisierte er den „eitlen Götzen der Volkssouveränität".[54] Kurz vor Ausbruch des Gesellenaufstandes hatte er einen Anschlag an seiner Seminartür gefunden, in dem es hieß: „Ihr Bürger, schlagt nur los, wir Soldaten wollen Euch helfen!"[55] Dieses Dokument hatte er sofort diensteifrig der Obrigkeit übermittelt. In Napoleon sah er allerdings seinen Helden und propagierte dessen „Weltreich", was ihn das Rektorat am Elisabeth-Gymnasium kostete.

Radikaler in ihrer Befürwortung der Französischen Revolution waren die beiden schlesischen Autoren Gustav von Schlabrendorf (1750–1824) und Konrad Engelbert Oelsner

Mit dem Breslauer Hatzfeldt-Palais (ab 1765) gelang es dem schlesischen Architekten und späteren Erbauer des Brandenburger Tors in Berlin, Carl Gotthard Langhans, eine weitgehende Selbstständigkeit der Kunst dieser Provinz gegenüber Berlin zu behaupten. Das Palais ist einer der ersten und wichtigsten Bauten des Neoklassizismus in Deutschland. Das im Zweiten Weltkrieg beschädigte Gebäude wurde nach 1945 zum Teil abgerissen, die Reste 1968 umgebaut. Die Lithografie von W. Lœillot zeigt das Palais in seinem Zustand um 1850.

Die von Reichsgraf Peter von Biron gestiftete evangelische Pfarrkirche St. Johannes und Petrus in der Standesherrschaft Groß Wartenberg wurde von 1785 bis 1789 von Carl Gotthard Langhans errichtet. Sie gilt als eine der architektonisch bedeutendsten evangelischen Kirchen Schlesiens. Der Innenraum des außen rechteckigen Kuppelbaus bildet ein Oval, umgeben von zweigeschossigen hölzernen Emporen. Der Kanzelaltar versinnbildlicht die beiden wesentlichen Elemente evangelischer Lehre: Verkündigung und Sakrament.

(1764–1828), die die Revolution in Paris vor Ort miterlebten und darüber – Oelsner in seinem „Luzifer" und Schlabrendorf in seinem „Anti-Napoleon" – anschaulich berichteten. Die Güter von Schlabrendorfs, dem Sohn des ehemaligen Provinzialministers, wurden deshalb durch die preußische Justiz zeitweilig beschlagnahmt, und Oelsner wurde, als er 1798 seine Mutter in Goldberg besuchen wollte, auf Befehl v. Hoyms verhaftet. Andere schlesische Dichter der ausgehenden friderizianischen Epoche wie Johann Timotheus Hermes (1738–1821) versuchten sich im empfindsamen Stil. Sein Briefroman „Sophies Reise von Memel nach Sachsen" (1769 ff.) wurde über Schlesien hinaus zu einem Erfolgsroman. Als „Romanprediger", wie ihn Jean Paul nannte, versuchte er, gegen „den Geist der Wildheit"[56] anzuschreiben. Schlesiens große Kunstperiode war vorbei. Was der Barockdichtung folgte, war nicht mehr so überragend.

Anders in der Architektur, wo Carl Gotthard Langhans (1733–1808) mit dem Hatzfeldt-Palais in Breslau (ab 1765) „trotz der stilistischen Inkonsequenz [...] eins der ersten und wichtigsten Beispiele für den frühen Neoklassizismus in Deutschland" schuf.[57] Mit seinen evangelischen Kirchen in den schlesischen Städten Groß Wartenberg (ab 1785), Waldenburg (ab 1785) und Reichenbach (ab 1795) sowie seinen Palastbauten behauptete Langhans eine „weitgehende Selbständigkeit dieser Provinz im Rahmen des preußischen Staates, die auf die im Laufe der Jahrhunderte herausgebildete besondere soziale und konfessionelle Situation Schlesiens zurückzuführen ist".[58] Was im 17. Jahrhundert politisch unterdrückt wurde, die uneingeschränkte architektonische Gestaltung der protestantischen Konfessionskultur, fand in Langhans' Kirchenbau einen späten Höhepunkt. Seine in Schlesien ausgereifte Stilistik hat er in seiner Berliner Zeit mit dem Entwurf des Brandenburger Tors weitergeführt. Breslau, das von den Zeitgenossen als „gotisch", sprich nicht zeitgemäß empfunden wurde, hat durch Langhans' Bauten durchaus eine Veränderung erfahren. Sein Sohn Carl Ferdinand Langhans (1781–1869) sollte mit dem Bau unter anderem der Elftausend-Jungfrauen-Kirche, des Stadttheaters, der Börse und der Storchensynagoge in der ersten Hälfte des 19. Jahrhunderts diese Veränderung in Breslau fortsetzen.

Nach den großen Gemälden von Johann Michael Rottmayr und Anton Scheffler in den ersten Jahrzehnten des 18. Jahrhunderts erlosch die barocke Bildkunst in Schlesien. Die Verbindung nach Wien riss ab. Das friderizianische Rokoko bot keine Fortsetzung. Es hat in Schlesien kaum Spuren hinterlassen. In der Kleinkunst ist jedoch ein Künstler hervorzuheben, dessen zahlreiche Stadtansichten Schlesiens nicht nur dem Zeitgeschmack entsprachen, sondern uns heute wichtige historische Quellen bieten. Es handelt sich um Friedrich Bernhard Werner (1690–1776), der zunächst in Diensten des Breslauer Bischofs Sinzendorf stand, dann aber in preußischer Zeit als Königlicher Scenograph, was Landkartenzeichner bedeutete, tätig war. In dieser Zeit, den Jahren 1739–1758, schuf er außer 1592 Ansichten aus 786 Orten in Deutschland wie im Ausland eine Topografie von Schlesien mit 1470 Ansichten von 743 Orten. Er vermittelt darin vor allem die städtebaulichen Veränderungen in der Übergangszeit von Habsburg an Preußen.

In der Tradition der Kartenstecher Braun und Hogenberg (1587) und Georg Hayer (1591) verfertigte Friedrich Bernhard Werner um 1741 diese präzise Stadtansicht von Breslau. Deutlich sind die barocke Umgestaltung der geistlichen Stifte und der Bau der Universität im Norden der Stadt zu erkennen.

Schlesiens lange Krise 1790–1850

Das Ende der Sonderstellung Schlesiens

In den 1790er Jahren galt Schlesien immer noch als wirtschaftlich wichtigste Provinz Preußens. Doch es zeigten sich deutliche Anzeichen der Krise, die dann in der ersten Hälfte des 19. Jahrhunderts die Provinz erschüttern sollte. Die schlesische Leinenindustrie verlor an Bedeutung, da sich der Käufergeschmack immer mehr zu leichteren und vor allem billigeren Baumwollprodukten hin orientierte, die die englisch-irische Konkurrenz als Maschinenware lieferte. Die Nachfrage nach Leinen und auch nach Wolle ging zurück. Frankreichs Versuche, ab 1806 verstärkt durch Napoleons Kontinentalsperre, englische Handelsprodukte vom europäischen Markt zu verdrängen, brachten zwar für den inländischen Absatz einen Aufschwung, doch waren damit die überseeischen Märkte für die schlesische Leinenindustrie verloren. Besser erging es der oberschlesischen Schwerindustrie. Sie bildete das Zentrum der preußischen Kriegsindustrie, vor allem nach dem Verlust der preußischen Landesteile westlich der Elbe infolge der Niederlage im Krieg gegen Napoleon und des Friedens von Tilsit 1806/07.

Allen aufgeklärten Reformprojekten zum Trotz sträubte sich der schlesische Adel, erste Ansätze einer Aufteilung der Rittergüter in leistungsfähige bäuerliche Wirtschaften weiterzuführen. Die 48 Landräte, die alle aus dem Adel kamen, lieferten 1799 in ihren Gutachten zu der Frage, wie alte Frondienste durch Kapital- oder Rentenzinsen abzulösen seien, völlig unbrauchbare Vorschläge. Lediglich der Glatzer Landrat v. Reibnitz empfahl den Verkauf der Rittergüter als beste Lösung der Agrarfrage.

Alle Anregungen zu Verbesserungen der Situation der bäuerlichen Untertanen, auf die der 1797 an die Regierung gekommene König Friedrich Wilhelm III. drängte, blieben in Schlesien weitgehend unberücksichtigt. Dies gilt für die 1799 erschienene „Verordnung wegen der den Unterthanen im Herzogtum Schlesien und der Grafschaft Glatz zu verschaffenden Erleichterungen" wie auch für die Anweisung des Großkanzlers v. Goldbeck aus dem Jahr 1803 über größere Freizügigkeit und stufenweisen Abbau der Erbuntertänigkeit, also der persönlichen Untergebenheit des Bauern unter den Gutsherrn. Das schlesische Provinzialgesetzbuch, in das diese Bestimmungen aufgenommen werden sollten, wusste der schlesische Adel zu verhindern.

Die Unruhen, die unter der dörflichen Bevölkerung angesichts dieser Uneinsichtigkeit des Adels ausbrachen, wurden nach dem Tod Friedrichs II. vom Militär niedergeworfen. So belagerten 1787 die Untertanen des Grafen Althann dessen Schloss in Mittelwalde in der Grafschaft Glatz, um seinen Verzicht auf die Fronden, wie man die Dienste

Infolge eines Protests um Entlassungsmodalitäten ließ der Breslauer Magistrat 1793 rund 250 Schneidergesellen im Stockhaus inhaftieren. Die übrigen Gesellen der Stadt solidarisierten sich mit den Schneidergesellen. Bei ihren Protestzügen kam es zur Erstürmung eines Bordells, das von Offizieren frequentiert wurde. Das Eingreifen des Militärs kostete 53 Personen das Leben. Die Brutalität der Soldaten, die mit einer Kanone in die Menge feuerten, ist ein Zeichen für die Schwäche der preußischen Herrschaft zur Zeit der Französischen Revolution.

nannte, zu erzwingen. Der Graf forderte Militär an, das ihn befreite. Friedrichs Nachfolger König Friedrich Wilhelm II. befahl, die Aufständischen mit Spießrutenlaufen zu bestrafen, obgleich diese Strafmaßnahme nur beim Militär angewendet werden durfte. Zur Abschreckung musste die Aktion in ganz Schlesien bekannt gemacht werden. Der Großkanzler v. Goldbeck hielt sie für eine „zweckmäßig[e Strafe] gegen Bauern und andere ganz gemeine Leute", damit die Bestraften „sogleich" zu ihrer „gewöhnlichen Berufs-Arbeit zurückkehren" könnten.[59] Dergleichen Bestrafungsaktionen wiederholten sich deshalb öfter in Schlesien.

Nicht allein auf dem Land, auch in den Städten zeigte sich in Unruhen und Aufständen die Krise des alten Systems. Allerdings reagierte Provinzialminister v. Hoym in den Städten und auf dem Land mit unterschiedlichen Taktiken. Ein Gesellenaufstand in Breslau, der im Mai 1793 durch einen unbedeutenden Anlass entstanden war, brachte die Regierung in große Schwierigkeiten, da das preußische Militär, das sonst in Breslau lag, im Revolutionskrieg gegen die französische Armee an der Westfront eingesetzt war. Die in Breslau verbliebenen Truppen gingen brutal gegen die Aufständischen vor und töteten im Straßenkampf 53 Menschen. Kurz zuvor, im März 1793, hatte es im Hirschberger Land einen Weberaufstand wegen der zu hohen Garnpreise gegeben. In Breslau richtete sich der Aufstand gegen den Polizeidirektor Werner, einen Günstling des Königs Friedrich Wilhelm II., dem Bereicherung im Amt vorgeworfen wurde. Gegen diese Korruption protestierten sogar höhere Beamte.

Provinzialminister v. Hoym versuchte durch mehrere Maßnahmen, der brenzligen Situation Herr zu werden. Gegenüber den Gesellen in Breslau reagierte der König in seinem Schreiben vom 9. Mai 1793 mit Androhung einer exemplarischen Bestrafung für die Rädelsführer. Hinter dem Aufstand vermutete er polnische und französische Emissäre und legte v. Hoym ans Herz, den im Dunkeln schleichenden Aufwieglern und Freiheitspredigern auf die Spur zu kommen. Gleichzeitig kündigte er eine Untersuchung gegen Polizeidirektor Werner an. Trotz der scharfen Ankündigung des Königs kam es dann doch nicht zur Bestrafung der „Rädelsführer". Die im Juni zusammentretende Untersuchungskommission konnte keinerlei Einfluss französischer Emissäre feststellen, sondern machte aktenkundig, dass sich die Gesellen staatsloyal verhalten hatten und ihre Hochrufe auf den König und den Minister alles andere als revolutionären Geist verrieten. Es gelang den Gesellen – und das lag auch im Interesse der Obrigkeit –, die Schuld an den eigentlichen Vergehen auf den „Pöbel", also die Unterschichten, abzuwälzen. Da die Untersuchungskommission keine „Aufhetzer" ermitteln konnte, gingen alle Gesellen straffrei aus, obgleich sie sich einiger Gesetzesverletzungen schuldig gemacht hatten.

Die französische Armee und ihre deutschen Verbündeten unter Napoleons Bruder Jérôme eroberten nach der Niederlage von Jena und Auerstedt 1806/07 Schlesien. Die Festungen Glatz, Silberberg und Cosel behaupteten sich bis zum Frieden von Tilsit (Juli 1807) gegen die vorwiegend bayerischen Belagerer. Die Festung Brieg aber kapitulierte am 16. Januar 1807. Der bayerische Maler Wilhelm von Kobell hielt in vier Schlachtenbildern die Belagerungsszenen – wie hier vor Cosel – fest. Das Bild befindet sich in der Neuen Pinakothek in München.

Dieser Ausgang passt zu der recht willkürlichen Bestrafungsstrategie der Regierung Friedrich Wilhelms II.

Preußens Führung war offensichtlich nicht in der Lage, die Krisenzeichen richtig zu deuten und sie mit Reformen zu beantworten. Hoym schaffte es, beim Thronwechsel 1797 sein Amt und seine Stellung als schlesischer Provinzialminister zu behaupten. Es gab jedoch auch im schlesischen Adel vereinzelte Stimmen für eine Reform, wie die Denkschrift des Grafen Johann Wenzel v. Haugwitz von 1805 verdeutlicht, der für eine Dorfpolizeiordnung eintrat, um Gemeindeverwaltung und Gutsordnung voneinander zu trennen. Es musste jedoch erst zur Katastrophe kommen, damit sich etwas bewegte. Sie trat nach einer zehnjährigen Kriegspause für Preußen 1805 mit einem neuen Krieg gegen Frankreich ein. Die französische Armee eroberte 1806 Schlesien. Provinzialminister v. Hoym floh und wurde am 22. Dezember 1806 vom Dienst suspendiert, sein Amt wurde abgeschafft. Damit endete Schlesiens 50-jährige Sonderstellung in der preußischen Monarchie.

Reformansätze

Nach dem Frieden von Tilsit im Juli 1807 wurden in Schlesien zwei Regierungsbezirke, Breslau und Liegnitz, eingerichtet. Breslau war von nun an auch für Oberschlesien zuständig. Die an Reformen in Schlesien interessierten Kreise sammelten sich um den später geadelten Breslauer Bürgersohn und Vizepräsidenten Friedrich Theodor von Merckel, der mit den nun in Breslau zum Zuge kommenden Reformkräften zusammenarbeitete. Doch der größte Teil des schlesischen Adels war bemüht, die neuen Reformgesetze der preußischen Staatsmänner Freiherr vom Stein und Freiherr v. Hardenberg zu verhindern.

Das preußische Oktoberedikt von 1807, „den erleichterten Besitz und den freien Gebrauch des Grundeigentums sowie die persönlichen Verhältnisse der Landbewohner betreffend“, hob zwar die Erbuntertänigkeit auf. Der schlesische Adel versuchte jedoch, unter Berufung auf eben dieses Edikt, seine Grundstücke auf Kosten bäuerlichen Besitzes zu erweitern. Trotz scharfer Kritik von Seiten des Innenministers Graf v. Dohna gelang ihm das auch. Der Anteil des gutsherrlichen Landes an der landwirtschaftlichen Nutzfläche stieg in der Folgezeit von 35 auf 50 Prozent.

Das Oktoberedikt hatte zwar der bäuerlichen Bevölkerung die Freizügigkeit gebracht, doch blieben die Abgaben und Dienstverpflichtungen erhalten. Deren Abschaffung sollte 1811 geregelt werden, was zwischenzeitlich zu erneuten Unruhen auf dem Lande führte, die wiederum durch Militär niedergeschlagen wurden. Die Gutsherren behielten ihre Macht, da Guts- und Dorfverwaltung sowie die Gerichtsbarkeit weitgehend in ihrer Hand blieben. Die Gutsgerichte machten in Schlesien 61 Prozent der ländlichen Gerichtsbarkeit aus. Darin war Schlesien führend in ganz Deutschland. Sonst übten staatliche Gerichte diese Funktion aus. Zudem blieben auf dem Land bis ins 20. Jahrhundert hinein die gutsherrlichen Kirchenpatronate – das heißt die Bestimmung des Ortspfarrers – erhalten. Damit schuf sich der Adel bei der Auseinandersetzung mit seinen Gutsuntertanen treue Parteigänger im Klerus. Das sollte in der Revolution von 1848/49 offenkundig werden.

Die Entwicklung zu einer Zivilgesellschaft, wie sie die Stein-Hardenberg'schen Reformen anstrebten, gestaltete sich in Schlesien schwierig, da auch die Bewohner der Städte sich den Reformen entgegenstellten. 1817 lebten von den 3,1 Millionen Einwohnern Schlesiens ungefähr 20 Prozent in 130 Städten. Eigentlicher Stadtcharakter kam allerdings nur Breslau (61 000 Einwohner) und den Städten mit wenigstens 3500 Einwohnern zu. 113 Städte aber konnten nicht einmal diese Einwohnerzahl aufweisen. Von ihnen standen über die Hälfte als sogenannte Mediatstädte unter gutsherrlicher Verwaltung und Gerichtsbarkeit.

Zwar wurde die durch die preußischen Reformen eingeführte freie Ratswahl in den

Städten begeistert angenommen, doch stieß die durch die Reformen eingeführte Gewerbefreiheit auf erheblichen Widerstand. Das ehemalige Zunftbürgertum fürchtete um seine „Gerechtigkeiten“, also die Privilegien, die mit jedem Zunftbetrieb verbunden waren und, mit hohen Summen erkauft, gleichsam als Kapitalanlage dienten. Allein in Breslau betrug ihr Wert insgesamt etwa 1,2 Millionen Reichstaler, die pro Jahr einen Zinsertrag von 52 500 Reichstalern erbrachten. Ein Entschädigungsgesetz kam erst 1845 zustande. Auch der Adel bekämpfte die Gewerbefreiheit wegen des damit verbundenen Verlustes der Brauerei- und Brennereiprivilegien. Begrüßt wurde die Gewerbefreiheit dagegen in den Gebirgsstädten, wo die Manufakturbetriebe und der Handel mit dem Ausland vorherrschend waren.

Schwierigkeiten bereitete auch ein weiteres Reformwerk, das für die Entwicklung Schlesiens im 19. und 20. Jahrhundert von großer Wichtigkeit sein sollte: das Judenemanzipationsgesetz von 1812, das den Juden im preußischen Reststaat zwar nicht die volle rechtliche Gleichstellung brachte, ihnen aber doch Mobilität und wirtschaftliche Entfaltung garantierte. Zahlreiche Städte weigerten sich zunächst, Juden aufzunehmen, konnten sich der Entwicklung nach den napoleonischen Kriegen aber nicht länger widersetzen. Die Juden nutzten die damit verbundene Chance und zogen in die ihnen bisher verbotenen Städte. Der Widerstand gegen ihre Aufnahme erklärt sich wohl auch dadurch, dass fast die Hälfte der jüdischen Einwohner als arm galt.

1817 zählte Schlesien 16 476 Juden. Das waren 0,83 Prozent der Gesamtbevölkerung. Bis 1858 stieg die Zahl auf 38 842 jüdische Einwohner. Drei Viertel der Juden lebten 1817 in den Städten, ein Viertel auf dem Land, ein Verhältnis, das bis 1858 konstant blieb. Es gab auch in Schlesien jüdische Stimmen, die gemäß den Vorschlägen in der epochalen Schrift des Aufklärers Christian Wilhelm Dohm „Über die bürgerliche Verbesserung der Juden“ (1781) für eine Anpassung der Juden an die allgemeine Berufsstruktur eintraten. Doch obwohl in der Folgezeit zahlreiche schlesische Juden auf dem Land einen Handwerksberuf ergriffen, blieben die meisten in ihren traditionellen Berufen. Auf dem Land, vor allem in Oberschlesien, spielte die Tätigkeit als Brenner- oder Schankwirt eine wichtige Rolle. In den Städten, in denen es bis in die napoleonische Zeit hinein keine Juden gab, entstanden zu Beginn des 19. Jahrhunderts zahlreiche jüdische Gemeinden, deren Synagogen sich in das Stadtbild einpassten.

Ein weiteres Reformgesetz, das im Oktober 1810 verkündete Säkularisationsgesetz, das die Verstaatlichung des Kirchenbesitzes zum Inhalt hatte, veränderte mit der Einziehung von über 70 Klöstern und Stiften und den dazugehörenden 916 Stiftsdörfern erheblich die Wirtschaftsstruktur Schlesiens. Allerdings blieb die durch den Verkauf der

Der Breslauer Kaufmannssohn Friedrich Theodor von Merckel (1775–1846) konzipierte als Vizepräsident der Regierung in Breslau ab 1809 die Verwaltungsreform Schlesiens. Von 1825 bis 1845 war er Oberpräsident der Provinz Schlesien. 1825 wurde er geadelt.

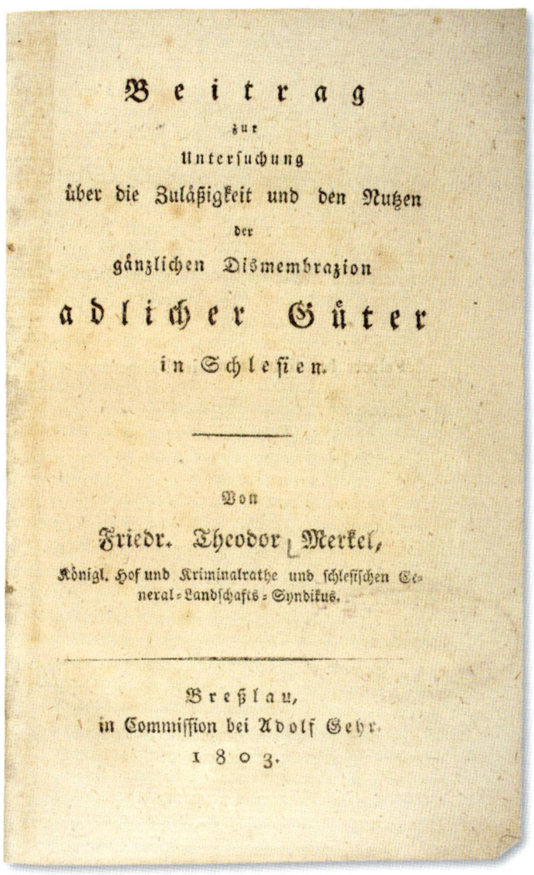

Beitrag
zur
Untersuchung
über die Zuläßigkeit und den Nutzen
der
gänzlichen Dismembrazion
adlicher Güter
in Schlesien.

Von
Friedr. Theodor Merkel,
Königl. Hof und Kriminalrathe und schlesischen General-Landschafts-Syndikus.

Breßlau,
in Commission bei Adolf Gehr.
1803.

Zu Friedrich Theodor von Merckels frühesten Reformschriften zählt sein Beitrag von 1803 über die Auflösung der adligen Güter, in dem er sich für die Schaffung eines größeren bäuerlichen Besitzes einsetzt. Die ungleiche Landverteilung blieb eines der wichtigsten sozialen Probleme Schlesiens, das von Merckel auch während seiner Zeit als Oberpräsident nicht lösen konnte.

Das Schloss der Breslauer Bischöfe in Ottmachau wurde 1810 säkularisiert und kam damit in Staatsbesitz. Zahlreiche Diplomaten bemühten sich um die großzügige Schlossanlage als Dotation. Schließlich erhielt sie 1820 Wilhelm v. Humboldt (1767–1835), der sich um die Schul- und Universitätsreform in Preußen bleibende Verdienste erworben hat.

Das ehemalige Zisterzienserkloster Kamenz kam nach der Säkularisation von 1810 im Jahr 1812 mit der Stiftsherrschaft an die preußische Prinzessin Friederike Louise, die spätere Königin der Niederlande. 1817 brannten Kirche und Kloster ab. Während die Kirche wiederhergestellt wurde, riss man bis auf den Prälatenflügel die Klostergebäude ab. Als Residenz ließen sich Prinzessin Marianne der Niederlande und ihr Gemahl Prinz Albrecht von Preußen nach Plänen von Karl Friedrich Schinkel auf dem Hertaberg das hier abgebildete neugotische Schloss errichten.

Güter erzielte Summe von über 13 Millionen Reichstalern hinter den erwarteten 16 Millionen zurück. Wie überall im Reich wurden auch in Schlesien durch die Säkularisation zahlreiche Kulturgüter, zum Beispiel Gemälde, Figuren und alte Bücher, verschleudert oder ganz vernichtet.

Bedacht wurden mit säkularisierten Gütern, Schlössern und Klöstern auch die königliche Familie sowie verdiente Heerführer und Diplomaten. So erhielt Prinzessin Friederike Louise, die spätere Königin der Niederlande, das Stift Kamenz, das nach einem Brand durch Karl Friedrich Schinkel zu einem repräsentativen neugotischen Schloss umgestaltet wurde. General Blücher wurden für seine Verdienste im Krieg gegen Napoleon diverse Klostergüter und der Titel eines Fürsten von Wahlstatt zugesprochen. Wilhelm v. Humboldt, der die Reform auf dem Bildungsektor herbeigeführt hatte, erhielt 1820 das ehemals bischöfliche Schloss und Gut Ottmachau.

Neugründung der Universität Breslau

Ein Teil der aus dem Güterverkauf herrührenden Summen kam in Schlesien einem Projekt zugute, das zu den erfolgreichen Reformvorhaben des Landes zu zählen ist: die 1811 neu gegründete Landesuniversität. Die entsprechende Eingabe des Geheimen Staatsrates im Kultus-Departement Johann Wilhelm Süvern vom 12. Februar 1811 an den König brachte für die Breslauer Universität eine neue, entscheidende Perspektive. Mit seinen zahlreichen Klöstern besaß Breslau für die Erweiterung beziehungsweise Neugründung einer Universität wichtige Voraussetzungen. Die protestantische Seite, das heißt Stadt- und Provinzialregierung, verfügte über Institute und geeignete Persönlichkeiten, die katholische Seite brachte den Fundus der säkularisierten Güter, Gelände und Bibliotheken ein.

Da der Chef der preußischen Unterrichtsverwaltung, Wilhelm v. Humboldt, intensiv den Plan einer Universitätsgründung in Berlin verfolgte, ist Süvern der eigentliche Initiator der Breslauer Neugründung. Er glaubte, damit einen „lange gehegte[n] und oft geäußerte[n] Wunsch“[60] der Schlesier zu erfüllen, was erheblich zu deren Patriotismus beitragen würde. König Friedrich Wilhelm III., der sich auf einer Reise durch Schlesien über den traurigen Zustand dieser Provinz informieren konnte, mag wohl deshalb noch im Februar 1811 Süverns Vorschlag gefolgt sein. Er ging allerdings auf Kosten der alten, 1506 gegründeten Universität Viadrina (der lateinische Flussname der Oder) in Frankfurt an der Oder, die nach Breslau verlegt und mit der neuen Universität vereinigt werden sollte.

Die königliche Kabinettsorder vom 24. April 1811, die die Vereinigung der Frankfurter und der Breslauer Universität verfügte, hob noch einmal die Bedeutung der Säkularisation für die Neugründung einer preußischen Universität in Breslau hervor. Durch sie ständen Bibliotheken, Kunstschätze und zweckmäßigere Räume zur Verfügung. Von den materiellen Vorteilen abgesehen, spielte auch eine Rolle – wie Süvern in seiner Eingabe vom 12. Februar 1811 betonte –, dass „die Verbesserung der katholischen Universität [...] als eine wohltätige Folge der Säkularisation für den katholischen Kultus angesehen werde“.[61] Eventuellen Klagen der Katholiken über die Säkularisation katholischer Klöster wurde damit der Grund entzogen.

Nach nur viermonatiger Vorbereitung wurde die Universität am 19. Oktober 1811 eröffnet. Die Frankfurter Bibliotheken und Universitätsgüter waren bereits Ende Juli per Schiff auf der Oder nach Breslau verfrachtet worden. Die alte brandenburgische Landesuniversität sollte damit nicht aufgehoben sein, sondern als „Universitas litterarum Viadrina Vratislaviensis“ zunächst auch im Namen der neuen Breslauer Universität fortleben. Doch bereits 1816 bestimmten die endgültigen Statuten als Namen „Universitas litterarum Vratislaviensis“, den die Universität dann hundert Jahre später, 1911, in „Friedrich-Wilhelms-Universität zu Breslau“ abändern durfte.

Die Eröffnungszeremonie sollte bewusst den neuen interkonfessionellen Charakter der Universität Breslau hervorheben. Statt eines Gottesdienstes wurde in der Universitätskirche unter Leitung des Domkapellmeisters Joseph Ignatz Schnabel nur das Te Deum von Johann Adolf Hasse gesungen. Die eigentliche Feier fand in der Aula Leopoldina statt, bei der auch symbolisch die Vereinigung der beiden Universitäten vollzogen wurde: Die Insignien der Viadrina und Leopoldina wurden auf einem großen Katheder zusammengelegt, darunter die beiden silbernen Zepter, die König Gustav Adolf der Universität Frankfurt/Oder geschenkt hatte.

Neu an einer deutschen Universität war bei der Etablierung von nun fünf Fakultäten die Einrichtung zweier gleichberechtigter theologischer Fakultäten, eine für jede der beiden führenden Konfessionen in Schlesien. Erst durch die Neugründung der Breslauer Universität fanden die bis dahin noch sehr stark konfessionell geprägten unterschiedlichen Kulturen Breslaus zusammen. Eine säkularisierte bürgerliche Bildungsschicht entstand. Von allen Reformen, die in dieser preußischen Reformära des beginnenden 19. Jahrhunderts initiiert wurden, war die Neugründung der Breslauer Universität mit ihrem neuen Bildungskonzept wohl die erfolgreichste für Schlesien.

Im Hinblick auf die Kulturgeschichte Schlesiens kommt dem 1734/35 errichteten Josephskonvikt der Jesuiten, das 1765 von den preußischen Behörden übernommen und 1811 in ein Kollegiengebäude der neu gegründeten Breslauer Universität umgewandelt wurde, große Bedeutung zu. Es spielt in den Biografien von Gotthold Ephraim Lessing, Joseph von Eichendorff, Henrik Steffens und später in denen von Edith Stein, Günther Anders und William Stern eine wichtige Rolle.

Schlesiens neue Position in Preußen

Schlesien war von den napoleonischen Kriegen weitgehend verschont geblieben, doch lagen hohe Kontributionslasten auf dem Land. 70 000 bis 80 000 Reichstaler kostete die tägliche Verpflegung der Besatzung. Bei Napoleons Russland-Feldzug 1812 war Schlesien zwar Durchzugsgebiet, blieb aber bis auf Glogau nach Zahlung der Kontribution vor französischer Besatzung verschont, sodass sich hier der Widerstand gegen Napoleon formieren konnte.

Im Januar 1813 verlegte der preußische König seinen Regierungssitz nach Breslau, da es in Schlesien, von Glogau abgesehen, keine französische Besatzung gab. Mit Zar Alexander I. schloss er am 15. März 1813 einen Bündnisvertrag. Zwei Tage später erließ er in Breslau den Aufruf „An mein Volk". Eine nationale Begeisterung ergriff die Bevölkerung. Vor allem die akademische Jugend wurde durch die mitreißenden Reden des an der Breslauer Universität lehrenden Professors und Dichters Henrik Steffens (1773–1845) gewonnen. Doch verlief der antifranzösische Feldzug in Schlesien mit großen Hindernissen. Erst der Sieg General Blüchers an der Katzbach am 26. August 1813 brachte die Wende. Glogau blieb allerdings bis zum 10. April 1814 in französischer Hand.

Die Gebietserweiterung, die Preußen nach dem Sieg über Napoleon und durch die Verhandlungen auf dem Wiener Kongress 1815 erfuhr, war eher ein Nachteil als ein Gewinn für Schlesien. War es bis dahin die wichtigste Provinz der Monarchie, so rückte es nun an den Rand. Dies galt vor allem für die Wirt-

Schlesische privilegirte Zeitung

No. 34. Sonnabends den 20. März 1813.

Se. Majestät der König haben mit Sr. Majestät dem Kaiser aller Reußen ein Off- und Defensiv-Bündniß abgeschlossen.

An Mein Volk.

So wenig für Mein treues Volk als für Deutsche, bedarf es einer Rechenschaft, über die Ursachen des Kriegs welcher jetzt beginnt. Klar liegen sie dem unverblendeten Europa vor Augen.

Wir erlagen unter der Uebermacht Frankreichs. Der Frieden, der die Hälfte Meiner Unterthanen Mir entriß, gab uns seine Segnungen nicht; denn er schlug uns tiefere Wunden, als selbst der Krieg. Das Mark des Landes ward ausgesogen, die Hauptfestungen blieben vom Feinde besetzt, der Ackerbau ward gelähmt so wie der sonst so hoch gebrachte Kunstfleiß unserer Städte. Die Freiheit des Handels ward gehemmt, und dadurch die Quelle des Erwerbs und des Wohlstands verstopft. Das Land ward ein Raub der Verarmung.

Durch die strengste Erfüllung eingegangener Verbindlichkeiten hoffte Ich Meinem Volke Erleichterung zu bereiten und den französischen Kaiser endlich zu überzeugen, daß es sein eigener Vortheil sey, Preußen seine Unabhängigkeit zu lassen. Aber Meine reinsten Absichten wurden durch Uebermuth und Treulosigkeit vereitelt, und nur zu deutlich sahen wir, daß des Kaisers Verträge mehr noch wie seine Kriege uns langsam verderben mußten. Jetzt ist der Augenblick gekommen, wo alle Täuschung über unsern Zustand aufhört.

Brandenburger, Preußen, Schlesier, Pommern, Litthauer! Ihr wißt was Ihr seit fast sieben Jahren erduldet habt, Ihr wißt was euer trauriges Loos ist, wenn wir den beginnenden Kampf nicht ehrenvoll enden. Erinnert Euch an die Vorzeit, an den großen Kurfürsten, den großen Friedrich. Bleibt eingedenk der Güter, die unter

Schlesische privilegirte Zeitung vom 20. März 1813,

enthaltend den ersten Druck der Aufrufe „An Mein Volk" und „An Mein Kriegsheer" sowie der „Urkunde über die Stiftung des eisernen Kreuzes".

Berner, Gesch. d. Preuß. Staates

Im Januar 1813 verlegte der preußische König Friedrich Wilhelm III. seinen Regierungssitz nach Breslau. Nachdem der preußische General Yorck von Wartenburg ohne Einverständnis seines Königs am 30. Dezember 1812 in Tauroggen mit den Russen einen Bündnisvertrag geschlossen hatte, drängten die führenden Militärs in Breslau den König, offen in den Krieg gegen Frankreich einzutreten. Am 17. März 1813 erließ Friedrich Wilhelm III. in Breslau seinen Aufruf „An mein Volk", der eine offene Kriegserklärung an Frankreich war. Die „Schlesische privilegirte Zeitung" publizierte ihn am 20. März 1813 unter dem Bild des preußischen Adlers.

Henrik Steffens (1773–1845) war seit 1811 Professor für Naturwissenschaften und Naturphilosophie in Breslau, wo er, mehrmals zum Rektor gewählt, bis 1832 lehrte. Er trat auch als Dichter hervor. 1813 rief er die Breslauer Studenten zum Kampf gegen die napoleonischen Truppen auf.

schaft. Die neuen preußischen Westprovinzen Westfalen und Rheinland konnten an die Erfolge der napoleonischen Wirtschaftspolitik anknüpfen und die Absatzmärkte der westeuropäischen Industriestaaten nutzen. Für Schlesien blieb der Handel mit den osteuropäischen Agrarstaaten, der zudem vielfach durch Zölle behindert wurde.

Auch die meisten Reformen kamen nicht über Ansätze hinaus. Lediglich die Verwaltungsreform war erfolgreich. Schlesien hatte keinen Sonderstatus mehr, sondern war jetzt nur noch eine von fünf Provinzen der nun zentral organisierten Monarchie. Da aber in Preußen noch immer eine alle Landesteile verbindende Verfassung fehlte, behielten die Provinzen zunächst ein starkes Eigengewicht.

Die Provinz Schlesien, in die nach 1815 die preußisch gewordenen Teile der Oberlausitz mit Görlitz eingegliedert worden waren, wurde in drei Regierungsbezirke – Breslau, Liegnitz, Oppeln – unterteilt, wobei nun auch Oberschlesien mit Oppeln ein eigenes Verwaltungszentrum erhielt. Hier gab es auch bis 1871 die stärksten Bevölkerungszuwächse der dann über 3,7 Millionen zählenden Einwohner Schlesiens. Während der Regierungsbezirk Breslau bis 1871 seinen Bevölkerungsanteil prozentual hielt, ging der von Liegnitz zurück.

Die Verwaltungsreform vermochte jedoch nicht, die wachsende Verarmung zu verhindern. Angesichts der sich vermehrenden Bevölkerung in Oberschlesien versuchten die Bauern, durch Parzellenverkauf ihren Lebensunterhalt zu sichern. In dem zunächst kaum wachsenden Schwerindustriezentrum kamen nur wenige Arbeitskräfte unter. Während die bäuerliche Parzellenwirtschaft gerade den allernötigsten Lebensunterhalt deckte, konnten die Gutshöfe eine kapitalistische Agrarwirtschaft betreiben und durch Fruchtwechsel und Stallfütterung die Erträge steigern. Die Gutswirtschaft spezialisierte sich außerdem auf Pflanzen für die Farb- und Ölproduktion. Innovativ war die Gewinnung von Rübenzucker, die als Erster in Deutschland Franz Karl Achard ab 1801 auf seinem Gut in der Nähe von Wohlau betrieb. Ertragreich war für den Großgrundbesitz auch die Forstwirtschaft, denn 30 Prozent des Landes war von Wald bedeckt. Von Nachteil für die bäuerliche Bevölkerung war dabei, dass die Großgrundbesitzer auf dem Bauernland ihr Jagdrecht behalten hatten.

Die Betriebsstruktur der bäuerlichen Wirtschaften war nicht nur in Oberschlesien problematisch. Auch in Niederschlesien fehlte eine breite groß- und mittelbäuerliche Schicht. Die Mehrheit gehörte zu den Kleinbauern, den Gärtnern und Häuslern, die nur über ein kleines Landareal verfügten und sich als Landarbeiter, Dorfhandwerker oder Heimweber ihren eigentlichen Unterhalt sicherten.

Der Wegfall der Kontinentalsperre nach 1815 traf vor allem die heimgewerblich orientierte Textilindustrie, die mit der englischen Maschinenproduktion kaum konkurrieren

In einer enthusiastischen Rede in dem naturwissenschaftlichen Hörsaal im ehemaligen Josephskonvikt entflammte Henrik Steffens – hier nach einem Gemälde von Arthur Kampf – die akademische Jugend für den Freiheitskampf gegen die Franzosen. König Friedrich Wilhelm III. bedankte sich bei Steffens in einem Schreiben vom 16. Februar 1813: „Ich bezeuge Ihnen mein ganzes Wohlwollen darüber, daß Sie […] die Zuhörer Ihrer Vorlesungen bei der Universität ermuntert haben, sich jetzt der Beschützung des Vaterlandes gegen die äußere Gefahr zu widmen […]" Steffens entflammte damit nicht nur die Begeisterung für den Aufruf „An mein Volk" vom 17. März 1813, sondern initiierte auch die Bildung des Lützow'schen Freiheitskorps, das in Breslau auf Vorschlag General Scharnhorsts aufgestellt wurde.

Zwar hat der 1815 – zwei Jahre nach dem dargestellten Ereignis – in Breslau geborene Maler Adolph Menzel den „Auszug der Freiwilligen aus Breslau“ nicht miterlebt, doch schildert seine 1836 geschaffene Lithografie recht eindrucksvoll den Aufbruch zum Kampf gegen Napoleon. Als Wahrzeichen für dieses Ereignis in Breslau verwendete Menzel nicht das bekannte Rathaus-Motiv, sondern den die Stadtsilhouette beherrschenden Turm der Elisabethkirche.

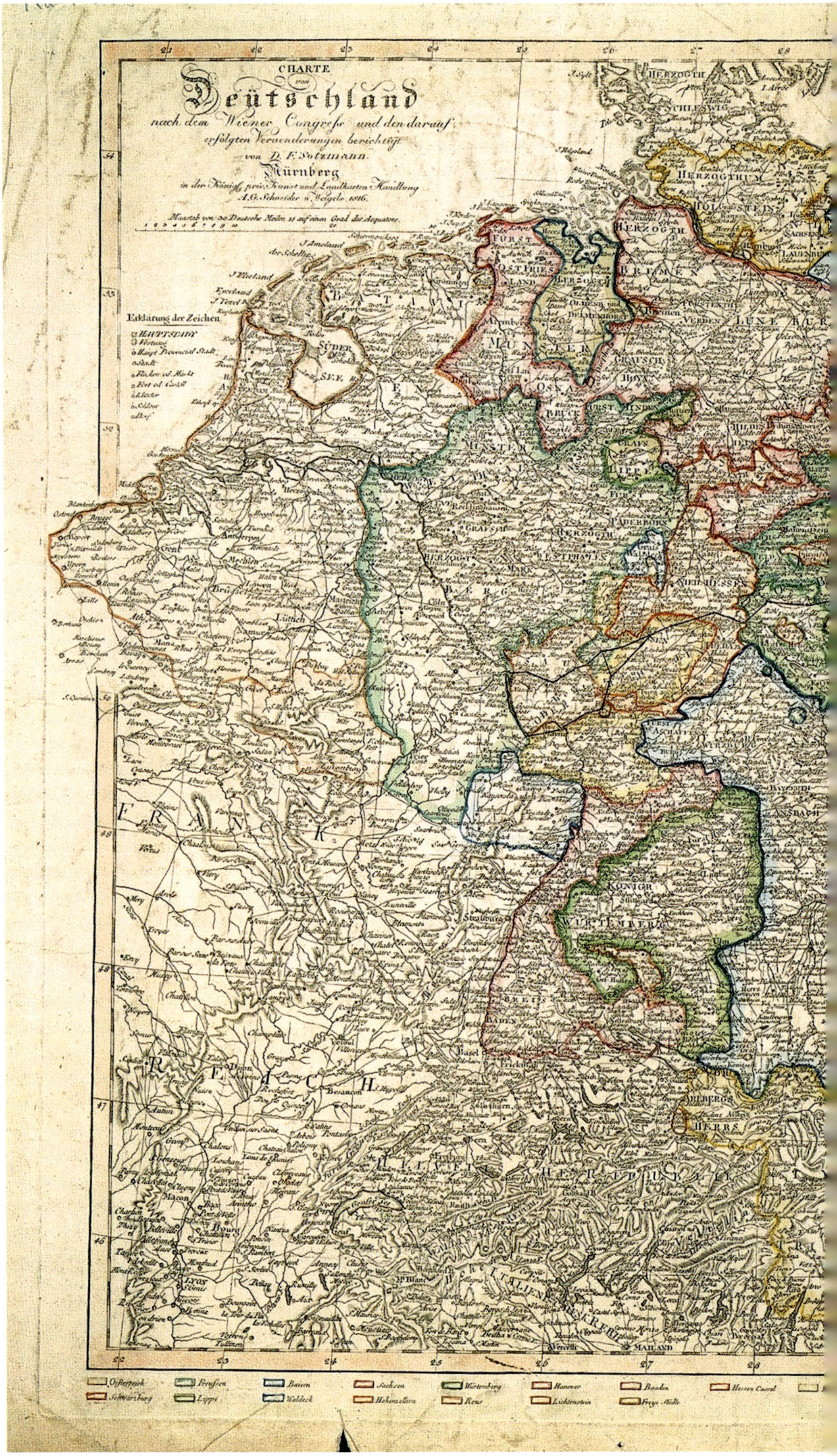
CHARTE
von
Deütschland
nach dem Wiener Congress und den darauf erfolgten Veraenderungen berichtigt
von D. F. Sotzmann.
Nürnberg
in der Königl. priv. Kunst und Landkarten Handlung
A. G. Schneider u. Weigels 1816.
Erklärung der Zeichen
FRANCK
REICH

Bis 1815 war Schlesien der bedeutendste Teil des preußischen Königreiches. Die Textil- und Schwerindustrie sowie der Osthandel trugen erheblich zur wirtschaftlichen Stärke und Großmachtstellung Preußens bei. Nach 1815 änderte sich die Situation. Preußens Wirtschaftskraft lag nun in den Westprovinzen, der Rheinprovinz und Westfalen. Schlesien geriet im Königreich in eine Abseitslage, wie auf dieser Karte von 1816 ersichtlich wird. Restriktive Handelsbedingungen, der Wegfall traditioneller Märkte und eine verspätet einsetzende Industrialisierung Niederschlesiens führten in eine schwere Krise.

Zu einem erneuten wirtschaftlichen Aufschwung Schlesiens in der zweiten Hälfte des 19. Jahrhunderts trug der in dieser Provinz früh einsetzende Eisenbahnbau bei. Die Bahnstationen – wie hier in Oppeln auf einer nach 1843 entstandenen Lithografie – wurden vor den Städten angelegt, beschleunigten aber bald die Erweiterung der Städte über ihre alten Grenzen hinaus.

Zu den eindrucksvollsten Bahnhofsbauten Deutschlands gehört der 1855 bis 1857 nach den Plänen des Architekten Wilhelm Grapow errichtete Breslauer Bahnhof. Außen ähnelt er mit seinen Türmchen und dem Portikus einem neugotischen Schloss. Die Hallen aber sind in moderner Stahlkonstruktion gefertigt. Der Bahnhof hat trotz einiger Umbauten seit 150 Jahren seine äußere Gestalt bewahrt und zählt heute zu den wenigen noch verbliebenen Beispielen der Bahnhofsarchitektur aus der Mitte des 19. Jahrhunderts.

konnte. Zudem litt die schlesische Textilindustrie unter den sich verschlechternden Standortbedingungen, da sich der Markt weitab im Westen konzentrierte, während die Ostmärkte in den 1820er Jahren durch russische Zollbestimmungen verloren gingen. Bei ihren Hilfsprogrammen setzte die Regierung in Berlin nicht auf eine verstärkte maschinelle Entwicklung der Textilindustrie in Schlesien, sondern förderte geradezu die traditionelle Herstellung, mit dem Ziel, das Können der Handspinner und -weber auf Spinn- und Flachsbereitungsschulen zu erweitern.

Von größerer Wirkung war die Entwicklung der Verkehrsinfrastruktur durch den Staat, finanziert durch die sogenannte Preußische Seehandlung, eine staatliche Kreditanstalt, an deren Spitze der Schlesier Christian Rother stand. 1842 begann der Eisenbahnbau, der das oberschlesische Schwerindustriegebiet mit Breslau und schließlich Berlin verband. Schon 1847 folgten die Anschlüsse nach Leipzig und Wien. Die Finanzierung besorgte weitgehend das Breslauer Bankhaus Heimann, das dem jüdischen Bankier Ernst Heimann gehörte. Durch den Eisenbahnbau kam es in der zweiten Hälfte des 19. Jahrhunderts zu einem industriellen Aufschwung Schlesiens. Doch 1840 und in den folgenden Jahren erlebte die Provinz zunächst ihren wirtschaftlichen Tiefpunkt, der mit dem Weberaufstand von 1844 sowie der im Jahr 1847 durch Hunger verursachten Typhusepidemie in Oberschlesien zu einem Signal für ganz Deutschland wurde.

Der Weberaufstand

Das sogenannte Biedermeier war in Schlesien alles andere als bieder. Es war keine idyllische Epoche. In Breslau kam es immer wieder zu Unruhen. 1817 verweigerten 120 Handwerker die Dienstleistung als Landwehrmänner und stürmten Rathaus und

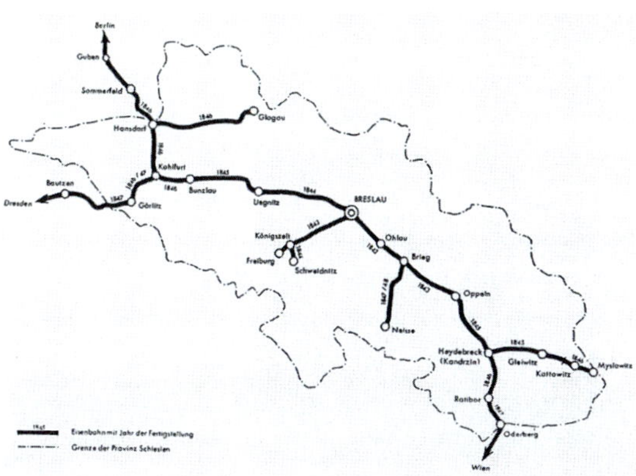

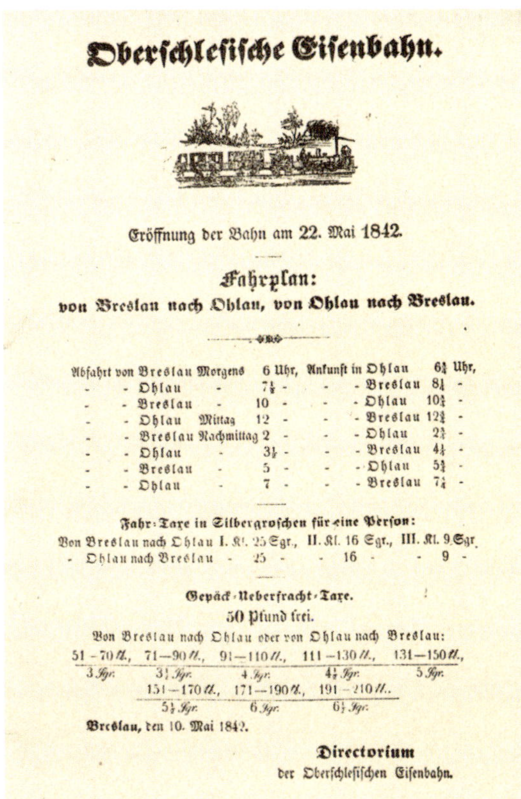

Oberschlesische Eisenbahn.

Eröffnung der Bahn am 22. Mai 1842.

Fahrplan:

von Breslau nach Ohlau, von Ohlau nach Breslau.

Abfahrt von	Breslau	Morgens	6 Uhr,	Ankunft in	Ohlau	6¾ Uhr,
- -	Ohlau	-	7½ -	- -	Breslau	8¼ -
- -	Breslau	-	10 -	- -	Ohlau	10¾ -
- -	Ohlau	Mittag	12 -	- -	Breslau	12¾ -
- -	Breslau	Nachmittag	2 -	- -	Ohlau	2¾ -
- -	Ohlau	-	3½ -	- -	Breslau	4¼ -
- -	Breslau	-	5 -	- -	Ohlau	5¾ -
- -	Ohlau	-	7 -	- -	Breslau	7¼ -

Fahr-Taxe in Silbergroschen für eine Person:

Von Breslau nach Ohlau I. Kl. 25 Sgr., II. Kl. 16 Sgr., III. Kl. 9 Sgr.
- Ohlau nach Breslau - 25 - - 16 - - 9 -

Gepäck-Ueberfracht-Taxe.

50 Pfund frei.

Von Breslau nach Ohlau oder von Ohlau nach Breslau:

51–70 Pfd.,	71–90 Pfd.,	91–110 Pfd.,	111–130 Pfd.,	131–150 Pfd.,	151–170 Pfd.,	171–190 Pfd.,	191–210 Pfd.
3 Sgr.	3½ Sgr.	4 Sgr.	4½ Sgr.	5 Sgr.	5½ Sgr.	6 Sgr.	6½ Sgr.

Breslau, den 10. Mai 1842.

Directorium
der Oberschlesischen Eisenbahn.

Die älteste Eisenbahnstrecke Schlesiens zwischen Breslau und Ohlau wurde am 22. Mai 1842 eröffnet. Bis 1847 waren die Hauptstrecken in Schlesien ausgebaut und der Anschluss nach Wien, Dresden und Berlin hergestellt. Durch den Eisenbahnbau erhielt die Industrialisierung Schlesiens einen wichtigen Impuls, da nun der Rohstoff- und Materialtransport sowie die Marktbelieferung sich erheblich verbilligten. Der Personentransport von Breslau und Ohlau kostete 1843 für die dritte Klasse neun Silbergroschen. Nach zeitgenössischen Angaben verdiente ein Heimweber 1844 nur einen Silbergroschen am Tag (30 Silbergroschen = 1 Reichstaler).

Regierungsgebäude. 1830 plünderten Handwerksgesellen die Kleidermagazine jüdischer Unternehmer, um deren Konkurrenz auszuschalten. Die Umstellung auf den kapitalistischen Markt und die kapitalistische Produktionsweise mobilisierte vor allem das noch immer zünftisch geprägte Kleinbürgertum, das die Schuld an der Misere den Juden zuschrieb. Verschärft wurde die allgemeine Not und Unsicherheit durch drei Choleraepidemien, die 1831, 1832 und 1837 über Schlesien hereinbrachen und allein in Breslau 1500 Todesopfer forderten. Unter den Opfern war auch der bekannte preußische General und Militärschriftsteller Carl v. Clausewitz, zuletzt Generalinspekteur der Artillerie in Breslau.

Durch die Revolution von 1848 war die Pressezensur aufgehoben. Erst jetzt konnte in den „Münchner Fliegenden Blättern" diese Karikatur zum schlesischen Weberaufstand von 1844 erscheinen. Als Karikatur überzeichnet die Darstellung das Elend, aber auch die „offizielle Abhilfe". Zwar versuchten die amtlichen Stellen mit Militäreinsatz den Aufstand niederzuhalten, mussten aber bald erkennen, dass dies allein nicht ausreichte. Der Weberaufstand wurde zu dem entscheidenden sozialen Ereignis in Deutschland.

Am 8. Juni 1844 meldete die Deutsche Allgemeine Zeitung eher nebensächlich unter dem 4. Juni „Aus Schlesien": „Soeben hat ein Haufe Weber aus Peterswaldau, Langenbielau und der Umgegend in Peterswaldau (dem Konsistorialpräsidenten Grafen Stolberg gehörig) die Gebäude und Vorräte des Fabrikanten Zwanziger demoliert und zerstört. Die Familie des Zwanziger ist auf das Schloß des Grafen Stolberg geflüchtet. Das angemessene Einschreiten der Prediger Schneider und Knüttel hat vorläufig weiteren Unfug gehemmt, wozu Geldausteilungen des Fabrikanten Wagenknecht, der sein Haus nur durch diese bewahrt hat, beigetragen haben mögen. Es ist Militär aus Schweidnitz requiriert, das jeden Augenblick erwartet wird."[62]

Das aus Schweidnitz requirierte Militär schien dem Tenor dieser Mitteilung nach – auch wenn es noch nicht eingetroffen war – die Dinge nach preußischem Muster wieder ins Lot zu bringen. Doch die Meldungen der nächsten Tage machten deutlich, dass das Sozialgefüge Preußens, wenn nicht ganz Deutschlands, in einer gefährlichen Krise steckte. Das musste überraschen, galt Schlesien vielen doch immer noch als eine der reichsten Provinzen Preußens.

Als die Peterswaldauer Weber am 4. Juni 1844 zunächst das Haus und das Comptoir des Fabrikanten Zwanziger zerstörten und im Vorratslager Garn und Gewebe vernichteten, handelten sie aus „Rache", wie die „Vossische Zeitung" bemerkte, aus Rache die – wie die Weber meinten – „Gott wohlgefällig" sei. Sie agierten damit gemäß einer Logik des sozialen Protests, die sich an den Grundsätzen der moralischen Ökonomie orientierte, das heißt einer durch Moral bestimmten Wirtschaft, die nicht den kapitalistischen Marktgesetzen unterliegen sollte. Danach hatte der Brotherr für einen angemessenen Unterhalt seiner Arbeiter zu sorgen. Tat er das nicht, sondern sammelte auf ihre Kosten Reichtümer, war es gerecht, diesen Reichtum zu zerstören.

Die Motive der Weber werden offenkundig im „Blutgericht", dem wohl bedeutendsten Protestlied des Vormärz, also der Zeit zwischen 1830 und der Revolution vom März 1848. Das Lied ist eine gemeinsame Schöpfung der Protestierenden und richtet sich an das Moralgefühl der Zeitgenossen. Die Not der Weber und die Brutalität der Fabrikanten werden einander krass gegenübergestellt. Die reichen Fabrikanten nehmen den armen Webern das letzte Hab und Gut: „Ihr Schurken all, ihr Satansbrut, / ihr höllischen Kujone, / ihr freßt der Armen Hab und Gut / und Fluch wird euch zum Lohne." Der Fabrikant fährt in Staatskarossen, baut „hoch Paläste mit Türen, Fenstern, prächtig weit", verachtet die Religion und „hält sich ans Weltgetümmel".[63] Der „Gewinn" werde den „Armen" weggenommen, die sich „von der Zeit gedrängt in dem Lohn einschränken". Im Gegensatz zu ihrer bereitwilligen Einschränkung aber machten die Weber in den letzten 20 Jahren die Erfahrung, dass die Fabrikanten „übermütig" wurden und sich die Attribute des Königs und des hohen Adels aneigneten. Der Fabrikant sollte deshalb in seinem Reichtum getroffen werden. Gerhart Hauptmann deutet dieses Motiv in seinen „Webern" treffend, wenn er den alten Ansorge sagen lässt: „Nimmst Du mir mei Häusl, nehm ich dir dei Häusl. Immer druff!"[64] Deshalb wollten die Weber das Haus des Fabrikanten auch nicht anzünden, weil dieser sich aus der Versicherungssumme wieder einen neuen Palast hätte bauen können.

Der Maschinensturm spielte beim schlesischen Weberaufstand eine fast nebensächliche Rolle, im Gegensatz zu den kurze Zeit später ausbrechenden Drucker- und Spinnerrevolten in Prag und Nordböhmen. Erst als am zweiten Tag nach dem Eingreifen des Militärs im schlesischen Webergebiet die Erregung der Protestierenden auf ein Höchstmaß gestiegen war, zerstörten diese in der Fabrik Dierig die Jacquard-Webstühle. Den Maschinenstürmern stellten sich dabei die Fabrikarbeiter entgegen, „welche an ihnen [den Maschinen] ihren reichlichen Unterhalt gefunden haben", wie die „Vossische Zeitung" berichtete.[65]

Der schlesische Weberaufstand von 1844 beeindruckte die Zeitgenossen durch die Entschlossenheit und Einigkeit, mit der die Weber handelten. Er wurde allgemein als das entscheidende sozialpolitische Ereignis des Vormärz verstanden. Die Kritik der Zeitgenossen richtete sich vor allem gegen die Fabrikanten, denen in der Presse vorgeworfen wurde, die Verluste bei Aktienspekulationen durch Lohndrückerei kompensiert zu haben. Zudem wurde ihre harte und herabwürdigende Art kritisiert, mit der sie den Webern gegenüber auftraten.

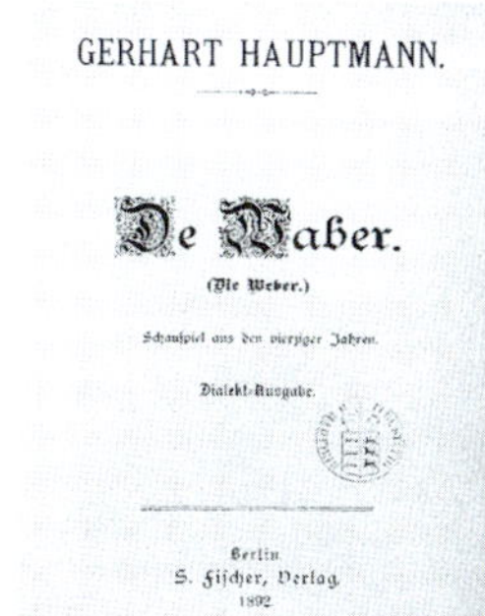
GERHART HAUPTMANN.

De Waber.

(Die Weber.)

Schauspiel aus den vierziger Jahren.

Dialekt-Ausgabe.

Berlin
S. Fischer, Verlag
1892

Der schlesische Dichter Gerhart Hauptmann (1862–1946) verfasste 1892 sein Drama „Die Weber" in schlesischer Mundart.

Der schlesische Weberaufstand von 1844 fand auch in der zeitgenössischen Literatur und Kunst ein großes Echo. Carl Wilhelm Hübner (1814–1879), Mitglied der Düsseldorfer Kunstakademie, gestaltete in seinem Gemälde „Die Weber" von 1844 eine Szene, in der der hartherzige Leinwandhändler den armen Webern gegenübertritt. Das Bild erregte großes Aufsehen und fand als Lithografie weite Verbreitung.

In den Jahren 1847/48 folgte in Schlesien eine weitere Katastrophe: der Hungertyphus. Die Epidemie forderte in Oberschlesien über tausend Opfer. Der Bericht, den der junge Berliner Assistenzarzt Rudolf Virchow im Auftrag der Regierung darüber anfertigte, machte die dort herrschende Armut deutlich. Als Verursacher für das Elend war nach Meinung des Liberalen Virchow einmal die oberschlesische Aristokratie auszumachen, „die ungeheure Geldsummen [...] in den Hauptstädten Breslau, Wien, Berlin oder auch außerhalb Deutschlands verschwendet [...]". Schuld treffe desgleichen die katholischen Geistlichen, die das Volk „bigott, dumm und unfrei" hielten.[66] Als ein Mittel zur Beseitigung der Not führt er die Förderung des Schulsystems mit Polnisch als Unterrichtssprache an, um die Menschen besser aufzuklären.

Die „Illustrirte Zeitung" brachte 1847 ein Bild von den Arbeiterunruhen auf dem Breslauer Ring. In diesem Hungerjahr drängten vor allem die arbeitslosen Landarbeiter in die Stadt. Um es nicht erneut – wie 1844 – zum Schlimmsten kommen zu lassen, richtete der Breslauer Magistrat Arbeitsbeschaffungsmaßnahmen ein, so das „notwendige Schlemmen des Schlossgrabens". Die Arbeiter erhielten pro Tag acht Silbergroschen. Ein Sack Kartoffeln kostete in diesem Jahr 20 Silbergroschen.

Die vom Typhus betroffene oberschlesische Bevölkerung war zu schwach, um durch Protestkundgebungen auf die Not aufmerksam zu machen. In Breslau dagegen kam es im Hungerjahr 1847 zu Demonstrationen von Arbeitslosen, die vom Land in die Stadt drängten. Um größere Unruhen zu vermeiden, beschloss der Magistrat unter Bürgermeister Julius Hermann Pinder Arbeitsbeschaffungsmaßnahmen beim städtischen Wegebau. Der Bereitschaft zu solchen Maßnahmen lag die Erfahrung zugrunde, die Schlesiens Behörden durch den Weberaufstand 1844 gewonnen hatten. Dieser Aufstand hatte zur Amtsenthebung des Oberpräsidenten v. Merckel geführt.

Konflikte im religiösen Bereich

Die Unruhe und die Gegensätze, die für die gesellschaftliche Entwicklung in Schlesien in der ersten Hälfte des 19. Jahrhunderts typisch sind, wirkten sich auch im religiösen Bereich aus. Bei den Lutheranern kam es zwischen 1817 und 1822 zu Konflikten, als der preußische König Friedrich Wilhelm III. Lutheraner und Reformierte in einer Kirche vereinigte (Preußische Union). Der lutherische Theologe Johann Gottfried Scheibel, ein Breslauer, der gleichzeitig auch einen Kampf gegen die aufgeklärten Tendenzen in der evangelischen Kirche führte, sammelte die Lutheraner, die nicht mit den Reformierten zusammengehen wollten, in der Altlutherischen Kirche. Scheibel wurde während eines Gottesdienstes in der Kirche gewaltsam verhaftet, seine Anhänger wurden vom Staat drangsaliert. Erst nach dem Tod Friedrich Wilhelms III. (1840) erhielten die Altlutheraner 1845 das Recht zur Gründung einer eigenen Religionsgesellschaft. Die Altlutheraner blieben aber eine kleine Gemeinschaft, während die meisten protestantischen Christen unter dem Einfluss ihrer zumeist aufgeklärten Geistlichkeit sich der Preußischen Union anschlossen.

Auch im katholischen Klerus war der Geist der Aufklärung weit verbreitet. Während es

1837 im Rheinland und in Westfalen wegen der Mischehenfrage zu einer Auseinandersetzung zwischen Kirche und Staat kam, blieb Schlesien unter dem Breslauer Bischof Graf von Sedlnitzky davon verschont. Doch formierte sich allmählich im Klerus eine Gruppe, die sich stark nach Rom ausrichtete und das preußische Staatskirchentum ablehnte. Sprecher dieser sogenannten Ultramontanen war der damalige Domprediger und spätere Breslauer Bischof Heinrich Förster. Der Einfluss der Gruppe war so stark, dass Bischof Sedlnitzky 1840 von Rom zum Rücktritt gezwungen wurde. Er trat 1862 zur evangelischen Kirche über, was im 19. Jahrhundert ein einmaliger Akt war.

Zu einer Abspaltung kam es aufgrund der Auseinandersetzungen auch in der katholischen Kirche Schlesiens, als 1844 der Grottkauer Kaplan Johannes Ronge in einer Schrift gegen die Ausstellung des Heiligen Rockes in Trier polemisierte. Ronge wurde 1844 exkommuniziert und gründete daraufhin die Deutsch-Katholische Kirche, die sich von Schlesien aus in Deutschland ausbreitete und in der Revolution von 1848 politische Bedeutung erlangte.

Auch im schlesischen Judentum führten interne Auseinandersetzungen zwischen den Anhängern der orthodoxen Richtung und der Reformbewegung, die sich in der Aufklärung gebildet hatte, zu einer Spaltung. In Breslau verdichtete sich die Auseinandersetzung um den orthodoxen Rabbiner Salomon Tiktin und den liberalen Rabbiner Abraham Geiger, der zu einer der führenden Persönlichkeiten

Leopold Graf von Sedlnitzky (1787–1871) wurde 1835 Bischof von Breslau. Er geriet wegen seiner liberalen Auffassung mit der römischen Kurie in Konflikt und trat 1840 als Bischof zurück. Vom König zum Geheimen Rat und Mitglied des Staatsrats in Berlin ernannt, trat er 1862 zum evangelischen Glauben über.

Johannes Ronge (1813–1887) protestierte als katholischer Priester in Grottkau 1844 gegen die Ausstellung des Heiligen Rocks in Trier. Daraufhin exkommuniziert, gründete er in Breslau die Deutsch-Katholische Kirche. Als Mitglied der politischen Linken in der Revolution von 1848 musste er 1849 nach England emigrieren, von wo er erst 1861 zurückkehren durfte.

Der jüdische Orientalist und Theologe Abraham Geiger (1810–1874) wirkte von 1838 bis 1863 als Rabbiner in Breslau. Er verstand das Judentum als Religion in einem historischen Prozess, nicht als zeitlose Tradition. Durch seine wissenschaftlichen Publikationen wurde er zu einer Leitfigur des Reformjudentums in Deutschland.

der jüdischen Reformbewegung in Deutschland werden sollte. In der Folgezeit verzweigten sich die jüdischen Gemeinden auch in Schlesien in einen orthodoxen und einen liberalen Teil. Doch nur in den größeren Gemeinden wie in Breslau wurde das auch nach außen sinnfällig. Während hier die orthodoxe Gemeinde die Storchensynagoge benutzte, ließ die größere liberale Gemeinde durch den bekannten jüdischen Architekten Edwin Oppler 1865 einen 60 Meter hohen Kuppelbau in der Angerstraße als ihre Synagoge errichten. Beide Richtungen blieben allerdings in einem Gemeindeverband, zu dem sie das preußische Gesetz von 1847 zwang. Es schrieb die Bildung von Synagogenbezirken vor, wovon in Schlesien 55 entstanden, davon allein 38 im Regierungsbezirk Oppeln. Dort lebten 1849 mit rund 17 000 jüdischen Einwohnern etwa 52 Prozent der Juden Schlesiens.

Die Revolution von 1848/49

Trotz der staatlichen und privaten Maßnahmen nach dem Weberaufstand und den Unruhen in Breslau war das gesellschaftliche Konfliktpotenzial in Schlesien nicht beseitigt. Das wurde deutlich, als mit der Märzkrise 1848 in Berlin die Revolution ausbrach. Nach wie vor war die Agrarfrage wegen der durch die Großgrundbesitzer verschleppten Reformen nicht gelöst. Allerdings gab es auch unter den Adligen einsichtige Köpfe, die angesichts der Bedrohung agrarischer Interessen im aufkommenden Industriestaat für ein Zusammengehen von Großgrundbesitz und Bauern plädierten. Die Mehrheit der Großgrundbesitzer aber beharrte auf ihren überkommenen Standesinteressen. Das führte in Schlesien, wie sonst kaum in Deutschland, zu einer starken revolutionären Bewegung auf dem Lande.

Als besonders unruhig erwiesen sich die unterbäuerlichen Schichten im Gebirgsbereich, also die Gärtner und Häusler, die kaum über Grund und Boden verfügten, aber immer noch mit feudalen Abgaben und Diensten belastet waren. Zu ihren Hauptforderungen gehörten die Abschaffung dieser Abgaben und Dienste, ferner die Beseitigung aller noch vorhandenen Vorrechte der Gutsherren in der Gemeindeverwaltung, im Gerichtswesen, bei der Besetzung der Pfarrstellen und im Jagdwesen. Verlangt wurde auch die Rückzahlung der Summen, die die Bauern für ihren Besitz zahlen mussten, damit sie von allen Abgaben frei waren. Adressaten des Protestes waren die Gutsbesitzer, die durch kleine Zugeständnisse die Ruhe wiederherzustellen hofften, sowie die Gutsverwalter und Forstbeamten.

Von Nachteil für das revolutionäre Vorgehen auf dem Lande war, dass zwar auch die bäuerliche Schicht revolutionäre Forderungen erhob, aber nicht mit den unterbäuerlichen Schichten zusammengehen wollte. Nicht selten kam es zu offenen Auseinandersetzungen zwischen den Bauern, die nun von Abgaben befreit waren, und den unterbäuerlichen Schichten. Diese waren der Meinung, dass der König sie von allen Lasten befreit habe. Doch schon am 3. April 1848 machte sie der neue schlesische Oberpräsident Julius Hermann Pinder durch einen Aufruf darauf aufmerksam, dass dies nicht zutreffe. Wie bei zahlreichen Protesten des 18. und 19. Jahrhunderts blieb auch in der Revolution von 1848 das Vertrauen der Unterschichten in den König unerschüttert. Die vom König verkündete Pressefreiheit verstanden viele als Aufhebung der Unterdrückung.

So verschieden wie die Interessen der bäuerlichen Schichten waren ihre Aktionen. Bevorzugten die unterbäuerlichen Schichten die traditionelle Form des sozialen Protestes mit Zerstörungen oder Belagerungen der Gutshöfe, so wählten die bäuerlichen die in die Zukunft weisende Form des parteiähnlichen Zusammenschlusses zur Durchsetzung ihrer Interessen. Das neue Recht der Versammlungs- und Vereinsfreiheit nutzten sie zur Gründung des Schlesischen Rustikalvereins. An seiner Spitze standen vielfach die Scholzen, die Ortsvorsteher also, und die wohlhabenden Bauern. Auf ihren Versamm-

Pauern, uffgepaßt!

Nu endlich weeß ich doch a mal, was de vielen fremden Worte bedeiten, die mer jetzt immer in a Zeitungen und uf da vielen Zatteln lesen: Absollutisten, Reakzionärsch, Cositituzionelle, Demokratsche. Da bin ich jingst ei Brassel gewast und traf do a Kretscham Willem, der gestudiert und angestellt ies und hat dor mer olles gehörig verklärt und ausananden gesetzt. Und nu wiel ich's oich olls wieder verzählen. Säht ersch, Absolutisten, das sein die, die wullen, daß der König ganz alleene nach seim Kuppe thun kann wos a wiel, ohne daß bir uns rippeln oder muckſen dürfen. De Constetuzionellen aber wullen, daß ber zwar mieträden kinnen, daß aber de Minister und der König doch thun kin'n, wos se wulln und daß derbei de Großen und de Vornehmen miet a Ministern unter eener Decke stecken. Derbene aber sulls aussehn, als wenn bir de neien Gesetze selber miete gemacht hätten. De Constetuzionellen sprechen och von aner zweten Kammer, wu de grußen Herren alleene drein sitzen und dos wieder umstußen künnen, wos unse Deppetirten fer unsen Vortheel und ze unser Erleichtrung beschlossen han. Und denn wulln se och nich, daß bir unse Deppetirten glei salber wählen, sondern se wullns akkerat su lassen wies dasmol gewasen ies, daß ber ersch Wohlmänner wählen und uns zweemal de Zeit vertredeln und hernach och noch nicht wissen, ob de Wohlmänner a Rechten zum Deppetirten machen wern. Viele Consiuzionelle han och a Lüstei de kleen Leit vun a Wahlen ganz auszuschlissen. Wenn man aber de Herren Constetuzionellen fragt, oob de Regierung nach ihrer Manier wird wullfeller sein, do wulln se nich recht raus mit der Sprache und ich meene, 's wird wol olles beim Alten blein, wenn die Herren alleene ans Ruder kummen. Dernocher sprechen wer von a Reaktionärsch, das sein nu ober die, die mit'm Maule gan und mit der Hand nahmen möchten, die de Pauern gegen de Stätter und de Bürger gegen die Pauern ufhetzen. Zu a Pauern han se gesogt: irr werrt oich doch nischt von a Stättern vorschreiben lassen, de Stätter seyn ok lauter Ufwiegler und wern oich a na Bettelstab bringen. Zu a Stättern aber sogen se, daß bir Pauern nein kummen würden und ber werden sengen und brennen und plindern, grade a su als wenn bir Pauern Murdbreuner wären und dos weeß doch nu schon der Timmste von uns, doß wenn de Stätter nich angefangen hätten, do steckten wer immer noch im alten Quarge. Und durch dan Kniff da wulln se de Stätter und de Landleite anenander hetzen, doß ber uns beim Kuppe kriegen und enander tot schlagen. Und doruf warten se blos, denn do kennten se eim Trüben fischen und de alte Schmiere wieder einrichten und wieder de gestrengen Herren vun ehedem wern. Dos ies ja ane nischtnutzige Liege, doß uns de Stätter befehlen wulln. De Stätter alleene han uns ja de Urwahlen verschafft, an denen bir grade festhalten müssen bis ufs Letzte und nu seyn doch bloß **5** Millionen Stätter und **11** Millionen Pauern. Ja! ja! Leite, a su vill Pauern hat's! Da sehn ber ja deitlich, daß bir bei a Wohlen die meesten Stimmen han. Und nu fung de Kretscham Willem von a Demokratschen au. Ich sagt's em gradezu, daß se die bei uns gor sihr verketzert hätten. A meente aber, ees seyen justement de Reakzionärsch und de Consiuzionellen gewast. Die wissen och recht gutt warum. Weil de Demokraten dan alten Stall a mal reene ausmisten wulln und dos paßt dan andern Herrn niech ei a Kram, weil se sunst alle Vortheele unentgeltlich ufgeben mißten, wie de Demokraten verlangen. Da sagen se immer, die wulln de Republik und da dermitte wulln se oich bange machen, so wie a Kindern mit der Rutke, und da wulln se oich weiß machen, in der Republik gings olles kunterbunt durchenander, aber in Amerika han se Reppublik schon lange und dan **5** Millionen Deitschen dort gihts besser, als uns bis jitze dergangen ies. De Demokraten wulln aberscht ok wie mer der Kretscham Willem sagte, daß de Depetirten ei Berlin anne Verfassung machen, die sich in **Ruhe** und **Ordnung** weiter ausbilden kann, wenns ganze Volk's wiel und mer kimftig nich wieder erscht ene Revelution machen müssen, wenn ber was andersch han wulln. Dernocher, meent er, paßt ok uf, wer in Berlin am meesten furn Vortheel der Landleite sorgen wird. Dos wern grade de demkratschen Deppetirten aus a Stätten sein. Da kinnt er oich druff verlassen. Die nehmen kee Blatt vorsch Maul. Die wern fodern, daß kimftig de Steiern a so vertheilt sein, daß, wer viel Einkommen hat, mehr geben muß, als wer wink hat, und wer gor nischt hat, sull gor nischt geben. De Demokraten wern och dervor sorgen, daß de vielen hochen Pangsionen abgeschafft wern und de Regierung wullfel wird. Und denn wulln se, der kleene Mann sull och Geld geborgt kriegen, so gutt wie der Guttsbesitzer uf de Fandbriefe. Und dos Gerichtswesen sull nu endlich och andersch und besser und wullfeler werden; und das viele Papierverschmieren sull ufhören. Und de Schulzen und de Gerichtsmänner sull ber uns salber wählen, su wie de Stätter a Burgemeester, und der Guttsbesitzer sull ok eene Stimme haben grod wie der Hirte. Und de Schule muß umsunste seyn. Und de Jagd sull frei wern und de Domänen sullen im Eenzeln an de kleenen Leite verpachtt wern und de wisten Huben wieder der Gemeende zurücke kommen. Und su wulln de Demokraten nuch viels verbessern und wenn se ei Berlin de meesten Stimmen han, da wern ses och durchsetzen.

Und dos Ding gefiel mer und ich ging mit em Kretscham Willem ei a demokratschen Klubb, dos ies a Verein, und da soh ich, daß a wirklich de Wahrheet gesagt hatte und ich liß mich glei einschreiben. Und da ist mer erscht de ganze Geschichte klar gewurn. De Absollutisten wulln de Freiheit vur Eenen, und das is der König, de Constuzionellen wullen de Freiheit fur Wenige und das seyn se sälber. De Demokraten wulln Freiheit und Wohlstand für **Alle**. De Reaktionärsch aberscht wulln uns Alle zusammen bescheißen.

Kilian Raschke,

Inhaber vum eisern Kreitze und Mitglied des demokratschen Klubbs.

(Preis für Colporteurs 4 Pf., für Käufer 6 Pf.) (Um Nachdruck wird gebeten.)

Freunds Druckerei in Breslau.

Mit „pauern“, das meint „wie die Bauern reden“, bezeichnete man in Schlesien den heimischen Dialekt. Auf „Paurisch“ warb der Maler Philipp Hoyoll (geb. 1806) unter dem Pseudonym Kilian Raschke bei den Bauern für die Partei der Demokraten. Er erklärte den Bauern ihre Bedeutung als Wähler und das Ziel der Demokraten, nämlich „Freiheit und Wohlstand für alle“. Die Aktionen der Bauern in Schlesien richteten sich gegen die immer noch vorhandenen Feudallasten. Am 6. August 1848 fand in Breslau ein von der Reichsregierung angeordnetes Fest der deutschen Einheit statt. Hoyoll hatte für das Fest eine Polonaise entworfen, die „in Schlangenwindungen durch Wald und Feld“ zog.

Julius Hermann Pinder (1805–1867; oben), von 1843 bis März 1848 Oberbürgermeister und Regierungsrat in Breslau, dann Oberpräsident von Schlesien, vom Amt suspendiert im November 1848 wegen Unterstützung des Steuerverweigerungsbeschlusses der preußischen Nationalversammlung. Im Februar 1849 erhielt er für den Wahlkreis Lauban ein Mandat für die Deutsche Nationalversammlung in der Frankfurter Paulskirche. Hans Kudlich (1823–1917; unten), geboren als Bauernsohn in dem österreichisch-schlesischen Dorf Lobenstein, als Jurastudent 1848 Mitglied der Wiener Studentenlegion, die für die Revolution kämpfte, setzte sich für die Abschaffung des Feudalsystems ein. Von den österreichischen Behörden verfolgt, gelang ihm 1849 die Flucht in die Schweiz, dann in die USA.

lungen und in ihren Eingaben forderten sie die Aufhebung der Jagddienste sowie des gutsherrlichen Jagdrechts, ferner eine demokratisch fundierte Dorfgemeindeverordnung sowie Vorlagen über eine allgemeine gleichmäßige Vertretung auf den Provinzialtagen, eine demokratische Wahl der Landräte, eine Grundsteuerregelung und endlich die Aufhebung der Mehl-, Schlacht- und Klassensteuer.

Entsprechend ihrem politischen Bewusstsein wurden Scholzen und Bauern als Abgeordnete in die Nationalparlamente nach Frankfurt am Main und Berlin geschickt. Unterstützt wurden sie durch zahlreiche Eingaben an die Parlamente, die die genannten Forderungen befürworteten. Wenn auch das Gesetz über die Polizeiverwaltung und die Gemeindeordnung vom 11. März 1850 nicht in Kraft gesetzt und erst 1872 die gutsherrliche Polizeiverwaltung abgeschafft wurde, erreichten die Abgeordneten, die in Berlin für die bäuerlichen Forderungen eintraten, die Aufhebung der 2000 Patrimonialgerichte, die es in Schlesien noch gab. Ferner entfielen ohne Entschädigung der Weberzins und die Leistung der Jagddienste.

Zustimmung fanden die bäuerlichen Abgeordneten aus Schlesien vereinzelt auch bei den Geistlichen, die in den schlesischen Wahlkreisen als Abgeordnete gewählt worden waren, wie der Kunzendorfer Pfarrer Anton Heisig, der für den Kreis Habelschwerdt in die Berliner Nationalversammlung gesandt worden war. Sein entschiedenes Eintreten für die bäuerlichen Belange rief den Protest seiner geistlichen Amtsbrüder hervor, die – wie auch Heisig selbst – durch adlige Patronage in ihre Pfarrstellen gekommen waren. Im Gegensatz zu ihnen trat er für die Abschaffung des adligen Patronatsrechts ein, da er die aus diesem Recht herrührenden Schäden für die Kirche durchaus realistisch einschätzte.

Als wohl bedeutendster Kämpfer für die bäuerlichen Anliegen in der 1848er-Revolution und überhaupt als eine der führenden Figuren dieser Revolution ist Hans Kudlich zu sehen, der 1823 in Österreichisch-Schlesien geboren wurde. Auch dort waren trotz der josephinischen Reformen nicht alle Abgaben und Dienste beseitigt worden, auch hier war die soziale Differenzierung der bäuerlichen Schichten sehr groß. Kudlich, der als Jurastudent in der Akademischen Legion, einer studentischen Kampftruppe, die Märzerhebung und die Maikämpfe 1848 in Wien miterlebt hatte, setzte sich in seiner schlesischen Heimat für die bedingungslose Abschaffung aller Feudallasten ein und brachte gegen die Ausgleichsforderungen der Großgrundbesitzer das Argument von der Entschädigung der Bauern ins Spiel. Von den Bauern seiner schlesischen Heimat in den Wiener Reichstag gewählt, gelang es Kudlich schon am dritten Sitzungstag, auch die bürgerlichen Abgeordneten für seinen Antrag zu gewinnen, das Untertänigkeitsverhältnis samt allen daraus entspringenden Rechten und Pflichten aufzuheben.

Die Aufhebung der feudalen Abhängigkeit, die der österreichische Kaiser am 7. September 1848 verkündete, bedeutete für Kudlich allerdings nur einen halben Sieg, denn die landlosen Häusler und Einlieger waren bei diesen Agrarreformen leer ausgegangen, da nur die Bauern ihr Land zu freiem Eigentum erhielten. Die Entschädigungsfrage aber wurde ganz im Sinne der Großgrundbesitzer, also durch Zahlung der Bauern, geregelt. Nach der Niederschlagung der Revolution im März 1849 konnte sich Kudlich nur durch Flucht über die preußisch-schlesische Grenze seiner Verhaftung entziehen. Als auch der badische Aufstand, das letzte Aufbäumen der demokratischen Kräfte in dieser gescheiterten Revolution von 1848/49, an dem er teilgenommen hatte, niedergeschlagen war, ging er ins politische Exil in die Schweiz, dann in die USA, wo er 1917 im Alter von 94 Jahren starb.

Aufgrund der ungeklärten sozialen Probleme auf dem Lande bekam die Revolution von 1848 in beiden Teilen Schlesiens einen stark agrarisch bestimmten Charakter. Doch die eigentlichen Ereignisse fanden in den Städten statt. In Breslau machten sich schon am 8. März 1848 die Stadtverordnetenversammlung und der Magistrat für Pressefreiheit,

Einberufung des Landtages und Volksbewaffnung stark. Anstöße gingen hier vor allem von dem Oberbürgermeister Julius Hermann Pinder aus. In der zweitgrößten preußischen Stadt mussten die verhassten Beamten, der Oberpräsident Wilhelm von Wedell und der Polizeipräsident Ferdinand Heinke, ihre Posten räumen. Neuer Oberpräsident wurde Oberbürgermeister Pinder.

Schon im Vormärz hatte sich eine demokratische Szene entwickelt, zu der der Fabrikant Friedrich Wilhelm Schlöffel, der Lehrer und Journalist Dr. Julius Stein, der Jurist Heinrich Simon sowie Eduard Graf Reichenbach zählten. Sie traten für die Demokratisierung des Staates mit frei gewählten Parlamenten ein. Zudem machten sie die soziale Frage in Schlesien zu einem Thema der Revolution. Aber sie vertraten nicht das gesamte Bürgertum, das eher monarchisch orientiert blieb.

Die Abgeordneten, die in den 39 schlesischen Wahlkreisen für das Nationalparlament in der Paulskirche in Frankfurt am Main gewählt wurden, deckten das breite Spektrum von der äußersten Linken bis zur äußersten Rechten ab. Die Tendenz ging aber eher nach links. Die Konstitutionellen, zu ihnen zählten die beiden schlesischen Abgeordneten und Breslauer Professoren Gustav Adolf Harald Stenzel und Richard Roepell, setzten sich für eine konstitutionelle Monarchie ein, während die Demokraten wie Gustav Adolf Rösler und Friedrich Wilhelm Schlöffel eine demokratische Monarchie forderten. In der Paulskirche brachten sie vor allem die soziale Frage in die Diskussion, traten für die entschädigungslose Aufhebung der Feudallasten, die Beschränkung des Großgrundbesitzes sowie die Aufteilung der Domänen ein.

Im Gegensatz zu dem mit Karl Marx befreundeten schlesischen Sozialisten Wilhelm Wolff, der erst in der Schlussphase für den ausgeschiedenen Gustav Adolf Harald Stenzel in die Paulskirche nachrückte und radikal alle monarchisch-konstitutionellen Staatsstrukturen ablehnte, befürworteten Rösler und Simon 1849 die Wahl des preußischen Königs zum deutschen Kaiser. Doch der König lehnte ab. Die schlesischen Ultramontanen, an ihrer Spitze der Breslauer Fürstbischof Melchior Freiherr von Diepenbrock, hielten es in der konstitutionellen Frage eher mit den Konservativen. Sie setzten sich allerdings für den Abbau der sozialen Gegensätze ein. Zur äußersten Rechten der Paulskirchenversammlung zählte der in Ratibor gewählte Großgrundbesitzer Felix Fürst von Lichnowsky. Am 18. September 1848 wurde er in Frankfurt wegen seiner reaktionären Ansichten auf offener Straße von einer aufgebrachten Menge ermordet.

Die meisten Abgeordneten waren in einer Persönlichkeitswahl gewählt worden. Moderne Parteien etablierten sich erst in Ansätzen auf der Basis der politischen Vereine. In Breslau waren dies der Zentralverein und der Vaterländische Verein; sie bildeten die Basis der Konstitutionellen. Die Demokraten konnten sich auf die demokratischen Clubs, die Arbeitervereine und auch die Rustikalvereine stützen. Die Ultramontanen nutzten mit der Gründung der in ganz Schlesien verbreiteten katholischen Vereine die Gunst der Stunde. Diese überdauerten im Gegensatz zu den anderen Vereinen die politische Unterdrückungsphase nach 1849.

Mit der Ernennung des Grafen von Brandenburg, der vorher Kommandant in Breslau war, zum preußischen Ministerpräsidenten im November 1848 setzte die reaktionäre Phase ein. Die Verlegung der Berliner Nationalversammlung nach Brandenburg beantwortete Schlesien wie auch andere preußische Provinzen mit einer Steuerverweigerungskampagne, die in Schlesien sogar vom Oberpräsidenten unterstützt wurde. Pinder verlor allerdings daraufhin sein Amt. Auch die katholischen Geistlichen, die Mitglieder der Berliner Nationalversammlung waren, hatten dem Steuerverweigerungsbeschluss des Parlaments zugestimmt. Der Beuthener Abgeordnete, Pfarrer Schaffranek, wurde daraufhin vom Breslauer Fürstbischof, Kardinal von Diepenbrock, von seinem Amt suspendiert. Desgleichen „missbilligte" das Prager Kapitelkonsistorium, dem die beiden Glatzer

Schlesische Abgeordnete der Frankfurter Paulskirchenversammlung: Gustav Adolf Harald Stenzel (1792–1854; oben), Provinzialarchivar, Professor der Geschichte, Geografie und Statistik an der Breslauer Universität; Friedrich Wilhelm Schlöffel (1800–1870; Mitte), Papierfabrikant; Heinrich Simon (1805–1866; unten), Jurist. Schlöffel und Simon mussten wegen ihres Einsatzes für die Revolution von 1848 aus Deutschland emigrieren. Nur Schlöffel kehrte nach einer Amnestie 1866 nach Schlesien zurück.

geistlichen Abgeordneten Heisig und Hausmann unterstanden, deren Zustimmung zur Steuerverweigerung.

Die Ablehnung der Kaiserkrone durch den preußischen König führte im März 1849 auch in Breslau zu einer Erhebung. Den Arbeitern, die hier aktiv wurden, ging es sowohl um die Einheit Deutschlands wie um das Wohl der arbeitenden Klasse. An Stelle der schwarz-rot-goldenen Fahnen hisste die Versammlung, auf der die Demokraten Julius Stein und Moritz Elsner auftraten, die rote Flagge. Bei der kämpferischen Auseinandersetzung am 7. Mai fanden zwei Offiziere und vier Soldaten auf der einen Seite und zwölf Zivilisten auf der anderen Seite den Tod.

Die Niederschlagung der Revolution führte zu einem Aderlass der Demokraten in Schlesien. Heinrich Simon, der vom Stuttgarter Rumpfparlament zu einem der fünf Reichsverweser gewählt worden war, floh in die Schweiz, wie auch Friedrich Wilhelm Schlöffel, der in Abwesenheit zum Tode verurteilt worden war. Von der Schweiz aus ging Schlöffel nach Philadelphia in die USA. Nach der Amnestie von 1866 kehrte er nach Schlesien zurück. In die USA emigrierte auch Gustav Adolf Rösler, nachdem er 1850 durch seine Frau aus der Festung Hohenasperg bei Stuttgart befreit worden war. Ins Exil gehen mussten ferner die ehemaligen schlesischen Abgeordneten Ernst Friedrich Schmidt, Arnold Ruge, Oscar Heinrich Graf von Reichenbach und Johann Mandrella. Mit dem Verbot der politischen Vereine war eine politische Entwicklung auf unterer Ebene vorläufig abgebrochen worden. Erst die 1860er Jahre brachten hier die Wende.

Nach der Ablehnung der Kaiserkrone durch den preußischen König kam es in Deutschland im Mai 1849 zu Erhebungen, um die nationale Einheit zu retten und die soziale Situation der Arbeiter zu bessern. In Breslau steigerte sich die Auseinandersetzung am 7. Mai 1849 zu einem Barrikadenkampf an der sogenannten Königsecke Ohlauer Straße/Ketzerberg, bei dem sechs Militärs und zwölf Zivilisten ihr Leben ließen. Hier eine zeitgenössische Darstellung des Kampfes aus dem „Neuruppiner Bilderbogen“.

Die Kultur Schlesiens in der ersten Hälfte des 19. Jahrhunderts

Schlesiens Kulturleben stand im Spannungsfeld zwischen Wien und Berlin. Nach Berlin gingen viele Künstler Schlesiens, von dort her empfing das Land aber auch wesentliche Impulse. Schuf der Schlesier Carl Gotthard Langhans mit dem Brandenburger Tor sein bedeutendstes Werk in Berlin, so führten die Erwerbungen der Hohenzollernfamilie und des Adels in den romantischen schlesischen Landschaften zu einem architektonischen Engagement der preußischen Architektenelite in Schlesien. Karl Friedrich Schinkel schuf hier zahlreiche Kirchen, darunter die königliche Hofkirche in Erdmannsdorf sowie mehrere Schlösser wie das neugotische Schloss in Kamenz. Sein Schüler und Nachfolger Friedrich August Stüler entwarf das Breslauer Stadtschloss und baute das Schloss Erdmannsdorf, das Friedrich Wilhelm IV. gehörte, im neugotischen Stil um.

Die einheimischen Architekten orientierten sich in den Entwürfen für die öffentlichen Bauten, die Rathäuser und die Bahnhöfe, an den Vorgaben der Berliner Stararchitekten. Rathäuser und Bahnhöfe waren vielfach im Palazzostil der Klassizistik oder im gotischen

1831 erwarb der preußische König Friedrich Wilhelm III. das Gut Erdmannsdorf als Sommersitz und ließ es von Karl Friedrich Schinkel umbauen. Die neugotische Umgestaltung nach dem Vorbild von Schloss Stolzenfels am Rhein entwarf Friedrich August Stüler, die Parkgestaltung stammt von Peter Joseph Lenné. 1909 verkaufte die königliche Familie das Anwesen. Seit 1951 dient das Haus als Schule.

Der 1816 in Breslau geborene Maler Philipp Hoyoll – hier sein Selbstporträt von 1834/35 – nahm an der Revolution von 1848 aktiv teil. Er emigrierte 1853 nach England, Todesjahr und Sterbeort sind unbekannt. Seine „Zerstörung eines Bäckerladens" von 1846 gehört zu den eindrucksvollsten politischen Bildern des schlesischen Vormärz. Es zeigt, wie die preußische Infanterie in die protestierende Menge schoss.

Der 1808 in Breslau geborene Maler Carl Friedrich Lessing – oben sein Porträt von Karl Ferdinand Sohn – ging 1826 mit seinem Lehrer Wilhelm von Schadow an die Düsseldorfer Kunstakademie. Er schuf stimmungsvolle Landschaftsbilder wie die 1841 entstandene „Schlesische Landschaft". 1858 wurde er Direktor der Gemäldegalerie in Karlsruhe, wo er 1880 starb.

Tudorstil gehalten. Einen Durchbruch zur modernen Architektur brachte 1856 der Eisenbahnbaumeister Grapow mit dem Breslauer Bahnhof, dessen Empfangshalle eine der ersten Eisenkonstruktionen auf dem Gebiet des Hallenbaus darstellt.

Auch die schlesischen Maler der ersten Hälfte des 19. Jahrhunderts fanden ihre Wirkungsstätten eher außerhalb Schlesiens. So Julius Hübner und Carl Friedrich Lessing, die der Düsseldorfer Malerschule zu Ansehen verhalfen. Das gilt auch für den bedeutendsten schlesischen Künstler der Epoche, Adolph Menzel, der aus Breslau stammte. Er ging schon als Jugendlicher nach Berlin, bezog aber immer wieder schlesische Motive in seine Bilder ein. Die soziale Situation Schlesiens in den 1840er Jahren griff allerdings nur ein Künstler auf: Philipp Hoyoll, der 1846 in einem eindruckvollen Bild einen Hungerkrawall auf dem Breslauer Neumarkt darstellte. Als engagierter Demokrat musste er nach 1848 nach England ins Exil gehen.

Am eindrucksvollsten entfaltete sich in Schlesien während dieser Zeit das Musikleben. Hier ist noch am ehesten ein Nachwirken der alten Konfessionskulturen zu spüren, die sich im protestantischen Bereich im Kirchenlied, im katholischen Bereich in den traditionellen Figuralmessen eines Joseph Ignatz Schnabel fortsetzten. Mit Schnabel begann die „Breslauer Schule" der Breslauer Domkapellmeister. Im säkularen Musikleben emanzipierte sich erst allmählich eine bürgerlich bestimmte Musikkultur. War der bekannteste frühklassizistische Komponist Karl Ditters von Dittersdorf an der fürstbischöflichen Kapelle des Breslauer Bischofs Schaffgotsch in Johannisberg engagiert, so wurden seine deutschen Singspiele seit dem Ende des 18. Jahrhunderts von Schauspieltruppen auch vor bürgerlichem Publikum aufgeführt.

Doch die meisten schlesischen Komponisten wie die Mitglieder der Familie Bimbach aus Neisse, Carl Franz aus Langenbielau, Emanuel Alois Förster und Franz Xaver Gebauer aus der Grafschaft Glatz, Johann Sedlatzek aus Oberglogau, Karl Hanke aus Roßwalde fanden noch nicht in Schlesien ihr Auskommen, sondern mussten entweder nach Berlin, Warschau oder Wien gehen. Besonders die Donaumetropole zog die schlesischen Musiker um 1800 an, war sie doch musikalisch attraktiver als das konservative Berlin.

In Schlesien waren es auch im beginnenden 19. Jahrhundert noch die zahlreichen kleinen Residenzen, an denen die Musiker wirken konnten. Erst nach der Säkularisation von 1810/11 gewann die bürgerliche Musikpflege in Breslau mit einer eigenen Oper an Format. An der Breslauer Oper wirkten 1803 der damals 18-jährige Carl Maria von Weber und seit 1807 Gottlob Benedikt Birey. Letzterer galt zu seiner Zeit als der „Lieblingskomponist Deutschlands".[67] Konzerte, vor allem dirigiert von Joseph Ignatz Schnabel, fanden entweder in der Aula Leopoldina oder im Musiksaal der Universität statt. Vorherrschend war dabei die Wiener Klassik, vor allem Beethoven.

Neben der musikalischen Hochkultur entfaltete sich in Schlesien in fast allen Städten und Dörfern eine breite Gesangskultur, deren Träger sich zu großen Musikfesten zusammenfanden. Nachteilig war für die Ausbildung von Musikern in Schlesien in der ersten Hälfte des 19. Jahrhunderts, dass es dort bis zur Gründung des Konservatoriums in Breslau im Jahr 1880 keine höhere Ausbildungseinrichtung gab. Die angehenden Musiker mussten deshalb in Wien, Prag, Leipzig oder Berlin studieren, wo der Breslauer Julius Stern 1850 das Sternsche Konservatorium gegründet hatte.

Wie die Künstler der Musikszene und bildenden Kunst, so schufen auch die bedeutenden schlesischen Dichter dieser Periode ihre Werke nicht in ihrer Heimat. Die herausragende schlesische Dichtung der Phase zwischen 1790 und 1830, Joseph von Eichendorffs „Aus dem Leben eines Taugenichts", begann der Dichter 1817 zwar noch in Schlesien, aber als das Werk 1822 erschien, lebte Eichendorff in Danzig. Nach Schlesien kehrte er erst 1855 zurück. Auch Willibald Alexis, „der bedeutendste Kritiker seiner Zeit"[68],

Der 1767 in Naumburg am Queis geborene Joseph Ignatz Schnabel entstammte einer Musikerfamilie. Nach seiner Tätigkeit als Lehrer in seiner Heimatstadt erhielt er 1797 eine Organistenstelle am Klarastift in Breslau, gleichzeitig war er als Konzertmeister von 1798 bis 1804 am Breslauer Theater tätig. 1805 übernahm er das Amt des Domkapellmeisters, 1815 wurde er zum Universitätsmusikdirektor ernannt. Schnabel schuf vor allem kirchenmusikalische Werke. Er starb 1831 in Breslau.

Joseph von Eichendorff, 1788 auf Schloss Lubowitz bei Ratibor in Oberschlesien geboren und 1857 in Neisse gestorben, ist einer der bedeutendsten Dichter der Romantik. Sein von Franz Theodor Kugler gemaltes Porträt wurde durch diese Lithografie von 1832 verbreitet.

war von Breslau nach Berlin gezogen. Zu den Autoren, die von Schlesien weggingen, um das publizistische Forum oder die Theater in anderen Städten zu nutzen, gehörte außerdem Heinrich Laube, einer der bedeutendsten Vertreter des Jungen Deutschland, der damals führenden Literaturrichtung; ferner der umstrittene „Literaturpapst“ dieser Zeit, Wolfgang Menzel, der in der Cotta'schen Verlagsbuchhandlung das „Literaturblatt“ herausgab. Der sozialkritische Autor Wilhelm Wolff ging 1849 nach England ins Exil.

In der literarischen Szene dieser Periode war der schlesische Adel sehr stark vertreten: Hermann Fürst von Pückler-Muskau, Schöpfer der Parks von Muskau, Branitz und Babelsberg und berühmter „Gentleman-Schriftsteller“, Friedrich von Sallet, Moritz Graf von Strachwitz, Christian von Zedlitz, Eduard Czeike von Bodenfeld, Carl von Holtei und der Vertreter des „geistlichen Biedermeier“, der Breslauer Fürstbischof Melchior Freiherr von Diepenbrock.

Einen starken Einfluss auf das literarische Leben des Landes übten die Vertreter der neuen Breslauer Universität aus, so der Norweger Henrik Steffens, der von 1812 bis 1832 in Breslau wirkte. Dann vor allem August Heinrich Hoffmann von Fallersleben, der „Das Lied der Deutschen“ verfasste. Mit seinen politischen Dichtungen wurde er zum „Bestseller-Autor“[69] und erreichte Rekordauflagen. Allerdings kosteten diese ihn auch sein Amt als Professor. 1842 musste er nach dem Eklat mit seinen „Unpolitischen Liedern“ Schlesien verlassen. Auch für die Sammlung polnischer Lieder setzte sich Hoffmann ein und unterstützte die Bemühungen von Julius Roger, der 1863 eine polnische Liedsammlung veröffentlichte.

Im Gegensatz zu den Liberalen, die im Hinblick auf die polnische Kultur und Sprache in Schlesien einen verstärkten Einfluss des katholischen Klerus befürchteten, sah Hoffmann von Fallersleben die Situation objektiver. Auch die Regierung in Berlin hielt es in den 1840er Jahren in dieser Beziehung nicht anders. Mit der Errichtung der katholischen Abteilung im Kultusministerium 1841 hatte sie hauptsächlich Geistliche als Schulinspektoren eingesetzt. Sie bildeten die intellektuelle Elite der polnischsprachigen Minderheit in Oberschlesien. Das Berliner Ministerium versuchte, in den gemischtsprachigen östlichen Provinzen in den 1850er Jahren eine „Methode für Betreibung der polnischen und deutschen Sprache als sich gegenseitig voraussetzend und bedingend“[70] zu entwickeln.

Dem Gedanken stimmte 1852 auch der damalige Oppelner Schulrat und spätere Breslauer Weihbischof Bernard Bogedain (1810–1860) zu, der dafür plädierte, „durch die Erlernung der deutschen Sprache [für einen] fruchtbaren Lebensverkehr vorzubereiten“, die polnische Sprache aber für „die gesamte Gottesverehrung, [den] Verkehr mit den Angehörigen und die weitere geistige

Der Breslauer Theaterdichter und Dramaturg Carl von Holtei (1798–1880) publizierte 1830 seine mundartlichen „Schlesischen Gedichte“. Neben zahlreichen Theaterstücken und Romanen sind seine Erinnerungen „Vierzig Jahre“ (1843–1850) und „Noch ein Jahr in Schlesien“ (1864) von kulturgeschichtlichem Interesse.

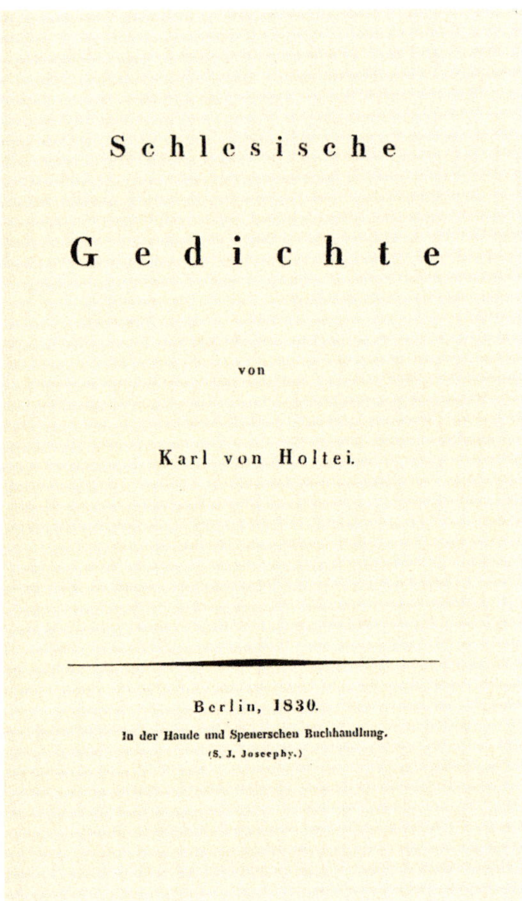

Schlesische

Gedichte

von

Karl von Holtei.

Berlin, 1830.
In der Haude und Spenerschen Buchhandlung.
(S. J. Josephy.)

Entwicklung der polnischen Bevölkerung" unbedingt zu pflegen.[71] Schwierigkeiten für sein Konzept der Zweisprachigkeit sah er darin, dass vielfach weder Beamte noch Lehrer beider Sprachen mächtig waren. Ein Aufschwung der Kultur in Oberschlesien war nach seiner Meinung erst dann möglich, wenn die polnischen Landesteile „mit dem Deutschtum verschmelzen"[72], jedoch zweisprachig blieben. Aus diesem Grund sammelte er polnische Kirchen- und Volkslieder und gab ein polnisches Choralbuch heraus. Für Bogedain war der Begriff „Germanisierung" damals noch nicht nationalistisch besetzt, weshalb sein Konzept später in den 1890er Jahren, also in einer Phase nationalistischer Germanisierungspolitik, im preußischen Abgeordnetenhaus scharf angegriffen wurde.

Die Sammlung von Volksliedern durch Intellektuelle, über die sich Eichendorff in seinem „Taugenichts" lustig macht, entsprach seit der Romantik dem Zeitgeist. Doch sticht in Schlesien eher die Kunstpoesie eines Carl von Holtei (1798–1880) hervor. Holteis in Mundart verfasste „Schlesische Gedichte" wurden zu Volksliedern (trotz aller Ironie erging es Eichendorff da nicht anders). Gedichte wie „Darheeme" (Daheim), „Der Zutabärg" (Zobten), „Suste nischt, ack heem" (Sonst nichts, nur nach Haus) stellen ein Stück schlesische Identität dar. Holtei, anerkannt in der Literaturszene seiner Zeit und geschätzt von Goethe, war allerdings in erster Linie ein Mann des Theaters und der Rezitation.

In der ersten Hälfte des 19. Jahrhunderts war das Theaterleben Schlesiens noch geprägt von adligen Bühnen wie das von Holtei geleitete Grafenorter Schlosstheater, zu dem aber auch die Dorfbewohner als Zuschauer, noch mehr allerdings als Mitwirkende auf der Bühne und im Orchester Zugang hatten (als Zuschauer mussten sie in „Volkstracht" erscheinen). Holtei konnte in der Grafschaft Glatz auf eine alte Tradition des Handwerker- und Bauerntheaters zurückgreifen. Er verstand es noch am ehesten, das von der Romantik entdeckte „Volk" in das Kulturleben einzubeziehen. Eine „bürgerliche" Bühne konnte sich in Schlesien erst 1841 mit Carl Ferdinand Langhans' Errichtung des Breslauer Theaters etablieren. Breslaus bürgerliche Gesellschaft erhielt damit ein Zentrum.

August Heinrich Hoffmann von Fallersleben (1798–1874) war ab 1829 Professor der deutschen Sprache und Literatur an der Universität Breslau. Seine Opposition gegen den Geist des Restaurationszeitalters brachte er 1840/41 in seinen „Unpolitischen Liedern" zum Ausdruck, die ihn 1842 die Professur kosteten. 1841 entstand sein bekanntes „Lied der Deutschen". Er sammelte deutsche und polnische Volkslieder, die 1842 als „Schlesische Volkslieder" erschienen.

Das Bild aus den 1850er Jahren hält eher als Collage denn als realistische ortsgetreue Darstellung wichtige Objekte Breslauer Bauten aus dem 19. Jahrhundert fest. So das in den 1840er Jahren von Friedrich August Stüler erweiterte Königsschloss und das von 1839 bis 1841 von Carl Ferdinand Langhans errichtete Theater, das nach Bränden 1865/67 umgebaut wurde. Hier etablierte sich ein Zentrum von Breslaus bürgerlicher Gesellschaft.

Schlesien zwischen 1850 und 1918

Wirtschaft und Demografie

Mit dem Beginn der Hochindustrialisierung änderte sich in den 1850er Jahren auch in Schlesien die wirtschaftliche Situation. Die Krise wurde durch die rasante industrielle Entwicklung überwunden. Im Gegensatz zu Westdeutschland waren in Oberschlesien der Bergbau und die Schwerindustrie weitgehend in der Hand des Adels. Die Führungskräfte allerdings kamen aus dem Bürgertum. Auch entwickelten sich seit den 1850er Jahren infolge des Kapitalbedarfs zahlreiche Aktiengesellschaften, die schließlich in diesem Wirtschaftsbereich zu einer maßgeblichen Unternehmensform wurden und nach der deutschen Reichsgründung 1871 zu einer starken Konzentration in der Schwerindustrie führten.

Guido Henckel von Donnersmarck (1830–1916), hier um 1890 beim Ausritt mit seiner Gattin auf dem oberschlesischen Gut Neudeck, verfügte außer seinem Landbesitz über Hütten-Eisenwerke, Zellulosefabriken und Kohlegruben. Nach Friedrich Alfred Krupp war er der reichste Mann Preußens. 1901 wurde er in den Fürstenstand erhoben.

Im Montanbereich fiel 1865 das staatliche Direktionsprinzip weg, das heißt, der Staat bestimmte nicht mehr über den Bergbau. Es setzte sich die volle Bergbaufreiheit durch. Typisch für Oberschlesien war jedoch, dass ein Adliger, nämlich Hugo Henckel von Donnersmarck, 1869 die bis dahin staatliche Königshütte und einen Teil der ebenfalls Preußen gehörenden Königsgrube erwarb. Auch wenn er und andere adlige Industriemagnaten wie etwa sein Bruder Guido Henckel von Donnersmarck, Graf Renard, Graf Tiele-Winckler und Fürst Hohenlohe ihre Imperien nach 1871 in Aktiengesellschaften umwandelten, behielten sie doch ein entscheidendes Mitspracherecht. Andere Adlige wie die Grafen von Ballestrem, Hugo, Lazy und Arthur Henckel von Donnersmarck, die Herzöge von Pleß sowie Georg von Giesches Erben vermochten ihre Konzerne ohne Umwandlung in Aktiengesellschaften zu behaupten. Gleichzeitig verfügten die großen Adelsfamilien auch noch über einen riesigen Grundbesitz.

Der adlige Lebensstil blieb für die oberschlesischen Großindustriellen verbindlich. Bürgerliche Aufsteiger wie Franz Winckler oder Karl Godulla wurden entweder geadelt oder heirateten in die führenden Adelsfamilien ein. Als Unternehmer bürgerlicher Herkunft behaupteten sich in Schlesien Borsig, Friedländer, Hegenscheidt, Huldschinsky, Caro und Wollheim, die sich teilweise aus einfachen Verhältnissen emporgearbeitet hatten.

Trotz der Nachteile, mit denen die oberschlesische Schwerindustrie zu kämpfen hatte, gehörten die schlesischen Industriellen zu den reichsten Männern Preußens; Fürst Guido Henckel von Donnersmarck galt 1905 als zweitreichster. Allein sein Grundbesitz in Preußen umfasste 23 300 Hektar, wobei deren Wert von 15 Millionen Mark nur ein Zehntel seines Besitzes ausmachte. Im Übrigen besaß er noch Steinkohlebergwerke sowie Hochofen- und Hüttenwerke, die er jenseits der schlesischen Grenze sowohl an der Ostsee (Stettin) wie im Ruhrgebiet, aber auch in Russisch-Polen erworben hatte. Er

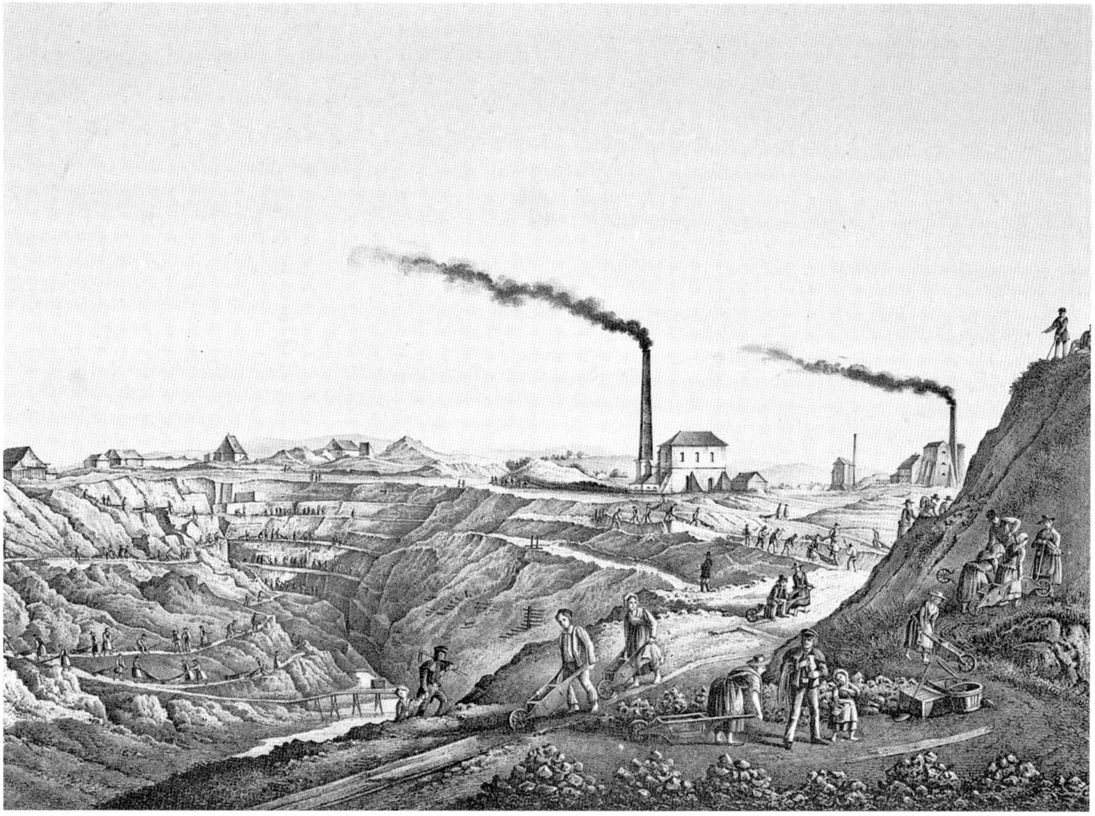

In der Zinkproduktion deckte Oberschlesien 40 Prozent der Weltherstellung. Der dafür erforderliche Rohstoff Galmei (Zinkerz) wurde um 1850 im Tagebau gewonnen. Hier die Galmeigrube von Scharley bei Beuthen nach einer Lithografie, vermutlich aus dem Verlag Rieden und Knippel in Schmiedeberg bei Hirschberg, um 1855.

1787 verlieh der preußische König der Familie Henckel von Donnersmarck die Glücksgrube bei Siemianowitz. In den folgenden Jahrzehnten entwickelte sich daraus der bedeutende Hütten- und Bergbaukomplex Laurahütte, 1871 so benannt nach der Ehefrau von Hugo Henckel von Donnersmarck (1811–1890). Der Holzstich von Richard Bong hält die Industrieanlage in der Zeit um 1865 fest.

Adolph Menzel.
Berlin 1875.

Für sein berühmtes, 1875 vollendetes Bild „Das Eisenwalzwerk“, nahm sich der aus Schlesien stammende Maler Adolph Menzel (1815–1905) ein Schienenwalzwerk im oberschlesischen Königshütte bei Beuthen zum Vorbild. Er fertigte Hunderte von Zeichnungen an und vermaß Maschinen und Geräte, um sich ein umfassendes Bild zu machen. Menzels Bild ist das erste Gemälde in der deutschen Malerei, das eine Fabrik und das moderne Arbeitsleben zeigt, in dem die Maschine dem Menschen ihren Arbeitstakt aufzwingt. Es wurde schon von Zeitgenossen als Symbol des Industriezeitalters aufgefasst.

kontrollierte vor allem die für die oberschlesische Industrie wichtige Zinkproduktion, die 40 Prozent der Weltherstellung ausmachte.

Guido Henckel von Donnersmarcks industrielles Engagement jenseits der schlesischen Grenzen hing vermutlich auch mit den schlechten Standortfaktoren in Oberschlesien zusammen. Dazu gehörte einmal die Zollsituation. Die österreichischen und russisch-polnischen Märkte waren durch hohe Schutzzölle versperrt und boten deshalb keine günstigen Absatzmöglichkeiten. Hinzu kam die miserable Verkehrsinfrastruktur vor allem bei den Wasserwegen, die die Transportkosten in den Osten erheblich verteuerte. Als Absatzmärkte blieben außer dem Binnenmarkt fast ausschließlich die skandinavischen und südosteuropäischen Länder. Der Transportkostenfaktor war auch insofern von erheblicher Bedeutung, als die oberschlesische Schwerindustrie weitgehend Massenprodukte herstellte. Erst seit den 1890er Jahren gingen die oberschlesischen Produzenten zur Erzeugung von Fertig- und Spezialprodukten über, so von Feinblechen und Kleineisen wie auch Maschinen. Bedingt durch die Standortnachteile verlor die oberschlesische Schwerindustrie nach 1850 ihre Führungsposition an das expandierende Ruhrgebiet, das eine günstige Marktnähe zu den bedeutenderen Handelszentren in Westeuropa besaß und zudem über ein besseres Verkehrsnetz verfügte.

Einen eigenen Typus schlesischer Industriebauten stellen die Weberhäuser aus dem 18. Jahrhundert dar. Es sind giebelständige, mit Laubengängen versehene Holzschrot-Reihenhäuser, wie zum Beispiel die „Sieben Brüder“ in Mittelwalde und die hier abgebildeten „Zwölf Apostel“ in Schömberg. Die Schömberger Anlage wurde 1707 im Auftrag der Grüssauer Abtei, der die Stadt gehörte, für Leinen- und Damastweber errichtet.

Engagierten sich in Oberschlesien primär Adlige in der Industrie, so waren es in Niederschlesien vor allem Bürgerliche. Hier hatte der Ausbau des Schienennetzes und der Straßen dazu geführt, dass die Industrie vielgestaltiger war. Vorrangig entwickelten sich der Maschinenbau und die Kleinmetallproduktion; daneben die chemische Industrie sowie die Holz-, Keramik-, Glaswaren- und Genussmittelherstellung. Die einst dominierende Textilindustrie hatte – trotz der Mechanisierung ab den 1850er Jahren – nur noch einen kleinen Anteil am gesamten industriellen Angebot. Doch bildeten die Weberdörfer um Langenbielau nach wie vor ein wichtiges Textilzentrum.

Wenn es auch nicht so bedeutend wurde wie das oberschlesische Kohlerevier, so verzeichnete doch auch das niederschlesische Waldenburg-Neuroder Revier nach dem Bau der Eisenbahnlinie Freiburg–Waldenburg eine bemerkenswerte Aufwärtsentwicklung. Um 1910 wurden hier circa sechs Millionen Tonnen Kohle gefördert (in Oberschlesien waren es circa 40 Millionen Tonnen). Ein weiterer wichtiger Wirtschaftsraum entwickelte sich in Breslau. Die bereits 1839 gegründeten Linke-Hofmann-Waggonwerke belieferten über Schlesien hinaus die neu entstehenden Eisenbahngesellschaften. Daneben gab es in der Stadt eine Textil-, Möbel- sowie Luxusgüterproduktion. Von seiner Bedeutung als wichtiger Verkehrsknotenpunkt profitierte auch Liegnitz, dessen Wirtschaftskraft vor allem auf den Erzeugnissen des fruchtbaren Umlands basierte. Die dort geernteten Gurken, der Kohl und die Zwiebeln wurden in den Konservenfabriken für

Neben dem oberschlesischen Kohlerevier entwickelte sich seit dem beginnenden 19. Jahrhundert ein weiteres in dem niederschlesischen Waldenburger-Neuroder Gebiet. Wie die nach 1863 entstandene kolorierte Lithografie von Ernst Wilhelm Knippel zeigt, errichtete man in Waldenburg die Industrieanlagen nicht weit von der von Carl Gotthard Langhans 1785–88 erbauten klassizistischen Saalkirche.

1837 stellte König Friedrich Wilhelm III. evangelischen Glaubensemigranten aus dem Zillertal das Gelände für eine Siedlung in Erdmannsdorf zur Verfügung, auf dem die sogenannten Tiroler Häuser errichtet wurden. Um diesen schlesischen Neubürgern neben der Landwirtschaft weitere Verdienstmöglichkeiten zu schaffen, wurde 1849 eine maschinell betriebene Flachsgarnspinnerei angelegt. Die Lithografie zeigt die Industrieanlage kurz nach ihrer Entstehung.

den Export verarbeitet. Zudem gab es Maschinenfabriken, holzverarbeitende Industrie sowie eine Spielwaren-, Lederwaren- und Papierindustrie.

Breslaus vorrangige Bedeutung lag auf dem Verwaltungs- und Bankensektor. Bis in die 1870er Jahre waren die Breslauer Banken die Finanziers der expandierenden Industrie, voran die Bankhäuser Eichborn und Heimann. Der ungeheure Kapitalbedarf im „Gründerboom" nach 1871 führte dann zur Entstehung von Aktienbanken. Im Schlesischen Bankverein, bereits 1852 gegründet, schlossen sich schlesische Privatbanken zusammen. Der Bankverein ging nach 1870 mit der Deutschen Bank, ebenfalls einer Aktienbank, zusammen, die allerdings bald Dreiviertel der Aktienmehrheit des Bankvereins behauptete. Neben der Deutschen Bank ließen sich weitere Banken, so die Dresdner, die Darmstädter und die Nationalbank in Breslau nieder und errichteten ihre Filialen in den Städten der Provinz. Daneben existierte ein weit verzweigtes Sparkassen- und Versicherungswesen.

Die durch den Architekten H. F. Waesemann 1854–58 errichtete Villa Eichborn am Breslauer Stadtgraben gehörte einer der bedeutendsten Breslauer Bankiersfamilien. Johann Ludwig Eichborn hatte 1728 in Breslau ein Kommissions- und Wechselgeschäft gegründet, das später als Bankhaus über 200 Jahre im Besitz der Familie war und bis in die 1870er Jahre zu den Finanziers der expandierenden Industrie zählte. Die Villa ist nicht mehr erhalten.

Neben der Industrie und dem Handel profitierte ein für Schlesien immer wichtigerer Verdienstzweig von dem wirtschaftlichen Aufschwung: der Fremdenverkehr und die Bäderkultur. Waren es in der Romantik noch vorwiegend Individualreisende, die es in die Ferne zog, so entwickelte sich in der zweiten Hälfte des 19. Jahrhunderts eine Tourismusindustrie, die allerdings nicht mit dem heutigen Massentourismus vergleichbar ist. Durch den Bau der Eisenbahn verkürzten sich die Reisezeiten erheblich. 1872 brauchte der Schnellzug von Berlin nach Breslau nur noch sechs Stunden. Besonders die schlesische Gebirgsregion mit ihren zahlreichen Heilbädern profitierte von dieser Entwicklung.

Die Löhne der schlesischen Arbeiter lagen, verglichen mit denen in den westlichen Industriegebieten, weit zurück. Verdiente 1899 der Kumpel an der Ruhr jährlich 1255 und der an der Saar 1019 Mark, so waren es im Waldenburger Revier lediglich 846, im oberschlesischen sogar nur 801 Mark. Schlesiens Sozialstruktur war sowohl im industriellen als auch im landwirtschaftlichen Sektor sehr unausgeglichen. Es fehlte eine breite Mittelschicht. 1882 machte die Gruppe der Unterschichten mit 10,7 Millionen Menschen circa 56 Prozent der Bevölkerung aus. Trotz des Wirtschaftsbooms im ausgehenden 19. Jahrhundert stieg der Anteil dieser Gruppe bis 1907 mit 17,8 Millionen auf 63 Prozent. Vor allem in Oberschlesien vermehrte sich diese Gruppe des industriellen wie ländlichen Proletariats.

Die neu entstehenden oberschlesischen Industriestädte und die sich entwickelnde Industriestadt Breslau nahmen von dem Landproletariat einen Großteil auf. Viele Schlesier wanderten aber auch in die westlichen Industriegebiete und vor allem nach Berlin ab. Von den circa 1,75 Millionen Berlinern kamen um 1900 rund 140 000 aus Schlesien, was zu der bekannten (wenn auch

Die seit dem Mittelalter bekannten Quellen von Reinerz wurden seit der Mitte des 18. Jahrhunderts zu einem Bad ausgebaut, das im 19. Jahrhundert zahlreiche Besucher anzog. Darunter war 1823 der Komponist Felix Mendelssohn, dessen Onkel Joseph Mendelssohn in Reinerz eine Eisenschmelze und ein Hammerwerk betrieb. An den Besuch Frédéric Chopins, der als Kurgast 1826 hier sein erstes öffentliches Konzert außerhalb Polens gab, erinnern die seit 1946 stattfindenden Chopin-Festivals.

Görbersdorf im Waldenburger Land wurde auch als schlesisches Davos bezeichnet. 1849 gründete hier Marie von Colomb eine Kaltwasserheilanstalt, die 1859 von ihrem Schwager Dr. Hermann Brehmer, dem Begründer der Freiluft-Liegekur, übernommen und zu einem der ersten wegweisenden Tuberkulosesanatorien Europas umgewandelt wurde. Das Werbeplakat zeigt das 1875–78 nach Plänen des Architekten Edwin Oppler in Formen der Neoromanik und Neogotik errichtete Kurhaus.

nicht zutreffenden) Redewendung führte, dass jeder zweite Berliner aus Schlesien stamme. Im westfälischen Ruhrgebiet lebten immerhin 73 000 Schlesier. Doch gab es auch in Oberschlesien nach 1900 einen Mangel an Arbeitern. Frauen und Minderjährige wurden als Arbeitskräfte herangezogen; sie machten zehn Prozent der Beschäftigten aus. Die Standortnachteile versuchten die oberschlesischen Industriellen durch die niedrigen Löhne zu kompensieren. Dies hatte auch zur Folge, dass zahlreiche Arbeiten durch Handarbeit geleistet werden mussten, die in westlichen Industriegebieten schon lange durch maschinelle Fertigung ersetzt worden waren.

Landwirtschaft im Wandel

Einen wesentlichen Wirtschaftsfaktor bildete in Schlesien nach wie vor die Landwirtschaft. Die einheimischen Industriegebiete, aber auch das benachbarte Sachsen und die Großstadt Berlin waren Abnehmer. Bis 1914 konnte die Landwirtschaft die Erträge bei Roggen, Weizen, Gerste und Hafer um über das Doppelte seit 1800 steigern. Über das Zehnfache seit 1800 erbrachte der Kartoffelanbau. Der Niedergang der Leinenherstellung führte allerdings zu einem Rückgang des Flachsanbaus. Auch der Rapsanbau war rückläufig, da die natürlichen Ölprodukte durch chemische ersetzt wurden. Der Bedeutungsverlust der schlesischen Textilindustrie betraf auch die Schafzucht. Schafwolle wurde nun weitgehend durch Baumwolle ersetzt. Die enormen Ertragssteigerungen der schlesischen Landwirtschaft waren einmal der Maschinisierung zu verdanken. Rentabel war der Einsatz von Dampfpflug und Lokomobile aber nur für den Großgrundbesitz; die mittel- oder kleinbäuerlichen Betriebe blieben auf ihr Zugvieh angewiesen. Die Züchtung neuer winterfester Pflanzen sowie der Siegeszug von organischem und anorganischem Handelsdünger kamen jedoch auch diesen Betrieben zugute.

Obwohl die schlesische Landwirtschaft zwischen 1890 und 1914 beim Pflanzenanbau und bei der Tierhaltung Rekordergebnisse erreichte, blieb ein Problem bestehen: die ungleichmäßige Verteilung der landwirtschaftlichen Nutzfläche. Hierin hatte Schlesien einen traurigen Rekord im Reich aufzuweisen. Die Bauernbefreiung des Freiherrn vom Stein, die einen wirtschaftlich und politisch unabhängigen mittelbäuerlichen Stand zur Folge haben sollte, hatte in Schlesien nahezu das Gegenteil bewirkt. Die Großgrundbesitzer hatten sich vielfach das bäuerliche Land angeeignet, sodass zahlreiche Bauernstellen verschwunden waren. Eine sehr kleine Schicht von Latifundien- und Rittergutsbesitzern, nämlich 1,43 Prozent der Bevölkerung, verfügte über 50 Prozent der landwirtschaftlichen Nutzfläche. Die bäuerliche Schicht, die über 30 bis 100 Morgen Land (nach dem Preußischen Morgen = 7,5 bis 25,5 Hektar) verfügte und damit nicht nur sich selbst versorgen, sondern auch für den Markt produzieren konnte, machte nur 17,4 Prozent aus. Allenfalls ihren Lebensunterhalt

In romantischer Auffassung stellt der Zeichner Theodor Blätterbauer die Feldarbeiten der 1837 aus Tirol nach Schlesien eingewanderten Bauern dar. Die Tiroler Trachten der Arbeitenden veranlassten den Künstler vermutlich eher zu diesem Bild als die Heuernte-Arbeit. Im Hintergrund die evangelische Kirche von Erdmannsdorf.

zu bestreiten vermochten mit fünf bis 30 Morgen Besitz 37,5 Prozent, während fast die Hälfte der bäuerlichen Bevölkerung, nämlich 44 Prozent, mit weniger als fünf Morgen Land auf andere Arbeits- und Verdienstmöglichkeiten angewiesen war.

Dass der Großgrundbesitz bis 1890 nicht noch mehr Land kaufen konnte, ist der ausländischen Konkurrenz mit agrarischen Produkten zu verdanken, die die Einkünfte der Großgrundbesitzer erheblich schmälerte. Außerdem wurden weitere Aufteilungen des bäuerlichen Besitzes durch den Staat unterbunden. Vor allem in Oberschlesien hatten diese zu einem erheblichen Rückgang des bäuerlichen Besitzes geführt. Dass in Mittelschlesien der Anteil des unterbäuerlichen Besitzes, der sogenannten Gärtnerstellen, anstieg, hing wie im Kreis Schweidnitz nach 1849 mit der Aufteilung von Rittergutsland zusammen, das vermutlich aus säkularisiertem Kirchenvermögen stammte.

Schlesien fehlte also ein breiter Mittelstand – nicht nur im ländlichen, sondern auch im städtischen Bereich, obwohl sich in dieser Zeit die Städte rasch vergrößerten.

Entwicklung und soziale Struktur der Städte

Nachdem die Festungsbauwerke, die viele Städte auch in Schlesien umgaben, ihre militärische Bedeutung verloren hatten, konnten sich Kommunen wie Neisse, Schweidnitz und Glatz auch städtebaulich verändern. An Stelle der Befestigungswerke entstanden Grüngürtel und Stadtparks. Auch gab es nun Platz für neue Siedlungen. Doch entwickelte sich in Nieder- und Mittelschlesien bis 1939 keine weitere Großstadt mit über 100 000 Einwohnern – außer Breslau, das auf 630 000 Einwohner anwuchs und zu den größten Städten im Reich zählte. Lediglich die oberschlesischen Industriestädte Zabrze/Hindenburg, Gleiwitz und Beuthen brachten es auf 100 000 bis 126 000 Einwohner. Schon das zeigt die herausragende Bedeutung Breslaus für Schlesien. Durch Eingemeindungen schuf sich die Stadt ausreichenden Siedlungsraum. Eine repräsentative Architektur unterstrich den (groß-)bürgerlichen Charakter Breslaus. Der nach der Säkularisation von 1810 gewonnene Kirchenbesitz innerhalb der Stadt wurde verstaatlicht oder kommunalisiert. Die Stadt bildete nun auch für die Planung eine Einheit.

Die übrigen „Regierungssitze" Schlesiens blieben als Städte weit hinter Breslau zurück, obgleich auch sie ihr bürgerliches Gepräge betonten, so Liegnitz durch das seit 1842 von Carl Ferdinand Langhans errichtete Stadttheater. Das wohlhabende Liegnitzer Bürgertum baute sich in der Südwest-Vorstadt schöne Villen. Dem einfachen Bürgertum stand eine repräsentative Wohnbebauung der Gründerzeit zur Verfügung. Obwohl die zweitgrößte Stadt Schlesiens westlich der Oder, zählte Liegnitz nie mehr als 60 000 Einwohner.

Auch der dritte Regierungssitz, das oberschlesische Oppeln, veränderte in der zweiten Hälfte des 19. Jahrhunderts durch die Indus-

Die Verbürgerlichung der Breslauer Juden fand um 1900 ihren Ausdruck im Bau moderner Kaufhäuser am Ring. Links auf dem Bild das Kaufhaus der Gebrüder Barasch (Ring Nr. 31/32), von dem Architekten Georg Schneider 1903/04 in Neobarock- und Jugendstilformen errichtet. Den Eckturm krönte ein gläserner Globus, der 1929 entfernt wurde. Rechts das Kaufhaus Schlesinger und Grünbaum, 1899 bis 1901 von dem Architekten Leo Schlesinger im Jugendstil gebaut.

Als einzige Stadt Schlesiens wuchs Breslau zu einer Großstadt, nachdem 1868 zahlreiche Nachbarorte eingemeindet worden waren. Es behauptete seine Position als Handels- und Verwaltungsstadt und gewann nun als Industriestadt eine weitere Funktion dazu. Mit über 500 000 Einwohnern zu Beginn des 20. Jahrhunderts zählte Breslau zu den bedeutendsten Städten des Deutschen Reichs. Aus der Vogelperspektive zeigt diese Lithografie nach einer Vorlage von Adolph Eltzner, wie die Stadt sich um 1870/71 in das Umland ausbreitet. Der ehemalige Festungsgürtel ist nun zu einem Ringpark umgewandelt worden.

Während die Städte im Osten Oberschlesiens zu Großstädten anwuchsen, blieb Oppeln um die Wende vom 19. zum 20. Jahrhundert ein beschauliches Verwaltungszentrum mit dem Regierungssitz Oberschlesiens und mit circa 30 000 Einwohnern. Der Eisenbahnanschluss nach Osten förderte allerdings auch hier die industrielle Entwicklung, vor allem die Zementfabrikation, die die osteuropäischen Märkte belieferte.

trialisierung seinen Charakter. War es bis dahin weitgehend Beamtenstadt gewesen, so entstand im Zuge des Ausbaus des Eisenbahnnetzes eine bedeutende Zementindustrie, die vor allem für den osteuropäischen Markt produzierte. Auch wenn die Stadt bis 1910 nur auf circa 39 000 Einwohner anwuchs, behielt sie ihren bürgerlichen Charakter, da die meisten Arbeiter als Pendler in den umliegenden Dörfern lebten.

Ein typisches Großbürgertum entwickelte sich also nur in Breslau. Hierzu zählte das Wirtschaftsbürgertum, das waren die Kaufleute, Fabrikanten, Unternehmer, Bankiers, leitende Angestellte und die Privatiers, ferner das Bildungsbürgertum, Professoren, Gymnasiallehrer sowie die freien akademischen Berufe. Davon zu unterscheiden ist das Kleinbürgertum, das den alten Mittelstand, die Handwerksmeister, Krämer und Wirte sowie den neuen Mittelstand, die Lehrer, mittleren Beamten und Angestellte umfasste. Trotz des Bevölkerungszuwachses der Stadt zwischen 1875 und 1905 von 240 000 Einwohnern auf circa 471 000, blieb der Anteil des gehobenen Bürgertums mit sechs Prozent der Gesamtbevölkerung konstant. Das Kleinbürgertum machte neun Prozent aus.

Zum Großbürgertum gehörten auch die jüdischen sozialen Aufsteiger. Sie stellten 1906 ein Viertel dieser gesellschaftlichen Gruppe in Breslau. Mit einem Anteil von etwa 60 Prozent der jüdischen Einwohner Breslaus, die zum gehobenen Bürgertum zu rechnen sind, unterschieden sie sich deutlich von den anderen Konfessionen. Der Anteil der Protestanten am gehobenen Bürgertum lag bei elf Prozent, der der Katholiken sogar nur bei 7,2 Prozent. Die jüdischen Bürger trugen in großem Maße zu den wirtschaftlichen und kulturellen Leistungen des Großbürgertums bei. Andererseits weckte dieser Aufstieg antisemitische Vorbehalte.

In ihrer Binnenstruktur unterschied sich die jüdische Gruppe um 1876 deutlich vom christlichen gehobenen Bürgertum. Sie war weitgehend im Waren- und Geldhandel tätig; dagegen gab es in Breslau kaum jüdische Fabrikanten und Unternehmer. Nur schwach vertreten war bis dahin die Gruppe der freiberuflichen Akademiker, was sich aber bis 1906 schnell änderte. Zwar gab es spätestens seit 1871 keine rechtlichen Schranken mehr für den sozialen und beruflichen Aufstieg der jüdischen Bürger, doch zeigt ihr Fehlen unter den höheren Justiz- und den Kommunalbeamten sowie unter den Offizieren, dass hier ein verdeckter Numerus clausus waltete. Auch die Karriere als Universitätsprofessor war für jüdische Bewerber während der Kaiserzeit noch keineswegs offen.

Deutlich ist seit der Jahrhundertwende das Bestreben des jüdischen gehobenen Bürgertums, möglichst in unabhängigen, selbstständigen Berufen tätig zu sein. Das schützte vor antisemitischen Angriffen und Zurücksetzungen. Waren Christian Wilhelm Dohm und die Aufklärer um 1780 noch von einer Anpassung der Sozialstruktur der Juden an die der Allgemeinheit ausgegangen, so hatte sich danach gezeigt, dass die Beibehaltung der seit Jahrhunderten ausgeübten Berufe der Juden im Dienstleistungssektor viel eher einen sozialen Aufstieg ermöglichte als die angepriesenen mittelständischen Berufe im Handwerk und in der Landwirtschaft. Doch darf nicht übersehen werden, dass es auch im Breslauer Judentum eine Unterschicht gab, die 15,6 Prozent der Gesamtgruppe ausmachte und zu der vor allem ältere verwitwete Frauen zählten.

Parteienlandschaft

Die krassen sozialen Gegensätze im Schlesien der Kaiserzeit spiegelten sich auch im politischen Feld wider, begreift man Politik als den „Bereich, in dem die letztlich maßgebenden Entscheidungen über das allgemeine Miteinanderauskommen in der Gesellschaft getroffen werden".[73] Diese Entscheidungen waren damals in Schlesien jedoch vielfach vorgegeben, auch bei den Bessergestellten wie dem jüdischen Bürgertum in Breslau. Die Wahlergebnisse und die Haltung der Parteien reflektieren nur recht unvollkommen die soziale Situation.

Neben August Bebel gilt Ferdinand Lassalle als einer der Gründerväter der deutschen Sozialdemokratie. 1825 als Sohn eines reichen jüdischen Textilkaufmanns in Breslau geboren, studierte er an der dortigen Universität und später in Berlin Philosophie. 1848/49 nahm er an der Revolution im Rheinland teil. Er vertrat die Theorie, dass die Arbeiter über das allgemeine Wahlrecht die Macht im Staat erringen und die sozialen Belange in ihrem Sinne regeln sollten. Im Mai 1863 gründete er den Allgemeinen Deutschen Arbeiter-Verein, aus dem sich die Sozialdemokratie entwickelte. Obgleich 1864 aufgrund einer Liebesaffäre in einem Duell getötet, genoss er in der Sozialdemokratie fast kultische Verehrung. Lassalle wurde auf dem Jüdischen Friedhof an der Lohestraße in Breslau begraben.

Das allgemeine und gleiche Wahlrecht galt seit 1867 nur für den Reichstag. Für die Wahlen zum preußischen Landtag und zu den Kommunalparlamenten galt das Dreiklassenwahlrecht, das die Wohlhabenden bevorteilte. In fast allen schlesischen Kreistagen gab es eine konservative Mehrheit; die Landräte kamen fast ausschließlich aus dem Adel. Die Ständegesellschaft blieb also weitgehend erhalten, wenn nun auch neben dem Adel das Bürgertum mitzusprechen hatte. Hinzu kam, dass der Staat die Besetzung der Schlüsselpositionen in den Ämtern allein bestimmte. Im Gegensatz zur preußischen Reformära, wo auch Bürgerliche wie (der später geadelte) Friedrich Theodor von Merckel und Julius Hermann Pinder in das Amt des Oberpräsidenten berufen wurden, gelangten in der zweiten Hälfte des 19. Jahrhunderts nur Adlige in diese Position. Auch unter den Vorsitzenden des Provinzialausschusses und unter den Landeshauptleuten befand sich kein Bürgerlicher.

Nach der Revolution von 1848/49 hatte der Staat die Parteien und politischen Vereine verboten. Die erste Partei, die sich in Schlesien nach der langen Reaktionsphase, die bis zum Ende der 1850er Jahre dauerte, mit einem festen Mitgliederstamm herausbildete, war die Sozialdemokratie. Schon zu Lebzeiten des aus Breslau stammenden Initiators der Sozialdemokratie, Ferdinand Lassalle (1825–1864), waren in den Weberdörfern Wüstewaltersdorf und Wüstegiersdorf die ersten schlesischen Gemeinden des 1863 von ihm gegründeten Allgemeinen Deutschen Arbeiter-Vereins (ADAV) entstanden. Die ersten Agitatoren Florian Paul und Heinrich Schnabel waren Weber. Anfang April 1864 schickten die Weber aus Wüstegiersdorf eine Deputation unter Florian Paul nach Berlin, die nicht nur von Ministerpräsident Otto von Bismarck, sondern auch vom König empfangen wurde. Bismarck versprach den Webern Staatsmittel zur Selbsthilfe. Bei dieser Gelegenheit traten Paul und seine Delegation auch mit Lassalle in Verbindung.

Nach der Entlassung zahlreicher Weber durch den Fabrikanten und liberalen Abgeordneten Leonor Reichenheim zog Lassalle gegen dessen Partei, die sogenannte Fortschrittspartei, zu Felde. Er attackierte Reichenheim in seinen Schriften und Reden, so in der sogenannten Ronsdorfer Rede vom 22. Mai 1864. Bei diesem seinem letzten politischen Auftritt schilderte er, wie die Wüstegiersdorfer Weber zu ihm gekommen seien und ihm gegenüber erklärt hätten: „Herr, wir kennen von Ihren Schriften nichts, wir wissen von Ihnen nur, wie furchtbar in allen liberalen Blättern unserer Provinz auf Sie geschimpft worden ist, – aber gerade daraus haben wir die Überzeugung gewonnen, daß Sie unser Mann sein müssten!“[74]

In Schlesien formierte sich die Arbeiterbewegung nach diesem Ereignis als Partei. Florian Paul wurde später unter dem Sozialistengesetz, das zwischen 1878 und 1890 die Sozialdemokratie verbot, aus Deutschland ausgewiesen und ging nach Amerika, wo er 1914 in New York starb. Die Arbeiterbewegung in den Weberdörfern hat zwar nie eine große Rolle in der deutschen Sozialdemokratie gespielt, aber immerhin hielten sich dort bis zum Verbot unter dem Sozialistengesetz kontinuierlich sozialdemokratische Gemeinden. Die Parteipresse, „Der Social-Demokrat“, berichtete regelmäßig über sie und veröffentlichte auch Gedichte in schlesischer Mundart. In Breslau kam es erst am 30. März 1868, im Nachgang zu den Wahlen zum ersten Norddeutschen Reichstag von 1867, zur Konstituierung einer ADAV-Gemeinde. Dies war mit großen Schwierigkeiten verbunden, da auch in Breslau wie in Berlin zahlreiche Arbeiter der liberalen Fortschrittspartei anhingen. Zum zehnjährigen Stiftungsfest des ADAV entstand 1873 in Breslau eine Fahne, die heute als die älteste Traditionsfahne der SPD gilt.

Die Arbeiterbewegung erfand neue Strategien für den Arbeitskampf, so zum Beispiel den Streik. Während Lassalle von diesem Druckmittel nicht viel hielt, forcierte sein Nachfolger Johann Baptist von Schweitzer in Konkurrenz zu den Liberalen den Ausbau von Gewerkschaften. Eine Schlüsselrolle spielte dabei der Waldenburger Bergarbeiterstreik von 1869, der von dem linksliberalen Hirsch-Dunckerschen Gewerkverein organisiert worden war. 6400 Kumpel legten am 1. Dezember die Arbeit nieder. Sie wurden dabei finanziell von den ADAV-Mitgliedern unterstützt; nach einigen Wochen mussten sie den Arbeitskampf freilich aufgeben, da ihnen die Mittel fehlten. Die Sozialdemokratie versuchte, die Arbeiter in der liberalen Partei davon zu überzeugen, dass ein Arbeitskampf nicht mit der, sondern nur gegen die Bourgeoisie und ihre liberalen Vertreter geführt werden könne.

Obwohl aus Schlesien in der Zeit von 1860 bis zum Ersten Weltkrieg bedeutende Sozialdemokraten und Sozialdemokratinnen kamen, so neben Lassalle der (erste jüdische) sozialdemokratische Reichstagsabgeordnete Max Kayser, ferner die erste Frau im Gewerkschaftsvorstand, Emma Ihrer, oder der in Hamburg aktive Theodor York, spielten in der Provinz selbst und auch in den Führungspositionen der Gesamtpartei Schlesier kaum eine Rolle. Doch konnten die Sozialdemokraten zwischen 1906 und 1914 ihren Mitgliederstamm in Schlesien von 17 200 auf 45 000 erhöhen, wobei das oberschlesische Industrie-

Noch heute – so auf dem Hamburger Parteitag 2007 – zeigt die SPD ihre älteste Traditionsfahne. Sie wurde 1873 von schlesischen Arbeiterfrauen für das zehnjährige Stiftungsfest der Breslauer Gemeinde des Allgemeinen Deutschen Arbeiter-Vereins angefertigt. Die Fahne überstand versteckt die Verfolgungen der Sozialdemokratie unter dem Bismarck'schen Sozialistengesetz 1878–1890 und unter der NS-Diktatur 1933–1945. Parole und Emblem verweisen auf die Tradition der Sozialdemokratie, den Gleichheitsgrundsatz in der Französischen Revolution 1789 und den ersten Zusammenschluss in der Arbeiterverbrüderung während der Revolution von 1848.

Emma Ihrer, 1857 in Glatz geboren, gründete in Berlin mit ihrem Verein zur Vertretung der Interessen der Arbeiterinnen 1885 die sozialdemokratische Frauenbewegung. Als lange Zeit einzige Frau gehörte sie der Gewerkschaftsführung an. Seit 1890 gab sie die politische Frauenzeitschrift „Die Arbeiterin" heraus. Emma Ihrer starb 1911 in Berlin.

gebiet mit 2724 Mitgliedern kaum ins Gewicht fiel. Nach Breslau mit 20 000 Mitgliedern wies das Reichenbacher Industriegebiet mit den alten Weberdörfern um Langenbielau immerhin 13 230 Mitglieder auf.

Den Wahlkreis Reichenbach, der 1877 durch den Zimmermann August Kapell als erster Wahlkreis für die Sozialdemokratie gewonnen wurde, vertrat seit 1889 der Langenbielauer Schneidermeister Kühn. In Breslau erwarb die SPD, die aus dem ADAV hervorging, zum ersten Mal 1878 durch den Tischler Klaus Peter Reinders einen Wahlkreis. Aufsehen erregte das deshalb, weil Reinders über den Nationalliberalen Leo Molinari gesiegt hatte, der einer bekannten Breslauer Kaufmannsfamilie entstammte. Da das oberschlesische Industriegebiet für die SPD als Stammgebiet entfiel, weil sich hier die Arbeiter der Zentrumspartei angeschlossen hatten, lagen die sozialdemokratisch dominierten Wahlkreise ausschließlich in Mittel- und Niederschlesien. Seit Aufhebung des Sozialistengesetzes 1890 erreichten die Sozialdemokraten in Schlesien insgesamt 22 Prozent der Wählerstimmen.

Auch das Bürgertum versuchte sich während der 1860er Jahre in den liberalen Parteien eine politische Basis zu schaffen. Doch erst nach der Formulierung eines liberalen Parteiprogramms 1865 durch den ehemaligen 48er-Revolutionär Rudolf Haym für Breslau etablierten sich die Liberalen als Mitgliederpartei. Die bürgerlichen Liberalen konnten sich vor ihrer Teilung in Fortschrittspartei und Nationalliberale 1884 dank des Dreiklassenwahlrechts großen Einfluss in den Kommunalparlamenten und bis 1880 auch in den Breslauer Reichstagswahlkreisen sichern.

Der schlesische Adel versuchte seine Vorrangstellung 1866 politisch durch die Gründung der Freikonservativen Partei (im Reichstag: Deutsche Reichspartei) abzusichern. Zunächst mit Erfolg, denn keine andere Partei wurde im ersten Reichstag (1871–1873) „so stark von Schlesiern geprägt wie diese".[75] Im Kulturkampf, der von 1872 bis 1878 andauernden Auseinandersetzung zwischen der katholischen Kirche und dem preußisch-deutschen Staat, verlor sie allerdings ihre führende Rolle an die katholische Partei, das Zentrum.

Ab 1874 konnte das Zentrum allmählich alle oberschlesischen Wahlkreise gewinnen und sie bis zum Ersten Weltkrieg weitgehend behaupten. Doch auch im Zentrum dominierte neben den Geistlichen der schlesische Adel, sowohl was die Reichstagssitze als auch was die Parteiführung betraf. Arbeiter, Handwerker oder Bauern gelangten in der schlesischen Zentrumspartei nicht in die Führungsspitze. Im Grunde zählte das schlesische Zentrum – im Gegensatz zu dem rheinischen oder westfälischen – zum konservativen Flügel der Partei. Allenfalls karitative Verbesserungen, nicht aber grundlegende soziale Veränderungen bestimmten sein Programm. Dazu zählte der von dem Zentrumsführer Franz v. Ballestrem geförderte Bau von Arbeitersiedlungen.

Die fällige Auseinandersetzung um die soziale Frage wurde in Schlesien überlagert durch die Auseinandersetzungen auf drei Feldern, die in ihrer ideologischen Verbissenheit von den eigentlichen, den sozialen Problemen ablenkten. Gemeint sind der Kulturkampf, der Antisemitismus und das oberschlesische Nationalitätenproblem.

Kulturkampf und religiöses Leben

Die nicht gerade zeitgemäßen Lehrentscheidungen des Papstes Pius IX., so der antiliberale Syllabus von 1864 – ein Papsterlass gegen moderne Erscheinungen wie Religions- und Pressefreiheit – und das Unfehlbarkeitsdogma von 1870, das die Unfehlbarkeit des Papstes in Glaubensfragen verkündete, hatten nicht nur kirchenbewusste Protestanten oder die Liberalen vor den Kopf gestoßen, sondern auch innerhalb der katholischen Kirche zu einer Spaltung geführt. Der Breslauer Bischof Heinrich Förster (im Amt seit 1853) hatte zwar in diesem Zusammenhang, da er gegen das Unfehlbarkeitsdogma war, dem Papst seinen Rücktritt angeboten, sich dann schließlich aber doch unterworfen. Anders dagegen der einflussreiche Breslauer Theologieprofessor Joseph Hubert Reinkens, der bis dahin zu den Säulen des Ultramontanismus gehört hatte. Doch blieb die von ihm mitgegründete Altkatholische Kirche, deren erster Bischof er wurde, ohne großen Zulauf. Die Massen blieben dem Papst und seiner Kirche treu. Der Staat mischte sich in diese innerkirchliche Problematik insofern ein, als er in Schlesien die Übergabe einiger römisch-katholischer Kirchen an die Altkatholiken anordnete.

Zum eigentlichen Kampf aber bliesen die Liberalen, die unter Rudolf Virchows Führung die Auseinandersetzung zu einem Kulturkampf stilisierten, der im Endergebnis zu einer Trennung von Kirche und Staat führen sollte. Zwar waren einige der von ihnen geforderten Maßnahmen, so zum Beispiel die Einführung der Zivilehe, die Führung der Zivilstandsregister durch den Staat, die staatliche Aufsicht über die Schulen, durchaus zeitgemäß, doch gingen die Liberalen in diesem Kampf mit recht unliberalen Mitteln vor. Unter dem aus Schlesien stammenden liberalen preußischen Kultusminister Adalbert Falk wurden ab 1875 die sogenannten Kulturkampfgesetze durchgesetzt. So wurde der Breslauer Bischof Förster aufgefordert, sein Amt niederzulegen. Er ging daraufhin in den österreichischen Teil seiner Diözese und regierte von Johannisberg in Österreichisch-Schlesien aus sein Bistum. Die Jesuiten und auch andere geistliche Orden wurden ausgewiesen und ungefähr 230 Pfarreien blieben unbesetzt. Das Breslauer Priesterseminar wurde geschlossen, die Zahl der Priester ging zurück, sodass schließlich ein Viertel der Gläubigen ohne Seelsorger war.

Der Kulturkampf hatte allerdings für den politischen Katholizismus den Vorteil, dass fast 42 Prozent der katholischen Wahlberechtigten in Schlesien das Zentrum wählten. Zudem nahm das katholische Vereinswesen einen großen Aufschwung. Angesichts der Bedrohungen gelang es der katholischen Kirche in Schlesien, die Gläubigen so eng zusammenzuschließen, wie sonst kaum im Reich, und sich auf den Katholikentagen ihrer Treue zu versichern. Das bedeutete mitunter jedoch auch eine rigide Abschottung nach außen und eine starke Betonung barockkatholischer Traditionen bei der Feier der Kirchenfeste, bei Wallfahrten und Prozessionen, die – wie zur Zeit der Gegenreformation – durchaus demonstrativen Charakter hatten.

Die evangelische Kirche war dagegen offener. In den Städten dominierte ein liberaler Protestantismus, auf dem Lande herrschte eher, bedingt durch das weitgehend vom Adel bestimmte Kirchenpatronat, eine konservativ-orthodoxe Richtung. Sie dominierte auch die Kreissynoden und hatte Einfluss auf das Konsistorium in Breslau. Zwischen den einzelnen Gruppen aber gab es im Gegensatz zu früheren Zeiten keine Konflikte.

Auch in der jüdischen Gemeinde waren nach 1850 die Differenzen zwischen Reformern und Orthodoxen beigelegt worden. Der gefundene Kompromiss, die sogenannte Einheitsgemeinde, wurde vorbildlich für die Organisation der meisten jüdischen Gemeinden in Deutschland. Es gab eine übergeordnete Verwaltung, aber die einzelnen religiösen Richtungen konnten jeweils ihre eigenen Kultusverbände unterhalten und Synagogen errichten. Die 1854 in Breslau als Jüdisch-Theologisches Seminar gegründete Jüdische Hochschule war nicht nur in Deutschland, sondern überhaupt in der jüdischen Welt die erste Einrichtung dieser Art. Ihr Gründungsdirektor Zacharias Frankel strebte in der Rabbinerausbildung einen „Mittelweg zwischen den Extremen von Reform und normativem Judentum“ an.[76] Die hier ausgebildeten Rabbiner besetzten bald viele deutsche Rabbinate. Damit wurde Breslau zu einer tonangebenden Metropole des deutschen Judentums.

Zwischen den christlichen Konfessionen herrschte trotz des Kulturkampfes in alter schlesischer Tradition Toleranz. Ein Außenstehender, der jüdische Schlesier Alfred Kerr, charakterisiert in seiner Skizze „Schlesische Heimat“ den Zustand mit einem gewissen ironischen Unterton: „Katholiken und Protestanten stehen einander – nicht feindlich

Heinrich Förster (1799–1881), seit 1837 Domprediger in Breslau, wurde 1853 Fürstbischof. Er lehnte das 1870 verkündete Unfehlbarkeitsdogma des Papstes ab, verteidigte aber im Kulturkampf die katholische Position. 1875 wurde er deshalb als Bischof von Breslau abgesetzt, verwaltete aber sein Amt von Johannisberg aus, dem österreichischen Teil seiner Diözese.

Zacharias Frankel (1801–1875) entstammte einer böhmischen Rabbinerfamilie. Sowohl an einer Universität wie an einer jüdischen Lehranstalt ausgebildet, vertrat er seit 1854 als Direktor des Jüdisch-Theologischen Seminars in Breslau, der ersten jüdischen Hochschule in Europa, in der Auseinandersetzung zwischen Reformern und Orthodoxen eine vermittelnde Position. Er starb 1875 in Breslau.

gegenüber, im Gegenteil, denn hier ist in allem ein Schuß Wohlwollen ... Aber die Katholiken wissen doch gut, wer protestantisch, und die Protestanten wissen doch gut, wer katholisch ist ...“[77]

Antisemitismus

Die erbitterten Auseinandersetzungen während des Kulturkampfes wirkten sich allerdings negativ auf das Zusammenleben mit den rechtlich inzwischen gleichgestellten Juden aus. Dabei konnte die jahrhundertealte Judenfeindschaft der Kirche immer wieder belebt werden. Hierin tat sich vor allem der aus Schlesien stammende Geistliche Paul Majunke hervor, der während dieser Zeit die führende deutsche Zentrumszeitung „Germania“ als Chefredakteur betreute. Die mittelalterliche Ritualmordlegende wurde von schlesischen Klerikern wie dem Schweidnitzer Pfarrer Mommert sogar noch zu Beginn des 20. Jahrhunderts verbreitet. Kardinal Georg Kopp, seit 1887 Bischof von Breslau, stellte sich allerdings gegen dergleichen Ansichten. Zweifelsohne spielte in der antijüdischen Propaganda der katholischen Presse der Sozialneid eine wichtige Rolle: Die Juden gehörten im Kapitalismus eher zu den Erfolgreichen, die Katholiken eher zu den Verlierern. Die Juden sollten deshalb – nach Ansicht der katholischen Presse – wie in der mittelalterlichen Ständegesellschaft „isoliert“ werden.

Judentum und Liberalismus wurden nicht nur im ökonomischen Bereich gleichgesetzt, sondern auch als Verantwortliche für den Kulturkampf ausgemacht. Bei den Reichstagswahlen 1879 wurden die Breslauer Zentrumsanhänger deshalb aufgerufen, lieber den sozialdemokratischen Kandidaten als den jüdischen liberalen zu wählen, denn „Semiten können das alte christliche Breslau doch nicht vertreten“, wie der Zentrumskandidat Hager in einer Wahlrede ausführte.[78] Um auch im Breslauer Stadtverordnetenparlament jüdische Abgeordnete der Linksliberalen Partei zu verhindern, schloss sich das dortige Zentrum mit Konservativen und Nationalliberalen in der antisemitischen „Freien Vereinigung“ zusammen. Ein Vergleich der Zentrums- und Kirchenpresse dieser Zeit zeigt, dass der Antisemitismus zu den grundlegenden Einigungsmechanismen des politischen Katholizismus in der Kulturkampfzeit zählte und dabei eine seiner Hauptstützen in Schlesien hatte.

Doch war der Antisemitismus während der Kaiserzeit nicht nur in katholischen Kreisen verbreitet. Durch die Aktivitäten des Hofpredigers Adolf Stoecker wirkte er sehr stark ins protestantische Milieu hinein, durch den preußischen „Staatshistoriker“ Heinrich von Treitschke auch ins akademische. In seinen Schriften und Reden machte Treitschke die Juden nicht nur als Gefahr für den sozialen Aufstieg der Studenten, sondern allgemein

Zu einem der meistgelesenen Schriftsteller im 19. Jahrhundert wurde der 1816 im schlesischen Kreuzburg geborene Gustav Freytag. Mit seinem erfolgreichen Roman „Soll und Haben“ (1855) verband er als Liberaler ein politisches Programm. Das rechtschaffen-fleißige Bürgertum steht im Kontrast zu dem dekadenten Adel. Die negative Darstellung der Juden in diesem Roman sollte laut Autor nicht als Antisemitismus verstanden werden. Freytag starb 1895 in Wiesbaden.

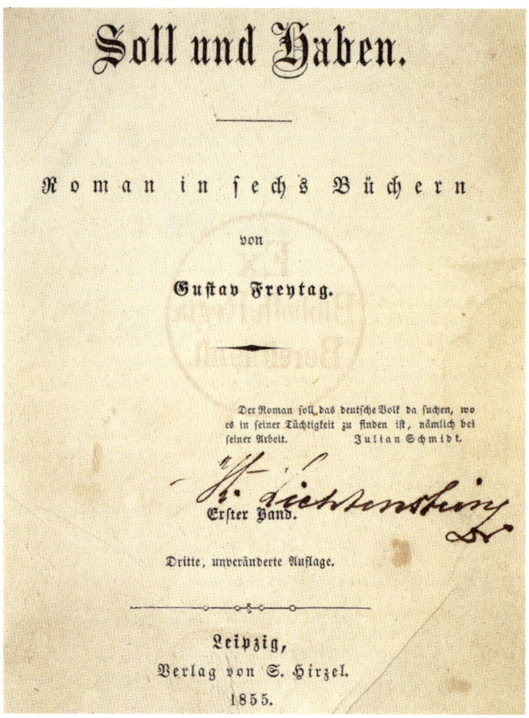

Soll und Haben.

Roman in sechs Büchern

von

Gustav Freytag.

Der Roman soll das deutsche Volk da suchen, wo es in seiner Tüchtigkeit zu finden ist, nämlich bei seiner Arbeit. Julian Schmidt.

Erster Band.

Dritte, unveränderte Auflage.

Leipzig,
Verlag von S. Hirzel.
1855.

für die deutsche Kultur aus. Der von ihm 1878 in Berlin angestoßene Antisemitismusstreit wirkte sich auch auf Breslau aus.

Treitschke hatte namentlich den Professor für Geschichte am Breslauer Jüdisch-Theologischen Seminar und Honorarprofessor der Breslauer Universität Heinrich Graetz angegriffen und an dessen 11. Band seiner „Jüdischen Geschichte" die „fanatische Wut gegen das Christentum" kritisiert.[79] Graetz hatte in diesem Band die Heroen des deutschen Geistes Luther und Goethe wegen ihrer Judenfeindschaft kritisiert. Nicht nur Graetz, auch der Breslauer Reformrabbiner und Nachfolger von Abraham Geiger, Manuel Joel, antwortete Treitschke in einem offenen Brief, was in der Breslauer Presse ein breites Echo fand. Joel polemisierte gegen die politische Absicht, die Treitschke mit seiner Antisemitismuskampagne verfolgte.

Obgleich die Linksliberalen sich in Breslau nach 1879 weitgehend auf das jüdische Bürgertum stützten und dieses bei den Kommunal- und Landtagswahlen, begünstigt durch das preußische Dreiklassenwahlrecht, fast ein Viertel der Wählerstimmen stellte, war es den Linksliberalen nicht gelungen, jüdische Persönlichkeiten wie Eduard Lasker als Landtagskandidaten durchzubringen. Die Nationalliberalen hatten sich bei den Landtagswahlen von 1879 offen auf die Seite der antisemitischen „Freien Vereinigung" gestellt.

Nicht nur dieses Ereignis zeigt, dass in Breslau und darüber hinaus in Schlesien schon Ende der 1870er und Anfang der 1880er Jahre ein antisemitisches Klima herrschte: Die sogenannte Antisemitismuspetition von 1880/81 bekam in Schlesien über ein Viertel der insgesamt 50 000 Unterschriften, davon 5000 aus Breslau. Mit dieser Unterschriftenaktion versuchten die Konservativen, die Aufhebung der rechtlichen Gleichstellung der Juden zu erreichen. Treitschkes Polemik sowie die antisemitische Öffentlichkeitsarbeit der Konservativen führten dazu, dass auf Veranlassung der preußischen Behörden im Jahr 1885/86 circa 10 000 polnische und russische Juden das Land verlassen mussten, da sie nicht die preußische Staatsangehörigkeit besaßen. Die Juden in Schlesien waren davon besonders betroffen, allein aus Breslau wurden 1000 Juden ausgewiesen.

Den prägnantesten Ausdruck aber fand der bürgerliche Antisemitismus in Schlesien und darüber hinaus in dem wohl bekanntesten Werk des schlesischen Autors Gustav Freytag (1816–1895), dem Roman „Soll und Haben", der erstmals 1855 erschien und bis 1922 114 Auflagen erreichte. Die politische Tendenz dieses Romans sollte die Kraft des deutschen Bürgertums und eines leistungsfähigen Bauernstandes herausstellen, die nicht mehr kreditfähigen Großgrundbesitzer aber, die sich zudem mit jüdischen Wucherern einließen, als dem Untergang geweiht anprangern. Was Gustav Freytag zu der antisemitischen Tendenz seines Romans veranlasste, bleibt offen. Der Autor war keineswegs ein Antisemit, wie seine kritische Auseinandersetzung mit der antisemitischen Schrift Richard Wagners über die Juden im Musikleben zeigt.

Die antisemitische Tendenz in „Soll und Haben" wurde von den jüdischen Zeitgenossen wohl nicht als solche verstanden, sonst gäbe es keine Erklärung dafür, dass dieser Roman ein beliebtes Geschenk für jüdische Jungen zur Bar-Mizwa war, also zur Aufnahmefeier in die jüdische Gemeinde mit 13 Jahren, einem der Konfirmation vergleichbaren Fest. Die meisten Juden fühlten sich damit nicht gemeint, wie der Nobelpreisträger Max Born, der aus einer Breslauer Professorenfamilie stammte, für seine Familie bestätigt: „Die in diesem Buch geschilderten Juden unterscheiden sich durch nichts von jenen im ‚Stürmer', dem berüchtigten Blatt des Obernazis Streicher. Dennoch wurde dieses Buch in unseren Familien begeistert gelesen und gepriesen. Sie betrachteten sich offensichtlich als zur Klasse der vornehmen deutschen Kaufleute gehörend und glaubten, mit den galizischen Kleinhändlern mit ihrem ‚jiddischen' Dialekt und niederen Bildungsniveau nichts zu tun zu haben."[80] Offensichtlich identifizierten sich die Juden des Breslauer

Heinrich Graetz, 1817 in Xions in der Provinz Posen geboren, studierte nach seiner Ausbildung zum Rabbiner seit 1842 an der Universität Breslau semitische Philologie und Philosophie. Seit 1853 Dozent am Jüdisch-Theologischen Seminar in Breslau und seit 1869 Honorarprofessor an der dortigen Universität, veröffentlichte er als Erster eine Gesamtgeschichte des jüdischen Volkes. Er zog damit publizistische Angriffe des antisemitischen Historikers Heinrich von Treitschke auf sich. 1891 starb er in München, wurde aber in der Ehrenallee des Jüdischen Friedhofs an der Breslauer Lohestraße beigesetzt.

Bürgertums nicht mit den negativen Stereotypen bei Gustav Freytag, sondern mit dem deutschen Bürgertum im Roman.

Das oberschlesische Nationalitätenproblem

Nach Gründung des Deutschen Reiches 1871 ist in Deutschland eine deutliche Zäsur in der Politik gegenüber den nationalen Minderheiten auszumachen. Statt auf Integration und Toleranz setzten Bismarck und die Nationalliberalen auf Ausgrenzung und sogar Verfolgung. In Oberschlesien potenzierte sich die Situation insofern, als die staatlichen Maßnahmen unter anderem in der Schulfrage sowohl Katholiken wie die polnisch sprechende Bevölkerung treffen sollten.

Trotz des sich nach 1871 verschärfenden Nationalismus, der auf eine rigide „Germanisierung" der Polen in Oberschlesien drängte, gab es allerdings unter den Deutschen in Schlesien eine nicht unbedeutende Strömung, die in der Tradition der bürgerlichen Aufklärung für die Beibehaltung der polnischen Sprache und darüber hinaus für die Pflege des Kulturgutes der polnischsprachigen Oberschlesier eintrat. Die sonst eher rechtslastige Volkskunde führte in Schlesien diese Tradition fort, so etwa die 1894 gegründete Schlesische Gesellschaft für Volkskunde.

Die deutsche Regierung verfolgte eine nationalistische Ausgrenzungspolitik, die der polnischsprachigen Bevölkerung in Oberschlesien eine „großpolnische" Gesinnung unterstellte. Ob das für die Oberschlesier wirklich zutraf, dessen war sich nicht einmal Bismarck in seiner sogenannten Polenrede vom 28. Januar 1886 im Preußischen Abgeordnetenhaus sicher, wenn er hervorhob, dass man „in Schlesien mit einer Million polnisch redender Untertanen ohne jede Schwierigkeit" lebe beziehungsweise dass „unter der Million Oberschlesier doch die Feindseligkeit gegen den preußischen Staat nicht so entwickelt ist, wie die Leiter der Agitation es wünschen".[81] Für Bismarck lag die Schuld für die Ausbreitung des „polnischen Elements in Oberschlesien", wie er es nannte, bei der katholischen Abteilung des preußischen Kultusministeriums und beim katholischen Klerus.

Bismarck wollte seine Nationalitätenpolitik bewusst von seiner Konfessionspolitik getrennt wissen, doch ist kaum zu widerlegen, dass er die nationale und konfessionelle Frage in Schlesien eng verquickte. Das Schulcircular vom 20. August 1872 schrieb entgegen allen Überlegungen schlesischer Pädagogen den ausschließlich deutschsprachigen Unterricht auch für polnischsprachige Kinder vor. Wie das „Schlesische Kirchenblatt" kritisierte, waren nicht pädagogische, sondern staatliche Gründe ausschlaggebend. Zwar sollte die Religionsvermittlung in der Unterstufe noch auf Polnisch erteilt werden, aber die Wiederholung des Stoffs auf Deutsch erfolgen.

Die katholische Kirche in Schlesien änderte unter dem Breslauer Kardinal Kopp (im Amt seit 1887), der nach der Beilegung des Kulturkampfes in den 1880er Jahren eine sehr regierungsfreundliche Politik betrieb, ihre Haltung in dieser Frage. 1890 wandte sich der Kardinal gegen die „Wiederbelebung des Polonismus", da er befürchtete, „dass nationale Liebhabereien im politischen wie im sprachlichen Sinne bereits anfangen, die Einigkeit meiner Diözesanen zu bedrohen und die Liebe und Treue zur gemeinsamen Kirche zurücktreten zu lassen, was bisher in Oberschlesien unerhört war". Vor allem dem „oberschlesisch-polnischen Verein", der polnischsprachigen „Nowiny Raciborskie", warf er vor, „eine geradezu nationale Agitation" zu betreiben, was auch nach abgeklungenem Kulturkampf „das Misstrauen der staatlichen Behörden gegen den Klerus" errege. Ohne Zweifel vertrat Kardinal Kopp damit in der Nationalitätenpolitik eine Position, die nicht von allen Geistlichen getragen wurde.

Der Kurs der schlesischen Zentrumspartei, die in den 1890er Jahren die Abspaltung einer polnischen Volkspartei zu verhindern suchte, war nicht so angepasst an die preußische Regierungspolitik. Auch das Zentrum betonte zwar, einer „großpolnischen Agitation" niemals Konzessionen machen zu wollen, setzte sich aber „für die Erhaltung der polnischen Muttersprache in Familie, Kirche und Schule" ein.[82] Die Oberschlesier seien Preußen und nicht Polen, betonten oberschlesische Zentrumspolitiker, und als katholische Preußen wollten sie die „geschichtlich und tatsächlich völlig unbegründete nationalpolitische Agitation, welche nur ins Verderben führe", da es das katholische Oberschlesien politisch spalte, von der Partei fernhalten.[83] Diese Politik wurde in den 1890er Jahren wohl auch weitgehend von der oberschlesischen Bevölkerung getragen.

Erst nach 1900 kam es hier zu einem Wandel. Bedingt durch die Benachteiligung der polnischen Sprache entstand unter den polnisch sprechenden Oberschlesiern ein „polnisches Selbstbewusstsein"[84], ohne dass darauf auswärtige Agitatoren Einfluss genommen hätten. Den schlesischen Behörden war dies durchaus bewusst. Das alte Bündnis der polnischsprachigen Oberschlesier mit dem Zentrum zerbrach. Die Polnische Partei gewann an Bedeutung, und bei den Reichstagswahlen von 1903 konnte mit Wojciech Korfanty der erste Oberschlesier für die Polnische Partei in den Reichstag einziehen. Circa 20 Prozent der oberschlesischen Wähler entschieden sich 1903 für eine polnische Gruppierung mit deutlich polnisch-nationalem Programm. Bis 1907 und 1912 stieg der Anteil auf 40 Prozent an.

Auf polnischer wie auf deutscher Seite heizten die nationalistischen Kreise und auch die Presse die Stimmung an. Die nationalpolnischen Organisationen wie „Zet", „Eleusis", „Sokol" oder „Straz" waren zwar nicht in Schlesien entstanden, für ihre Ausbreitung im Land sorgten aber Polen aus Posen und Galizien. Auf deutscher Seite ist hier primär der 1894 gegründete Deutsche Ostmarkenverein zu nennen. Sein Ziel war die „Stärkung des Deutschtums", was letztlich die totale Assimilierung der polnisch sprechenden Bevölkerung bedeutete. Nach außen gab sich der Verein recht defensiv und sprach von der „Verteidigung des Deutschtums" gegen die „polnische Gefahr".[85] Auch wenn die Organisation 1913 in Schlesien knapp 12 000 Mitglieder zählte, kann kaum von einer großen Breitenwirkung gesprochen werden. Er war primär ein Beamtenverein. Mit Arbeits-, Kredit- und Grundstücksvermittlung, Ausbildungsstipendien sowie Vergnügungen und Festlichkeiten versuchte er, kleinbürgerliche Schichten zu gewinnen, war damit aber allenfalls unter den Gewerbetreibenden erfolgreich.

Die Breslauer Regierung war über den Ostmarkenverein wenig glücklich, da sie ein Sich-gegenseitig-Hochschaukeln nationalistischer Kräfte in Schlesien sowohl auf deutscher wie auf polnischer Seite fürchtete. Zudem stellten sich das Zentrum und auch die SPD entschieden gegen den Verein und seine Tätigkeit. Erst unter Reichskanzler v. Bülow (ab 1903) schien die Organisation, bedingt durch die restriktive Polenpolitik des Kanzlers, mehr Erfolg zu haben. Mit seiner Forderung, dass auf öffentlichen Veranstaltungen nur deutsch gesprochen werden durfte, konnte der Verein sich trotz Hilfe der unteren Beamtenebene nicht durchsetzen. Das Oberste Verwaltungsgericht in Breslau hob mit Verweis auf die Gesetzeslage dergleichen polizeiliche Verbote auf.

Eine Neufassung des Vereinsgesetzes, die 1908 im Reichstag durchgesetzt wurde, enthielt die Bestimmung, dass in öffentlichen Versammlungen nur dort polnisch (beziehungsweise dänisch oder französisch) gesprochen werden durfte, wo zumindest 60 Prozent der Bevölkerung zu einer alteingesessenen, fremdsprachigen Bevölkerungsgruppe zählten. Die polnische Vereinstätigkeit hat dieses Gesetz nicht sonderlich getroffen.

Gegen das Gesetz votierten – neben Polen, Dänen und einigen freisinnigen Abgeordneten – die SPD und das Zentrum. Für die SPD war dieses Gesetz ein Produkt der „herrschenden Reaktion"[86], die nur durch den Klassenkampf des Proletariats beseitigt werden konnte. Sie rief deshalb bereits 1905 auf ihrem Parteitag in Nürnberg die „polnischen Proletarier"[87] auf, sich der sozialdemokratischen Partei anzuschließen, um damit die systematische Germanisierungspolitik der

Regierung zu verhindern. Trotz dieser eindeutigen Stellungnahme und der Agitation Rosa Luxemburgs gewann die SPD im katholischen Oberschlesien 1912 bei den letzten Reichstagswahlen vor dem Ersten Weltkrieg nur circa 13 Prozent der Stimmen. Die nationalistischen Parolen waren stärker. Dennoch scheinen diese auf das alltägliche Leben in Oberschlesien keinen gravierenden Einfluss ausgeübt zu haben.

Kulturelles Leben

An die Stelle des Adels als Träger der Kultur waren inzwischen das Bürgertum und die Städte getreten. Doch auch die Religionsgemeinschaften übten weiterhin einen starken Einfluss auf die Architektur und das Musikleben aus. Die katholische Kirche war in der zweiten Hälfte des 19. Jahrhunderts einer der größten Auftraggeber für Bauten in Schlesien, wozu vor allem die Zunahme von Kirchengemeinden in den wachsenden Industriestädten beitrug. Der Breslauer Bischof Heinrich Förster (im Amt 1853–1875) als bedeutender Kirchenbauherr betonte im Bildprogramm der durch seinen Baumeister Alexis Langer errichteten neogotischen Kirchen die Verbundenheit mit dem österreichischen und rheinischen Katholizismus und der großen Zeit der gotischen Dome im mittelalterlichen Reich. Bewusst stellte er sich wie beim Bau der monumentalen Kirche St. Michael auf dem Breslauer Elbing gegen alle Vorgaben aus Berlin, die einen bescheideneren Bau befürworteten. Dafür verzichtete er sogar auf die ihm zustehenden staatlichen Zuschüsse. In den Jahren des Kulturkampfes ruhte zwar die Bautätigkeit der katholischen Kirche, doch kam es ab 1890 unter Kardinal Kopp zu einem Wiederanstieg des Kirchenbaus in Schlesien, wiederum im neogotischen Stil.

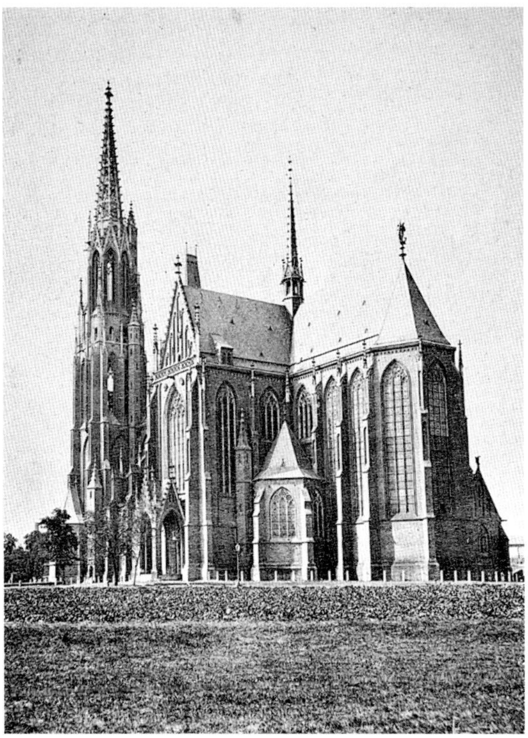

Die nach den Plänen von Alexis Langer (1825–1904) in den Jahren 1862 bis 1871 auf dem Elbing in Breslau erbaute neogotische Kirche St. Michael ist ein Zeugnis eines traditionsbewussten Katholizismus in Schlesien.

Der evangelische Kirchenbau knüpfte um die Jahrhundertmitte ebenfalls an die gotische Tradition des mittelalterlichen schlesischen Kirchenbaus an, wandte sich aber seit 1890 neuen Stilformen zu, so dem Jugendstil, dem Neubarock sowie der aufkommenden Moderne. Hier tat sich vor allem der Gustav-Adolf-Verein durch die Finanzierung von Kirchen hervor. Im Kirchenbau dieser Zeit ist durchaus eine gewisse Rivalität unter den Konfessionen zu erkennen.

Auch das Breslauer Judentum entwickelte durch den jüdischen Architekten Edwin Oppler einen eigenen sakralen Stil, wenngleich seine 1872 für die liberale Gemeinde in Breslau erbaute Neue Synagoge sehr stark an die romanischen Kaiserdome in Speyer und Worms erinnert. Oppler betonte dadurch den deutschen Charakter der Synagoge und damit die kulturelle Anpassung der Breslauer Juden. Den maurischen Stil, der von zahlreichen zeitgenössischen Synagogenarchitekten als jüdischer Stil bevorzugt wurde, lehnte er bewusst ab und hob hervor, dass „vom 9. bis 14. Jahrhundert die Synagogen im deutschen Style erbaut“ wurden.[88]

Die Neue Synagoge in Breslau wurde zwischen 1865 und 1871 für die liberale jüdische Gemeinde errichtet. Der Entwurf stammte von dem 1831 in Oels geborenen Edwin Oppler, der zu den bedeutendsten jüdischen Architekten des 19. Jahrhunderts zählt. Neben der Synagoge in Breslau baute er weitere in Hannover, Schweidnitz und Hameln. Als „deutscher Jude“ wollte er im „deutschen Style“ bauen, womit er den romanischen Stil meinte, in dem die mittelalterlichen Synagogen am Rhein erbaut worden waren. Oppler entwarf auch christliche Sakralbauten und Kultgeräte. Er starb 1880 in Hannover. Die von ihm erbauten Synagogen wurden im Novemberpogrom 1938 vernichtet.

Als „Umrahmung“ der Breslauer Jahrhunderthalle von 1913 erbaute der Direktor der Breslauer Kunstakademie Hans Poelzig (1869–1936) Ausstellungspavillons und eine halbkreisförmige Pergola.

Der Breslauer Stadtbaurat Max Berg (1870–1947) entwarf und erbaute zur Jahrhundertfeier des sogenannten Befreiungskrieges von 1813 die Jahrhunderthalle in Breslau. Der mächtige und damals größte Kuppelbau in der Geschichte ruht auf vier Pfeilern. Als Material verwendete der Architekt Stahlbeton.

So betonten alle Konfessionen in Schlesien mit ihren Sakralbauten durchaus auch ein politisches Programm, blieben damit aber weitgehend dem Historismus verpflichtet.

Breslau galt für die Zeitgenossen um die Jahrhundertwende als „zurückgebliebene Großstadt".[89] Diesen Ruf wollten die Breslauer loswerden, und so wagten sie unter Bürgermeister Georg Bender durch ihre beiden Architekten Max Berg und Hans Poelzig einen Wurf, der weithin Aufsehen erregte. Max Berg war seit 1909 Stadtbaurat und Hans Poelzig von 1903 bis 1916 Direktor der Breslauer Königlichen Kunst- und Kunstgewerbeschule, die 1911 in den Rang einer Akademie für Kunst und Kunstgewerbe erhoben wurde. Berg und Poelzig entwarfen das Konzept für die Jahrhundertausstellung von 1913, die zur Einhundertjahrfeier des 1813 von Breslau ausgehenden Befreiungskrieges gegen Napoleon ausgerichtet werden sollte. Das Zentrum der Ausstellung bildete die von Berg erbaute Jahrhunderthalle. Max Berg nutzte dabei mithilfe von Stahlbeton neue Konstruktionsmöglichkeiten. Der Kuppelbau auf vier mächtigen Pfeilern stellte den bis dahin größten Kuppelbau in der Geschichte dar.

In Breslau war das Haus des Ehepaares Albert und Toni Neisser ein Treffpunkt von Künstlern und Bürgertum. In ihrer 1898 von dem damals bekannten Berliner Architekten Hans Grisebach erbauten Villa am Scheitniger Park verkehrten Gerhart Hauptmann, Gustav Mahler und Richard Strauss. Die Villa wurde zu einem Mittelpunkt des Breslauer Kulturlebens. Toni Neisser, die der jüdischen Textilfabrikantenfamilie Kauffmann entstammte, half mit bei der Vorbereitung der Jahrhundertfeier von 1913. Für die von Max Berg errichtete Jahrhunderthalle hatte Gerhart Hauptmann ein „Festspiel in deutschen Reimen" geschrieben, das von Max Reinhardt inszeniert wurde. In Umkehrung des eigentlichen Anlasses gestaltete Hauptmann das Spiel, das mit einem Friedenszug zum Olymp endet, als pazifistisches Stück. Die Kriegervereine protestierten dagegen und Wilhelm II. sorgte dafür, dass das Stück vorzeitig abgesetzt wurde. Der „Simplicissimus", die Berliner Satire-Zeitschrift, spottete deshalb: „Überhaupt kein Schlachtgemenge / kein Hurra und Roßgesprenge, / Zapfenstreich und schneddredenge! / Sag' mir Hauptmann, guter Mensch / Ist das auch noch vaterländ'sch?"[90]

Breslau dominierte die Kultur in Schlesien. Die übrigen „größeren Städte" des Landes, die allenfalls ein Zehntel der Einwohner Breslaus zählten, hatten es schwer, da mitzuhalten. Dennoch konnten Städte wie Liegnitz oder Görlitz mit ihren Villen und Parks aus der Kaiserzeit auf architektonische Prachtstücke verweisen. Der wirtschaftliche Aufschwung, den Görlitz als Verwaltungs- und Industriestadt in der zweiten Hälfte des 19. Jahrhunderts erlebte, fand seinen künstlerischen Niederschlag in der Neustadt mit ihren zahlreichen Jugendstilbauten. Mehr als ein lokales Ereignis waren seit 1876 die Schlesischen Musikfeste, bei denen unter anderem Karl Muck und Wilhelm Furtwängler dirigierten.

Die Villa des Ehepaares Albert und Toni Neisser am Scheitniger Park in Breslau wurde von dem Berliner Architekten Hans Grisebach (1848–1904) erbaut. Sie war ein Mittelpunkt des Breslauer Kulturlebens. Auch der Dichter Gerhart Hauptmann (1862–1946) verkehrte hier. Er ließ sein Haus Wiesenstein in Agnetendorf im Hirschberger Tal ebenfalls von Hans Grisebach erbauen.

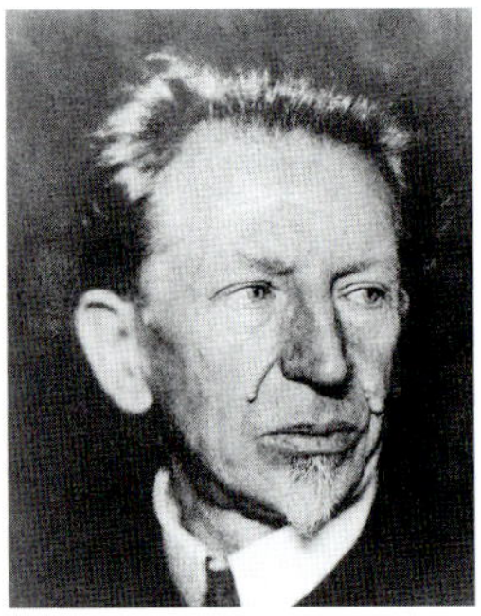

Ende des 19. Jahrhunderts wendeten sich viele Schriftsteller mystischen literarischen Stoffen zu, so auch der ältere Bruder Gerhart Hauptmanns, Carl Hauptmann (1858–1921). Das Bauernhaus in Mittelschreiberhau, das die Brüder Hauptmann um 1890 erwarben und bis 1895 gemeinsam bewohnten, ist heute Museum.

In Haus Wiesenstein in Agnetendorf lebte Gerhart Hauptmann mit seiner Frau Margarethe von 1900 bis zu seinem Tod 1946. Zu seinem Freundeskreis gehörte der Autoi Wilhelm Bölsche (1861–1939), der hier mit seiner Frau Johanna zwischen dem Ehepaar Hauptmann vor Haus Wiesenstein steht.

In den Mittel- und Kleinstädten, aber auch auf den Dörfern, entfalteten die Bürger in zahlreichen Theater- und Musikvereinen ein reges Kulturleben. Die Männergesangsvereine schlossen sich 1862 in Neisse zum „Schlesischen Sängerbund“ zusammen. Anstöße für das Musikleben kamen auch aus dem kirchlichen Bereich. In der katholischen Kirchenmusik wurden weiterhin Messen mit Orchestermusik gepflegt, die vielfach von den örtlichen Kantoren komponiert wurden. Der schöpferischste unter ihnen war Ignaz Reimann (1820–1885), Kantor in Rengersdorf bei Glatz. Im Rahmen der cäcilianischen Bewegung, die gegen Ende des 19. Jahrhunderts aufkam und sich für eine Erneuerung der katholischen Kirchenmusik einsetzte, trat zwar in Schlesien die Orchestralmusik im Gottesdienst zugunsten der wieder stärker betonten Gregorianik und A-capella-Musik zurück, wurde aber bis zum Ende des Zweiten Weltkrieges in den Dorf- und Stadtkirchen weiterhin gepflegt. In der evangelischen Kirche stellte die Weichen für eine Reform der Kirchenmusik der in Ratibor geborene Arnold Mendelssohn (1855–1933), der sich um neue Formen des Chorals und eine liturgiegebundene Chormusik verdient gemacht hat.

Das schlesische Zentrum der Literatur war um 1900 nicht Breslau, sondern das Dorf Schreiberhau im Riesengebirge. Den Ausgangspunkt bildete das Bauernhaus, das die Brüder Carl und Gerhart Hauptmann 1890 in Mittelschreiberhau erwarben. In diesem Haus schuf Gerhart Hauptmann Werke wie „Die Weber“ (1892) und „Der Biberpelz“ (1893). Zwar gaben die Brüder schon 1895 ihre Wohngemeinschaft auf, doch die in den Jahren von 1900 bis 1946 von Gerhart Hauptmann und seiner Frau Margarethe bewohnte Villa Wiesenstein in Agnetendorf wurde zum Mittelpunkt eines weiteren bedeutenden Künstlerzentrums im Riesengebirge. Hauptmann hatte diese Villa von Hans Grisebach im Neorenaissance-Stil bauen lassen, als „Gehäuse meiner Seele“[91], wie er das Haus 1914 bezeichnete.

Zu der Künstlerkolonie in Schreiberhau gehörten die Autoren und Initiatoren der Berliner „Freien Volksbühne“ Wilhelm Bölsche, Bruno Wille und John Henry Mackay. Sie hatten zunächst versucht, ihr sozialistisches und kulturreformerisches Kunstprogramm in das Kulturprogramm der SPD einzubringen, waren aber von der Partei abgewiesen worden. Ihr Rückzug ins Riesengebirge war mit der Abkehr vom Naturalismus und einer Hinwendung zu einer mystischen Naturerfahrung verbunden. Auch im Werk Gerhart Hauptmanns, in „Hanneles Himmelfahrt“ (1893) und „Die versunkene Glocke“ (1897), die auf Sagenstoffe zurückgriffen, spiegelt sich diese Wende wider. Bruno Wille initiierte mit dem Maler Hermann Hendrich ein „Gesamtkunstwerk“, die „Sagenhalle des Riesengebirges“, in der der Rübezahl-Mythos des Riesengebirges zu einem Mythos von Wotan-Rübezahl variiert wurde. Ihr sozialreformerisches Engagement setzten Wilhelm Bölsche

Die Hinwendung zur Mythen- und Sagenwelt – vor allem zum Rübezahl-Mythos – sollte als „Gesamtkunstwerk“ ihren Ausdruck in der „Sagenhalle des Riesengebirges“ in Schreiberhau finden. Der Maler Hermann Hendrich (1854–1931) ließ sie aus eigenen Mitteln erbauen. Der Breslauer Architekt Paul Engler errichtete sie 1903 als „nordische hochgiebelige Blockhaushalle“. Der „nordische“ Bau im Riesengebirge war nicht unumstritten. Der Direktor des Breslauer Kunstgewerbemuseums, Karl Masner, bezeichnete sie als „Surrogat der großstädtischen Panoptikum- und Panoramagenüsse“. Die Sagenhalle ist nicht erhalten.

Der bekannte Nationalökonom Werner Sombart (1863–1941), der von 1890 bis 1906 an der Universität Breslau lehrte, ließ sich nach seinem Wechsel an die Berliner Handelshochschule 1906 von dem bekannten Dresdner, später Hamburger Architekten Fritz Schumacher (1869–1947) in Mittelschreiberhau eine Villa bauen, die er 1909 mit seiner Familie bezog. Das Wohnhaus war gleichsam um seinen Schreibtisch und seine Bibliothek konzipiert. Das prächtige Anwesen bot Sombart das angemessene Ambiente für seine kulturellen Kontakte, so zu den Brüdern Hauptmann und Walther Rathenau. Das Bild seiner Villa verschickte Sombart als Postkarte an Freunde und Bekannte wie hier zu Neujahr 1915 an den Maler Franz Lippisch (1859–1941), von dem auch das obige Porträt Sombarts aus dem Jahr 1913 stammt.

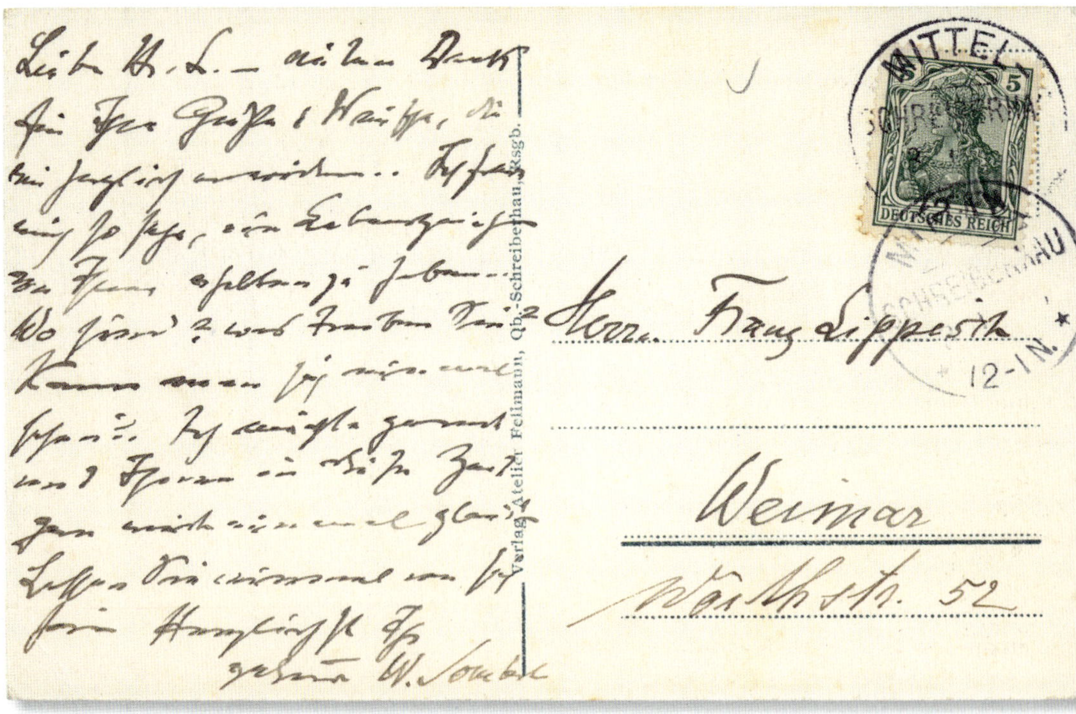

und Bruno Wille 1902 in der Gründung der „Deutschen Gartenstadtgesellschaft“ um, die sie gleichsam durch den Erwerb von Bauernhäusern in Schreiberhau vorweggenommen hatten. Dort ließen sich auch die Maler Hanns Fechner, Alfred Nikisch, Georg Wichmann und Hermann Hendrich, der Kunsthistoriker Alfred Koeppen und der Nationalökonom Werner Sombart nieder. Bis zum Ersten Weltkrieg machte der Künstler- und Intellektuellenkreis Schreiberhau zu einem „der Orte in Deutschland, in denen intellektueller und künstlerischer Aufbruch stattfand“.[92]

Schlesien im Ersten Weltkrieg

Im August 1914 wurde Realität, was der aus Schlesien stammende expressionistische Dichter Georg Heym bereits 1911 in seinem Gedicht *Der Krieg* beschworen hatte: „Aufgestanden ist er, / welcher lange schlief, / Aufgestanden unten aus Gewölben tief. / In der Dämmerung steht er groß und unbekannt, / Und den Mond zerdrückt er in der schwarzen Hand.“[93] Fast 50 Jahre hatte sich das Deutsche Reich zu seinem Vorteil, wie ja auch in Schlesien deutlich wird, entwickeln können und war zur zweitgrößten Wirtschaftsmacht der Welt aufgestiegen. Dem in Berlin beschlossenen „Griff nach der Weltmacht“[94] konnten die zur Fortsetzung des Friedens Entschlossenen wie der in Ratibor geborene Londoner Botschafter Karl Max v. Lichnowsky keinen entsprechenden Widerstand entgegensetzen. Er strebte einen Ausgleich mit England und Russland an. Der dabei ins Auge gefassten Lockerung der Beziehung zum Bündnispartner Österreich-Ungarn wurde von Berlin aus energisch widersprochen.

Gemäß dem Schlieffen-Plan konzentrierte sich der Angriff der deutschen Truppen auf den Westen, also Belgien und Frankreich. Dorthin zogen auch die unter dem Kommando des deutschen Kronprinzen kämpfenden schlesischen Armeekorps. Obgleich die Eroberung des oberschlesischen Industriegebietes zu den wichtigsten Kriegszielen Russlands gehörte und dafür eine Armee von drei Millionen Mann aufgeboten wurde, bestand zur Sicherung der schlesischen Grenze nur das aus älteren Jahrgängen rekrutierte schlesische Landwehrkorps unter der Führung des 70-jährigen reaktivierten Generals Remus v. Woyrsch bereit. Durch General Paul von Hindenburgs schnellen Sieg über die russischen Truppen bei Tannenberg in Ostpreußen am 30. August 1914 war die russische Bedrohung allerdings nicht mehr akut.

Dennoch litt Schlesien wie das gesamte Reich spätestens seit 1915, nachdem sich der schnelle „Siegfriede“ – ein rascher Friedensschluss nach deutschen Schlachtenerfolgen – als Illusion erwiesen hatte, unter den Folgen der nur mangelhaft vorbereiteten Versorgung. Aufgrund der Einberufungen fehlten in der Industrie und Landwirtschaft Arbeitskräfte, die auch durch russische Kriegsgefangene

Im oberschlesischen Schloss Pleß, das der Fürstenfamilie Hochberg-Fürstenstein gehörte und nahe der Grenze zum österreichischen Bündnispartner lag, befand sich von 1915 bis 1917 das kaiserliche große Hauptquartier. Das Bild zeigt Kaiser Wilhelm II. bei einer Besprechung mit den Generälen Paul von Hindenburg und Erich Ludendorff im Jagdzimmer des Schlosses. Mit Beginn des uneingeschränkten U-Boot-Krieges im Frühjahr 1917 wurde das Hauptquartier in das belgische Spa verlegt.

und weibliche Arbeitskräfte nicht hinreichend ersetzt werden konnten. Obgleich die Basisrohstoffe, Kohle und das nach wie vor aus Schweden importierte Eisenerz, weiterhin zur Verfügung standen, sank die Industrieproduktion gegenüber 1913 um 20 Prozent. Vor allem die Zinkproduktion, Oberschlesiens Exportschlager, ging von 50 000 Tonnen im Jahr 1913 auf 14 000 Tonnen im letzten Kriegsjahr zurück.

Engpässe machten sich vor allem bei den alltäglichen Gebrauchsgütern bemerkbar, da die Produktion der Rüstungsgüter Priorität besaß. Zudem fehlte es der Landwirtschaft an Guanodünger, der nicht mehr importiert werden konnte. Auch wenn die Versorgung mit Grundnahrungsmitteln durch Bezugskarten garantiert werden sollte, reichten die hierfür vorgesehenen Lebensmittel wie Brot und Kartoffeln, von Fleisch und Fetten ganz zu schweigen, nicht aus. Der „Normalverbraucher" erhielt pro Tag nur noch eine Zuteilung im Gegenwert von 1000 Kalorien. Nach dem Hungerwinter 1916/17 kam es auch in Schlesien 1917 zu Streiks, zumal der Krieg nun durch eine Inflation finanziert wurde, deren Folgen bei den Löhnen nicht berücksichtigt wurden.

Die sozialdemokratische „Volkswacht", die während der Kriegszeit in Breslau von Paul Löbe, dem bedeutendsten Sozialdemokraten Schlesiens, redigiert wurde, rechtfertigte den zu Kriegsbeginn von Kaiser Wilhelm II. ausgerufenen innenpolitischen „Burgfrieden", der eine geheime Zustimmung der Sozialdemokraten zur Regierungspolitik bedeutete; doch trat sie für den Verständigungsfrieden ein. Trotz der Stillhaltepolitik der Gewerkschaften wuchs bis 1918 in Schlesien der Anteil der in Gewerkschaften Organisierten auf circa 70 Prozent der Arbeiter an. Konflikte sollten im Burgfrieden nicht durch Streiks, sondern durch Schlichtungsausschüsse geregelt werden. Viel erreichten die Sozialdemo-

Von August 1917 bis zum 8. November 1918 war die Sozialdemokratin Rosa Luxemburg (1870–1919) wegen versuchten Hoch- und Landesverrats in einem Breslauer Gefängnis inhaftiert.

Die schlesische Sozialdemokratie wurde wesentlich durch Paul Löbe (1875–1967) bestimmt. Er war Vizepräsident der Weimarer Nationalversammlung und 1920–1932 Präsident des Berliner Reichstags. Von Januar bis Dezember 1933 war er im KZ Breslau-Dürrgoy inhaftiert. Bei der Eröffnung des Ersten Deutschen Bundestages 1949 war er dessen Alterspräsident.

kraten dadurch nicht. Es kam nur zu kleinen Gesten der Regierung wie der für Oberschlesien wichtigen Aufhebung des Verbots von Polnisch als Amts- und Schulsprache.

Die SPD verlor dadurch ihren Einfluss auf die Arbeiter, sodass es 1918 zu zahlreichen „wilden" Streiks kann, die von der Partei nicht gebilligt wurden. Dieser Kurs führte zu einer Spaltung in Mehrheits- (MSPD) und Unabhängige Sozialdemokraten (USPD). Obgleich der langjährige Breslauer SPD-Reichstagsabgeordnete Eduard Bernstein (1850–1932), der den Wahlkreis Breslau-West vertrat, zur USPD ging, konnte dieser Flügel in Schlesien nicht viele Anhänger gewinnen. Die schlesischen Sozialdemokraten folgten eher dem Reichstagsabgeordneten für Breslau-Ost, Gustav Bauer, der im September 1918 zusammen mit Philipp Scheidemann in die Regierung unter Reichskanzler Max von Baden eintrat. In der Berliner Parteispitze der MSPD und USPD spielten Schlesier während der Novemberrevolution keine Rolle.

Im Breslauer Kletschgauer Gefängnis war aber seit August 1917 die bekannteste Sozialdemokratin, Rosa Luxemburg, inhaftiert. Dort schrieb sie die „Spartakus-Briefe", in denen sie die Politik der Bolschewiki kritisierte, da diese nicht demokratisch, sondern dikatorisch Russland regierten. Obgleich am 12. Oktober 1918 für politische Häftlinge eine Amnestie erlassen wurde, blieb Rosa Luxemburg bis zum 8. November 1918 inhaftiert. Erst dann wurde sie freigelassen. Vor der Menge, die sie auf dem Breslauer Domplatz begrüßte, hielt sie eine Rede, um dann schon am Nachmittag nach Berlin abzureisen.

Die am 9. November 1918 in Berlin durch Philipp Scheidemann ausgerufene Republik wurde in Breslau in der Jahrhunderthalle durch den Volksrat und Soldatenrat „inthronisiert", so Paul Löbe bei dieser Veranstaltung. Der Architekt Max Berg erklärte sein Bauwerk zum „Dom der Demokratie".95 Löbe sprach für die Arbeiter und der spätere Breslauer Polizeipräsident Fritz Voigt für die Soldaten. Der durch den alten Stadtrat eingesetzte Volksrat leitete zusammen mit dem von ihm unabhängigen Soldatenrat die Belange der Stadt. Löbe amtierte später in der Weimarer Nationalversammlung, die dem Reich eine neue, demokratische Verfassung gab, als Vizepräsident, und von 1920 bis 1932 war er Präsident des deutschen Reichstags in Berlin.

Auch in anderen schlesischen Städten bildeten sich Arbeiter- und Soldatenräte beziehungsweise Volksräte, so in Görlitz, Glogau, Oppeln, Beuthen/Oberschlesien, Gleiwitz und Kattowitz, die sich um die Aufrechterhaltung der Ordnung und die Versorgung der Menschen kümmerten. Da die Arbeiter- und Soldatenräte weitgehend von den Mehrheitssozialdemokraten kontrolliert wurden, kam es in Schlesien im Gegensatz zu anderen preußischen Provinzen nirgendwo zu blutigen Aufständen.

Nummer 10 Pfg.

Volkswacht

für Schlesien und „Liegnitzer Volkszeitung".

Organ für die werktätige Bevölkerung.

Nr. 264. Breslau, Sonnabend, den 9. November 1918. 29. Jahrgang.

Die Morgenröte!

Waffenstillstand vor dem Abschluß! – Der Kaiser vor der Abdankung! – Bayern Republik! – Rücktritt des Herzogs von Braunschweig! – Rücktritt des Oberkommandos der Marken! – Arbeiter- und Soldatenräte in den Großstädten Nord- und Mitteldeutschlands! – Frauenwahlrecht in Deutschland! – Gleiches Wahlrecht in allen Bundesstaaten! – Reichskanzler Ebert (Sozialdemokrat) in Sicht! – Die Bewegung gerät in vielen Orten in die Hände der Mehrheitssozialdemokraten, in anderen Orten Teilung der Macht mit den Unabhängigen oder mit den Liberalen (München, Frankfurt a. M.)! – Noske kommandiert die Seestreitkräfte, Wissel und Davidsohn im Flugzeug nach Wilhelmshaven und Bremerhaven.

Mit der erzwungenen Abdankung des Kaisers und der Proklamation der Republik durch den Sozialdemokraten Philipp Scheidemann war das Kaiserreich untergegangen. Die sozialdemokratische Zeitung in Schlesien, die von Paul Löbe redigierte „Volkswacht", meldete am 9. November 1918 unter dem Titel „Die Morgenröte" die sich überstürzenden Ereignisse des Tages.

Das Ende der deutschen Geschichte in Schlesien

Der Abstimmungskampf

Trotz der zahlreichen sozialen Probleme, deren Lösung auch im 20. Jahrhundert noch anstand, hatte Schlesien die Revolution von 1918/19 weitgehend unblutig überstanden. Doch sollte bald eine gewaltsame Auseinandersetzung die Geschichte Schlesiens bestimmen, die – vordergründig – mit den sozialen Problemen nichts zu tun hatte: die Kämpfe im Vorfeld der von den alliierten Siegermächten anberaumten Volksabstimmung über die staatliche Zugehörigkeit Oberschlesiens zu Deutschland oder Polen im März 1921 und die anschließende Teilung des Gebietes in einen deutschen und einen polnischen Teil. Da beides als Folge des in Deutschland als ungerecht empfundenen Versailler Friedensvertrags gesehen wurde, war das nicht nur ein schlesisches, sondern ein nationales Problem, zumal damit der Verlust des zweitwichtigsten deutschen Industriegebiets verbunden war. Für die junge Republik Polen, die zur selben Zeit wegen ihrer Ostgrenze mit der Sowjetunion in militärischer Auseinandersetzung stand, war der Kampf um Oberschlesien ebenfalls von existenzieller Bedeutung. Was aber war er für die Oberschlesier?

Die historische Deutung dieses Ereignisses hat lange Zeit eine nationale beziehungsweise nationalistische Interpretation bestimmt, die nur zwei Fronten kannte: hie deutsch – hie polnisch. Dabei wurde eine Position übersehen, die für viele Menschen damals ausschlaggebend war: die oberschlesische. Sie aber ist als ethnische, weniger als nationale Zuschreibung zu deuten. Da in diesem Raum zwei Kulturkreise zusammenstießen, wurde „die eigene [d. i. oberschlesische Identität] zu einem selbstständigen, übergeordneten Wert".[96] Die nationale Zuschreibung der einheimischen Bevölkerung war nur für die nationalistisch orientierte Geschichtsschreibung eindeutig. Sie war entweder deutsch oder polnisch. Die jeweiligen Zuordnungen aber wurden der jahrhundertealten Geschichte der Oberschlesier nicht gerecht, sondern waren erst ein Produkt des ausgehenden 19. Jahrhunderts, als die Deutschen, unterstützt durch die Regierung in Berlin, und die Polen, die sich dabei auf keinen Staat stützen konnten, die polnischsprachige Bevölkerung entweder zu germanisieren oder zu polonisieren versuchten. Teilweise hatten beide Seiten Erfolg: die deutsche Seite, die damit den sozialen Aufstieg in Aussicht stellte, die polnische, indem sie die emotionalen Bedürfnisse befriedigte.

Doch war das nicht die ganze Geschichte. Noch 2003 erklärten bei einer „Allgemeinen Nationalen Volkszählung" in Polen 173 200 Bürger, „schlesischer Nationalität" zu sein, und stellten damit die größte Minderheit Polens vor der deutschen mit 153 000 Menschen und der weißrussischen mit 49 000.

Hinsichtlich der nationalen Zuordnung gehörten die Oberschlesier seit 1742 zu Preußen und damit seit 1871 zum Deutschen Reich. Der Erste Weltkrieg hatte die Situation jedoch grundlegend verändert. Nachdem Preußen, Österreich und Russland durch die drei polnischen Teilungen (1772, 1793 und 1795) den polnischen Staat aufgelöst hatten, konnte sich nun nach dem Waffenstillstand am 11. November 1918 wieder ein polnischer Staat bilden. Dieser erhob territoriale Ansprüche auf Oberschlesien, obgleich das Land seit über 600 Jahren nicht mehr zu Polen gehörte und folglich bei der ersten Polnischen Teilung (1773) nicht mehr dazugehört haben konnte. Doch die Alternative auf dem Abstimmungszettel lautete 1921: Deutschland oder Polen, nicht Oberschlesien, wie sich viele das wohl gewünscht hätten und wie es als Alternative – Oberschlesien als eigener deutscher Bundes- oder sogar selbstständiger Staat – von der Katholischen Volkspartei unter Prälat Carl Ulitzka in die Diskussion gebracht worden war. Doch Berlin, das nicht nur in Oberschlesien mit separatistischen Bewegungen zu kämpfen hatte und um den

Bestand der jungen Republik fürchtete, lehnte dies grundsätzlich ab. Auch Polen war an einer Autonomie Oberschlesiens nicht interessiert. Jedoch kam die preußische Regierung den oberschlesischen Unabhängigkeitsbestrebungen insofern entgegen, als sie im Oktober 1919 Oberschlesien als eigenständige Provinz – neben Niederschlesien – einrichtete.

Auch wenn die polnische Bewegung zu Beginn des 20. Jahrhunderts unter den Oberschlesiern für eine polnische Identität warb, die auf der polnischen Geschichte und Kultur basierte, so hatte in Oberschlesien seit 600 Jahren eine eigene kulturelle und sprachliche Entwicklung stattgefunden. Der westslawische Dialekt, den die Oberschlesier über 600 Jahre sprachen, hatte seit dem 19. Jahrhundert zahlreiche Einflüsse von der deutschen Sprache beziehungsweise den deutschen Dialekten verarbeitet. Wenn deshalb – wie auch hier im Text – von der polnisch sprechenden Bevölkerung Oberschlesiens die Rede ist, so ist dies nur bedingt zutreffend, wie auch der Begriff „ethnisch-polnisches Element“[97], der von polnischen Historikern verwendet wird, problematisch ist. Von beiden Seiten wurden die Oberschlesier wegen ihres Dialektes verspottet, von den Deutschen als „Wasserpolacken“ mit den typischen Antek- und Frantek-Witzen, von den Polen als „Hanysy“ oder „Szopy“. Bezeichnend für die diffuse nationale Zugehörigkeit war, dass die Oberschlesier sich gegenüber allen nationalstaatlichen Ansprüchen primär als „Hiesige“ („tutejsi“) empfanden.

Ein Manko für die polnischsprachigen Oberschlesier war es, dass die deutschen Behörden einen sozialen Aufstieg dieser Gruppe bewusst verhinderten, wenn ihre Angehörigen nicht auch fließend deutsch sprachen, sodass sie auch in der niederen Beamtenschaft nur marginal vertreten waren. Selbst in dem Beruf, in dem noch am ehesten eine Aufstiegschance bestand, dem des katholischen Geistlichen, kamen nur 22 Prozent aus polnischsprachigen Familien. Ähnliches galt für die Gruppe der Lehrer. Nur wenigen Söhnen reicher polnischsprachiger Bauern war der Aufstieg in die Gruppe der Ärzte und Anwälte gelungen. Eine Elite, die über die eigene Kultur und Literatur auch eine eigene Identität hätte vertreten können, fehlte weitgehend. Andere definierten deshalb die „nationalen Bedürfnisse“ Oberschlesiens und konstruierten seine Geschichte. Die kleine Gruppe, die über die Politik Karriere gemacht hatte, wie der Reichstagsabgeordnete Wojciech Korfanty (1873–1939), der aus dem oberschlesischen Dorf Sadzawka bei Kattowitz stammte, setzte auf die polnische Alternative als Lösung. Sicher empfanden viele Oberschlesier den Nationalitätenkonflikt auch als sozialen Kampf, durch den sie die Befreiung aus der Abhängigkeit von den deutschen Großgrundbesitzern und Industriellen anstrebten. Die Notlage nach dem Ersten Weltkrieg verschärfte die Situation noch.

Bei den Verhandlungen der Siegermächte um die Grenzfragen nach dem Ersten Weltkrieg hatte die polnische Seite die besseren Karten. Das polnische Nationalkomitee, das 1917 in Lausanne gegründet worden war, beanspruchte für den neu zu gründenden polnischen Staat im Westen Posen, Westpreußen, Teile Ostpreußens und Oberschlesiens. US-Präsident Woodrow Wilson hatte dies am 8. Januar 1918 in seiner sogenannten Vierzehn-Punkte-Erklärung, die unter anderem das Selbstbestimmungsrecht der Völker und die Bildung eines Völkerbundes zur Verhinderung weiterer Kriege vorsah, insofern berücksichtigt, als er für den zukünftigen polnischen Staat „die von einer unbestreitbar polnischen Bevölkerung bewohnten Gebiete“[98] forderte. Für die weitergehenden Ansprüche des polnischen Nationalkomitees unter Roman Daworski setzte sich in Oberschlesien vor allem Wojciech Korfanty ein.

Als die schlesische Verwaltung nach der Novemberrevolution 1918 versuchte, gegen separatistische Bewegungen in Oberschlesien die Volkswehren der Räteorganisation einzusetzen, weigerten diese sich, „in die schwelenden sozialen Konflikte im östlichen Industriegebiet mit Waffengewalt einzugreifen und sich für eine offensive Verteidigung der Reichsgrenze zur Verfügung zu stellen".[99] Die Oberste Heeresleitung setzte deshalb mit indirekter Hilfe der SPD-Regierung in Berlin Freikorps ein, die das Land „befriedeten". Auf polnischer Seite hatte sich eine militärische Geheimorganisation, die „Polnische Heeresorganisation Oberschlesien", gebildet.

Die soziale Situation der oberschlesischen Bergarbeiter führte im Sommer 1919 zu einem Streik, der sich vor allem gegen Massenentlassungen polnischer Arbeiter in den Bergwerken richtete. Als in der Myslowitzer Grube zehn Streikende von den Freikorps getötet wurden, brach am 15. August 1919 ein Aufstand aus, der von deutschen Truppen und Freiwilligenverbänden niedergeschlagen wurde. Er hatte durchaus klassenkämpferische Motive. Es ging den Aufständischen darum, mit der Loslösung von Deutschland auch die Abhänigkeit von den deutschen Industriellen und Großgrundbesitzern zu erreichen. Die polnische Regierung und Korfanty waren jedoch gegen den Aufstand, da sie ohnehin davon ausgingen, dass Oberschlesien an Polen angegliedert werden würde.

Am 7. Mai 1919 war der Entwurf des Versailler Friedensvertrags veröffentlicht worden. Er sah eine Abtretung Gesamtoberschlesiens an Polen vor. Dies löste in Oberschlesien auf deutscher Seite Protestkundgebungen aus, die von der neu gebildeten „Freien Vereinigung zum Schutze Oberschlesiens" organisiert wurden. Sie unterstützten damit den Einspruch der deutschen Regierung in Versailles. Die Siegermächte beschlossen daraufhin am 14. Juni 1919, dass in Oberschlesien mit Ausnahme der Kreise Neisse, Grottkau, Falkenberg sowie des westlichen Teils des Kreises Neustadt, aber unter Einbeziehung des niederschlesischen Kreises Namslau eine Abstimmung über die zukünftige Zugehörigkeit dieses Gebietes durchgeführt werden sollte.

Unabhängig davon trat am 10. Januar 1920 der Versailler Friedensvertrag in Kraft, der noch weitere Gebietsabtrennungen von Schlesien vorsah, und zwar Teile der niederschlesischen Kreise Guhrau, Militsch, Groß Wartenberg und Namslau. Sie gingen an Polen; das Hultschiner Ländchen südwestlich von Ratibor an die neu gebildete Tschechoslowakische Republik (CSR). Das Gebiet des ehemaligen Österreichisch-Schlesien westlich von Teschen kam ebenfalls zur Tschechoslowakei. Damit war für die CSR eine Verbindung zwischen den beiden ehemaligen Teilen Österreichisch-Schlesiens geschaffen. Das neue tschechoslowakische Land Schlesien erhielt eine deutschsprachige Regierung, da die Bevölkerungsmehrheit des Landes deutsch sprach. 1928 wurde das Land jedoch gegen den Willen seiner Einwohner aufgelöst und dem Landesteil Mähren angegliedert.

Die beiden neu gebildeten slawischen Republiken Polen und die Tschechoslowakei traten in Versailles als Konkurrenten auf, was sogar in dem umstrittenen Teschener Gebiet zu militärischen Auseinandersetzungen führte, sodass 1920 dieses Gebiet geteilt wurde. Das Gebiet östlich der Olsa fiel an Polen, der übrige Teil von Österreichisch-Schlesien kam an die Tschechoslowakei. In Versailles war die tschechische Lobby nicht so erfolgreich wie die polnische. Der tschechische Staat scheiterte mit seinem Anspruch auf die ehemalige Grafschaf Glatz, die bis 1742 zu Böhmen gehört hatte und wo es eine kleine tschechischsprachige Minderheit gab. Gegen diesen Anspruch wehrten sich die dortigen Einwohner mit Erfolg.

Um einen reibungslosen Ablauf der Abstimmung über Oberschlesien zu garantieren, kamen Ende Januar 1920 alliierte Truppen – Franzosen, Engländer und Italiener – ins Abstimmungsgebiet. Justiz und Verwaltung wurden einer Interalliierten Regierungs- und Plebiszitkommission unterstellt. Oberschlesien wurde quasi aus dem deutschen Staat ausgegliedert und nach französischem Vorbild in Departements aufgeteilt. Die Bewohner erhielten eigene Pässe, und die Postverwaltung gab eigene Briefmarken heraus. Neben der alliierten Verwaltung gab es zwei Plebiszitkommissare. Für die polnische Seite war dies der bekannte Politiker Wojciech

Der Entwurf des Versailler Friedensvertrages sah zunächst eine Abtretung ganz Oberschlesiens an Polen vor. Auf deutschen Protest hin beschlossen die Siegermächte eine Abstimmung in den östlichen oberschlesischen Landkreisen sowie im niederschlesischen Landkreis Namslau. Die Volksabstimmung brachte bei einer Wahlbeteiligung von 97 Prozent eine Mehrheit von 59,6 Prozent für den Verbleib bei Deutschland und von 40,3 Prozent für die Annexion an Polen. Die Pariser Botschafterkonferenz beschloss daraufhin im Oktober 1921 die Teilung Oberschlesiens und des dortigen Industriegebiets. Das Industriegebiet um Kattowitz, Königshütte und Tarnowitz fiel an Polen, das um Beuthen, Hindenburg und Gleiwitz verblieb bei Deutschland.

Zu den energischsten Propagandisten des Deutschtums im regierungsoffiziösen Sinne zählte 1921 auch der 1896 im oberschlesischen Landsberg geborene und später als Hamburger Bürgermeister bekannte Herbert Weichmann (1896–1953).

Korfanty mit Kommissariatssitz in Beuthen und für die deutsche Seite der nicht weiter bekannte Beamte Kurt Urbanek mit Sitz in Kattowitz. Die beiden Kommissariatsämter organisierten den Abstimmungswahlkampf für die jeweilige Gruppe, wobei sie von den prodeutschen beziehungsweise propolnischen Vereinen und Verbänden unterstützt wurden.

Im Abstimmungskampf lieferten sich die polnischen und die deutschen Parteigänger heftige, zum Teil auch blutige Auseinandersetzungen, wobei sich die Franzosen in der alliierten Verwaltung nicht neutral verhielten, sondern die polnische Seite unterstützten. Frankreich war an einer Schwächung der deutschen Position interessiert, während Großbritannien mehr an einem Gleichgewicht gelegen war. Korfanty als Propagandist für die polnische Seite warb vor allem um die Kleinbauern und pries im Hinblick auf die 57 Prozent des Landes, die dem Großgrundbesitz gehörten, das polnische Reformgesetz von 1919 als vorbildlich, das eine Parzellierung vorsah. Die deutsche Seite stellte dagegen ein Reichssiedlungsgesetz in Aussicht, das eine teilweise Aufteilung des Großgrundbesitzes in kleine Siedlerstellen vorsah.

Während des Abstimmungskampfs kam es im August 1920 erneut zu militärischen Auseinandersetzungen zwischen beiden Gruppen. In Kattowitz erschossen französische Truppen, die von deutschen Arbeitern provoziert worden waren, zehn deutsche Demonstranten. Die aufgebrachte Menge stürmte daraufhin polnische Läden und Redaktionen und ermordete den für die polnische Seite agierenden Kattowitzer Frauenarzt Dr. Andrzej Mielecki.

Der Aufstand, der daraufhin am 19. August 1920 ausbrach, war jedoch nicht spontan, sondern durch paramilitärische polnische Verbände organisiert, die bald unter anderem die Landkreise Beuthen, Kattowitz, Tost-Gleiwitz kontrollierten und durch Belagerung die großen Industriestädte beherrschten. Sie terrorisierten die zu Deutschland haltenden Einwohner, so wie vorher die Freikorps die für Polen optierenden Einwohner drangsaliert hatten. Gelenkt wurde der Aufstand durch die „Polnische Heeresorganisation Oberschlesien". Korfanty gab hier wohl erst im Nachhinein die Zustimmung. Der Aufstand endete am 24. August 1920 durch Vermittlung der Plebiszitkommissariate.

Bei der Abstimmung am 22. März 1921 erklärten sich 59,6 Prozent der Bevölkerung (705 554 Stimmen) für ein Verbleiben des Gebietes bei Deutschland, 40,3 Prozent (487 820 Stimmen) für eine Annexion an Polen. Nahezu pari waren die Abstimmungsquoten in Beuthen Stadt und Land, in den Kreisen Groß Strehlitz, Hindenburg, Kattowitz Stadt und Land. Ein deutliches Übergewicht für die polnische Seite gab es in den Kreisen Pleß, Rybnik und Tarnowitz. Das Ergebnis war nicht eindeutig und führte auf deutscher, polnischer und alliierter Seite zu unterschiedlichen Interpretationen.

Während die deutsche Seite in falscher Auslegung des Versailler Vertrags aufgrund der eindeutigen Mehrheit für Deutschland für ein Verbleiben des gesamten Abstimmungsgebiets bei Deutschland plädierte, forderte Korfanty ein Gebiet, dessen Westgrenze bis Oppeln nahezu dem Oderverlauf folgte, dann nach Osten abknickend östlich von Malapane, Rosenberg, Landsberg verlief. Die Alliierten waren sich in ihren Teilungsplänen nicht einig. Während Frankreich nahezu die Korfanty-Ansprüche vertrat, wollten England und Italien lediglich die Kreise Pleß und Rybnik sowie die östlichen Teile der Kreise Kattowitz, Tarnowitz, Lublinitz und Rosenberg an Polen abtreten.

Um diese Minimallösung zu verhindern, rief Korfanty am 3. Mai 1921 einen erneuten Aufstand aus, den er wie ein Diktator führte. Ziel war die Annexion Oberschlesiens bis zur Korfanty-Linie. Unter den 60 000 für Korfanty Kämpfenden befanden sich circa 5000 polnische Soldaten und Zivilisten. Sie wurden von der polnischen Regierung – wenn auch nicht offiziell – unterstützt. Der deutsche Widerstand dagegen wurde in der „Kampforganisation Oberschlesien" mit General Karl

Die Abstimmung in Oberschlesien führte zu einer enormen Nationalisierung und Emotionalisierung sowie kämpferischen Auseinandersetzungen auf beiden Seiten. Die deutsche wie die polnische Regierung unterstützten die Propaganda für ihre Seite. Das Foto links zeigt Demonstranten mit der Parole „Wählt deutsch!“ In Deutschland warben zahlreiche informelle Gruppen auch mit Plakaten wie dem oben abgebildeten für die Unterstützung der Abstimmung zugunsten der deutschen Seite in Oberschlesien.

Zur Verteidigung der deutschen Sache bildeten sich zahlreiche Zusammenschlüsse, die die nicht in Oberschlesien wohnenden Abstimmungsberechtigten in 250 Sonderzügen zu ihren Abstimmungsorten brachten. Dies trug wesentlich dazu bei, dass das Abstimmungsergebnis für Deutschland positiv ausfiel.

Für die nicht mehr im Abstimmungsgebiet lebenden, aber dort wahlberechtigten Oberschlesier wurden von der Interalliierten Regierungs- und Plebiszit-Kommission Passierscheine ausgegeben. Diese galten zugleich als Wahlkarte. Das Abstimmungsgebiet besaß unter französischer, englischer und italienischer Besatzung einen exterritorialen Status.

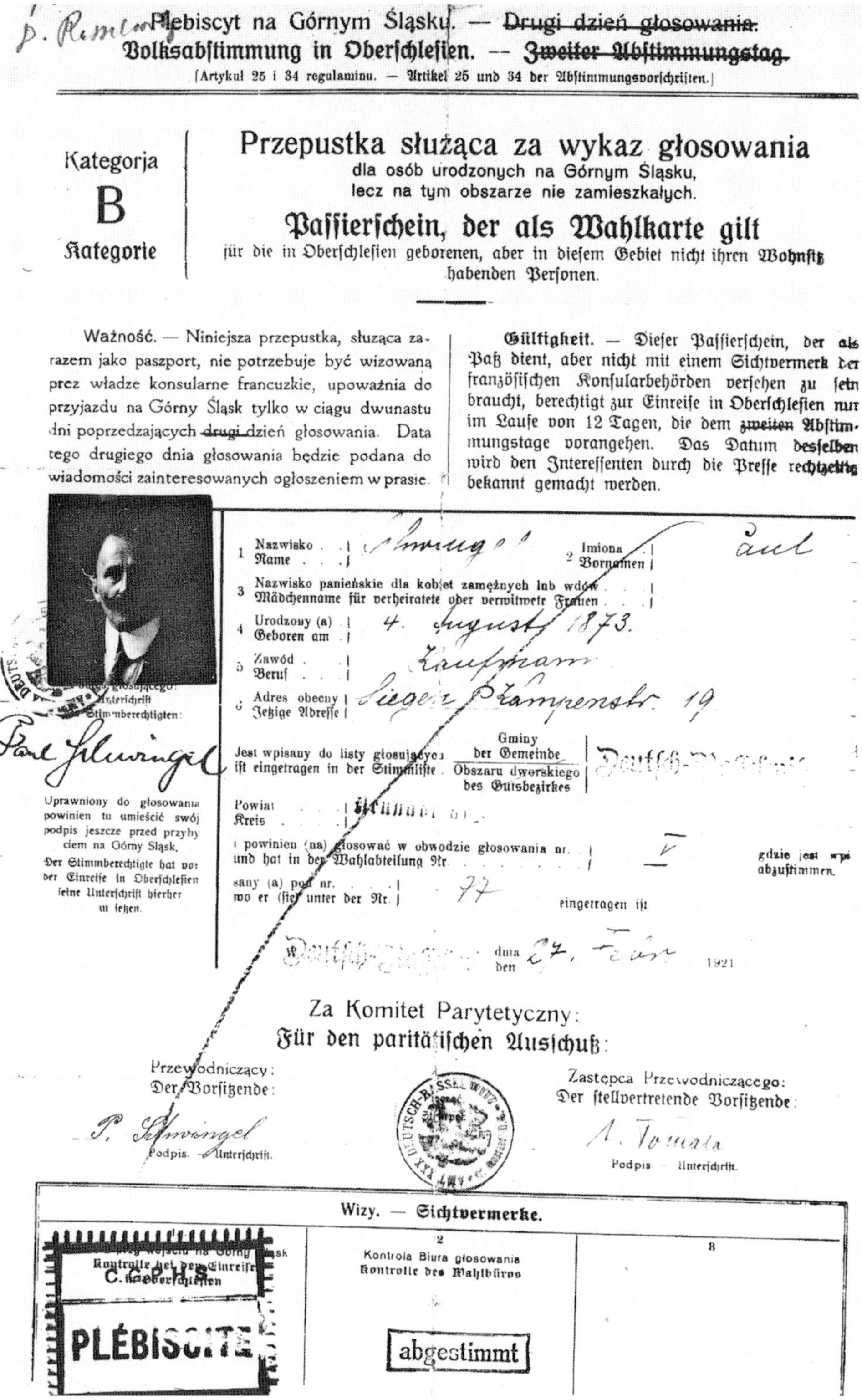

Plebiscyt na Górnym Śląsku. — ~~Drugi dzień głosowania.~~
Volksabstimmung in Oberschlesien. — ~~Zweiter Abstimmungstag.~~
(Artykul 25 i 34 regulaminu. — Artikel 25 und 34 der Abstimmungsvorschriften.)

Kategorja B Kategorie

Przepustka służąca za wykaz głosowania
dla osób urodzonych na Górnym Śląsku, lecz na tym obszarze nie zamieszkałych.

Passierschein, der als Wahlkarte gilt
für die in Oberschlesien geborenen, aber in diesem Gebiet nicht ihren Wohnsitz habenden Personen.

Ważność. — Niniejsza przepustka, służąca zarazem jako paszport, nie potrzebuje być wizowaną prez władze konsularne francuzkie, upoważnia do przyjazdu na Górny Śląsk tylko w ciągu dwunastu dni poprzedzających ~~drugi~~ dzień głosowania. Data tego drugiego dnia głosowania będzie podana do wiadomości zainteresowanych ogłoszeniem w prasie.

Gültigkeit. — Dieser Passierschein, der als Paß dient, aber nicht mit einem Sichtvermerk der französischen Konsularbehörden versehen zu sein braucht, berechtigt zur Einreise in Oberschlesien nur im Laufe von 12 Tagen, die dem ~~zweiten~~ Abstimmungstage vorangehen. Das Datum desselben wird den Interessenten durch die Presse rechtzeitig bekannt gemacht werden.

1 Nazwisko / Name: Schwingel
2 Imiona / Vornamen: Paul
3 Nazwisko panieńskie dla kobiet zamężnych lub wdów / Mädchenname für verheiratete oder verwitwete Frauen:
4 Urodzony (a) / Geboren am: 4. August 1873.
5 Zawód / Beruf: Kaufmann
6 Adres obecny / Jetzige Adresse: Siegen Brampenstr. 19

Podpis głosującego: / Unterschrift des Stimmberechtigten: Paul Schwingel

Uprawniony do głosowania powinien tu umieścić swój podpis jeszcze przed przybyciem na Górny Śląsk.
Der Stimmberechtigte hat vor der Einreise in Oberschlesien seine Unterschrift hierher zu setzen.

Jest wpisany do listy głosujących / ist eingetragen in der Stimmliste — Gminy / der Gemeinde / Obszaru dworskiego / des Gutsbezirkes: Deutsch-...
Powiat / Kreis: ...
i powinien (na) głosować w obwodzie głosowania nr. / und hat in der Wahlabteilung Nr.: V — gdzie jest wpisany (a) pod nr. / wo er (sie) unter der Nr.: 77 — eingetragen ist — abzustimmen.

Deutsch-..., dnia / den 27. Jan. 1921

Za Komitet Parytetyczny:
Für den paritätischen Ausschuß:

Przewodniczący: / Der Vorsitzende: P. Schwingel — Podpis. — Unterschrift.

Zastępca Przewodniczącego: / Der stellvertretende Vorsitzende: A. Tomala — Podpis — Unterschrift.

Wizy. — Sichtvermerke.

1: Kontrola wejścia na Górny Śląsk / Kontrolle bei der Einreise in Oberschlesien — C. G. O. S. — PLÉBISCITE
2: Kontrola Biura głosowania / Kontrolle des Wahlbüros — abgestimmt
3:

Höfer organisiert. Auf Höfers Seite kämpften Freiwilligenverbände, die weitgehend nicht aus Oberschlesiern bestanden.

Trotz des Ausnahmezustands, den der italienische Kommissionsleiter ausgerufen hatte, griffen die französischen Truppen, im Gegensatz zu den italienischen, nicht in die erbitterten Kämpfe ein, um sie zu beenden. Erst nachdem Höfer am 21. Mai 1921 St. Annaberg, den bedeutendsten oberschlesischen Wallfahrtsort, erobert und der polnischen Seite damit eine erhebliche Niederlage beigebracht hatte, gelang durch Vermittlung der Interalliierten Kommission der Rückzug der militärischen Verbände hinter eine vereinbarte Demarkationslinie. Auf beiden Seiten war es zu grausamen Ausschreitungen gekommen.

Der Völkerbund in Genf zog daraufhin im Oktober 1921 die endgültige Teilungslinie, die am 15. Mai 1922 als Genfer Konvention verabschiedet wurde. Aus dem Gebiet, das an Polen gefallen war und das 3213 Quadratkilometer mit einer Million Einwohnern umfasste, bildete der polnische Staat zusammen mit dem Ostteil des Teschener Schlesiens die Wojewodschaft Schlesien (Sląskie) mit dem Verwaltungssitz Kattowitz. Da primär nach wirtschaftlichen, weniger nach ethnischen Gesichtspunkten geteilt wurde, gab es in beiden Gebieten große nationale Minderheiten. Im deutschen Regierungsbezirk Oppeln lebten 53 000 Menschen, die für die polnische Lösung, und in der neuen polnischen Wojewodschaft Schlesien 260 000 Menschen, die für die deutsche Lösung gestimmt hatten. Für die jeweiligen Minderheiten wurden Minderheitsämter in Oppeln und in Kattowitz eingerichtet. Ein besonderer Schutz der jeweiligen Minderheiten sollte 15 Jahre (bis 1937) gelten. Konfliktfälle sollten vor einer deutsch-polnischen „Gemischten Kommission“ unter Leitung des ehemaligen Schweizer Bundespräsidenten Felix Calonder geschlichtet werden.

Das endgültige Teilungsergebnis enttäuschte vor allem die Erwartungen auf deutscher Seite, denn im polnischen Teil lagen 85 Prozent aller Kohlevorräte und 75 Prozent der Industrieanlagen. Konflikte blieben nicht aus. Wie immer sich die Oberschlesier in dieser neuen Situation zurechtfanden, für die deutsche Seite blieb die oberschlesische Grenzziehung von 1921 eine offene Wunde. Selbst Außenminister Gustav Stresemann, der eine Anerkennung der deutschen Grenze im Westen herbeiführte, vermochte eine derartige Lösung für die Ostgrenze nicht zu erreichen.

Nach der Teilung sollte es sich im polnischen Teil Oberschlesiens bald zeigen, dass die polnischsprachigen Oberschlesier zwar größtenteils für Polen optiert hatten, aber doch ihre regionale Identität behaupteten. Zudem waren sie enttäuscht, da Korfanty seine Versprechungen nicht halten konnte. Auch war trotz der Abstimmungsergebnisse die nationalpolnische Gruppe unter den Oberschlesiern nie größer als 100 000 Personen. Das bald nach 1923 von den Polen festgestellte Schwinden „nationalpolnischen Denkens“[100] unter den Oberschlesiern war eine Folge ihres Identitätsgefühls, das als „schwebendes Volkstum“ bezeichnet wurde. Sie fühlten sich primär als Oberschlesier und nicht als Nationalpolen. Ihren politischen Niederschlag fand diese Haltung im November 1926 bei den Kommunalwahlen in Kattowitz, das durch Eingemeindung polnisch geprägter Industriedörfer eine polnische Mehrheit aufwies. Bei den Wahlen siegten weder die polnische Regierungspartei „Sanacja“ (mit vier Sitzen), noch Korfantys Oppositionspartei, die polnischen Sozialisten (mit 14 Sitzen), sondern die Kandidaten der deutschen Volksgruppe, die 34 der 60 Stadtparlamentssitze errang.

Wirtschaftliche und soziale Entwicklung

Die wirtschaftlichen und sozialen Belange der preußischen Provinz Oberschlesien (Regierungsbezirk Oppeln) waren auch nach der Teilung nicht vom gesamten schlesischen Raum zu trennen. Die im Oktober 1919 gebildete Provinz musste bei ihrem Start, der sich wegen der Abstimmung bis 1923 verzögerte, mit erheblichen Schwierigkeiten fertig wer-

An die Mitglieder der Freikorpsverbände und der Organisation „Selbstschutz Oberschlesien“ wurden als Anerkennung Orden verteilt. Unter den Schutztrupps waren Kombattanten aus allen Teilen Deutschlands.

den. Die nahezu willkürliche Teilung des seit Jahrhunderten gewachsenen oberschlesischen Industriegebiets hatte die Infrastruktur erheblich beschädigt, da sie die Verkehrsverbindungen – 41 Bahnlinien und 45 Straßen – rigoros zerschnitt. Aufgrund des Produktionsrückganges im verbliebenen Industriegebiet sanken das Steueraufkommen wie auch die privaten Sparrücklagen.

Hinzu kam, dass Oberschlesien im Reich einen Spitzenplatz mit seiner Geburtenrate belegte, die mit 248,8 Geburten pro 1000 Frauen unter 45 Jahren weit über dem Reichsdurchschnitt mit 143,5 Geburten lag. Die soziale Not dokumentierte sich am deutlichsten in der hohen Kindersterblichkeit, die doppelt so hoch wie im Reichsdurchschnitt lag. Auch die Bildungschancen waren ungünstiger. Kamen im Reich im Schnitt auf einen Lehrer 38 Schüler, so waren es in Oberschlesien 45 Schüler.

Die Teilung des oberschlesischen Industriegebiets führte zu einem engen Zusammengehen der ober- und niederschlesischen Industrie. Damit verbunden war ein starker Konzentrationsprozess vor allem beim Fahrzeugbau, so bei dem Waggonbetrieb Linke-Hofmann-Lauchhammer in Breslau.

Nach wie vor blieben die negativen Standortfaktoren. Sie hatten sich noch verschlechtert, da Schlesien bis auf seine Westgrenze ringsum von Staaten umgeben war, zu denen das Reich in einem gespannten Verhältnis stand, was den Handelsaustausch nicht gerade förderte. Hinzu kam nun die Konkurrenz zu dem neuen polnischen Industriegebiet, das laut Genfer Konvention bis 1925 industrielle und landwirtschaftliche Produkte zollfrei nach Deutschland exportieren durfte. Ein Ausweg aus den neuen Gegebenheiten war das engere Zusammengehen mit der niederschlesischen Industrie, vor allem in der Eisenbahnbedarfsindustrie, wo sich die oberschlesischen und niederschlesischen Waggonbetriebe unter dem neuen Namen Linke-Hofmann-Lauchhammer AG mit Sitz in Breslau zusammenschlossen. Damit verbunden war eine Umstellung auf neue Produktbereiche, die das Angebot interessanter und auch konkurrenzfähiger machte. Ähnliche Konzentrationen erfolgten im Braunkohlebergbau, Eisenhüttenbetrieb sowie im Hallen-, Brücken- und Maschinenbau.

Auch im polnischen Teil Oberschlesiens vollzog sich ein Konzentrationsprozess, an dem auch deutsches Kapital beteiligt war, bevor der polnische Staat im Zuge der Weltwirtschaftskrise die Mehrheit des Aktienkapitals erwarb beziehungsweise an eine vom polnischen Staat abhängige Interessensgemeinschaft für Berg- und Hüttenwesen brachte. Doch kam es nicht zu einem engeren Zusammengehen der oberschlesischen Industrie im polnischen und deutschen Teil.

Der weitgehende Verlust der oberschlesischen Steinkohleförderung – nur noch 26 Prozent der Gruben verblieben bei Deutschland – kam bei steigendem Kohlebedarf im Deutschen Reich (unter anderem auch für die Reparationszahlungen gemäß dem Versailler Vertrag) dem niederschlesischen Kohlegebiet um Waldenburg-Neurode zugute. Dort stieg die Produktion zwischen 1914 und 1930 um 4,7 Millionen Tonnen auf 5,7 Millionen Tonnen an. Entsprechend wuchs bis 1930 die Beschäftigtenzahl bis auf 37 000 Mitarbeiter

Um die Bedeutung des umstrittenen oberschlesischen Industriegebiets für die deutsche Wirtschaft und Kultur hervorzuheben, fand vom 1. bis zum 31. Oktober 1919 eine Ausstellung in der Breslauer Jahrhunderthalle statt. Das künstlerisch eindrucksvolle moderne Plakat, das für diese Ausstellung warb, stammte von dem in Oppeln geborenen Grafiker Alfons Niemann (1886–1968), Mitglied des „Künstlerbundes Schlesien“.

an. Hier kam allerdings mit der Weltwirtschaftskrise nach 1930 der große Einbruch, sodass einige Zechen schließen mussten und die Zahl der Beschäftigten auf 20 000 Kurzarbeiter zurückging.

Die Teilung des oberschlesischen Industriegebiets förderte den Ausbau von Industrieanlagen. Da alle Blei- und Zinkhütten an Polen gefallen waren, mussten im deutschen Teil neue Hütten errichtet werden, um die Produktion der verbliebenen Blei-, Zink- und Galmeigruben verhütten und weiterverarbeiten zu können. Trotz aller Schwierigkeiten, mit denen die schlesische Industrie nach 1918 zu kämpfen hatte, sei es mit den Folgen der Teilung, den Reparationszahlungen oder der Inflation, kam es zwischen 1924 und 1929/30 zu einem kleinen Aufschwung, wozu wohl auch beitrug, dass die westlichen Industriegebiete des Reiches unter größeren Kriegsfolgen zu leiden hatten oder aber – wie bei der Ruhrbesetzung 1923 durch Frankreich – für das Deutsche Reich ganz ausfielen.

An dem kleinen schlesischen „Wirtschaftswunder" nahm allerdings nicht die Landwirtschaft teil. Obgleich durch eine sozialistische Revolution an die Macht gekommen, hatte die sozialdemokratische Regierung nicht für eine Aufhebung der alten Besitzverhältnisse gesorgt. Nur mit Mühe gelang es der sozialdemokratischen Regierung in Preußen, Ende 1927 die Gutsbezirke, in denen noch immer die Gutsbesitzer ohne demokratische Kontrolle über die Gutsabhängigen herrschten, abzuschaffen und den Dörfern eine demokratische Gemeindeverfassung zu geben. Der schlesische Adel blieb nach wie vor im Besitz seiner Güter, die über 30,8 Prozent des bewirtschafteten Landes ausmachten. Durch geschickte Lobbyarbeit verstand es der Adel, die Marktgesetze außer Kraft zu setzen und Staatssubventionen zu erhalten.

Die sogenannte „große Osthilfe" durch die deutsche Regierung kam 1931 hauptsächlich dem verschuldeten Großgrundbesitz zugute, der trotz hoher Kreditaufnahmen weder rentabel wirtschaftete noch mit den billigen Getreideimporten aus Nord- und Südamerika konkurrieren konnte. Um ihn davor zu schützen, hatte die Reichsregierung bereits 1925 Schutzzölle eingeführt, die auf Kosten der Verbraucher gingen, da diese sie mit höheren Lebensmittelpreisen ausgleichen mussten. Von der Osthilfe profitierten kaum die mittleren und kleineren Bauernhöfe, da nur sieben Prozent der Summe an Höfe gingen, die weniger als 100 Hektar groß waren. Als Reichskanzler Heinrich Brüning im Winter 1931/32 diese Politik zugunsten der kleineren Landwirte durch die Aufteilung größerer Güter und eine Einrichtung kleiner Siedlungshöfe revidieren wollte, brachte ihn die Adelslobby um Reichspräsident Hindenburg zu Fall. Die adlige Hofkamarilla um dessen Sohn Oskar wurde auch vom schlesischen Adel unterstützt. Die Verbindung hatte der neue Reichskanzler Franz von Papen hergestellt.

Die wirtschaftlichen Erfolge der „goldenen Zwanziger" gingen in Schlesien fast ausschließlich auf die Schwerindustrie zurück. Die Textilindustrie und der Textilhandel litten dagegen stark unter der neuen Grenzziehung und dem damit verbundenen Verlust der Ostmärkte. Das betraf ganz besonders die kleineren Städte, in denen die Textilindustrie dominierte. Hier herrschte auch in den 1920er Jahren eine hohe Arbeitslosigkeit, in Breslau war es die höchste unter allen deutschen Großstädten.

Der New Yorker Bankenkrach von 1929 und der damit verbundene Kapitalabfluss vom deutschen Markt beendete den verhaltenen wirtschaftlichen Aufschwung, der auch in Schlesien zu einer Konsolidierung der demokratischen Regierungsform geführt hatte. Die Wirtschaftskrise traf in Schlesien insbesondere die Investitionsgüterindustrie, so zum Beispiel die Firma Borsig und den Breslauer Waggonbau. Borsig musste Konkurs anmelden, wodurch alle 11 000 Mitarbeiter ihren Arbeitsplatz verloren; Linke-Hofmann-Lauchhammer entließ 44 000 der ehemals 70 000 Beschäftigten. Auch kam es zu Zechenschließungen im Waldenburg-Neuroder Gebiet und zu Entlassungen in der Textilindustrie. Insgesamt gab es 1932 in Schlesien

420 000 Erwerbslose. Das waren 7,5 Prozent der Beschäftigten. Diese Zahl mag zwar nicht sehr hoch erscheinen, doch hatten die meisten Familien nur einen Verdiener. Zahlreiche Familien gerieten deshalb in Not, zumal die Arbeitslosenunterstützung kaum zum Überleben reichte. Verschärft wurde die Not durch den frostreichen Winter 1928/29, der in den schlesischen Gebirgsregionen die Temperaturen auf bis zu –35° Celsius sinken ließ. Zu einer wesentlichen Verbesserung der wirtschaftlichen Situation sollte es auch nach 1933 nicht kommen. Selbst wenn die Arbeitslosenzahlen nun sanken, erreichte zum Beispiel die Kohleförderung bis 1939 nicht mehr die Ergebnisse von 1929.

Gesellschaft und Politik

Die preußische Provinz Oberschlesien fand sehr schnell eine eigene Identität. Es bildete sich ein Regionalbewusstsein heraus, das auf der historischen Erfahrung basierte, als typisch katholisches Land mit seiner katholischen Kultur nicht mehr durch eine protestantische Elite dominiert zu werden. Die Pläne der oberschlesischen Zentrumspartei unter Führung des Prälaten Ulitzka gingen sogar bis 1931 so weit, für Oberschlesien den Status eines eigenen Reichslandes zu fordern, was nicht nur in Breslau, sondern auch in Berlin auf heftigen Widerstand stieß. Gegen eine völlige Trennung der beiden Landesteile sprachen nicht nur die Geschichte, sondern auch die wirtschaftlichen Gegebenheiten.

Die neue Führung der Provinz kam fast ausschließlich aus der einheimischen katholischen Elite, die wiederum aus dem Zentrum hervorging. Das oberschlesische Zentrum hatte sich unter der „grauen Eminenz“ Carl Ulitzka als eigene Katholische Volkspartei (KVP) konstituiert und sich mit seiner eindeutig sozialen Ausrichtung von seiner Vorkriegsorganisation getrennt. Bis auf wenige Persönlichkeiten war damit der schlesische Adel in der Partei entmachtet worden, während er im niederschlesischen Zentrum seine Macht behauptete.

Die Sorge um ihre Privilegien und die Ignoranz gegenüber den sozialen und politischen Gegebenheiten führten die adligen schlesischen Politiker in das rechtskonservative Lager um Franz von Papen. Schon am Kapp-Putsch 1920, einem rechtsradikalen Umsturzversuch, hatte der schlesische Adel, so Walther Freiherr von Lüttwitz, maßgeblichen Anteil. Den Gewerkschaften in Breslau war es zu verdanken, dass auch in Schlesien der Putsch bald zusammenbrach. Zuvor war der niederschlesische Oberpräsident, der Sozialdemokrat Felix Philipp, verhaftet und an seine Stelle der aus Trebnitz stammende deutschnationale Politiker Kurt v. Kessel gesetzt worden. Er konnte sich allerdings nicht behaupten. Am 17. März 1920 war auch in Breslau der „Spuk“ vorbei.

Der neue sozialdemokratische Oberpräsident Hermann Zimmer sorgte für eine Demokratisierung der Verwaltung. Da in den beiden niederschlesischen Regierungsbezirken Breslau und Liegnitz die SPD stärkste Partei war, kamen die Landräte weitgehend aus dieser Partei. Nur in den agrarisch geprägten Landkreisen konnten sich Kandidaten aus der Deutschnationalen Volkspartei (DNVP) bei den Wahlen durchsetzen. Da in der Provinz Oberschlesien die Verwaltung nahezu neu aufgebaut werden musste, kamen sowohl die Oberpräsidenten Josef Bitta, Alfons Proske und Hans Lukaschek als auch die Landräte aus der einheimischen KVP.

Die Reichstagswahlergebnisse der 1920er Jahre zeigen, dass die sogenannten Weimarer Parteien (SPD, Zentrum, DDP) bis 1928 in Schlesien eine solide Mehrheit hatten, der Demokratisierungsprozess also gelungen war. Bei den Reichstagswahlen 1928 gewann die SPD im Wahlkreis (= Regierungsbezirk) Breslau 37,8 Prozent der Stimmen, das Zentrum 15,8 Prozent; im Wahlkreis (= Regierungsbezirk) Liegnitz gewann die SPD ebenfalls 37,8 Prozent, das Zentrum allerdings nur 7,9 Prozent. Zweitstärkste Partei war hier die DNVP mit 24,5 Prozent. Im Wahlkreis Oppeln (= Provinz Oberschlesien) dominierte das Zentrum mit 40 Prozent, während die

Zu den politischen Talenten Schlesiens in der Weimarer Republik zählte zweifelsohne der katholische Geistliche und Zentrumspolitiker Carl Ulitzka (1873–1953). Wenn auch nicht in einem führenden Amt, bestimmte er doch als „graue Eminenz“ die erfolgreiche demokratische Entwicklung der neuen Provinz Oberschlesien mit.

SPD nur 12,6 Prozent der Stimmen erringen konnte.

Die NSDAP kam in allen drei Wahlkreisen nur auf ein Prozent (in Liegnitz 1,2 Prozent) der Stimmen, während sie im Reichsdurchschnitt mit 2,6 Prozent abschnitt. Im Gefolge der Wirtschaftskrise nach 1929 erwiesen sich jedoch die Schlesier als überproportional anfällig für die Parolen der NSDAP. In der Provinz Niederschlesien lag sie bei den Wahlen vom 31. Juli 1932 mit 43,5 Prozent im Regierungsbezirk Breslau und mit 48 Prozent im Regierungsbezirk Liegnitz weit über dem Reichsdurchschnitt (37,3 Prozent). In der Provinz Oberschlesien gab es allerdings nur 29,2 Prozent der Stimmen für die NSDAP. Doch bewies sich auch hier das Zentrum, das sonst 40 Prozent und mehr der Stimmen gewann, mit 34,7 Prozent nicht mehr als ein fester Gegenblock, wenn es auch die Mehrheit vor der NSDAP behaupten konnte. Einen hohen Anteil errang hier auch die KPD mit 17 Prozent (Reichsdurchschnitt 14,3 Prozent), während sie in Breslau (8,8 Prozent) und Liegnitz (7,6 Prozent) relativ schwach vertreten war.

Die Grenzlandsituation Schlesiens, die Erfahrung der nicht sicheren Ost- und auch Südgrenze sowie die vor allem in Breslau schon lang anhaltende hohe Arbeitslosigkeit mögen in Ansätzen erklären, warum bis weit ins Bürgertum hinein knapp 40 Prozent der Schlesier ihr Heil nicht im demokratischen Parteienstaat, sondern in einem „starken Führer“ suchten.

Kultur der Moderne in Schlesien

Die Moderne fand in Schlesien ihren prägnantesten Niederschlag in den Stadtgestaltungsplänen der Architekten Ernst May und Adolf Rading. Während Rading Siedlungen in Form traditioneller Blocks an großen Verkehrsadern bevorzugte, vertrat May das Konzept der Entflechtung der Städte und entwickelte die Idee der Gartenstadt weiter. Die kreativen Modelle der von ihm herausgegebenen Zeitschrift „Schlesisches Heim“ fanden in ganz Deutschland Beachtung bei den Stadtplanern.

Eine eigene Gestaltung sollten vor allem die bei Deutschland verbliebenen Industriegroßstädte in Oberschlesien erhalten, um damit die Teilung des Gesamtindustriegebiets einigermaßen zu kompensieren. Die drei Städte Beuthen, Gleiwitz und Hindenburg sollten konzeptionell zu einer Stadt mit einem modernen Zentrum in Hindenburg zusammengefasst werden. Die modernen urbanistischen Programme des Neuen Bauens konnten weitgehend realisiert werden, weil Wohnungsbaugenossenschaften wie die „Schlesische Heimstätte“ oder die Reichsbahndirektion diese Konzepte mittrugen.

Auch die Stadt Breslau setzte die avantgardistische Bautradition des beginnenden 20. Jahrhunderts fort mit Entwürfen von Adolf Rading, Hans Scharoun und Erich Mendelsohn. Sie errichteten Wohnhäuser, Kaufhäuser, Konzertsäle, Kinos und Schulen. Einen Glanzpunkt setzte die Breslauer Architektur-Avantgarde 1929 mit ihrer „Wohnung und Werkraum-Ausstellung“ (WUWA), die in Zusammenarbeit von Werkbund und Breslauer Siedlungsgesellschaft organisiert wurde. Am Rand des Scheitniger Parks entstand nach Plänen von elf in Schlesien tätigen Architekten eine Mustersiedlung, die aus Wohnbauten und Arbeitsstätten, darunter auch ein Bauernhof, bestand.

Auch in der Malerei hatte die Breslauer Akademie durch die Berufung von Oskar Moll und Oskar Schlemmer sowie Georg Muche und anderen nicht nur den Anschluss an die Moderne gefunden, sondern zählte nun zu den fortschrittlichsten Hochschulen in Deutschland. Der Niedergang der freien Kunstausübung kündigte sich allerdings schon um 1930 an, als von rechtsradikalen Kreisen Kritik an der modernen Kunstausrichtung laut wurde und nationalsozialistische Kunststudenten eine Aktionsgruppe gründeten. Oskar Schlemmer brachte ironisch die Vorwürfe auf den Nenner: „ostisch-bolschewikische-jüdische Marxistenkunst“.[101] Doch führten nicht die Nationalsozialisten

Die moderne Architektur Breslaus trat häufig – gleichsam als Gegenbau – in Kontrast zur Architektur früherer Jahrhunderte, so das 1927 von Erich Mendelsohn (1887–1953) entworfene Kaufhaus Petersdorff an der Ecke Schuhbrücke/Ohlauer Straße (heute „Kaufhaus Kameleon“, ul. Szewska/ul. Oławska). Es ist ein sechsgeschossiger Stahlskelettbau mit Flachdach und eingezogenem, vollständig verglastem Erdgeschoss. Die Westfassade und der charakteristische halbkreisförmige Erker sind durch waagerechte Fensterbänder gegliedert.

Mit modernen Grafiken (links) warben Künstler wie Johannes Molzahn (1892–1965) für die Ausstellung „Wohnung und Werkraum“ (WUWA) 1929 in Breslau, auf der auch das oben abgebildete Wohnhaus nach einem Entwurf von Adolf Rading (1888–1957) gezeigt wurde.

Der in Breslau geborene Alfred Kerr (1867–1948) war einer der bedeutendsten Theaterkritiker seiner Zeit. 1933 floh er über Prag nach London. Seine wichtigsten Kritiken erschienen 1982 unter dem Titel „Mit Schleuder und Harfe".

das Ende der Akademie herbei, sondern Reichskanzler Heinrich Brüning, der im Zuge der Sparbeschlüsse die Akademie zum 1. April 1932 schließen ließ.

Die Moderne in der schlesischen Literatur repräsentierten in den 1920er Jahren Autoren wie der in Glogau geborene Arnold Zweig, ferner der sich nach seiner Vaterstadt nennende Dichter Max Herrmann-Neiße oder aber Alfred Kerr. Alle drei entstammten dem schlesischen Judentum. Zweig, der in seinen Novellen der 1920er Jahre auch das Elend des oberschlesischen Proletariats darstellte, wurde 1927 durch seinen Antikriegsroman *Der Streit um den Serganten Grischa* bekannt. Seit 1923 lebte Zweig allerdings in Berlin, bevor er 1933 nach Haifa in Palästina emigrierte. Auch Max Herrmann-Neiße lebte und schrieb trotz seiner Verbundenheit mit Neisse seit 1927 in Berlin. Alfred Kerr – auch er lebte in Berlin – tat sich vor allem als Theaterkritiker hervor. In Texten wie „Liebes Breslau" und „Breslau im Krieg" beschreibt er seine Vaterstadt „mit dem distanzierten Blick des Weitgereisten, der dennoch im Vertrauten der Kindheit ein Stück Identität wiederentdeckt".[102] In seinem Essay „Gerhart Hauptmann in Breslau" schildert er die Begegnung des Reichspräsidenten Friedrich Ebert mit dem Dichter anlässlich von dessen 60. Geburtstag 1922. „Seit hundert Jahren ist in Deutschland kein Dichter so gefeiert worden",[103] stellt Kerr nicht ohne Stolz fest.

Neben diesen drei Autoren und den Brüdern Carl und Gerhart Hauptmann steht wohl auch der seit 1926 in Schreiberhau ansässige Schriftsteller Hermann Stehr (1864–1940) für die schlesische Literatur zur Zeit der Weimarer Republik. Stehr verband in seinen Romanen eine naturalistische Darstellungsweise mit mystischen Elementen. Als erfolgreicher Autor und Träger des Goethe-Preises war er wie Thomas Mann und Alfred Döblin Senator der deutschen Dichterakade-

Zu den bekanntesten schlesischen Malern der Moderne zählt Otto Mueller (1874–1930), der Mitglied der Künstlergruppe „Die Brücke" war. Sein Bild „Knabe vor zwei stehenden und einem sitzenden Mädchen" schuf er um 1918/19. Von 1919 bis 1930 war er Professor an der Breslauer Akademie.

1925 malte George Grosz (1893–1959) den expressionistischen Lyriker Max Herrmann (1886–1941), der sich nach seiner Geburtsstadt Herrmann-Neiße nannte. In Berlin, wo er seit 1917 lebte, gehörte er zu den bedeutendsten Vertretern der Literaturszene zur Zeit der Weimarer Republik. Unter den Nationalsozialisten musste er nach London emigrieren.

mie. Im Übrigen aber war die schlesische Literatur dieser Zeit weitgehend durch literarischen Traditionalismus geprägt, der keine Schwierigkeiten hatte, sich auch in der NS-Zeit dem Zeitgeist und seiner primitiven Ästhetik anzupassen.

Die Kirchen im Weimarer Staat

Die Weimarer Republik hatte formaljuristisch die volle Gleichheit aller Bürger herbeigeführt; doch viele Bürger lehnten die demokratische Verfassung ab und trauerten dem alten Kaiserreich nach, das letztendlich die fatale Situation von 1918 und in den Jahren danach verschuldet hatte. Auch die Kirchen hatten Schwierigkeiten, sich auf die neue Situation einzustellen. Die Verwaltungsbehörde der evangelischen Kirche (Konsistorium) wurde nun nicht mehr durch die Regierung bestimmt, sondern die geistliche Leitung der Kirchenprovinz und der Vorsitz des nurmehr für die Verwaltung zuständigen Konsistoriums lagen beim Generalsuperintendenten. Dieses Amt übte von 1924 bis 1933 Martin Schian aus. Nach dessen Ansicht akzeptierten die meisten Gemeindemitglieder die neue Kirchenordnung nicht und blieben alten Denkhorizonten verhaftet. Die Umwälzung von 1918/19 hatte sie völlig unvorbereitet getroffen. Von den knapp fünf Millionen Einwohnern, die es 1932 in Schlesien gab, gehörten etwa 2,3 Millionen, also knapp die Hälfte, der evangelischen Kirche an.

Während die ältere Pastorenschaft der alten preußischen Staatskirche nachtrauerte, blieb die Gruppe unter den 915 Pastoren relativ klein, die die neue Kirchenordnung als Chance für eine Reform der Kirche begriff. Im Gegenteil, unter den jungen Geistlichen gab es viele, die 1932 der durch die NSDAP geförderten „Glaubensbewegung Deutsche Christen“ nahestanden. Einer der führenden Geistlichen dieser Gruppe nicht nur in Schlesien, sondern im Reich, war der ehemalige Pfarrer von Altreichenau, Joachim Hossenfelder.[104] Sein Ideal war eine Reichskirche als Volkskirche, die – so seine Forderung – „dem Geist des deutschen Volkstums entspricht“.[105] Auch wenn es Gegenstimmen gab wie die des Pfarrers Walter Schwartz oder des Breslauer Stadtdekans Spaeth, gewann die Bewegung der Deutschen Christen Anhänger in Brieg, Ohlau, Schweidnitz, Glatz und Ratibor. Fatalerweise schlossen sich ihr auch einige Superintendenten an, wie die aus Schweidnitz, Rackschütz, Oels, Lauban, Lüben und Leobschütz. Trotz Entgegenwirkens des Generalsuperintendenten Martin Schian bekamen die Deutschen Christen 1932 etwa 30 Prozent der Sitze in den kirchlichen Körperschaften und gewannen auch zunehmend Einfluss in der schlesischen Synode. Damit war die Verkündigung in der evangelischen Kirche nicht mehr gegen rassistisches Gedankengut gefeit.

Die katholische Kirche trug der Teilung Oberschlesiens Rechnung und richtete 1925 das Bistum Kattowitz ein, das der Krakauer Kirchenprovinz unterstellt wurde und das Gebiet der gesamten neuen polnischen Wojewodschaft Schlesien umfasste. Erster Bischof von Kattowitz wurde Augustin Hlond. Der deutsche Teil Oberschlesiens verblieb beim Bistum Breslau, das 1929 zum Erzbistum erhoben wurde. Trotz dieser politischen Neuregelung verblieben der jetzt in der Tschechoslowakischen Republik liegende kleine Diözesananteil um Jauernig bei Breslau sowie die Grafschaft Glatz beim Erzbistum Prag und der westliche Teil von Ratibor beim Erzbistum Olmütz.

Die katholische Kirche konnte – trotz aller Schwierigkeiten, die sie bei der Umstellung auf die neue Ordnung nach 1919 hatte – den rassistischen „Sündenfall“ verhindern. Die Einstellung des Oberhirten, Kardinal Adolf Bertram, seit 1914 Fürstbischof von Breslau, war streng legalistisch, also staatstreu. In diesem Sinn wies er 1919 seinen Klerus an, in allen politischen Äußerungen Maß und die Kirche frei von national-politischer Agitation zu halten. Das galt für ihn sowohl für den Versailler Friedensvertrag wie für den oberschlesischen Abstimmungskampf, in den ein Teil seines Diözesanklerus auf der einen oder

Der Breslauer (Fürst-) Erzbischof Kardinal Adolf Bertram (1859–1945) war als Vorsitzender der deutschen Bischofskonferenz die führende Persönlichkeit der katholischen Kirche zur Zeit der Weimarer Republik und des „Dritten Reiches“. In seinem Verständnis staatsloyal, schätzte er die verbrecherische nationalsozialistische Politik falsch ein. Auch gegenüber der Verfolgung der Juden nahm er eine ambivalente Haltung ein.

anderen Seite verwickelt war. Auch wenn er seinen Titel „Fürstbischof" nach der Revolution von 1918 nicht ablegte, kann man ihn vielleicht sogar als Vernunftrepublikaner bezeichnen, der auf dem Boden der politischen Realität stand.

Obgleich zahlreiche Geistliche, die auch im Zentrum politisch aktiv waren wie Carl Ulitzka oder Waldemar Otte, die Freiheiten, die die Weimarer Verfassung für die katholische Kirche brachte, schätzten, kam es innerhalb der Kirche keineswegs zu einer Demokratisierung. Nach wie vor bestimmte der Klerus die katholischen Laien, was in der neu aufkommenden liturgischen Bewegung sowie in der Jugendbewegung zu einem unterschwelligen Konflikt führte. Es blieb eine Distanz zum Weimarer Staat und zur „weltlichen Politik", wie in der Devise des Kardinals für den Breslauer Katholikentag 1926 deutlich wurde. Man blieb lieber im „Turm".

Wachsender Antisemitismus

Juden hatten in der jüngsten Geschichte erheblich zum kulturellen, wissenschaftlichen und wirtschaftlichen Erfolg Schlesiens beigetragen, darunter die Nobelpreisträger Paul Ehrlich (1908), Fritz Haber (1918), Otto Stern (1943). Nach 1945 wurden noch weitere schlesische Juden, die dem nationalsozialistischen Terror entkommen konnten, mit diesem Preis ausgezeichnet, so Kurt Alder (1950), Max Born (1954), Maria Goeppert-Meyer (1963) und Konrad Bloch (1964).

Bereits zur Zeit der Weimarer Republik bekamen die 40 000 Juden (1925) in Schlesien einen gesteigerten Antisemitismus zu spüren. Ein deutliches Gefühl der Gefährdung bestimmte das schlesische Judentum. Auch wenn die Verfassung nun alle noch bestehenden Einschränkungen beseitigte, war die „goldene Zeit" vorbei. Kriegsanleihen und Inflation hatten auch zahlreiche jüdische Bürger um ihren Wohlstand und um ihren politischen Einfluss gebracht. Zudem wanderten zwischen 1919 und 1923 zahlreiche arme Juden aus Osteuropa ein, sodass der Ausländeranteil in den Gemeinden bei zehn Prozent lag. Die „Jüdische Volkszeitung" klagte im Juni 1922 darüber, dass die dauernde Erhöhung der Lebenshaltungskosten selbst diejenigen in Not brachte, „die bisher ihr bequemes Durchkommen hatten".[106]

Obgleich es schon zur Kaiserzeit einen latenten bürgerlichen Antisemitismus in Breslau gegeben hatte, so nahm dieser jetzt radikalere Formen an, so in der Breslauer Ärzteschaft, wo antisemitische Mitglieder versuchten, jüdische Mitglieder als Vorsitzende zu verhindern. Deutlich wurde der Antisemitismus in den im Zuge der Demokratisierung eingeführten Elternbeiräten, die sich – wie am Elisabeth-Gymnasium – weigerten, jüdische Lehrer einzustellen.

Der Einsatz der Freikorps zu Beginn der Weimarer Republik in Schlesien verstärkte die antisemitischen Einstellungen. Während des Kapp-Putsches ermordeten im März 1920 Freikorpsverbände in Breslau sechs jüdische Bürger. Der Bedeutendste unter ihnen war Bernhard Schottländer, der zwar aus einer der reichsten jüdischen Familien Schlesiens stammte, aber als Journalist für das USPD-Organ „Schlesische Arbeiter-Zeitung" schrieb. Schottländer wurde von den Putschisten gefoltert und schließlich ermordet. Den verstümmelten Leichnam warfen die Mörder in die Oder, wo er erst drei Monate später gefunden wurde. Erschreckend für die jüdischen Bürger war die kühle Reaktion der übrigen Breslauer und die Berichterstattung der inzwischen der DNVP nahestehenden „Schlesischen Zeitung", die jeden Antisemitismus in diesem Zusammenhang leugnete. Die Radikalisierung des Antisemitismus zeigte sich auch im Juli 1923, als jugendliche Randalierer über 100 Geschäfte plünderten, die fast ausschließlich Juden gehörten. Auch diesmal bestritt die „Schlesische Zeitung", dass es sich um antisemitische Aktionen gehandelt habe.

Noch vor der „Machtergreifung" im Januar 1933 wurde im Wintersemester 1932/33 an der Universität Breslau bei dem sogenannten

Fall Cohn deutlich, wie stark der nationalsozialistische Antisemitismus das akademische Leben beherrschte und dass die nationalkonservativen Kreise der Professorenschaft nicht willens oder fähig waren, dem entgegenzusteuern. Der Jurist Ernst Cohn (1904–1976) war im Sommer 1932 von der Juristischen Fakultät als Ordinarius für bürgerliches Recht berufen worden. Die NS-Propaganda hatte sich von Anfang an darüber entrüstet, dass „ein Jude [...] deutsches Recht lehren" sollte.[107] Bei seiner Antrittsvorlesung am 10. November 1932 kam es zu Störungen durch Studenten des rechtsorientierten „Waffenrings" und der NS-Gruppe. Anstatt von vornherein hart vorzugehen, beließ es der Rektor, der Orientalist Brockelmann, bei einer „milden Bestrafung". Keiner der Randalierer wurde der Universität verwiesen. Der Terror der NS-Studentenschaft verhinderte im gesamten Wintersemester 1932/33, dass Ernst Cohn einen geordneten Lehrbetrieb aufrechterhalten konnte.[108] Von den Professoren widersetzte sich den Störern recht entschieden der bekannte Soziologe Eugen Rosenstock-Huessy (1888–1973), der damals Geschäftsführender Direktor des Juristischen Seminars war.

Der Aufstieg der NSDAP in Schlesien

Die Vorgänge im „Fall Cohn" zeigen, dass die NSDAP bereits 1932 zu einem bestimmenden Faktor der politischen Szene in Breslau geworden war und die nationalistisch ausgerichtete Professorenschaft dabei Steigbügelhalterdienste leistete. Die seit dem Hitler-Putsch vom 9. November 1923 verbotene NSDAP war in Schlesien kurz nach ihrer Neugründung durch Adolf Hitler (27. Februar 1925) im März 1925 durch den Gauleiter und späteren Oberpräsidenten Helmuth Brückner (1896–1954) aus diversen rechtsradikalen Gruppierungen hervorgegangen. Brückner hatte nach seinem Abitur als Freiwilliger am Ersten Weltkrieg teilgenommen und danach nicht in eine geordnete bürgerliche Existenz zurückgefunden. Er kämpfte zunächst bis zur Abstimmung 1921 im Selbstschutz Ostoberschlesien, studierte danach Geschichte, Philosophie und Geografie an der Universität Breslau. Ohne einen Abschluss gemacht zu haben, arbeitete er seit 1924 als Journalist und ab 1925 als Schriftleiter des „Völkischen Wochenblatts für Schlesien", der dortigen NSDAP-Zeitung. Schon 1924 wurde er für die Nationalsozialistische Freiheitspartei in die Breslauer Stadtverordnetenversammlung gewählt. Seine Selbsternennung zum Gauleiter von Schlesien wurde von Hitler bestätigt.

Die dramatische wirtschaftliche wie politische Situation nach Ausbruch der Weltwirtschaftskrise verhalf Brückner und der NSDAP in Schlesien zu einem schnellen Aufstieg. Erzielte die NSDAP bei der Reichstagswahl 1928 noch nicht einmal 25 000 Stimmen in ganz Schlesien, so erreichte sie bei der Reichstagswahl am 14. September 1930 allein im Regierungsbezirk Breslau mit

Der seit 1925 als Gauleiter agierende Schlesier Helmuth Brückner (1896–1954) machte nach 1933 Karriere als Oberpräsident in Breslau. Er unterlag jedoch in den internen Machtkämpfen der NS-Führer und wurde 1934 aus der NSDAP ausgeschlossen.

Adolf Hitler trat im April 1932 zusammen mit Gauleiter Helmuth Brückner in der Breslauer Jahrhunderthalle auf. Wegen des Uniformverbots der deutschen Regierung erschienen Hitler und die ihn begleitenden NS-Größen in Zivil.

Zu den brutalsten Vertretern in der Anfangsphase der NS-Diktatur in Schlesien zählte der 1933 zum Breslauer Polizeipräsidenten ernannte „Alte Kämpfer“ Edmund Heines. Im Zuge der Röhm-Krise wurde er jedoch am 30. Juni 1934 mit weiteren schlesischen SA-Führern in München-Stadelheim erschossen.

142 216 Stimmen schon 21 Prozent; im Wahlkreis Breslau sogar 24,2 Prozent. Bei der Reichstagswahl am 31. Juli 1932 stieg ihr Anteil – wie bereits erwähnt – auf 43,5 Prozent, doch ging er bei der nächsten Reichstagswahl am 6. November 1932 um 3,1 Prozent (im Reich um vier Prozent) auf 40,4 Prozent zurück.

Hitler war in Breslau erst im April 1932 im Wahlkampf zusammen mit Brückner in der Jahrhunderthalle aufgetreten. Als potenzielle Wählergruppe konnte in Breslau neben den Arbeitslosen auch das gehobene protestantische Bürgertum gelten, wie die kirchlichen Gemeindewahlen am 23. Juli 1933 vermuten lassen, bei denen die Deutschen Christen 70 bis 80 Prozent der Stimmen erhielten.

Dies überrascht, da die SA in Breslau und Schlesien nicht nur in den Wahlkämpfen äußerst brutal auftrat. Zu ihrem Chef hatte Hitler 1931 den „Alten Kämpfer“ und Stellvertreter Röhms Edmund Heines (1897–1934) bestimmt. Als Leutnant a. D. hatte auch er nach dem Ersten Weltkrieg keinen Beruf gelernt, sondern war in Freikorps aktiv. Schon früh stieß er zu Hitler und wurde dessen Mitarbeiter. Von vornherein sahen sich Brückner und Heines als Konkurrenten. Rivalitäten bestanden aber auch zwischen Heines und dem SS-Führer Udo von Woyrsch, der von Heinrich Himmler protegiert wurde.

Nach Hitlers Wahl zum Reichskanzler am 30. Januar 1933 gelang es der NSDAP trotz solcher internen Auseinandersetzungen (die letztlich die unangefochtene Führerschaft Hitlers sicherten) bereits im März 1933, das politische und kulturelle Leben in Breslau und in der Provinz „gleichzuschalten“, das heißt ideologisch und institutionell auf Parteilinie zu bringen. Dazu trug sicher auch das Wahlergebnis vom 5. März 1933 bei, als im Regierungsbezirk Breslau 50,2 Prozent der Wähler, im Regierungsbezik Liegnitz sogar 54 Prozent für die NSDAP votierten, ein Ergebnis, das deutlich über dem Reichsdurchschnitt von 43,9 Prozent lag. Brückner, der bei dieser Wahl zum ersten Mal für Breslau in den Reichstag und in den Preußischen Landtag gewählt worden war, machte danach keinen Hehl daraus, dass er es nicht dulden werde, „dass irgendwo sich noch ein Verantwortlicher der letzten 14 Jahre herumtreiben darf in machtvoller Stellung“.[109] Das zielte auch auf den deutschnationalen Oberpräsidenten Friedrich Graf von Degenfeld-Schonburg, den Reichskanzler Franz von Papen im Juli 1932 nach seinem „Preußenschlag“, also der Absetzung des preußischen Ministerpräsidenten und seines Kabinetts, ins Amt gebracht hatte. Trotz des Protests von SS-Führer Udo von Woyrsch wurde Brückner am 25. März 1933 von Hermann Göring, der das Amt des preußischen Ministerpräsidenten ausübte, zum Oberpräsidenten bestimmt, nachdem Degenfeld beurlaubt worden war.

Gravierender war für Breslau die gleichzeitige Ernennung von Edmund Heines zum dortigen Polizeipräsidenten. Die politische „Gleichschaltung“ in der Stadt gestaltete sich insofern relativ einfach, als seit der Kommunalwahl vom 12. März 1933 die NSDAP in der Breslauer Stadtverordnetenversammlung die absolute Mehrheit besaß. Bereits am 29. März 1933 wurden unter dem neuen NSDAP-Oberbürgermeister Helmut Rebitzki von der neu gewählten Stadtverordnetenversammlung Hitler und Brückner zu Ehrenbürgern der Stadt Breslau erklärt. Die „Gleichschaltung“ Breslaus war somit bereits Ende März 1933 besiegelt. Auch in der Provinz waren inzwischen 45 der 48 Landräte ausgetauscht worden.

Schon am 9. März 1933, nicht erst wie in den anderen Städten am 1. Mai, wurde das Breslauer Gewerkschaftshaus von der SA besetzt. Jüdische Bürger wurden zu Geldspenden erpresst, auch wurden Waren aus den Warenhäusern jüdischer Besitzer geplündert. Am 11. März drangsalierten SA-Truppen im Gerichtsgebäude jüdische Richter und Anwälte. Der antijüdische Geschäftsboykott führte – so der Breslauer jüdische Zeitzeuge Walter Tausk – „zu einem Blutrausch der SA, [...] zu offenen Plündereien, Gewalttaten, Racheakten, zu Auspeitschungen von Juden im Breslauer Braunen Haus in der Neudorfstraße".[110] SA- und SS-Patrouillen durchsuchten die Cafés und warfen „jüdisch" aussehende Leute aus dem Lokal.

Um die alten politischen Kader schnell „auszuschalten" und sich an ihnen zu rächen, hatte Heines im Süden von Breslau in Dürrgoy ein Konzentrationslager (KZ) eingerichtet. SPD-Politiker wurden gedemütigt, indem sie auf dem Weg in dieses KZ in Harlekin-Kostümen durch die Stadt geführt wurden, so der ehemalige Oberpräsident Lüdemann im Juni 1933. Dem Zug folgte der Polizeipräsident Heines in seinem Dienstwagen. Den ehemaligen Reichstagspräsidenten Paul Löbe, der aus Schlesien stammte, ließ Heines durch seine SA-Leute im Sommer 1933 aus dem Gefängnis in Berlin-Spandau nach Dürrgoy entführen, ohne dass die Gestapo in Berlin davon in Kenntnis gesetzt wurde. Löbe hatte Heines als Reichstagsabgeordneten im Mai 1932 für drei Monate von den Reichstagssitzungen ausgeschlossen, nachdem dieser im Reichstagsrestaurant einen der SPD nahestehenden Publizisten niedergeschlagen hatte.

Im Zuge der Röhm-Krise, bei der sich Hitler des ihm zu mächtig gewordenen SA-Führers Ernst Röhm und weiterer SA-Führer entledigte, wurde am 30. Juni 1934 Edmund Heines mit mehreren schlesischen SA-Führern in München-Stadelheim erschossen. Sein Intimfeind Udo von Woyrsch wurde am selben Tag von Göring mit der vollziehenden Gewalt in Schlesien beauftragt. Woyrsch sorgte nun dafür, dass auch sein zweiter Intimfeind, Oberpräsident Helmuth Brückner, ausgeschaltet wurde. Er zeigte ihn in Berlin wegen seiner Homosexualität an. Hitler schloss Brückner am 5. Dezember 1934 „wegen parteischädigenden Verhaltens"[111] aus der Partei aus. Zugleich enthob ihn Göring aller staatlichen Ämter und Funktionen. Die Breslauer Stadtväter hielten mit: Brückner wurde die Ehrenbürgerschaft aberkannt und das im August 1933 nach ihm benannte Helmuth-Brückner-Ufer bekam einen neuen Namen. Brückner wurde aus Schlesien ausgewiesen und musste als einfacher Arbeiter in einem Rostocker Industriebetrieb sein Geld verdienen.

Das NS-System war aber trotz der dadurch eingetretenen Verunsicherung zahlreicher Parteigenossen so etabliert, dass sich die NS-Führung praktisch alles erlauben konnte. Auch in den übrigen Städten und Gemeinden Schlesiens wurden die ehemaligen Bürgermeister aus dem Amt vertrieben und durch NS- beziehungsweise NS-konforme Parteigänger ersetzt. Das traf auch in den Gemeinden zu, wo die NSDAP bei den Kommunalwahlen 1933 keineswegs die Mehrheit erreicht hatte. Vielfach wurden die alten Amtsträger zunächst einmal verhaftet. Einen offenen Widerstand gegen dieses Vorgehen gab es nicht.

In das von dem Polizeipräsidenten Heines eingerichtete KZ Breslau-Dürrgoy wurden zahlreiche sozialdemokratische Politiker eingeliefert. Zu den Inhaftierten gehörte der ehemalige Reichstagspräsident Paul Löbe – das Foto zeigt seine Einlieferung ins KZ, bei der ihn die Häftlinge mit einem „festlichen Empfang" verspotten mussten – und der ehemalige Breslauer Oberpräsident Hermann Lüdemann, der von 1947 bis 1949 der erste Ministerpräsident von Schleswig-Holstein war.

„Gleichschaltung“ von Geistesleben und Kultur

Die „Gleichschaltung“ des totalitären NS-Regimes erstreckte sich nicht nur auf das politische, sondern auch auf das kulturelle Leben. Wie in anderen Städten kam es auch in Breslau – ausgeführt durch die NS-Studentenschaft – am 10. Mai 1933 auf dem Schlossplatz zur Verbrennung „marxistisch-jüdischer Bücher“.[112] Das „Verbrennungskomitee“ gab eine Liste der Bücher heraus, die die Breslauer Bürger abliefern sollten. Bereits Ende April 1933 hatten Studenten die öffentlichen Lesehallen und Leihbibliotheken von „undeutschen Büchern“ „gesäubert“[113], darunter die Werke der Brüder Hauptmann. In einer Buchhandlung beschlagnahmten sie alle dort vorhandenen Titel aus dem S. Fischer Verlag. „Gleichgeschaltet“ wurde auch das Theater unter dem Intendanten Georg Hartmann, das für seine avantgardistischen Inszenierungen bekannt war. Hartmann wurde entlassen.

Am 10. Mai 1933 kam es auch in Breslau durch die NS-Studentenschaft und die SA auf dem Schlossplatz zu dem barbarischen Akt der Bücherverbrennung. Die Rede zur „großen Säuberungsaktion der Studentenschaft“ – so die „Schlesische Tageszeitung“ – hielt der evangelische Theologieprofessor und Parteigenosse Karl Bornhausen.

Es gibt wenige Zeugnisse dafür, wie sich die Breslauer Bürger gegenüber der „Gleichschaltung“ verhielten. Proteste von Richtern und Anwälten beim Justizminister gegen die Störung der Gerichtsverhandlungen durch die SA-Horden sind für den März 1933 belegt. Der jüdische Tagebuchschreiber Tausk berichtet, dass nichtjüdische Kaufleute gegen die Boykottierung jüdischer Geschäfte protestierten, da dadurch der gesamte Handel in einer Phase zum Stocken kam, als er langsam wieder einen Aufwärtstrend verzeichnen konnte. Gegen die Entlassung jüdischer Beamter aufgrund des Berufsbeamtengesetzes vom 7. April 1933 gab es von Seiten der Kollegen zwar vereinzelte private Missbilligungen, aber ein offizieller Protest blieb die Ausnahme.

In der Universität stellte die NS-Studentenschaft im Sommersemester 1933 Posten vor den Veranstaltungsräumen jüdischer Professoren auf. Erklärtes Ziel der NS-Studentenschaft war es, durch Boykott, aber auch Terror die jüdischen Lehrenden, die circa 25 Prozent des Lehrkörpers ausmachten (der Reichsdurchschnitt lag bei 14 Prozent), an der Ausübung ihrer Dienstpflichten zu hindern, soweit sie nicht schon Lehrverbot hatten. Innerhalb eines Jahres büßte die Universität Breslau ein Viertel ihres Lehrkörpers ein. Am 25. März 1935 konnte der damalige Rektor Walz in einem vertraulichen Rechenschaftsbericht melden, dass die „außerordentlich starke Verjudung“ der Universität Breslau durch das „rasch entschiedene Handeln“ des Reichsministers Rust beseitigt und durch „zukunftssichere Kräfte“ ersetzt worden sei.[114]

Die Künstler der Breslauer Akademie, denen aufgrund ihrer Verträge 1932 nicht gekündigt werden konnte, wurden 1933 durch die Nationalsozialisten entlassen. Die „Abrechnung“ mit der modernen Kunst durch die Nationalsozialisten erfolgte am 17. Dezember 1933 durch eine Ausstellung im Schlesischen Museum, auf der unter dem Titel „Kunst der Geistesrichtung 1918–33“

Arbeiten von Oskar Moll, Otto Mueller, Johannes Molzahn und Oskar Schlemmer gezeigt wurden. Breslau nahm damit das vorweg, was 1937 im nationalen Rahmen auf der Münchner Schau „Entartete Kunst" geboten wurde.

Die kulturelle und literarische Tendenz der NS-Kulturpolitik wird deutlich in einer Feststellung des neuen schlesischen Kulturverantwortlichen, des Autors und Landesleiters der 1933 eingerichteten „Reichsschrifttumskammer Schlesien" Hans-Christoph Kaergel, mit der er 1935 die Literatur der Weimarer Zeit bloßzustellen meinte: „Der Literaturpapst, der Jude Alfred Kerr, der leider aus unserer schlesischen Heimatprovinz kam und aus Breslau gebürtig ist, bestimmte die Richtung der deutschen Literatur, d. h. er glaubte zu bestimmen und übersah vollkommen, dass er wohl über eine Schar Kaffeehausliteraten kommandieren konnte, aber jenseits seiner Clique lebte das unverdorbene Volk und lebten die wahrhaften Dichter."[115]

Zu den „Kaffeehausliteraten" zählte damit auch Gerhart Hauptmann, denn dass dessen Theaterstücke in Berlin aufgeführt wurden, war mit ein Verdienst von Alfred Kerr. Gerhart Hauptmann, 1933 71 Jahre alt, ging nicht ins Exil. Wenn auch in innerer Distanz zum Nationalsozialismus, übte er doch „um seiner Produktion willen eine allzu passive Duldsamkeit, die ihn in ein Zwielicht setzen musste, dem Nationalsozialismus gegenüber aus"[116], wie sein Freund C. F. W. Behl kritisch anmerkt. Die Sowjets, die 1945 Agnetendorf eroberten, ehrten in Hauptmann den sozialkritischen Dichter und ermöglichten 1946 nach seinem Tod die Überführung seines Leichnams auf die Ostseeinsel Hiddensee.

Hermann Stehr, der kein Nationalsozialist war, fühlte sich dennoch geehrt, dass das „Dritte Reich [...] zu mir gekommen [ist]".[117] Da er unter den deutschen Autoren, die sich nach 1933 dem Nationalsozialismus nicht verweigerten, der Bedeutendste war, wurde er von den Nationalsozialisten hofiert, obgleich seine Romanfiguren nicht als Vorbilder der NS-Ideologie gelten konnten. Doch begrüßte er, der ehemalige Demokrat und Freund Walther Rathenaus, den Führerstaat und empfand es als „glückhafte Versicherung [...], dass mein Werk zu den Grundsteinen gehört, auf dem sich die neue Menschenart, die neue Volks- und Staatsordnung aufbaut".[118]

Nicht alle Autoren, die nach 1933 von der NS-Zensur halb geduldet schreiben durften, waren unbedeutend oder passten in das von Kaergel vorgegebene Schema einer „Blut-und-Boden"-Literatur. Fritz Walther Bischof, bis 1933 Intendant des Breslauer Rundfunks und 1934 in einem Schauprozess wegen Korruption angeklagt, aber freigesprochen, durfte einige Romane veröffentlichen. Aus der Reichsschrifttumskammer ausgeschlossen wurde dagegen Gerhart Pohl, der nach 1922 die einflussreiche kulturkritische Zeitschrift „Die neue Bücherschau" herausgab, an der unter anderem Bertolt Brecht, Ernst Toller und Heinrich Mann mitgearbeitet hatten.

Obwohl der schlesische Dichter Hermann Stehr (1864–1940) mit seiner religiös-mystischen Interpretation der menschlichen Existenz nicht zur NS-Ideologie passte, feierten die Nationalsozialisten ihn als „Künder deutscher Seele und Autor völkischer Erdverbundenheit" (W. Killy).

1936 feierte die Universität Breslau in Anwesenheit der NS-Prominenz in der Aula Leopoldina die 125. Wiederkehr ihrer Neugründung von 1811. Wie der Rektor Walz 1935 dem Ministerium mitteilte, war inzwischen „die außerordentlich starke Verjudung" der Universität beseitigt. Durch die Entlassung von über einem Viertel ihres Lehrkörpers hatte die Universität erheblich an Substanz verloren.

1939 wurden nach einem Einspruch von Gerhart Hauptmann die Restriktionen gegen Pohl aufgehoben und er durfte wieder Bücher veröffentlichen. Seine Beziehung zu den sozialdemokratischen Mitgliedern des Kreisauer Kreises, Carlo Mierendorff und Theodor Haubach, denen er in seinem Haus im Riesengebirge ein Domizil bot, hat er 1955 in dem Schlüsselroman „Fluchtburg" festgehalten.

Von den Nationalsozialisten eher verfemt, konnte der aus dem Hultschiner Ländchen stammende Autor August Scholtis 1934 seinen Roman „Baba und ihre Kinder" veröffentlichen. Seine kritische Haltung gegenüber allen nationalistischen Einstellungen sowohl der Deutschen wie der Polen und der Tschechen enstprach nicht dem Zeitgeist. Seine oberschlesischen Figuren sind weder bedingungslose Deutsche noch bedingungslose Polen. Oberschlesien als „Chance des Übernationalen",[119] wie es Scholtis verstand, wollte weder 1933 noch nach 1945 jemand als zukunftsweisende Möglichkeit sehen.

Nicht mehr in seiner Heimat Schlesien kam ein Talent zur Entfaltung, das nach 1945 entscheidend die deutsche Literatur der Nachkriegszeit prägen sollte: Arno Schmidt. Nach seinem Abitur arbeitete er seit 1937 in Greiffenberg als Kaufmann und schrieb hier seine ersten Gedichte und Prosatexte, die aber noch nicht publiziert wurden. Schlesien, mit dem er in Hassliebe verbunden war, blieb für ihn seine „Bezugslandschaft".[120]

Die Haltung der Kirchen

In der evangelischen Kirche Schlesiens gab es einen starken Einfluss der nationalsozialistischen Ideologie, wie der Stimmenanteil von bis zu 80 Prozent für die Deutschen Christen bei den Gemeindewahlen am 23. Juli 1933 zeigt. Ihr Wortführer, der Altreichenauer Pfarrer Joachim Hossenfelder, nahm nun für sich das Amt des Bischofs von Schlesien in Anspruch. Da sich jedoch nur neun der insgesamt 51 schlesischen Superintendenten dieser Richtung anschlossen, kam es zu harten Auseinandersetzungen. Am 24. Juni 1933 wurde Generalsuperintendent Schian durch den Staatskommissar für die Kirche der Altpreußischen Union (APU) abgesetzt und an seiner Stelle der „Deutsche Christ" Jenetzky in der Funktion eines Propstes in die schlesische Kirchenleitung berufen.

Widerstand formierte sich zunächst in Breslau in der kirchenpolitischen Gruppe „Evangelium und Kirche" unter dem Pfarrer Ernst Hornig von St. Barbara, der im Herbst 1933 an der von Pfarrer Niemöller initiierten Tagung des Pfarrernotbundes in Dahlem teilnahm. Er betrieb den Aufbau des schlesischen Notbundes, dem sich Ende 1933 von den 800 schlesischen Pfarrern bereits 200 angeschlossen hatten, während sich weitere 200 als neutral erklärten. Es gelang dieser Gruppe, den Einfluss der „Deutschen Christen" zurückzudrängen.

Breslau war das Zentrum der 1934 aus dem Pfarrernotbund hervorgehenden Bekennenden Kirche in Schlesien. Hier wurde am 13. Mai 1934 auch der erste Kirchentag der Bekennenden Kirche abgehalten. Von hier aus wurden die Gemeinde- und Bruderräte in Schlesien ins Leben gerufen. Sie gewährten auch den Pfarrern und Vikaren, die wegen ihrer bekenntnistreuen Haltung des Amtes enthoben wurden, finanzielle Unterstützung. Im Gegensatz zur Barmer Erklärung, dem Ende Mai 1934 verabschiedeten theologischen Fundament der Bekennenden Kirche, wies die Bekennende Kirche in Schlesien die Gültigkeit des Arierparagrafen, durch den 1933 jüdische Beamte aus dem Dienst entfernt wurden, als untragbar und bekenntniswidrig zurück. Sie konnte aber nicht verhindern, dass die Pfarrer Friedrich Forell und Heinz Arnold amtsenthoben wurden. Arnold wurde in der Pogromnacht 1938 ins Konzentrationslager deportiert. Weder das Konsistorium noch der Pfarrernotbund und die Bekennende Kirche bezogen dazu Stellung.

Am mutigsten verhielt sich die evangelische Breslauer Stadtvikarin Katharina Staritz, seit dem 1. Dezember 1938 „Leiterin der Vertrauensstelle Breslau (Schlesien)", die vielen Juden unter persönlichem Einsatz zur Auswanderung verhalf. Als sie nach dem Erlass vom 5. Dezember 1941, der den „Judenstämmigen" das Tragen des gelben Sterns befahl, in einem Brief an die evangelischen Breslauer Pfarrer bat, trotz dieses Erlasses die Juden nicht aus der Gemeinde auszugrenzen, wurde sie vom Konsistorium zwangsbeurlaubt, 1942 in das KZ Ravensbrück eingeliefert, nach 14 Monaten 1943 probeweise entlassen.

Für die katholische Kirche in Breslau war die Rolle Kardinal Bertrams ausschlaggebend. Das Urteil über ihn ist zwiespältig. Für einige ist er der „tapferste und standfesteste Pontifex unter dem Kreuze Christi in dem Jahrtausend der Kirchengeschichte Schlesiens",[121] andere stellen fest, dass Bertram „die öffentlichkeitswirksame Antwort der Kirche auf die Herausforderung durch den Nationalsozialismus" verfehlt habe.[122] Für die autoritären Strukturen des NS-Staates hatte Bertram durchaus Verständnis. Seine Erklärung, die er am 28. März 1933 als Vorsitzender der Fuldaer Bischofskonferenz abgab, nämlich, „dass die vorbezeichneten allgemeinen Verbote und Warnungen [gegenüber der NSDAP] nicht mehr als notwendig betrachtet zu werden brauchen",[123] hat sicher die Hemmschwelle vieler katholischer Wähler gegenüber der NSDAP beseitigt.

Bertram ging davon aus, dass die Kirche im Schutz des NS-Staates existieren könnte, weshalb er auf den Abschluss des Reichskonkordats vom 20. Juli 1933 drängte, das der katholischen Kirche zahlreiche Rechte in Schul- und Kulturfragen zubilligte. Er hat das Konkordat auch nie aufgekündigt, als Hitler es praktisch außer Kraft gesetzt hatte. Denn in der politischen Realität mussten die Katholiken auf ein eigenes Vereinsleben verzichten und konnten für Kirchenfeiern nur noch beschränkt den öffentlichen Raum in Anspruch nehmen, was insbesondere für die Wallfahrten galt. Auch gerieten einige Geistliche mit dem Regime in Konflikt und wurden in Konzentrationslager eingeliefert, wo manche von ihnen zu Tode gequält wurden.

Eindeutig war Bertrams Haltung in der Absage an den NS-Rassismus. Offensiv ist er allerdings nach 1933 nicht für die Juden in Breslau eingetreten, „nichtarische" katholische Geistliche wie den Privatdozenten Hubert Jedin, der von der Universität wegen seiner jüdischen Abstammung entlassen worden war, beschäftigte er mit Lehraufträgen im Konvikt beziehungsweise im Diözesanarchiv. Kardinal Bertram verhalf in einzelnen Fällen „nichtarischen" Katholiken durch Kontakte mit dem amerikanischen Episkopat zur Auswanderung. In einem Hirtenbrief vom 17. September 1941 sprach Bertram sich gegen eine „Absonderung der katholischen Nichtarier in der Kirche bzw. im Gottesdienst aus".[124] Sondergottesdienste für katholische „Nichtarier" sollten nur dann abgehalten werden, wenn sich große Schwierigkeiten ergäben, so durch das Fortbleiben von Beamten und Parteigenossen oder bei ostentativem Verlassen der Gottesdienste. Im August 1943 weigerte er sich jedoch nach einer Diskussion auf der deutschen Bischofskonferenz, für die „unveräußerlichen Rechte aller Menschen einzutreten; dafür sei die Kirche nicht zuständig".[125] Opposition gegen den Nationalsozialismus entwickelten einige Jugendkreise und Kapläne, die, wenn dieser Widerstand offenkundig wurde, vom Kardinal aber nicht geschützt wurden, sondern ins KZ kamen.

Ohne Unterstützung durch die evangelische Kirche setzte sich die Breslauer Stadtvikarin Katharina Staritz (1903–1953) für verfolgte Juden ein. Sie wurde deshalb 14 Monate im KZ Ravensbrück gefangen gehalten.

Zu den katholischen Geistlichen Schlesiens, die der NS-Ideologie Widerstand boten, gehört der Habelschwerdter Kaplan Gerhard Hirschfelder (1907–1942). Er kam 1942 im KZ Dachau ums Leben.

Die nationalsozialistische Terrorherrschaft

Viele Schlesier nahmen nach 1933 nur den „schönen Schein" des Nationalsozialismus wahr. Die Arbeitslosigkeit sank in Schlesien von 184 000 Betroffenen im Jahr 1933 auf 154 000 zwei Jahre später. Die sich schon 1932 andeutende Verbesserung des Osthandels setzte sich fort. Trotz aller Hasstiraden Hitlers auf die „minderwertigen" slawischen Völker normalisierten sich die außenpolitischen Beziehungen zu Polen, was für Schlesien von Vorteil war. Die Aufrüstung und die damit verbundene Verbesserung der Verkehrsinfrastruktur brachten neue Arbeitsplätze. So wurden der Ausbau der Autobahn

Der Terror der NS-Diktatur wurde durch den „schönen Schein des Dritten Reiches" überdeckt. Dazu zählte auch das im Juli 1938 in Breslau mit großem Pomp durchgeführte Deutsche Turn- und Sportfest. Hier im Bild der Aufmarsch vor dem Breslauer Rathaus mit der begeisterten Zuschauermenge, die den Zug mit den zum Hitlergruß erhobenen Armen empfängt.

bis nach Breslau vorangetrieben und der Oderlauf reguliert, was der Schifffahrt und dem Handel zugute kam. Die Produktion, zum Beispiel in der Kohleförderung, wurde jedoch nicht gesteigert.

Die gegen die Versailler Nachkriegsordnung gerichtete Revisionspolitik Hitlers brachte außenpolitische Erfolge, das alte Unsicherheitsgefühl wandelte sich auch bei den meisten Schlesiern in nationalistische Überheblichkeit. Im „deutschen Land" Schlesien sollte alles verschwinden, was an die slawische Vergangenheit des Landes erinnerte. Zahlreiche Orts- und Flurbezeichnungen wurden „eingedeutscht", polnische Inschriften verschwanden, und an das alte Geschlecht der Piasten sollte in Namen und Bezeichnungen auch nicht mehr erinnert werden. Über unangenehme Erscheinungen wie die Verfolgung der dem NS-Regime missliebigen Personen halfen die Nationalsozialisten mit groß inszenierten Veranstaltungen hinweg wie mit der Feier zur Eröffnung der Autobahn 1936 oder dem Deutschen Turn- und Sportfest 1938 in Breslau. Das ganze Jahr über sorgte ein nationalsozialistischer Festkalender für Abwechslung.

Die Terroraktionen der Nationalsozialisten waren dennoch nicht zu übersehen. Aus den Konzentrationslagern in Schlesien machten die Nationalsozialisten kein Geheimnis. Das KZ Groß Rosen bei Striegau wurde allerdings erst 1940 eingerichtet. Die Häftlinge mussten im Granit-Steinbruch schuften. Nach 1942 waren sie auch für die Rüstungsindustrie abkommandiert, wofür Nebenlager in Deutsch-Lissa, Hirschberg, Dynhernfurth und Fünfeichen eingerichtet wurden. In Dynhernfurth und Fünfeichen wurden sie für die Herstellung von Kampfgas für die IG Farben und die Geschützherstellung der Firma Krupp eingesetzt. Vor Kriegsende entstanden weitere Nebenlager, so in Christianstadt, über das die Überlebende Ruth Klüger in ihren Erinnerungen „weiter leben" berichtet. Durch mörderische zwölfstündige Arbeit im Steinbruch, mangelhafte Nahrung und schlechte sanitäre Verhältnisse kam es 1941 in Groß Rosen zu einer Typhus-Epidemie. Da die Arbeitskräfte aber gebraucht wurden, „verbesserten" sich nach 1942 die Bedingungen etwas. Die Zahl der Todesopfer in Groß Rosen liegt bei 40 000. Auch wenn die SS dort im KZ ein eigenes Standesamt einrichtete, um die Zahl der Ermordeten nicht publik zu machen, wussten doch viele Schlesier von den Grausamkeiten, da sie insbesondere in der Rüstungsindustrie häufig mit den Lagerinsassen zusammenarbeiten mussten. Auch darüber berichtet Ruth Klüger.

Der NS-Terror fokussierte sich schon seit 1933 auf die circa 34 000 schlesischen Juden. 1939 lebten nur noch 17 300 Juden in Schlesien, von denen bis Ende 1940 noch etwa 2000 die Auswanderung gelang. Für die

Zu dem Deutschen Turn- und Sportfest in Breslau im Juli 1938 kam hohe NS-Prominenz. Auf der Ehrentribüne (von rechts nach links): Reichsbildungsminister Bernhard Rust, Adolf Hitler, Reichsinnenminister Wilhelm Frick, Reichssportführer Hans von Tschammer und Osten, „Sudetenführer" Konrad Henlein, sein Stellvertreter Karl Hermann Frank und Reichsarbeitsführer Robert Ley. Die Anwesenheit Henleins ist als politische Demonstration zu sehen. Zwei Monate später fand die Münchner Konferenz statt, nach der das Sudetenland mit 4,75 Millionen Menschen, davon allerdings nur drei Millionen Deutsche, dem Reich angeschlossen wurde.

Schon im Herbst 1941 – also noch vor der Berliner Wannseekonferenz im Januar 1942, auf der die Vernichtung der europäischen Juden beschlossen wurde – begann die Deportation und damit die Ermordung der schlesischen Juden, von denen viele aus der Breslauer Gemeinde kamen, die 1933 noch 20 000 Mitglieder umfasste. Vor dem Abtransport wurden Sammellager in Breslau, Tormersdorf und Grüssau eingerichtet. Dieses Foto zeigt inhaftierte Breslauer Juden, die vermutlich im Gartenlokal der Kipkebrauerei am Schießwerder auf ihre Deportation warten.

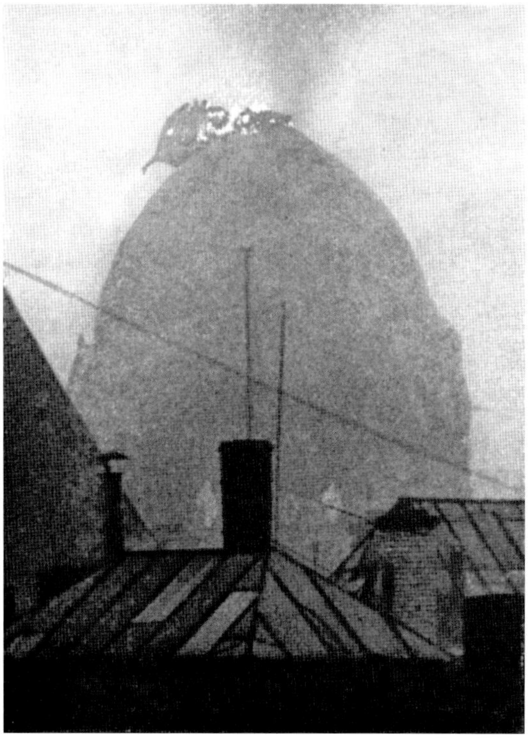

Beim Novemberpogrom 1938 wurde auch die Neue Synagoge in Breslau durch Brandlegung zerstört. Das einzige Bild von dieser Gräueltat, das überliefert ist, wurde mit einem Teleobjektiv vom Haus der „Schlesischen Tageszeitung“ in der Schweidnitzer Straße aufgenommen.

Breslauer Bezirksstelle wies die Statistische Abteilung der Reichsvereinigung der Juden in Deutschland am 31. Dezember 1940 die Zahl von 9175 Juden auf.

War die NS-Politik zunächst darauf bedacht, die Juden aus der Gesellschaft auszugrenzen, ihnen ihre wirtschaftliche Basis zu zerstören und ihren Besitz zu rauben, so stand ab 1941 ihre Ermordung als eindeutiges Ziel der NS-Politik fest. Auch in Schlesien spielten sich die nationalsozialistischen Verbrechen weitgehend mit Billigung der Bevölkerung ab, sei es bei den Geschäftsboykotten oder bei der Ausgrenzung durch die Nürnberger „Rassengesetze" vom 15. September 1935. In Oberschlesien genossen die Juden durch die Genfer Konvention bis 1937 noch einen gewissen Schutz. Doch danach gab es auch hier keine Unterschiede mehr zur Behandlung im Reich.

Durch Erlass vom 26. Oktober 1938 wurden etwa 17 000 Juden aus Deutschland nach Polen deportiert, etwa 6000 von ihnen über die „grüne Grenze" bei Beuthen. Unter den Ausgewiesenen waren die Eltern von Herschel Grünszpan, der aus Verzweiflung ein Attentat auf den deutschen Legationssekretär in Paris verübte. Es bot den Nationalsozialisten den Anlass zu einem vorbereiteten Pogrom. In Schlesien organisierte dieses als höchster SS- und Polizeichef Erich von dem Bach-Zelewski. In fast allen Städten wurden am 9./10. November die Synagogen verwüstet und dann angezündet, sofern keine Wohnhäuser dadurch gefährdet wurden. Geschäfte wurden geplündert, die Einrichtungen zerstört. Etwa 1000 Juden wurden in das KZ Buchenwald eingeliefert, aus dem sie erst nach wochenlangen Quälereien entlassen wurden.

Proteste gegen die Schändung der Synagogen, wie sie in Berlin der aus Schlesien stammende Domkapitular Bernhard Lichtenberg oder der Deutsch-Ordens-Priester Dr. Heribert Klüger aus dem ehemaligen österreichisch-schlesischen Neu Zechsdorf wagten, gab es in Schlesien nicht. Das Novemberpogrom von 1938 bildete den Auftakt für die endgültige Beraubung der Juden durch die sogenannte Arisierung jüdischen Besitzes, durch die sich auch in Schlesien zahlreiche Kaufleute und Fabrikanten bereicherten.

Ab 28. April 1941 wurden die Juden in Breslau in sogenannten Judenhäusern zusammengezogen, um ihre Deportation in die Vernichtungslager besser vorbereiten zu können. Am 21. November 1941 begann die Deportation aus Breslau nach Kaunas in Litauen. 1000 Juden wurden deportiert und gleich nach ihrer Ankunft vom Sonderkommando Dr. Jaeger erschossen. Unter den Ermordeten waren auch Dr. Willy Cohn, der das Leben der Breslauer Juden unter dem Nationalsozialismus eindrucksvoll in einem Tagebuch festgehalten hat. Mit ihm wurden seine Frau und seine neun und drei Jahre alten Töchter ermordet.

In den Sommermonaten 1942 begannen in Auschwitz, das seit 1940 zu Schlesien gehörte, die Massenvernichtungen mit Gas. Zu den Juden, die hier ermordet wurden, zählt auch die aus Breslau stammende Philosophin Edith Stein, die zum Katholizismus konvertiert war. Der für die Deportierungen aus Breslau mitverantwortliche Leiter der Staatspolizeistelle Breslau, Dr. Ernst Gerke, starb am 7. November 1952 in Eckernförde. „Vor Gericht stand er niemals."[126]

Krieg, Flucht und Vertreibung

In Verschleierung seiner wirklichen Absichten hatte Hitler überraschenderweise im Januar 1934 einen Nichtangriffspakt mit Polen geschlossen. Als er nach erfolgter Aufrüstung den richtigen Zeitpunkt gekommen sah, befahl er den Überfall der Wehrmacht auf das Land. Schon 1938 hatte er das Sudetengebiet dem Reich eingegliedert und im März 1939 die Tschechoslowakei „zerschlagen". Am 23. August 1939 schloss er mit der Sowjetunion einen Nichtangriffspakt und verständigte sich mit Stalin über die Aufteilung Polens. Das Unglück nahm seinen Lauf.

Am 31. August 1939 überfielen Angehörige der Waffen-SS, als polnische Soldaten verklei-

Zu den schon im Herbst 1941 Deportierten und Ermordeten zählen der 1888 geborene Breslauer Studienrat Dr. Willy Cohn, seine Frau sowie seine beiden kleinen Kinder. Cohns Lebenserinnerungen und Tagebücher, die er bis kurz vor seiner Deportation führte, sind wichtige Zeugnisse für das schlesische Judentum während der NS-Zeit.

Die Philosophin Edith Stein, 1891 als Tochter eines jüdischen Holzhändlers in Breslau geboren, konvertierte 1917 zum Katholizismus und trat 1934 dem Karmeliterinnenorden bei. Dem jüdischen Volk fühlte sie sich weiterhin verbunden. Aus dem niederländischen Kloster Echt wurde sie in das KZ Auschwitz deportiert und dort 1942 ermordet. 1998 wurde sie durch Johannes Paul II. heiliggesprochen.

det, den Rundfunksender Gleiwitz. Dieses vorgetäuschte Manöver diente als Begründung für den Angriff gegen Polen am 1. September 1939.

Ostoberschlesien, wo die deutschen Truppen bei ihrem Einmarsch von der deutschen Minderheit bejubelt wurden, wurde nun ins Deutsche Reich eingegliedert. Schon bald setzte der Terror gegen die polnischen Nationalisten der Abstimmungszeit ein. Durch Führererlass kam es am 8. Oktober 1939 zu weiteren Annexionen polnischer und tschechischer Gebiete (darunter wie erwähnt auch Auschwitz), sodass Schlesien nun als größte preußische Provinz 47 600 Quadratkilometer umfasste und 7,5 Millionen Einwohner zählte, darunter eine große Zahl Polen. Die 1938 aus Nieder- und Oberschlesien zusammengelegte Provinz Schlesien wurde 1941 erneut in zwei Provinzen und NS-Gaue geteilt. Für Niederschlesien wurde Gauleiter Karl Hanke (1903–1945?) eingesetzt, dessen Brutalität während der Belagerung Breslaus durch die Sowjets von Januar bis Mai 1945 vielen Menschen das Leben kosten sollte. Gauleiter Oberschlesiens wurde Fritz Bracht.

Zu den eindrucksvollsten Persönlichkeiten des deutschen Widerstands gehört Graf Helmuth James von Moltke (1907–1945). Auf seinem Gut Kreisau, Kreis Schweidnitz, versammelte er zum Widerstand bereite Persönlichkeiten unterschiedlicher politischer und sozialer Herkunft, um mit ihnen eine auf christlicher und humanistischer Einstellung basierende Neuordnung nach der NS-Zeit zu entwerfen. Im Januar 1944 wurde er verhaftet, ein Jahr später vom Volksgerichtshof – hier bei seiner Vernehmung am 10. Januar 1945 – zum Tode verurteilt und am 23. Januar 1945 in Berlin-Plötzensee hingerichtet.

Vermutlich eher aus Angst als aus Überzeugung erklärten sich 1940 97 Prozent der Einwohner im Regierungsbezirk Kattowitz als Deutsche, aber es war wohl allenfalls ihr oberschlesisches Regionalbewusstsein, das sie auf diese Weise dokumentierten. Die Nationalsozialisten trauten dem offenbar auch nicht, weshalb sie eine „Deutsche Volksliste“ aufstellten, die die Einwohner in vier Kategorien einteilte. Gruppe 1 bildeten jene, die sich in der Wojewodschaft Schlesien als Deutsche bekannt hatten. Zur Gruppe 2 gehörten diejenigen, die sich zuvor nicht demonstrativ als Deutsche bezeichnet hatten, aber deutscher Herkunft waren. Zur Gruppe 3 zählten die, deren Zugehörigkeit nicht eindeutig war. Gruppe 4 bildeten polonisierte Deutschstämmige, die sich nicht antideutsch betätigt hatten. Alle Einwohner, die keiner Gruppe zugeteilt wurden, waren „polnische Schutzangehörige“. Sie standen unter Sonderstrafrecht und waren lediglich geduldet.

Von der Bevölkerung des vergrößerten Regierungsbezirks Kattowitz waren 3,8 Prozent jüdisch (88 746 Personen). Für sie galten die im gesamten Reich gültigen „Sonderrechte“. Gleich nach dem Einmarsch der deutschen Truppen wurde die Synagoge in Kattowitz zerstört. Fabriken jüdischer Besitzer wurden enteignet und zunächst der Haupttreuhandstelle Ost unterstellt, später von Privatunternehmen wie der Flick-Berghütte oder der Preussag übernommen.

Durch den „Generalplan Ost“ beabsichtigten die Nationalsozialisten eine „ethnische Flurbereinigung“, um Lebensraum für die Deutschen im Osten zu schaffen. Fast sechs Millionen polnische Einwohner wurden Opfer dieser deutschen Vertreibungs- und Ausrottungspolitik. Als die Deutschen unter Führung der Nationalsozialisten den Krieg im Sommer 1941 auch auf die Sowjetunion ausdehnten, wurde Schlesien immer stärker zur Rüstungsschmiede, da die Provinz zunächst nicht von alliierten Bombern erreicht werden konnte. Aus demselben Grund galt Schlesien als der „Luftschutzkeller Deutschlands". Fast eine halbe Million Menschen aus den zerbombten westdeutschen Städten wurden hierher evakuiert. Doch seit dem Mai 1944 erreichten die Amerikaner von Italien aus mit Bombereinsätzen auch das oberschlesische Industriegebiet.

Obgleich sich seit 1942 die Kriegslage zugunsten der Alliierten gewendet hatte, änderte sich nichts an der nationalsozialistischen Vernichtungspolitik. Die Versklavung der polnischen Bevölkerung und die physische Vernichtung der polnischen Intelligenz blieben erklärtes Ziel der NS-Politik. Die Eroberung großer Gebiete bis weit nach Russland hinein ermöglichte zudem die fast vollständige Ermordung der jüdischen Bevölkerung.

Gegen diese barbarische Politik kämpften in Schlesien vor allem polnische Untergrundkämpfer wie die Gruppe Olimp in Breslau, in der sich 1942/43 in Breslau lebende Polen und polnische Zwangsarbeiter zusammengeschlossen hatten. Es existierte sogar eine Untergrundpresse. Die bekannteste Widerstandsgruppe in Schlesien war der Kreisauer Kreis um Graf Helmuth James von Moltke, der sich im Gegensatz zu anderen Adligen im Widerstand schon früh gegen den Nationalsozialismus gestellt hatte. Seit 1942 veranstaltete er geheime Treffen auf seinem Gut Kreisau im Kreis Schweidnitz, auf dem Konservative wie Sozialdemokraten, ungefähr 18 Personen, ein politisches Alternativprogramm zum Nationalsozialismus entwarfen. Moltke wurde schon am 19. Januar 1944 verhaftet und nach dem Attentat vom 20. Juli 1944 am 23. Januar 1945 nach einer Serie von Schauprozessen in Berlin-Plötzensee hingerichtet.

Zu diesem Zeitpunkt, am 19. Januar 1945, war die Rote Armee bei Kreuzburg/Oberschlesien bereits nach Schlesien eingerückt. Bei bitterer Kälte begann die Zeit der Flucht von ungefähr 1,6 Millionen Menschen, die in den Süden Schlesiens, in das Sudetenland oder nach Westen flohen. „Evakuiert" werden durften nur Frauen, Kinder und alte Menschen. Eine besonders grausame Maßnahme ordnete Gauleiter Karl Hanke an, als er bei minus 15 Grad die zivilen Einwohner aus Breslau hinausjagte, da die Stadt als „Festung" eingerichtet werden sollte. Schätzungsweise 60 000 Frauen und Kinder mussten zu Fuß die Stadt verlassen, etwa 18 000 Menschen verloren dabei ihr Leben.

Ein zusammengewürfelter Haufen aus Reservisten, Kadetten, Hitlerjugend und Volkssturm hielt die von sowjetischen Truppen umzingelte Stadt bis zum 6. Mai 1945. Die in der Stadt verbliebenen circa 300 000 Zivilisten wurden zum Bau der Verteidigungsanlagen eingesetzt, unter anderem auch eines Flugplatzes in der Nähe der Kaiserbrücke. Gauleiter Hanke floh am 5. Mai 1945 in einem Flugzeug aus der Stadt. Sein weiteres Schicksal ist ungeklärt.

Die Rote Armee überschritt am 19. Januar 1945 bei Kreuzburg die Grenze Oberschlesiens. Ungefähr 1,6 Millionen Schlesier flohen vor den vorrückenden Sowjetsoldaten.

Als Transportmittel für die Flucht vor der Roten Armee ab Januar 1945 standen fast ausschließlich Pferde- oder Ochsenwagen der Bauern zur Verfügung. Viele mussten die Fluchtstrecke zu Fuß bewältigen. In den kalten Wintertagen verloren zahlreiche Menschen ihr Leben.

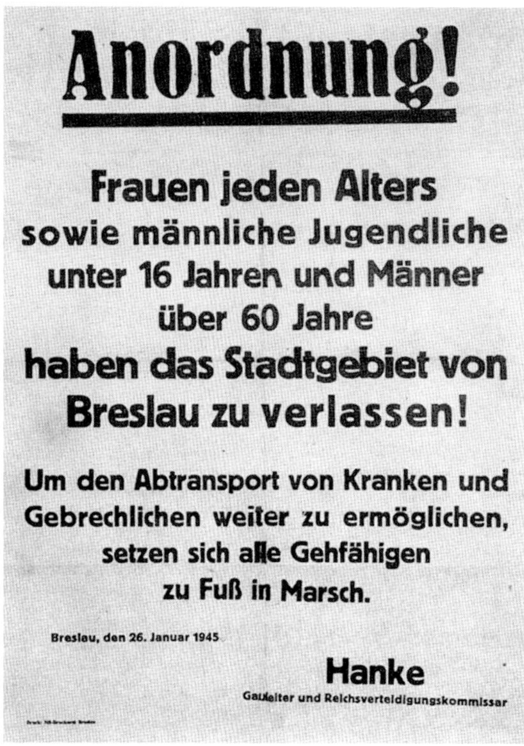

Anordnung!

Frauen jeden Alters sowie männliche Jugendliche unter 16 Jahren und Männer über 60 Jahre haben das Stadtgebiet von Breslau zu verlassen!

Um den Abtransport von Kranken und Gebrechlichen weiter zu ermöglichen, setzen sich alle Gehfähigen zu Fuß in Marsch.

Breslau, den 26. Januar 1945

Hanke
Gauleiter und Reichsverteidigungskommissar

Der NSDAP-Gauleiter und Oberpräsident von Niederschlesien Karl Hanke (geb. 1903 in Lauban) leitete seit Januar 1945 die Verteidigung der „Festung“ Breslau. Er selbst floh per Flugzeug aus der belagerten Stadt. Über sein weiteres Schicksal gibt es keine gesicherten Angaben.

Bei minus 15 Grad mussten auf Anordnung von Karl Hanke schätzungsweise 60 000 Frauen und Kinder zu Fuß die zur „Festung“ erklärte Stadt Breslau verlasssen. Fast ein Drittel verloren dabei ihr Leben.

Die schlesische Stadt Lauban wurde Anfang März 1945 von deutschen Truppen kurzzeitig zurückerobert. Reichspropagandaminister Joseph Goebbels nutzte die Gelegenheit für propagandistische Zwecke. Die deutschen Verteidigungstruppen bestanden weitgehend aus alten Männern des im Herbst 1944 einberufenen „Volkssturms" und aus Kindersoldaten.

Männer von Breslau!

Unsere Gauhauptstadt Breslau ist zur Festung erklärt worden. Die Evakuierung der Stadt von Frauen und Kindern läuft und wird in Kürze abgeschlossen sein. Ich habe den Gauamtsleiter für Volkswohlfahrt mit der Durchführung dieser Aktion beauftragt. Für die Betreuung der Frauen und Kinder wird geschehen, was möglich ist.

Unsere Aufgabe als Männer ist es, alles zu tun, was die Unterstützung der kämpfenden Truppe erfordert.

Ich rufe die Männer Breslaus auf, sich in die Verteidigungsfront unserer Festung Breslau einzureihen! Die Festung wird bis zum Äußersten verteidigt.

Wer die Waffe nicht führen kann, hat in den Versorgungsbetrieben, im Nachschub, bei der Aufrechterhaltung der Ordnung mit allen Kräften zu helfen. Niederschlesische Volkssturmmänner, die an der Grenze unseres Gaues bolschewistische Panzer mit Erfolg bereits bekämpften, haben bewiesen, daß sie unsere Heimat bis zum Letzten zu verteidigen bereit sind. Wir werden ihnen nicht nachstehen.

Breslau, den 21. Januar 1945.

Hanke

Gauleiter und Reichsverteidigungskommissar

Öffentliche Bekanntmachung des Gauleiters und Reichsverteidigungskommissars in Breslau Karl Hanke, der die Stadt am 21. Januar 1945 zur „Festung" erklärte. Trotz der verordneten Evakuierung der Zivilbevölkerung blieben noch rund 300 000 Breslauer in der Stadt.

Die Kämpfe um Breslau, das vom 15. Februar bis zum 6. Mai 1945 durch die Rote Armee eingekesselt war, wurden erbittert geführt. Das Foto rechts zeigt, wie Rotarmisten ein Geschütz in Feuerposition bringen.

Die „Festung“ Breslau wurde am 6. Mai 1945, also zwei Tage vor Ende des Zweiten Weltkriegs, an die russischen Belagerer übergeben. Hier der deutsche Parlamentär, Hauptmann Herbert von Bürck, eskortiert von russischen Offizieren, auf dem Weg zu den Übergabeverhandlungen.

Breslau 1945. Der Blick geht vom Rathaus über die kriegszerstörte Innenstadt nach Nordosten.

Die Sowjets besetzten zunächst nur die nördlichen Teile Schlesiens. Südlich einer Linie, die von Striegau über Saarau, Zobten, Strehlen und Neisse verlief, rückten sie erst nach Kriegsende ein. Die Menschen in den von den Sowjets besetzten Gebieten mussten als Racheakte Morde, Vergewaltigungen und Plünderungen ertragen, 62 000 Menschen wurden in die Sowjetunion verschleppt. Auch wenn dergleichen Aktionen nach der Kapitulation von den Sowjets fortgesetzt wurden, versuchten sie in den Städten und Dörfern durch Einsetzung von Bürgermeistern die Verwaltung und Versorgung der Bevölkerung aufrechtzuerhalten. Sogar in den Westen geflohene Flüchtlingstrecks kehrten zurück.

Obgleich die Vertreibung der deutschen Bevölkerung erst auf der Konferenz von Potsdam im August 1945 beschlossen wurde, stand für Stalin fest, dass die polnische Westgrenze bis zur Oder-Neiße-Linie verschoben würde. Bereits am 25. Juni 1945 verkündete der „Generalbevollmächtigte der Regierung der Republik Polen für die wiedergewonnenen Gebiete“[127], der Kommunist Eduard Ochab, das „Verfahren bei Aussiedlung der Deutschen aus den wiedergewonnenen Gebieten“.[128] Nicht nur die von Stalin protegierte Kommunistische Partei, auch die katholische Kirche Polens begrüßte die „Wiedergewinnung polnischen Bodens“ und die Ausweisung der Deutschen. Kardinal Augustin Hlond entließ angeblich im Auftrag des Vatikans die deutsche Geistlichkeit aus ihren Ämtern und setzte polnische Geistliche ein.

Bereits im Sommer 1945 kam es zu „wilden“, das heißt nicht durch das Potsdamer Protokoll gedeckten Vertreibungen und zur Errichtung von Lagern wie dem berüchtigten Lager Lamsdorf, in dem circa 8000 Menschen umkamen. Wohl kaum ein Schlesier brachte diese Gräueltaten in Zusammenhang mit den Unmenschlichkeiten, die Deutsche zwischen 1939 und 1945 in Polen und Russland verübt hatten. Die nun am eigenen Leib erfahrenen Gewalttaten waren mitunter deshalb so grausam, weil Schlesien für zahlreiche Kriminelle einen rechtsfreien Raum darstellte. Auch die neuen polnischen Einwohner, die seit Sommer 1945 meist aus den ehemals ostpolnischen, an die Sowjetunion verloren gegangenen Gebieten nach Schlesien umgesiedelt wurden, waren davor nicht sicher. Bis zum Beginn der offiziellen Vertreibungen im Frühjahr 1946 lebten häufig Polen und Deutsche in Schlesien noch einigermaßen friedlich zusammen. Dass beide Gruppen ein ähnliches Schicksal teilten, mochte im Einzelfall das Nebeneinander erleichtern.

Die Ausweisung und der Transport in überfüllten Viehwaggons verliefen oft nicht in der durch das Potsdamer Protokoll vorgeschriebenen „ordnungsgemäßen und humanen Weise“. Die Vertriebenen wurden vielfach schikaniert und ihrer letzten Wertgegen-

Februar 1946: Deutsche Vertriebene vor der Minoritenkirche in Glatz/Niederschlesien auf dem Weg zum Hauptbahnhof, von dem sie in Viehwaggons abtransportiert wurden. Deutlich sind die weißen Armenbinden sichtbar, die sie als Deutsche tragen mussten.

stände beraubt. Bis zum 8. August 1946 waren aus Niederschlesien in 378 Transporten circa 620 000 Menschen „repatriiert“, also nach Westen abgeschoben worden, aus den westlichen Kreisen Oberschlesiens waren es circa 120 000 Menschen. Bis zum Ende des Jahres 1946 waren etwa 1 260 000 von den 4,7 Millionen Personen, die Anfang 1945 in Nieder- und Oberschlesien lebten, vertrieben. Bis 1950 sind insgesamt 3 197 200 Schlesier vertrieben worden. 386 000 von ihnen haben durch Flucht, Deportation und Vertreibung ihr Leben verloren, nachdem zuvor schon circa 361 000 Schlesier Opfer der Kriegshandlungen geworden waren.

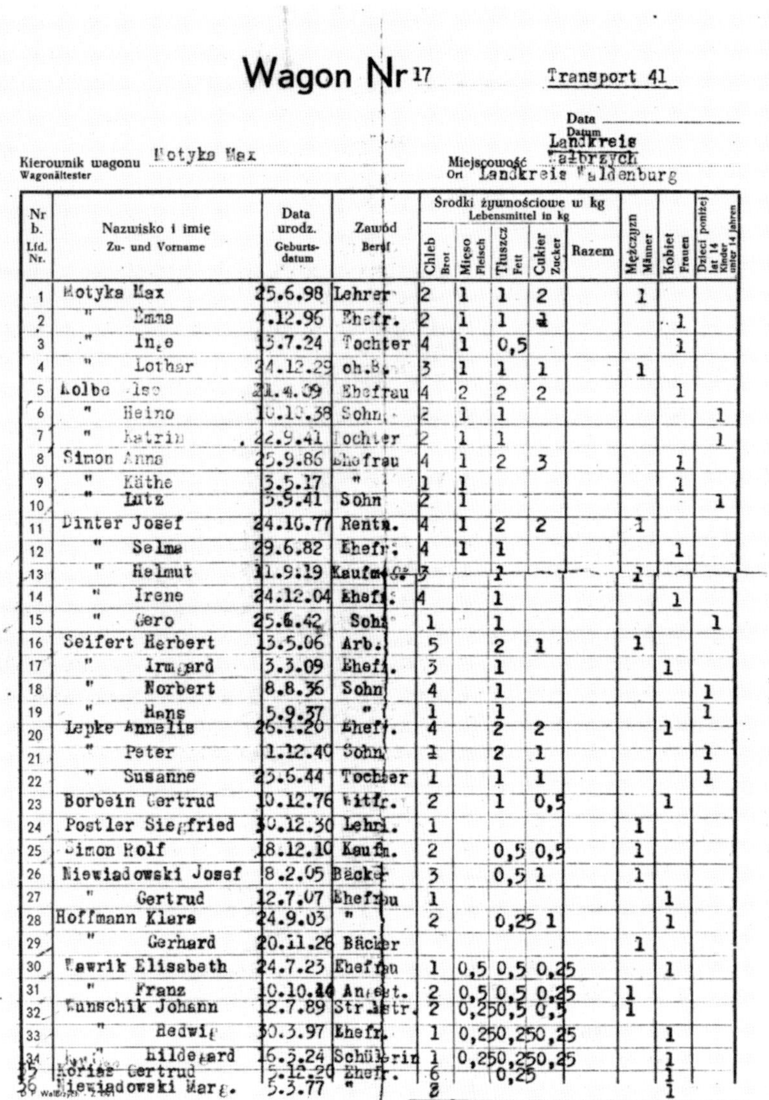

Wagon Nr 17 — Transport 41

Data / Datum: Landkreis Wałbrzych

Kierownik wagonu / Wagonältester: Motyka Max

Miejscowość / Ort: Landkreis Waldenburg

Nr b. / Lfd. Nr.	Nazwisko i imię / Zu- und Vorname	Data urodz. / Geburtsdatum	Zawód / Beruf	Środki żywnościowe w kg / Lebensmittel in kg: Chleb / Brot	Mięso / Fleisch	Tłuszcz / Fett	Cukier / Zucker	Razem	Mężczyzn / Männer	Kobiet / Frauen	Dzieci poniżej lat 14 / Kinder unter 14 Jahren
1	Motyka Max	25.6.98	Lehrer	2	1	1	2		1		
2	" Emma	4.12.96	Ehefr.	2	1	1	1			1	
3	" Inge	13.7.24	Tochter	4	1	0,5				1	
4	" Lothar	24.12.29	oh.B.	3	1	1	1		1		
5	Kolbe Ilse	21.4.09	Ehefrau	4	2	2	2			1	
6	" Heino	10.10.38	Sohn	2	1	1					1
7	" Katrin	22.9.41	Tochter	2	1	1					1
8	Simon Anna	25.9.86	Ehefrau	4	1	2	3			1	
9	" Käthe	3.5.17	"	1	1					1	
10	" Lutz	5.9.41	Sohn	2	1						1
11	Dinter Josef	24.10.77	Rentn.	4	1	2	2		1		
12	" Selma	29.6.82	Ehefr.	4	1	1				1	
13	" Helmut	11.9.19	Kaufm.	3		1			1		
14	" Irene	24.12.04	Ehefr.	4		1				1	
15	" Gero	25.6.42	Sohn	1		1					1
16	Seifert Herbert	13.5.06	Arb.	5		2	1		1		
17	" Irmgard	3.3.09	Ehefr.	3		1				1	
18	" Norbert	8.8.36	Sohn	4		1					1
19	" Hans	5.9.37	"	1		1					1
20	Lepke Annelis	26.1.20	Ehefr.	4		2	2			1	
21	" Peter	1.12.40	Sohn	1		2	1				1
22	" Susanne	23.6.44	Tochter	1		1	1				1
23	Borbein Gertrud	10.12.76	Witfr.	2		1	0,5			1	
24	Postler Siegfried	30.12.30	Lehrl.	1					1		
25	Simon Rolf	18.12.10	Kaufm.	2		0,5	0,5		1		
26	Niewiadowski Josef	8.2.05	Bäcker	3		0,5	1		1		
27	" Gertrud	12.7.07	Ehefrau	1						1	
28	Hoffmann Klara	24.9.03	"	2		0,25	1			1	
29	" Gerhard	20.11.26	Bäcker						1		
30	Pawrik Elisabeth	24.7.23	Ehefrau	1	0,5	0,5	0,25			1	
31	" Franz	10.10.16	Angest.	2	0,5	0,5	0,25		1		
32	Kunschik Johann	12.7.89	Str.Arb.	2	0,25	0,5	0,5		1		
33	" Hedwig	30.3.97	Ehefr.	1	0,25	0,25	0,25			1	
34	" Hildegard	16.3.24	Schülerin	1	0,25	0,25	0,25			1	
35	Korias Gertrud	5.12.20	Ehefr.	6		0,25				1	
36	Niewiadowski Marg.	5.3.77	"	2						1	
				88	14,25	30	19,5		11	17	8

Liste eines Transports mit deutschen Vertriebenen aus Waldenburg/Niederschlesien. Unter den Vertriebenen war die Angst sehr groß, dass die Züge in die Sowjetunion gehen könnten. Beruhigt waren die Ausgewiesenen erst dann, wenn sie am Sammelpunkt Kohlfurt (Kreis Görlitz) von britischen Soldaten übernommen wurden.

Nicht betroffen von der Zwangsaussiedlung waren die sogenannten Autochthonen, also die polnischsprachigen Oberschlesier, 850 000 Personen, dazu 15 000 Niederschlesier, die bis 1949 als Polen „verifiziert“ wurden. Zurückbehalten wurden auch eine Reihe Deutsche, die für die Aufrechterhaltung der technischen Infrastruktur benötigt wurden. Der größte Teil dieser 79 000 Personen, nämlich 25 000 Deutsche, lebten im niederschlesischen Kohlerevier um Waldenburg-Neurode. Als deutsche Minderheit durften sie deutsche Schulen errichten und ihr Brauchtum pflegen. Die meisten von ihnen konnten erst 1956 in die Bundesrepublik auswandern.

Die circa 1,3 Millionen Schlesier, die in die sowjetische Besatzungszone (SBZ) und spätere DDR „umgesiedelt“ worden waren, durften keine Verbände oder Vereine bilden und keine „Volkstumstreffen“ durchführen.[129] In den Westzonen und später in der Bundesrepublik aber pflegten die Schlesier „in sentimentaler Beharrung“, wie es der Kulturkundler Hermann Bausinger bezeichnet,[130] ihre Traditionen. Im politischen Leben hatten sie zunächst eine wichtige Stellung. Nach der erfolgreichen Integration in die westdeutsche Gesellschaft spielen die Vertriebenenorganisationen heute im politischen Leben kaum noch eine Rolle. Aus der ehemaligen „Massenbewegung“ ist eine „Randgruppe“[131] geworden.

Die Oder-Neiße-Linie, die die Siegermächte 1945 als polnische Westgrenze bestimmt hatten, blieb lange umstritten. Erst im November 1990 wurde sie durch den deutsch-polnischen Grenzvertrag von der Regierung des wiedervereinigten Deutschland endgültig anerkannt. Auf der Sitzung der Potsdamer Konferenz am 29. Juli 1945 wurde diskutiert, ob die Westgrenze Polens entlang der Oder und westlichen (Lausitzer) Neiße, wie es die Sowjets und Polen forderten, oder entlang der Oder und östlichen (Glatzer) Neiße, wie es die West-Alliierten wünschten, verlaufen sollte. Im zweiten Fall wäre der größere Teil Niederschlesiens (auf der Karte gelb eingezeichnet) bei Deutschland geblieben. Am 30. Juli 1945 stimmten jedoch die USA der Forderung Moskaus zu. Das Potsdamer Abkommen sah deshalb die Oder und die Lausitzer Neiße als polnische Westgrenze vor.

Schlesien nach dem Zweiten Weltkrieg

Małgorzata und Krzysztof Ruchniewicz

Ausgangsbedingungen

Schlesien war häufig Schauplatz erbitterter Kämpfe. Niemals jedoch waren die Veränderungen dort so intensiv und radikal wie im Jahr 1945. Diese Ereignisse, deren unmittelbarer historischer Hintergrund der vom Dritten Reich ausgelöste blutige Krieg war, bewirkten eine Verschiebung der Grenzen Polens und Deutschlands in Richtung Westen und den völligen Austausch der Bevölkerung in diesem Gebiet.

Nach dem deutschen Angriff auf Polen am 1. September 1939 hatte Hitler den Teil Schlesiens, der nach dem Ersten Weltkrieg an Polen abgetreten worden war, wieder dem Deutschen Reich eingegliedert. Die polnische Bevölkerung wurde verfolgt und unterdrückt. Man versuchte, die komplizierten Nationalitätenbeziehungen, die sich in verwickelten Familienschicksalen widerspiegelten, „von oben" zu ordnen. Es wurde eine sogenannte Volksliste eingeführt. Nach deren Einteilung erklärte man fast die gesamte oberschlesische Bevölkerung – außer den Eliten, die heftigen Verfolgungen ausgesetzt waren – für Deutsche. Sie waren zwar nicht gleichberechtigt, galten jedoch als „deutsch" genug, um zu Tausenden zum Dienst in der Wehrmacht einberufen zu werden.

Die tragische Situation Polens im Jahr 1945 war nicht nur durch die Kriegszerstörungen, die Bevölkerungsverluste und die Abtretung der polnischen Ostgebiete an die UdSSR bedingt. Hinzu kam, dass die Innenpolitik immer mehr unter den Einfluss Moskaus geriet, was von den westlichen Alliierten stillschweigend akzeptiert wurde. Eine Folge war die Entmachtung der demokratischen Exilregierung, die das polnische Volk während des Krieges von London aus vertreten hatte. Statt dieser von vielen Polen anerkannten Regierung setzte Stalin eine aus Kommunisten gebildete Regierung ein. In den Jahren 1945–1947 wurde die politische Übermacht der Kommunisten durch eine Koalition mit der Polnischen Bauernpartei (Polskie Stronnictwo Ludowe, PSL) verschleiert, einer unabhängigen Partei, die vom ehemaligen Premier der Exilregierung, Stanisław Mikołajczyk, geführt wurde. Als dann diese Koalition vom kommunistischen Sicherheitsapparat zerschlagen wurde, war das der Beginn einer offenen Diktatur der Kommunisten in Polen. Es darf also nicht übersehen werden, dass in Schlesien zusätzlich zu den direkten Kriegsfolgen und den Problemen, die mit der Hinzufügung neuer Gebiete zum polnischen Staat verbunden waren, auch noch ein erbitterter politischer Kampf zwischen den Kommunisten und ihren Gegnern entbrannte.

Neuordnung Schlesiens nach dem Zweiten Weltkrieg

Die polnischen Ansprüche auf die schlesischen Länder (und nicht nur auf diese), die zuvor deutsch waren, begründete man unter anderem mit historischen Argumenten. Deren vereinfachte Kernaussage war die Losung von der „Heimkehr der Piastengebiete zum Mutterland". Die Entscheidungen der Großmächte zur polnischen Westgrenze wurden damit nicht nur als Folge des letzten Krieges, sondern auch als ein Akt der „historischen Gerechtigkeit" gedeutet. Man interpretierte sie als das Zurückschlagen des jahrhundertelangen deutschen „Drangs nach Osten". Als Legitimation für den polnischen Charakter der neu gewonnenen Gebiete, die propagandistisch „Wiedergewonnene Gebiete" genannt wurden, dienten nicht nur Baudenkmäler und die Geschichte des frühen Mittelalters, sondern auch die einheimische polnisch sprechende Bevölkerung, die das Polentum trotz der Germanisierungspolitik des Deutschen Reichs und der Nationalsozialisten verteidigt hatte. Diese Ansicht wurde sowohl von den Kommunisten als auch von der katholischen Kirche vertreten.

Die Furcht vor den Deutschen und die Feindschaft ihnen gegenüber bildeten eine der wenigen Gemeinsamkeiten zwischen den Kommunisten, ihren politischen Gegnern und der polnischen Gesellschaft in dieser Zeit. Die Feindschaft gründete auf der Erinnerung an die unrühmliche Rolle Preußens bei den drei Teilungen Polens, auf den feindseligen deutsch-polnischen Beziehungen in der Weimarer Republik, vor allem aber auf dem Erlebnis der grausamen deutschen Besatzung im Zweiten Weltkrieg. Die Kommunisten waren bemüht, die Deutschfeindlichkeit zu verstärken und so lange wie möglich zu instrumentalisieren. Dies wurde dadurch begünstigt, dass der neue Grenzverlauf bis in die 1990er Jahre nicht völlig geregelt war (es fehlte ein Vertrag mit dem vereinigten Deutschland).

Schlesien war seit dem Frühjahr 1945, wenn auch noch ohne internationale Anerkennung, ein Teil Polens. Entscheidend war die Haltung der UdSSR. Sie bestimmte bereits im Februar 1945 die Oder und die Lausitzer Neiße als neue polnische Grenzlinie im Westen. Damit löste sie ein Versprechen ein, das sie den polnischen Kommunisten für deren Anerkennung der neuen polnischen Ostgrenze gegeben hatte. Dieser territoriale Zuwachs Polens rief unter anderem einen Grenzstreit mit der Tschechoslowakei um ehemals böhmische Gebiete an der Südgrenze (Grafschaft Glatz, Teschener Schlesien, Leobschütz) hervor. Er wurde erst durch eine sowjetische Intervention im Jahr 1947 zugunsten Polens beendet.

Niederschlesien bekam – ebenso wie andere Teile der neuen Gebiete – zunächst eine provisorische Verwaltung. Sie bestand aus einem Bezirksbevollmächtigten und den ihm untergeordneten Kreisbevollmächtigten, die in den ehemals deutschen Landkreisen eingesetzt wurden. Ab 1946 wurde dann die Wojewodschaft Breslau eingerichtet.

Anders war es im östlichen Teil Schlesiens. Hier wurde schon 1945 die Wojewodschaft Oberschlesien-Dąbrowa geschaffen. Sie umfasste das vor dem Krieg polnische Oberschlesien und damit das gesamte oberschlesische Industriegebiet sowie den ehemaligen Regierungsbezirk Oppeln. Man schätzte, dass am Ende des Zweiten Weltkriegs in diesem Gebiet ungefähr 900 000 Personen polnischer Abstammung lebten.

Die Zahl der deutschen Einwohner ist bis heute Gegenstand einer Kontroverse zwischen deutschen und polnischen Wissenschaftlern. Es dürfte aufgrund der chaotischen Verhältnisse bei Kriegsende schwer sein, aus den vorhandenen Quellen vertrauenswürdige und eindeutige Ergebnisse zu erhalten. Polnische Schätzungen sprechen von 1,6 Millionen Deutschen in Niederschlesien, deutsche hingegen von 2,5 Millionen. Dabei geht man wohl davon aus, dass die meisten von denen, die vor der näher rückenden Front nach Westen geflüchtet waren, in ihre schlesischen Heimatorte zurückgekehrt waren.

Die polnische Annexion Gesamtschlesiens stand unter der Losung „Heimkehr der Piastengebiete zum Mutterland“. Entsprechend steht auf diesem Zugwaggon, mit dem polnische „Repatrianten“ nach Schlesien gebracht werden: „Wir begrüßen die Piastengebiete.“

Das polnische Schlesien wurde nach 1945 verwaltungsmäßig in zwei Gebiete geteilt: im Westen Niederschlesien mit dem Zentrum Breslau, das 1946 als Wojewodschaft eingerichtet wurde. Im Ostteil gab es seit 1945 die Wojewodschaft Oberschlesien-Dąbrowa, die das 1923 an Polen gekommene Gebiet um Kattowitz und die ehemalige deutsche Provinz Oberschlesien umfasste. Das bei Deutschland verbliebene kleine schlesische Gebiet um Görlitz und Hoyerswerda kam an das Land Sachsen, zu dem es auch schon vor 1815 gehört hatte. Nach zwischenzeitlichen neuen Einteilungen in mehrere Wojewodschaften besteht das polnische Schlesien heute aus drei Wojewodschaften: der niederschlesischen mit dem Zentrum Breslau/Wrocław, der Oppelner und der Kattowitzer Wojewodschaft. Das verbliebene deutsche Teilgebiet gehört heute zum Bundesland Sachsen, das ehemalige Österreichisch-Schlesien zur Tschechischen Republik.

Die Übergangszeit

Es ist verständlich, dass der Anschluss Schlesiens an Polen Folgen für das Schicksal seiner deutschen Bewohner haben musste. Von der Möglichkeit, sie in den Grenzen Polens zu belassen, ging keiner in Polen aus. Sicherlich war das auch eine Folge der Erfahrungen in der Zeit zwischen den beiden Weltkriegen und der Feindschaft, die der Krieg zwischen Polen und Deutschen geschaffen hatte. Gelöst werden sollte dieses Problem durch die Vertreibung der Deutschen. Es war nicht das erste Mal, dass komplizierte Nationalitätenprobleme auf so rigorose Weise gelöst wurden. Die westlichen Großmächte akzeptierten in Potsdam ebenfalls diese Regelung.

Zwangsmigrationen wurden in Europa bereits früher angewendet. Vor allem der Zweite Weltkrieg war sehr reich an derartigen Ereignissen. Entschieden und brutal wandten die Deutschen diese Methode gegenüber den Polen in den Gebieten an, die 1939 dem Deutschen Reich angegliedert wurden, ebenso in den Gebieten, die zur Besiedlung durch deutsche Kolonisten vorgesehen waren wie zum Beispiel die Region Zamość. Im Herbst 1944 verhandelte Moskau mit der provisorischen polnischen kommunistischen Regierung einen Vertrag über die „Umsiedlung" der Bevölkerung aus den ehemaligen polnischen und nun sowjetischen Gebieten. Diese geschah in vielen Fällen nicht „freiwillig", wie es die Propaganda darstellte; in der Ukraine bedeutete sie die Vertreibung der Polen. Es drängte sich die Frage auf, wo diese Bevölkerung ein neues Zuhause finden sollte.

Im Jahr 1945 befand sich in den schlesischen Gebieten außer der deutschen Bevölkerung und der sogenannten polnischen autochthonen Bevölkerung – das heißt die polnisch sprechende Bevölkerung Oberschlesiens – sowie den zugewanderten Polen eine weitere Gruppe: die befreiten Gefangenen der nationalsozialistischen Konzentrationslager sowie Kriegsgefangene und Zwangsarbeiter verschiedener Nationalität. Bald kamen auch die polnischen Juden zurück, die der Vernichtung durch die Nationalsozialisten entkommen waren; ferner die sogenannten Repatriierten, also die vor 1945 in die UdSSR deportierten Polen. Sie wurden nun nach Schlesien gebracht, zum Beispiel nach Breslau/Wrocław, Waldenburg/Wałbrzych, Reichenbach/Dzierżoniów. Hinzu kam, dass im Jahr 1947 mehr als 20 000 Ukrainer in Schlesien angesiedelt wurden, die aus Südostpolen unter dem Vorwurf, den nationalistischen und antikommunistischen ukrainischen Untergrund zu unterstützen, vertrieben worden waren. Also haben wir es in den Jahren 1945–1947 in Schlesien mit einer multiethnischen Situation und höchst komplizierten Beziehungen zwischen den nationalen Gruppen zu tun.

Nicht ohne Bedeutung waren die Kriegsschäden. Während die oberschlesische Industrie nur geringe Schäden davongetragen hatte und fast sofort ihre Produktion wieder auf-

Durch die teilweise erbitterten Kämpfe beim Vorrücken der Sowjettruppen vom Januar bis zum Mai 1945 wurden zahlreiche Städte Schlesiens zerstört, darunter auch die Stadt Bunzlau/Bolesławiec mit ihrem historischen Stadtkern, der inzwischen wieder rekonstruiert wurde. Die Kriegsschäden bestimmten noch lange das Bild vieler schlesischer Städte.

nahm – zugunsten der Bedürfnisse des Siegers, nämlich der den Staat Polen kontrollierenden UdSSR –, hatte Niederschlesien besonders in den nördlichen und mittleren Gebieten sehr stark gelitten. Die Innenstädte von Glogau/Głogów, Steinau/Ścinawa, Brieg/Brzeg, Oels/Oleśnica und Breslau/Wrocław, waren praktisch dem Erdboden gleichgemacht. Starke Zerstörungen gab es aber auch in anderen städtischen Zentren. Viele Ortschaften waren entvölkert. Der Süden Niederschlesiens hingegen, der vom Krieg kaum in Mitleidenschaft gezogen worden war, war übervölkert. Das Maß der Zerstörungen war zunächst einmal ausschlaggebend für die weitere Nutzung der Gebiete. Die nicht zerstörten Regionen bedeuteten eine wichtige Erwerbung für den polnischen Staat, der im Krieg furchtbare menschliche, materielle und territoriale Verlusten erlitten hatte.

Die sowjetischen Militärkommandanturen bestimmten 1945 auch die Politik der polnischen Zivilverwaltung. Wenn auch nach außen hin Einigkeit demonstriert wurde, gab es doch eine latente Spannung zwischen der polnischen Bevölkerung und den Sowjetsoldaten.

Anfangs übernahmen hier die sowjetischen Militärkommandanturen die Befehlsgewalt. Bereits im Mai und Juni 1945 erlaubten sie, dass eine polnische Zivilverwaltung geschaffen wurde. Die sowjetischen Truppen blieben jedoch in diesem Gebiet. Die Sowjets verwalteten die Großgrundbesitze und Produktionsbetriebe und bereiteten auch den Abtransport der Kriegsbeute vor, die nach Osten verlagert wurde – im Grunde ein räuberischer Akt gegenüber Polen.

Das Verhalten der Sowjetsoldaten gegenüber der deutschen Bevölkerung bei der Eroberung schürte Angst und Entsetzen, obwohl es in Niederschlesien nicht zu so grausamen Exzessen gegen die Zivilbevölkerung wie in Ostpreußen oder Pommern kam. Aus Oberschlesien, das zuerst in die Hände der sowjetischen Soldaten fiel, wurden jedoch Bergarbeiter zur Zwangsarbeit in sowjetische Bergwerke abtransportiert. Es wurden auch Zivilisten exekutiert; einige Hundert Opfer gab es allein in Beuthen/Bytom. Der Terror durch die sowjetischen Einheiten bestand in den Folgemonaten weiter, betraf aber nicht nur die deutsche, sondern auch die polnische Bevölkerung. Raubüberfälle, Vergewaltigungen, Morde und Diebstähle waren an der Tagesordnung, ohne dass die polnische Verwaltung sie verhindern konnte.

Die Situation besserte sich schließlich, doch blieb die Sowjetarmee bis zum Beginn der 1990er Jahre auf dem Gebiet Schlesiens, mit dem Kommandozentrum in Liegnitz/Legnica.

Die polnische Verwaltung

Als im Sommer 1945 in den schlesischen Kreisen eine polnische Verwaltung eingesetzt wurde, entstand daneben auch ein „Sicherheitsapparat“. Dazu gehörten die Bürgermiliz (Milicja Obywatelska) und das Amt für öffentliche Sicherheit (Urząd Bezpieczeństwa Publicznego), das vor allem zur Bekämpfung der politischen Gegner der Kommunisten diente. Da in Niederschlesien in dieser Zeit kaum Polen lebten, verwalteten die ersten

Geschäftsstellen des polnischen Staates vorwiegend Deutsche.

Im Oppelner Schlesien, das heißt in dem Teil Oberschlesiens, der nach der Abstimmung von 1921 beim Deutschen Reich geblieben war, beriefen sich die Behörden auf das Votum der sogenannten autochthonen, also der eingeborenen polnischen Bevölkerung. Tatsächlich aber wurde dieser Bevölkerungsteil von Anfang an voller Misstrauen behandelt und diskriminiert. Die wirkliche Macht übten im Oppelner Schlesien die neu angekommenen Polen aus, vor allem diejenigen, die aus dem 1921 an Polen gefallenen Teil Oberschlesiens, aber auch aus anderen Landesteilen gekommen waren. Sie waren in den sich bildenden Behörden und Organisationen unangemessen stark vertreten. In der Propaganda war zwar viel davon die Rede, dass nun das Leid des schlesischen – das meint des autochthonen – Volkes aufhören solle. In Wirklichkeit aber zeigten sich viele negative Erscheinungen, sodass im Endeffekt ein großer Teil der autochthonen Bevölkerung aus dem Oppelner Schlesien dem Polentum entfremdet wurde. Die unterschiedliche Selbsteinschätzung der Einwohner des Oppelner Schlesiens ist bis heute präsent, wenn von „eigenen", also seit Generationen in Oberschlesien ansässigen, und von „fremden" Einwohnern gesprochen wird.

Die einheimische Bevölkerung wurde einer ziemlich demütigenden nationalen Überprüfung unterzogen, der sogenannten Verifizierung, die alle Deutschen aus dem Kreis der zukünftigen polnischen Staatsbürger ausschließen sollte. Dazu zählten auch die „germanisierten" Einwohner sowie die Sympathisanten des Nationalsozialismus. Bis zum Abschluss der Verifizierung wurde dieser Teil der Bevölkerung wie die Deutschen behandelt und trug das schwere Los eines besiegten Volkes. Zudem wurde mit dieser Aktion recht spät begonnen, nämlich erst 1946, als die Aussiedlung der Deutschen bereits angelaufen war.

Verbunden war sie mit der (Re-)Polonisierung der neuen dem Staat Polen angegliederten Gebiete. Das bedeutete nicht nur, dass den Ortschaften neue, polnische Namen gegeben wurden und dass deutsche Aufschriften und Denkmäler entfernt wurden. Die Bevölkerung wurde auch gezwungen, die Vor- und Familiennamen in „polnisch" klingende zu ändern. Am stärksten waren diese Schikanen in Oberschlesien und im Oppelner Schlesien. Das Verbot der deutschen Sprache hatte zur Folge, dass diese in den dortigen Schulen bis zum Ende des kommunistischen Systems nicht als Unterrichtsfach angeboten wurde. Die polnischen Behörden leugneten die Existenz einer deutschen Bevölkerung in diesem Gebiet. Offiziell wohnten hier nur Polen, seien es „verifizierte" oder solche, die nach dem Krieg angesiedelt worden waren. Deutsche wurden nur auf dem Gebiet Niederschlesiens als nationale Minderheit anerkannt, wo ihnen später sogar deutsche Schulen gestattet wurden und kulturelle Traditionen gepflegt werden durften.

Das Schicksal der deutschen Bevölkerung

Als allerwichtigste Aufgabe erschien es jedoch, sich der Deutschen zu entledigen. Die Umstände, in denen die Zwangsaussiedlung der deutschen Bevölkerung nach Westen vor sich ging, war lange Zeit Gegenstand ungezählter Untersuchungen, Diskussionen und Auseinandersetzungen zwischen Polen und Deutschen. Die schlechte Behandlung der Deutschen im Nachkriegspolen blieb in Polen ein Tabuthema, das erst in den 1990er Jahren, nach dem Zusammenbruch des kommunistischen Systems, angerührt wurde. Erst danach wurde breiteren polnischen Kreisen bewusst, dass die Vertreibungen der deutschen Zivilbevölkerung viel Leid und Ungerechtigkeit gebracht hatten – so unumgänglich sie nach damaligem Verständnis für die Grenzverschiebung Polens gewesen waren. Die Ansicht verbreitete sich, dass die Gefühle der aus ihrer Heimat im Osten vertriebenen Polen und die Verzweiflung und Trauer der deutschen Schlesier, die nach Westen verschickt wurden, vergleichbar waren.

In der direkten Nachkriegszeit zeichnete sich der polnisch-deutsche Umgang miteinander jedoch durch Abneigung, Feindschaft, häufig auch Hass aus. Ein Teil der Polen nahm Rache für das vorangegangene Kriegsunrecht. Der durch den Krieg demoralisierte Teil der polnischen Bevölkerung sah in der Verfolgung der Deutschen eine Möglichkeit der Bereicherung und der Befriedigung niedriger Triebe. Die Deutschen waren verpflichtet, auf Befehl der lokalen Behörden zu arbeiten, erhielten bestenfalls minimale Lebensmittelrationen, erlebten Zwangsräumungen ihrer Wohnungen und Beschlagnahmungen der persönlichen Habe. Am schlimmsten war das Schicksal der Deutschen, die in den Arbeitslagern in Lamsdorf/Łambinowice, Schwientochlowitz/Świętochłowice und Jaworzno festgehalten wurden; viele von ihnen starben dort. In einem aus diesen Jahren stammenden Satz eines Deutschen: „Unsere Heimat ist uns fremd geworden.“, ist die bittere Wahrheit über diese Zeit zu spüren.

Bei den Polen dagegen stieß es auf Unverständnis, dass die deutschen Zivilisten keine Verantwortung für die Politik Hitlers übernehmen wollten, dass sie behaupteten, keine Vorteile aus der Plünderung des besiegten Europas gezogen und von den Grausamkeiten der Nationalsozialisten nichts gewusst zu haben. Es gab jedoch auch Fälle neutraler oder sogar freundschaftlicher Behandlung, die durch das Wohnen unter einem gemeinsamen Dach begünstigt wurde. Dies betraf vor allem die Beziehungen zwischen den Deutschen und den Polen, die aus den ehemaligen östlichen Wojewodschaften kamen. Der Normalfall war jedoch, dass es auf polni-

Bevor es durch die Potsdamer Konferenz im August 1945 zur „regulären“ Vertreibung der Deutschen aus dem nun zu Polen gehörenden Schlesien kam, ereigneten sich zahlreiche Übergriffe und „wilde“ Vertreibungen durch die polnische Miliz. Am schlimmsten traf es die Deutschen, die in polnischen Arbeitslagern wie im schlesischen Lamsdorf/Łambinowice gefangen gehalten wurden. Das Bild links aus einer zeitgenössischen Filmaufnahme zeigt, wie dort deutsche Frauen Leichen ehemaliger Kriegsgefangener exhumieren müssen.

Auch viele Polen mussten eine Vertreibung erleben. Aus den ehemals polnischen Gebieten, die die Sowjetunion für sich beanspruchte, kamen die sogenannten Repatrianten nach Schlesien. Sie waren wochenlang in unbedeckten Waggons unterwegs und mussten auf den Gleisen kampieren wie hier in Kattowitz/Katowice im Juli 1945.

scher Seite kein Mitgefühl gab. Zu stark wirkten die eigenen, häufig tragischen Kriegserfahrungen nach. Auch die Annahme, bei Vergehen straffrei auszugehen, begünstigte ein rücksichtsloses Verhalten. Immerhin warnten die lokalen Behörden vor Grausamkeiten gegenüber den Deutschen.

Die deutsche Seite nennt die Aussiedlung der ehemaligen Bewohner aus Schlesien Vertreibung. Dabei ist zu bedenken, dass dieser Begriff unterschiedliche Bedeutungen umfasst: die Evakuierung und Flucht vor der Front, noch durchgeführt durch die Nazibehörden, die sogenannten wilden Vertreibungen im Sommer 1945 durch die polnischen Behörden, freiwillige Ausreisen und schließlich die im Jahr 1946 begonnene organisierte Aussiedlung. Mit Sicherheit tragen die polnischen Behörden die Verantwortung für die rücksichtslose und wirtschaftlich schädliche Aktion der Vertreibung der Deutschen, die schon im Juni und Juli 1945 durch Militär und Verwaltung durchgeführt wurde, also noch vor den Beschlüssen der Großmächte in Potsdam. Sie betraf in Schlesien 300 000 Personen. Die organisierten Aussiedlungen ab 1946 wurden in Zusammenarbeit mit den Behörden der sowjetischen und britischen Besatzungszonen durchgeführt und betrafen in Niederschlesien 1,3 Millionen Menschen und in Oberschlesien 300 000. Sie verliefen unter teilweise unmenschlichen Bedingungen.

Aber die Beschwerlichkeiten und Leiden der Deutschen entstanden nicht nur aus vorsätzlichem Handeln der polnischen Behörden, sondern waren auch Folge der Nachkriegskrise und des Mangels an ausreichenden Transportmitteln. Die aus dem Osten umgesiedelten Polen froren ebenso oft in den Waggons und wurden unzureichend verpflegt. Nach der Ankunft in Niederschlesien kampierten Tausende von ihnen unter schrecklichen Bedingungen in der Nähe der Bahnhöfe und warteten auf ihre Ansiedlung. Sowohl die Polen wie auch die Deutschen litten unter dem Mangel an Sicherheit und öffentlicher Ordnung, wozu nicht nur die Anwesenheit von sowjetischen Truppen und Deserteuren, sondern auch von Verbrechergruppen, vor allem Plünderern, beitrugen.

Plündern gehörte zu den alltäglichen Erscheinungen der Nachkriegszeit in den neuen Gebieten. Es trat in verschiedenen Formen auf, von der Aneignung verlassener Sachen zum Eigengebrauch durch die angesiedelte Bevölkerung bis zum organisierten Abtransport von Fabrikanlagen, Werkstätten und Wohnungseinrichtungen durch Plünderergruppen. Auch die Tätigkeit verschiedener Institutionen und Betriebe aus Zentralpolen, die von ihnen benötigte Gegenstände ins Landesinnere verschickten, kann man als Ausraubung bezeichnen. Man beachtete dabei weder die Bedürfnisse der Region noch die Verschwendung, die die Plünderungen begleitete. Nicht selten wurden neben den Deutschen auch polnische Siedler beraubt. Die Kreisbehörden kämpften bis zum Abschluss der Massenmigrationen erfolglos dagegen an. Viele Betriebe und Wohnungen, ja ganze Dörfer und Städte, die den Krieg in gutem Zustand überstanden hatten, wurden dadurch verwüstet. Dies behinderte natürlich auch die Ansiedlung der polnischen Bevölkerung.

Der Anpassungsprozess

Die Plünderungen waren nicht nur Ergebnis der ausufernden Nachkriegskriminalität. Sie waren auch Ausdruck eines Gefühls der Unsicherheit, wie lange die polnische Herrschaft über dieses Territorium dauern würde. Es schien so, als würde das zerstörte Zentralpolen in einem nur übergangsweise beherrschten Gebiet Beute machen. Das Gefühl der Vorläufigkeit – die die Behörden natürlich vehement bestritten – sollte noch sehr lange anhalten. Schwierig gestaltete sich auch der Anpassungsprozess, zumal die neuen Bewohner aus unterschiedlichen Regionen kamen und sich nun in einer unbekannten Welt zurechtfinden mussten. Die aus dem inzwischen sowjetischen Osten umgesiedelten Polen dachten noch bis Mitte der 1950er

Jahre an die Rückkehr in ihre Häuser. Viele von ihnen konnten sich nie mit dem Verlust ihrer Heimat abfinden. Erst die Kinder der direkt nach dem Krieg in den neuen, ehemals deutschen Gebieten geborenen Generation begannen, diese auf natürliche Art und Weise als ihr neues Zuhause anzunehmen. Sie hatten keine eigene Erinnerung an die Orte, aus denen ihre Großeltern und Eltern kamen.

Man kann also sagen, dass sich erst im letzten Jahrzehnt des 20. Jahrhunderts das Vertrautwerden der polnischen Bevölkerung mit Niederschlesien vollzog. Diese Gebiete waren nun nicht mehr die „ehemals deutschen", obwohl sich paradoxerweise nun ein breiteres Interesse an ihrer Vorkriegsgeschichte entwickelte. Am besten dokumentiert dies die positive Aufnahme, welche die von der niederschlesischen„Gazeta Wyborcza", der bekanntesten Tageszeitung im heutigen Polen, unternommenen Aktionen zur Identitätspflege polnischer Niederschlesier fand. Das historische Wappen Schlesiens wie auch das seiner Hauptstadt wurden wieder verwendet und durch die Bevölkerung auch akzeptiert. Heute ist es chic, sich solch einen Aufkleber auf die Autoscheibe zu kleben.

Nach dem Ende des Kommunismus in Polen wurde unter den Bedingungen von Demokratie und öffentlicher Diskussionsfreiheit nicht nur die Vertreibung der Deutschen, sondern auch die Behandlung des deutschen Kulturerbes offen diskutiert. Die Worte des antikommunistischen Oppositionellen Jan Józef Lipski vom Beginn der 1980er Jahre zur Verantwortung Polens gegenüber diesem europäischen Kulturgut fanden große Beachtung. Nach dem Krieg wurden dank der katholischen Kirche nur die sakralen Baudenkmäler unter entsprechenden Schutz gestellt, wenn auch ein Teil der evangelischen Kirchen zerstört wurde. Nicht gefährdet waren Zeugnisse des als „polnisch" geltenden Mittelalters – wie die schönen Rathäuser, die zumeist auch den Mittelpunkt des „Rings" bildeten. Das Schicksal der späteren Bauten, besonders von Schloss- und Parkanlagen, war jedoch meistens beklagenswert.

Erst in den 1990er Jahren wurde, dank der Unterstützung aus der Bundesrepublik Deutschland, und zwar sowohl von Bürgern wie auch des Staates, ein Teil dieser Objekte wiederaufgebaut. Eine wahre Augenweide sind die Schlösser von Klitschdorf/Kliczków, Kratzkau/Krasków oder Alt Lommnitz/Stara Łomnica. Ein herausragendes Beispiel ist das Schloss in Kreisau/Krzyżowa bei Schweidnitz/Świdnica. Dieses Gut gehörte Generalfeldmarschall Helmuth von Moltke, einem der großen preußischen Generäle zur Zeit der Gründung des Deutschen Kaiserreichs von 1871. Einige Jahrzehnte später versammelte sein Großneffe Graf Helmuth James von Moltke hier eine Widerstandsgruppe gegen die nationalsozialistische Diktatur. Dafür wurde er zum Tode verurteilt und hingerichtet. Für die heute lebenden Polen ist Kreisau das Symbol des „anderen Deutschlands", Denkmal menschlichen Mutes in Zeiten des Totalitarismus.

Der Totalitarismus hatte im 20. Jahrhundert den größten Einfluss auf das Schicksal des schlesischen Gebiets. Seine nationalsozialistische Variante führte zum Krieg, zur Einrichtung von Konzentrationslagern in Schlesien, zu menschlichem Leid – von dem der seit 1933 verfolgten Juden bis zu dem der Einwohner Breslaus, die im Januar 1945 vom Gauleiter Hanke zur Evakuierung gezwungen wurden und auf den Landstraßen erfroren. Der stalinistische Totalitarismus verstärkte noch die alten Ressentiments, indem er die Grenzen abschottete und damit Kontakte zwischen den Völkern behinderte. Mit der DDR, dem „guten" deutschen Staat, verbanden weder Polen noch seine Bewohner gute Beziehungen, obwohl dieser Staat bereits 1950 die polnische Westgrenze anerkannt hatte. Symbol der Isolierung der Polen und Deutschen war die streng bewachte Grenze an der Oder, die überhaupt nicht an die in der Propaganda gepriesene „Friedensgrenze" erinnerte.

Dass Polen in den Einflussbereich des sowjetischen Totalitarismus gelangte, hat dem Land in vieler Hinsicht geschadet – so vor allem durch die aufgezwungene Ideologie, das nach sowjetischem Muster organisierte Regierungssystem sowie die uneffektive Wirtschaftsform. Diese Faktoren machten sich auch in Schlesien negativ bemerkbar.

Gegen Ende der 1940er Jahre gab es in Schlesien gewisse Anzeichen einer Stabilisierung. Dass die deutsche Bevölkerung die Region verließ, war für die polnische Bevölkerung ein wichtiges (dennoch nicht völlig überzeugendes) Argument, das die Dauerhaftigkeit der neuen Grenze bestätigte. Die Massenwanderungen der Bevölkerung hörten auf, und die Behörden verkündeten, dass der Ansiedlungsprozess, auch wenn der Vorkriegs-Bevölkerungsstand nicht erreicht wurde, im Grunde abgeschlossen sei. Die Wirtschaft kam wieder in Gang, obwohl zum früheren Produktionsniveau – außer in Oberschlesien – noch viel fehlte. Es funktionierten die Verwaltung, das Gesundheitswesen, der Bildungssektor von den Grund- bis zu den Hochschulen, es entwickelte sich ein Kulturleben. Die Ruinen wurden geräumt und die Verkehrsinfrastruktur wurde instand gesetzt. Breslau erfüllte, trotz der zerstörten Innenstadt, die Rolle einer Gebietshauptstadt. Stolz war man auf die Universität, um deren Wiederinbetriebnahme Wissenschaftler aus dem von Polen an die Sowjetunion verlore-

Die Universität Breslau nahm schon 1945 als nun polnische Universität den Lehrbetrieb wieder auf. Die Professoren kamen überwiegend von der Universität in Lemberg/Lviv, das an die Sowjetunion abgetreten werden musste. Auch die Bibliotheksbestände kamen weitgehend von dort. Doch auch die deutschen Bestände – wie die einmalige Ältere-Drucke-Sammlung – wurden von der polnischen Bibliotheksverwaltung sorgsam gepflegt.

Trotz der Priorität, die der Wiederaufbau Warschaus für Polen hatte, bemühte man sich, auch in den neu gewonnenen schlesischen Städten, die zerstörten Stadtkerne zu rekonstruieren. Hier die Nordseite des Breslauer Rings. Die Fassaden der Häuser wurden schon in den 1950er Jahren in ihrer ursprünglichen Form wiederhergestellt. Das Innere der Häuser wurde allerdings in modernen Formen erneuert.

nen Lemberg/Lviv sich große Verdienste erwarben. Es wurden die geretteten Archive und Bibliotheken gesammelt und geordnet sowie die aus Lemberg überführte Ossolineums-Bibliothek installiert. Die große Mehrheit der polnischen Sammlungen blieb jedoch hinter der östlichen Grenze.

Die Durchsetzung des stalinistischen Systems

Im politischen Leben dominierte ab 1945 die kommunistische Polnische Arbeiterpartei (Polska Partia Robotnicza, PPR), die systematisch die Sozialisten in ihrer Arbeit behinderte, welche bis zum Ende ihrer Selbstständigkeit im Jahr 1948 noch an ihre soziale Programmatik der Vorkriegszeit anzuknüpfen versuchten. Für die polnische Gesellschaft in Schlesien, besonders in Niederschlesien, sollte der Prozess dieser politischen „Vereinheitlichung" sehr schmerzhaft werden. Obwohl die Kommunisten von Beginn an über die Machtinstrumente – wie die Sicherheitskräfte und die Kommunikationsmittel – verfügten, verloren sie sowohl im Vergleich zur oppositionellen Polnischen Bauernpartei (PSL) als auch zu den offiziell mit ihnen verbündeten Sozialisten noch weiter an Rückhalt in der Bevölkerung.

Schließlich gewannen sogar die Kandidaten der PSL in den einzelnen Kreisen mehr Stimmen als die kommunistischen Zellen. Aus der Polnischen Sozialistischen Partei (Polska Partia Socjalistyczna, PPS) kamen viele Pioniere der polnischen Verwaltung, unter anderem der erste niederschlesische Wojewode Stanisław Piaskowski und der erste Nachkriegsbürgermeister Breslaus, Bolesław Drobner. Die Kommunisten sicherten sich jedoch brutal die Macht, indem sie Funktionäre der PSL verhafteten und unter den Mitgliedern der PPS Säuberungen durchführten. Die Bevölkerung, besonders die Polen aus dem Osten, die sich an das „sozialistische Paradies" erinnerten, distanzierte sich von den Kommunisten. Sie konzentrierte sich auf die grundlegende Existenzsicherung für ihre Familien. Im Vordergrund stand die Sehnsucht nach einem normalen Leben, nach Familiengründung, geregelter Arbeit und Erholung. Damals war die Hoffnung noch lebendig, dass Polen nicht nach dem Muster der UdSSR regiert würde.

Der private Grundbesitz auf dem Dorf bestand weiterhin, was die Behörden insofern bestätigten, als sie den Bauern Verleihungsurkunden für ehemals deutsche Höfe gaben. In den Städten wurden kleine wirtschaftliche Initiativen in Form von privaten Geschäften, Werkstätten oder kleinen Industriebetrieben toleriert. Trotz der Bedrohung des Lebens, der Gesundheit, der persönlichen Habe und der Aufweichung moralischer Normen war der Wille groß, eine normale Existenz aufzubauen und die übernommenen Gebiete zum Vorteil für Polen zu nutzen. Viele Neubürger hatten das Gefühl, eine gesellschaftliche Mission zu erfüllen; sie arbeiteten mit großer Begeisterung an der Etablierung polnischer Ämter, Schulen und anderer Einrichtungen. Sie wurden zwar Pioniere genannt, trotzdem machte man sie später für die dunklen Seiten der Zeit direkt nach dem Kriege verantwortlich.

Der Staat propagierte die Bezeichnung „piastische Gebiete" und machte sie im Bewusstsein der Polen populär, was sich in zahlreichen Presseartikeln widerspiegelte. Offenkundiges Anzeichen des Integrationserfolges sollte die große Ausstellung der Wiedergewonnenen Gebiete Mitte 1948 in Breslau sein, die von einem Millionenpublikum besucht wurde. Das polnische Breslau fühlte sich außerdem durch die Ausrichtung des Kongresses der Intellektuellen 1948 in seinen Mauern geehrt. Dies war eine typische Propagandainitiative der Kommunisten. Dank ihrer besuchten jedoch auch viele westliche Intellektuelle die Stadt und konnten sich davon überzeugen, dass sich diese Gebiete unter polnischer Herrschaft trotz vieler Probleme weiterentwickelten. Die Medienberichterstattung über diese Veranstaltungen förderte zugleich die Aufklärung über die neuen Gebiete in der polnischen Gesellschaft.

In späteren Jahren konnten sie sich nie wieder solchen Interesses von Seiten der Behörden und der öffentlichen Meinung erfreuen.

Die gesellschaftlichen Aktivitäten in den neuen Gebieten wurden jedoch in den Jahren 1948–1949 erstickt. Damals wurde offiziell das Ende des Integrationsprozesses verkündet. Das Ministerium für die Wiedergewonnenen Gebiete wurde aufgelöst und sein Chef Władysław Gomułka, gleichzeitig Führer der PPR, aufgrund von Parteiintrigen aus dem politischen Leben entfernt. Dieser national gesinnte Kommunist, der allerdings vor der Anwendung von politischem Terror nicht zurückschreckte, musste nun Funktionären Platz machen, die sich rücksichtslos zur stalinistischen Linie bekannten. In den nächsten fünf Jahren erlebte Polen die schärfste Form des Totalitarismus in seiner Nachkriegsgeschichte.

Der ideologisch motivierte Kampf gegen den privaten Handel und sonstige aus Eigeninitiative resultierende wirtschaftliche Aktivitäten war ökonomisch für die kleinen städtischen Zentren in Schlesien verheerend und verschlechterte die Bedingungen des alltäglichen Lebens. Private Geschäfte verschwanden völlig, die Zahl der Handwerker verringerte sich, kleinere Industriebetriebe machten Bankrott. Zusätzlich wurden die Bauern seit dem Ende der 1940er Jahre immer stärker zur Umgestaltung des Agrarsystems gezwungen. Sie sollten ihr Land an kollektive landwirtschaftliche Betriebe abgeben, die allgemein nach dem russischen Begriff Kolchosen genannt wurden. Wer sich widersetzte, wurde wie in der UdSSR als Kulake beschimpft und bestraft, etwa mit einer Erhöhung der Steuern und Abgabekontingente, oder es wurde den Kindern der Zugang zur Bildung verwehrt. Schließlich wurden die sich verweigernden Bauern sogar ins Gefängnis gesteckt.

Niederschlesien gehörte zu dem Teil Polens, in dem die Kollektivierung am konsequentesten durchgesetzt wurde. Zweifellos war dies durch den mangelnden Zusammenhalt der Dorfgemeinschaften bedingt, wie auch durch die fehlende emotionale Bindung an den zugeteilten Landbesitz. Dieser wurde von den Bauern nicht so geschätzt wie etwa ein väterliches Erbe. Die Spaltung der Gesellschaft erleichterte die Agitation der Kommunisten nicht nur im Hinblick auf die Agrarpolitik. Es gelang den Kommunisten, eine Atmosphäre der Angst und des Misstrauens zu schüren, die den Widerstand gegen die Indoktrinierung schwächte.

Vernachlässigung der Infrastruktur

Die Wirtschaftspolitik der Kommunisten verfolgte das Ziel, das wirtschaftliche Niveau des Landes anzuheben. Die oberschlesische Region sollte als das unter diesem Gesichtspunkt am weitesten entwickelte Gebiet eine Vorbildfunktion erfüllen. Da die zwingend

Bei den 1.-Mai-Demonstrationen – wie hier 1948 in Breslau/Wrocław – dominierten nach sowjetischem Vorbild die Arbeiterkolonnen auf den Lkw. Die Tafeln, die sie mit sich führen, propagieren ihre Arbeitsnormerfüllungen.

nötigen Mittel für Reparaturen und Modernisierungen aber nicht vorhanden waren, spielte sich die Realisierung des ersten Sechsjahresplanes (1950–1955) unter maximaler Ausbeutung menschlicher und materieller Ressourcen ab. Held der neuen Zeit wurde ein Bergmann aus Hindenburg/Zabrze namens Wincenty Pstrowski, der von der Propaganda zum Helden des sozialistischen Wettbewerbs ausgerufen wurde. Die Anstrengungen der oberschlesischen Bergarbeiter und Hüttenwerker waren eines der Lieblingsthemen der damaligen Medien. Das bedeutete jedoch nicht, dass man außer ihrem Fleiß auch andere Eigenschaften der Autochthonen geschätzt hätte. Ihr Beharren auf Traditionen, ihre Religiosität und eine gewisse Distanziertheit zur äußeren Welt stellten eher ein Hindernis beim Aufbau der neuen Gesellschaft dar. Man meinte jedoch, dass die mit der Entwicklung der Industrie einhergehende Ansiedlung von Polen aus anderen Landesteilen die gewünschten Veränderungen hervorrufen würde.

Wie in den anderen neuen Gebieten fehlte es in der ersten Hälfte der 1950er Jahre auch in Niederschlesien an Anschlussinvestitionen, die nötig gewesen wären, um das erreichte Entwicklungsniveau in Kultur und Wirtschaft wenigstens zu halten. Im Vergleich zu den anderen Teilen Polens schien Niederschlesien gut entwickelt zu sein und über eine funktionierende Infrastruktur zu verfügen – eine Einschätzung, die auch in den nächsten Jahrzehnten beibehalten wurde. Sie war eine Folge der zentralistisch verwalteten Wirtschaft. Doch entstanden auch neue Produktionsschwerpunkte, allerdings nur in den größeren Städten (Breslau/Wrocław, Oppeln/Opole, Hirschberg/Jelenia Góra, Brieg/Brzeg, Neisse/Nysa).

Zwei Projekte hatten für die Wirtschaft des Landes Vorrang: die Erschließung eines Kupferreviers in der Region Lüben/Lubin und Polkwitz/Polkowice sowie die Einrichtung eines Braunkohletagebaus und eines Heizkraftwerks in Reichenau/Bogatynia. Die Ansiedlung von Schwerindustrie hatte zur Folge, dass sich die Städte zwar schnell entwickelten, die Industriebetriebe hatten jedoch häufig einen sehr negativen Einfluss auf die Umwelt, wie das Beispiel der Fabriken im Hirschberger Tal zeigt. In den kleineren Zentren wurde die meist hoffnungslos veraltete Industriestruktur beibehalten; die Modernisierung der Ausstattungen verlief sehr schleppend. Im Glatzer Kessel führte dies nicht nur zu großen Umweltschäden, sondern auch zu einem Mangel an Arbeitsplätzen für die nachwachsende Bevölkerung.

In den Sudeten hatte die ungenügende Unterstützung des hier typischen Fremdenverkehrs negative Folgen für die wirtschaftliche Entwicklung. Die Schwerindustrie wurde zulasten anderer Wirtschaftsbereiche und des Lebensstandards der Bevölkerung gefördert. Im Tourismus wuchs zwar die Anzahl der Betten, aber das Niveau der Dienstleistungen war niedrig. Es fehlten Unterbringungsmöglichkeiten für Individualtouristen, die Gastronomie war unterentwickelt. Ein Teil der Herbergen und Pensionen im Gebirge geriet deshalb in Schwierigkeiten, manche veränderten ihre Funktion. Viele Urlaubsdörfer gaben die Investitionen in den Tourismus ganz auf. Ein stärkeres staatliches Engagement wäre hier nötig gewesen, trotz vieler Ankündigungen kam es aber nie dazu. Die touristische Nutzung der Gebirgsregionen wurde lange Zeit zudem durch die strenge Bewachung der Grenze zur Tschechoslowakei erschwert. Diese wurde erst gegen Ende der 1950er Jahre schwächer, unter anderem dank der Verabschiedung des polnisch-tschechoslowakischen Abkommens über den Tourismus im Jahr 1958.

Der Geldmangel wirkte sich auch auf den Zustand der öffentlichen und privaten Bauten und der Infrastruktur aus. In den Städten und auf dem Land verloren die Wohngebäude an Wert, weil sie nicht repariert wurden. Einen nennenswerten Umfang erreichte der Wohnungsbau in Breslau erst in den 1960er Jahren. Man baute jedoch, wie auch in vielen anderen Städten der Region, lediglich Plattenbausiedlungen. Auf dem Land errichtete man

Die Entdeckung eines Kupfererzlagers 1957 verhalf dem Städtchen Lüben/Lubin nördlich von Liegnitz/Legnica zu einem rasanten Aufschwung. In zehn Jahren, zwischen 1960 und 1970, wuchs die Bevölkerung von 6000 auf 30 000 Einwohner.

Im Rahmen der Stadterweiterung gehörte seit 1868 der Ort Gabitz/Gajowice zu Breslau/Wrocław. In den 1950er und 1960er Jahren entstanden hier neue Wohnviertel in Plattenbauweise.

erst in den 1990er Jahren neue Gebäude in einer größeren Zahl. Bebauungslücken in den Stadtzentren und Neubauten, die nicht mit den sie umgebenden Gebäuden abgestimmt waren, gehörten zum Alltagsbild. Infolge der ungenügenden Investitionen in den Ausbau der Kanalisation und der Kläranlagen trugen auch die Kommunen zur Umweltzerstörung bei.

Oberschlesien hatte dank der Bevorzugung der Schwerindustrie durch die Regierung eine vorteilhaftere Position. Hier stieg die Zahl der Investitionen, besonders in den 1970er Jahren, als Edward Gierek, der aus Kattowitz stammte, Erster Sekretär der PZPR (Polska Zjednoczona Partia Robotnicza, Polnische Vereinigte Arbeiterpartei) und damit der einflussreichste Mann Polens wurde. Er beschloss, die polnische Wirtschaft mithilfe ausländischer Kredite zu modernisieren. Bergbau und Hüttenwesen wurden weiter ausgebaut (Vorzeigeobjekt wurde das nach 1976 gebaute Hüttenwerk „Katowice"). Der weniger ertragreiche Bergbau in der Region Waldenburg und Neurode/Nowa Ruda erfreute sich jedoch nicht so großen Interesses der Regierung wie die Industrie in Oberschlesien. Eine Folge der von der Planwirtschaft geforderten höheren Abbaumengen war die wachsende Zahl der Arbeitsunfälle, die allerdings offiziell nicht erwähnt wurde. Neben der Schwerindustrie wurde nun auch der Bau von Autofabriken gefördert, zum Beispiel in Tichau/Tychy und Bielitz-Biala/Bielsko-Biała in Oberschlesien sowie in Jeltsch-Laskowitz/Jelcz-Laskowice in Niederschlesien.

Das Verhältnis der übrigen Polen zu den Bewohnern der neu gewonnenen Westgebiete, vor allem zu den Oberschlesiern, war nicht unproblematisch. Obwohl das Gebiet um Kattowitz/Katowice mit vier Millionen Einwohnern das größte urbane Zentrum des Landes bildete, kannten es die Polen kaum. In den 1970er Jahren drehte der Regisseur Kazimierz Kutz erfolgreiche Filme, die in Oberschlesien spielten. Dies half, die psychologische Barriere zu überwinden.

Die oberschlesischen Städte stellten das größte geschlossene urbane Gebiet in Polen dar. Die Zahl der Einwohner verdoppelte sich auf vier Millionen. Gierek sorgte dafür, dass die Berg- und Hüttenarbeiter soziale Vorteile erhielten – gute Entlohnung, besseren Zugang zu Konsumgütern, bessere Wohnungsbedingungen, ausgedehntere Erholungsmöglichkeiten. Dies führte bei einem Teil der polnischen Bevölkerung zur Überzeugung, dass die kommunistische Regierung die Schlesier „gekauft" habe.

Überhaupt hatten die meisten Polen ihre Probleme damit, die oberschlesischen Eigentümlichkeiten zu verstehen. Die Bewohner Niederschlesiens, die unterschiedlichen polnischen Regionen entstammten, waren für die übrigen Polen nicht so fremd. Allerdings war ihr Status noch immer vorläufig, was sich in der offiziellen Bezeichnung „ehemals deutsche(r) Gebiete/Besitz" ausdrückte. Oberschlesien hingegen blieb, trotz der Begeisterung und des Lobes für die Bergleute und Hüttenarbeiter sowie des Kampfes der Oberschlesier für das Polentum in den 1920er Jahren, für die Polen ein weitgehend unbekanntes Gebiet. Schließlich fuhr man hierhin nicht in den Urlaub. Der Durchschnittspole kannte diese Region nur aus dem Kino. Die hervorragenden Filme, die Kazimierz Kutz seit den 1970er Jahren drehte, halfen mehr als viele Reden von Politikern, das Verhältnis der übrigen Polen zu den Oberschlesiern zu normalisieren.

Giereks Pläne, einen modernen sozialistischen Staat aufzubauen, wurden Ende der 1970er Jahre durch eine Wirtschaftskrise beendet, die dann noch jahrelang andauerte. Eine leichtsinnige Finanzpolitik führte zum Zusammenbruch der gesamten Wirtschaft. Der verhältnismäßige Wohlstand der „frühen Gierek"-Phase blieb jedoch für viele Polen, nicht nur für die Bewohner Oberschlesiens, bis heute in angenehmer Erinnerung. Diese Wirtschaftskrise und die folgende Stagnation vergrößerten den wirtschaftlichen Abstand zwischen Polen und den Ländern des Westens.

Nach Auflösung des kommunistischen Regimes Ende der 1980er Jahre gab es in der schlesischen Wirtschaft vor allem folgende Probleme: rückständige Produktionsbetriebe, veraltete Wirtschaftsstruktur, aufgeblähte Schwerindustrie (die in Westeuropa damals schon umstrukturiert worden war), eine zerstörte Umwelt. Was am schlimmsten war: Es fehlten Ideen für die zukünftige wirtschaftliche Entwicklung. Vor allem das oberschlesische Industriegebiet galt in den 1990er Jahren als Problemfall. Man betrachtete diese Region, die einst der Motor der Wirtschaft gewesen war, als Klotz am Bein bei der Entwicklung des „neuen" kapitalistischen Polens. Diese Einschätzung ist eine der Ursachen für die heutige Verbitterung vieler Einwohner Oberschlesiens.

Minderheitenpolitik

Den Kommunisten war es in Jahrzehnten nicht gelungen, die autochthone Bevölkerung Oberschlesiens für das Polentum und den polnischen Staat zu gewinnen. Ausreisewellen in Richtung Westen, vor allem in die Bundesrepublik Deutschland, bewirkten eine bedeutende Abnahme dieser einst als polnisch „verifizierten" Bevölkerung und ihrer Nachkommen. Die Zahl der Ausreisen im Rahmen der sogenannten Familienzusammenführungen war Mitte der 1950er Jahre und in der zweiten Hälfte der 1970er Jahre am höchsten. Zuerst wurde diese Möglichkeit von denjenigen genutzt, die von den polnischen Behörden als Deutsche anerkannt waren. Das erleichterte es, die Erlaubnis zur Ausreise zu erhalten. Infolgedessen verringerte sich die Zahl der Deutschen in Niederschlesien bedeutend. Schulen wurden aufgelöst und die Aktivitäten der 1956 gegründeten Sozial-Kulturellen Gesellschaft der Deutschen in Polen (Towarzystwo Społeczno-Kulturalnego Niemców w Polsce) gingen zurück. Bis zu Beginn der 1990er Jahre verließen circa 90 000 Personen Niederschlesien (manchmal mit polnischen Ehepartnern). Im Oppelner Schlesien und in Oberschlesien verließen fast 600 000 Einwohner das Land. Die Emigration aus dem armen und undemokratischen Polen bot die Chance auf bessere Lebensbedingungen und günstigere Entwicklungsmöglichkeiten für die Kinder.

Ein großer Teil der Autochthonen, die aus unterschiedlichen Gründen nicht in den Westen ausreisten, definierten sich nach dem Niedergang des kommunistischen Regimes im Zuge der Liberalisierung zu Beginn der 1990er Jahre – auch wenn sie kein Deutsch sprachen – als Angehörige des deutschen Volkes. Dies war ein ideologischer, politischer und kultureller Misserfolg für die polnischen Behörden und für das polnische Volk. Viele Polen vermochten das nur schwer zu akzeptieren. Doch heute weckt dies, von Einzelfällen abgesehen, keine Emotionen mehr.

Nach Schätzungen der Volkszählung im Jahr 2002 gibt es noch immer eine Minderheit von circa 140 000 Deutschen in Polen. Sie besitzen zahlreiche Organisationen, Bildungs- und Kulturinstitutionen und wirken in der lokalen Verwaltung mit. Sie profitieren von der Hilfe der bundesdeutschen Behörden wie auch von der Unterstützung durch die polnische Regierung gemäß den Rechten nationaler Minderheiten in einem demokratischen System. Sie haben als nationale Minderheit ihre Vertreter im Parlament.

In den 1990er Jahren kam ein neues Phänomen unter den Nachkommen der eingesessenen Bevölkerung Oberschlesiens auf, nämlich eine Bewegung zur Anerkennung einer schlesischen Nationalität. Dies ist der Versuch, im Gegensatz zu den beiden seit Jahrhunderten um die „schlesische Seele" kämpfenden Polen und Deutschen, eine neue nationale Identifikation aufzubauen. Es ist bezeichnend, dass während der bereits erwähnten Volkszählung 170 000 Personen „schlesisch" als Nationalität angaben. Das waren mehr als die, die „deutsch" als Nationalität angegeben hatten. Bisher werden diese Ansprüche vom Staat nicht anerkannt. Nicht einmal der Einspruch der Wortführer dieser Bewegung beim Europäischen Gerichtshof half. Das „schlesische Volk" ist also momentan Objekt vieler wissenschaftlicher Untersuchungen und regionaler Aktivitäten, aber nicht politischer Entscheidungen.

Die Geschichte der Bevölkerung in der schlesischen Region war in der Nachkriegszeit mit der Entwicklung im ganzen Land verbunden. Die großen Ereignisse der Nachkriegsgeschichte Polens fanden auch hier ihren Widerhall. So auch, als zu Beginn der 1980er Jahre die Bewohner Nieder- und Oberschlesiens aktiv wurden und sich der „Solidarność"-Bewegung anschlossen. Schlesien bildete sogar eines der größten Zentren der antikommunistischen Opposition dieser Zeit in Polen. Für einen Teil der Sozialwissenschaftler ist das ein deutlicher Beweis dafür, dass der Integrationsprozess der aus unterschiedlichen Regionen stammenden Einwohner zu einer homogenen Gesellschaft gelungen war.

Staat und katholische Kirche

In den ersten Jahren nach dem Krieg stellten die katholischen Gemeinden und die Geistlichkeit ein sehr wichtiges Element im geistigen und gesellschaftlichen Leben der polnischen Siedler in Niederschlesien dar. Ihr Ansehen war auch im östlichen Teil Schlesiens traditionell sehr hoch, obwohl die Behörden dort einheimische Priester aus ihren Ämtern entfernten, um einen größeren Einfluss auf die autochthone Bevölkerung zu gewinnen.

Die Einführung einer polnischen Kirchenadministration in den neuen Gebieten stellte nach den Maßgaben des katholischen Kirchenrechts ein ernstes Problem dar. Schließlich lebten noch die deutschen Bischöfe und Pfarrer, die nach dem geltenden Kirchenrecht die regulären Inhaber der Bistümer und Pfarreien waren. Der Primas Polens, Kardinal Augustin Hlond, setzte – die päpstlichen Vollmachten offenbar ziemlich frei auslegend – als Verwalter der niederschlesischen Pfarreien polnische Priester ein. In Oppeln und in Breslau wurden als apostolische Administratoren der Diözese – das heißt als Vertreter des eigentlichen Bischofs – die Priester Karol Milik und Bolesław Kominek bestimmt. In Kattowitz blieb Bischof Stanisław Adamski in seinem Amt. Im verbleibenden deutschen Teil der Erzdiözese Breslau um Görlitz fungierte der deutsche Bistumsverwalter Kapitularvikar Ferdinand Piontek als geistliches Oberhaupt. 1994 wurde die Diözese Görlitz errichtet.

Die katholische Kirche leistete ihre Dienste im (Re-)Polonisierungsprozess, was deshalb von großer Bedeutung war, weil Polen ein fast ausschließlich katholisches Land ist. Die polnische Sprache, die in den Kirchen benutzt wurde, trug zur Verstärkung des Polentums bei der autochthonen Bevölkerung bei. Die katholische Kirche spielte auch eine große Rolle bei der Integration der aus verschiedenen Regionen ankommenden Siedler. Der Glaube war eine starke, verbindende Kraft zwischen den in die neuen Gebiete strömenden Polen. Zwangsläufig musste er also eine Rolle bei der Verschmelzung dieser Gruppen in eine Gemeinschaft spielen. Fast alle Begegnungen und das gegenseitige Kennenlernen dieser Menschen fanden an zwei Stellen statt: in der Schule und in der Kirche.

Die gewissermaßen durch die Situation erzwungene Zusammenarbeit der Behörden mit der Kirche endete gegen Ende der 1940er Jahre. Doch blieb die Kirche weiterhin die einzige von den Kommunisten unabhängige Kraft mit starkem Einfluss auf die Gesellschaft. Die Kommunisten verketzerten nun die Aktivitäten der Geistlichen als „reaktionär" oder sogar als „konterrevolutionär". In den neuen Gebieten, auch in den schlesischen, warfen die Kommunisten der Kirche ein Infragestellen des territorialen Status vor, da der Vatikan die Kirchenorganisation noch nicht den neuen Verhältnissen angepasst hatte. 1951 wurden die apostolischen Administratoren, darunter auch der Breslauer und der Oppelner, durch die Staatsbehörden ihres Amtes enthoben. An ihrer Stelle führten die Behörden Kapitularvikare ein, in der Hoffnung, die Geistlichkeit dadurch zu entzweien.

Viele Geistliche wurden wegen ihrer öffentlichen Kritik am Kommunismus verfolgt und kamen sogar ins Gefängnis. Noch 1954, also nach dem Tod Stalins (1953), erlebte Schlesien die Verfolgung kirchlicher Orden. Viele Ordenshäuser wurden geschlossen, die Nonnen in Haftanstalten gebracht. Verhaftet wurden auch zahlreiche Ordensschwestern aus der autochthonen Bevölkerung. Religion wurde schon damals aus den Schulen und dem öffentlichen Leben verbannt (Armee, Krankenhäuser, karitative Tätigkeiten). Es kam zu einer antireligiösen Propaganda, die allerdings auf lebhaften Widerstand der Bevölkerung stieß.

Erst das Ende des Stalinismus unter der Regierung Gomułka ab 1956 brachte hier bedeutende Veränderungen. Nun kehrten die apostolischen Administratoren in ihre Diözesansitze zurück. Auch wurde in den Schulen der Religionsunterricht wieder eingeführt, die Seelsorge in Krankenhäusern und Gefängnissen lebte wieder auf. Die Geistlichen wurden jedoch nach wie vor vom staatlichen Sicherheitsdienst überwacht (sogar in der Bischofskurie), und es wurde auch keine Bauerlaubnis für neue Gotteshäuser erteilt. An ihnen fehlte es vor allem in den sich entwickelnden städtischen Industriezentren.

Ende der 1950er Jahre kam es erneut zu einer antikirchlichen Politik des kommunistischen Regimes. Hauptkampfplatz war der Religionsunterricht in den Schulen. Systematisch wurden die Religionsstunden in den Schulen gekürzt und 1961 ganz abgeschafft. Die Priester unterrichteten die Kinder nun in den Gemeinderäumen. Große Empörung rief das Entfernen von Kreuzen aus den Schulräumen und in vielen Fällen auch aus den Fabriken hervor. In Niederschlesien war der

Die katholische Kirche bildete nach 1945 die einzige Gegenkraft zum kommunistischen Regime. Eines der wichtigsten katholischen Zentren Oberschlesiens war nach wie vor der Wallfahrtsort St. Annaberg/ Góra Świętej Anny. Zum Gnadenbild, einer Anna-Selbdritt-Darstellung in der Barockkirche der Franziskaner, pilgern noch heute jährlich Tausende Wallfahrer.

Widerstand gegen diese Maßnahme besonders stark. In den Schulen kam es zu Protesten der Eltern und Kinder, in den Fabriken trauten sich die Arbeiter sogar zu streiken.

Der Kampf zwischen Staat und Kirche kulminierte in der Mitte der 1960er Jahre. 1965 richteten die Bischöfe der polnischen Kirche, die sich auf die 1000-Jahr-Feier der Christianisierung des Landes – bezeichnet als „Taufe Polens" – vorbereitete, einen heute berühmten Brief an den deutschen Episkopat. Er wurde zu einem Manifest der Bereitschaft zur polnisch-deutschen Versöhnung 20 Jahre nach dem Krieg. Die Bischöfe erteilten im Namen der Kirche – und der Gläubigen – Vergebung und baten um dieselbe. Mitautor dieses Briefes war der an der Spitze der Breslauer Diözese stehende Bischof Bolesław Kominek. Der Brief, der vor allem religiöse und moralische Bedeutung hatte, rief eine hysterische Reaktion der Behörden hervor. Ähnlich wie im übrigen Polen wurde die Bevölkerung auch in Schlesien gezwungen, an Kundgebungen teilzunehmen, die den Brief der Bischöfe verurteilten. Die noch immer nicht ganz erloschene antideutsche Stimmung wurde wieder angefacht, um die Autorität der Geistlichkeit in den Augen der Gläubigen zu schwächen. Die heilige Hedwig, deren Kult in Niederschlesien lebendig war, wurde verächtlich als „deutsche Heilige" bezeichnet.

Im folgenden Jahr (1966) konkurrierte die religiöse 1000-Jahr-Feier der „Taufe Polens" mit der 1000-Jahr-Feier des polnischen Staates, in deren Rahmen die Regierung auch in Schlesien Hunderte attraktiver Massenveranstaltungen organisierte. Die kirchlichen Feierlichkeiten erfreuten sich trotzdem einer regen Beteiligung der Gläubigen.

In den nachfolgenden Jahrzehnten vermieden die Behörden eine so offene Konfrontation mit der Kirche. Damit gestanden sie eine ideologische Schlappe ein. Die Religiosität der Bevölkerung verringerte sich nicht, wenn sie auch – wie im Falle der Partei- oder Milizmitglieder – im Geheimen gelebt wurde. Es gelang nicht, die Arbeitermilieus von der Kirche zu entfremden. Beweis der Kapitulation der Regierung war die Genehmigung zum Bau neuer Gotteshäuser. In Breslau wurde 1976 die erste neue Kirche nach dem Krieg errichtet. Ausdruck der Religiosität waren auch Massenwallfahrten zu Orten des Marienkults, solche wie nach Wartha/Bardo und nach Albendorf/Wambierzyce in Niederschlesien oder nach Deutsch-Piekar/Piekary Śląskie und zum St. Annaberg in Oberschlesien. Ab 1978 wurde die Position der Kirche dank der Wahl des polnischen Kardinals Karol Wojtyła zum Papst nochmals gestärkt.

Die Politik der 1970er Jahre

Die gesellschaftliche Unzufriedenheit nahm in der zweiten Hälfte der 1960er Jahre an Intensität zu und führte zu einer weiteren innenpolitischen Krise Polens. Ihren Höhepunkt erreichte sie im Dezember 1970, als Gomułka und die anderen Mitglieder der Führung von Partei und Regierung den Schießbefehl auf Streikende in Danzig gaben. Die Proteste der Arbeiter wurden durch sich verschlechternde Alltagsbedingungen, Probleme mit der Lebensmittelversorgung und Preiserhöhungen für Grundnahrungsmittel hervorgerufen. Die in Schlesien stationierten Armeeeinheiten wurden in Bereitschaft versetzt, um Aufstände der Bevölkerung in den größeren Städten Niederschlesiens niederzuschlagen. Ungefähr 600 Personen kamen wegen regierungsfeindlicher Auftritte in Haft. In Oberschlesien, wo die Schwierigkeiten nicht so groß waren, blieb es trotz einer gewissen Unzufriedenheit ruhig. Die Passivität dieser größten Arbeiterpopulation Polens entschied letztlich über den erfolglosen Ausgang des gesellschaftlichen Aufruhrs von 1970.

In seinem Schatten fand ein aus der Perspektive Schlesiens sehr wichtiges Ereignis statt, nämlich der Besuch des Kanzlers der Bundesrepublik Deutschland, Willy Brandt, im Dezember 1970 sowie die Aufnahme von diplomatischen Beziehungen zwischen den beiden Ländern. Besonderes Gewicht hatte die vorläufige Anerkennung der polnischen

Westgrenze, zu der es schließlich 1972 nach stürmischer Debatte im Deutschen Bundestag kam. Diese Ereignisse erlaubten auch die Ausweitung der polnisch-deutschen Kontakte auf der Ebene der einfachen Bürger. Nach Schlesien kamen nun viele Bundesbürger, die ihre frühere Heimat besuchen wollten. Ein Teil von ihnen nahm freundschaftliche Kontakte mit den jetzt dort lebenden Polen auf, die in den folgenden Jahren weiter gepflegt wurden. Dadurch erhielten beide Seiten die Möglichkeit, wenigstens teilweise alte Stereotypen und propagandistische Verzerrungen zu revidieren. Die Beendigung des Streits um die Anerkennung der Oder-Neiße-Grenze durch die Bundesrepublik Deutschland öffnete auch den Weg zu einer internationalen Anerkennung der Grenze. Der Vatikan erlaubte nun die Einrichtung der Diözesen in Schlesien als polnische Diözesen und die Besetzung der kirchlichen Ämter. Der Breslauer Erzbischof wurde zum Kardinal ernannt.

In der ersten Hälfte der 1970er Jahre, die eine Periode des relativen Wohlstandes war, ließ die Spannung in der Gesellschaft nach. Die Polen waren es müde, den Gürtel ständig enger zu schnallen. Sie freuten sich über die Lohnerhöhungen und gaben sich mit Vergnügen einem für westeuropäische Verhältnisse bescheidenen Konsum materieller Gütern hin. Man freute sich über die bessere Versorgung und auch über die Möglichkeit von Auslandsreisen, die vorher streng begrenzt waren.

Eine Belebung der Wirtschaft war jedoch nur in den größeren Städten zu spüren. In den kleinen städtischen Zentren blieben die alten Probleme. Es fehlten weiterhin Mittel für Reparaturen oder für den Ausbau kleiner Industriebetriebe. Die Gigantomanie der Gierek'schen Investitionen ging auf Kosten der kleineren Wirtschaftsprojekte. Die Verwaltungsreform im Jahr 1975, die auf einer Erhöhung der Anzahl der Wojewodschaften basierte, brachte für den Zusammenhalt der schlesischen Region ein negatives Ergebnis. So wurde die Breslauer Wojewodschaft in vier neue Wojewodschaften aufgeteilt: Breslau, Waldenburg, Hirschberg, Liegnitz. Die Einteilung in Kreise wurde aufgehoben, was sich für die ehemaligen Kreisstädte zum Nachteil auswirkte. Die Bürokratie wuchs.

Die Stabilisierung der Wirtschaft und der gesellschaftliche Konsens erwiesen sich als brüchig. So entschieden sich 1976 nicht nur viele niederschlesische Industriebetriebe zu Streiks, sondern es bildeten sich dort auch erneut Zentren des gesellschaftlichen Widerstands. Es entstanden Gruppen, die mit der Warschauer „Bewegung zur Verteidigung der Menschenrechte“ (Ruch Obrony Praw Człowieka) oder dem „Komitee zur Verteidigung der Arbeiter“ (Komitet Obrony Robotników) verbunden waren. Zentrum der schlesischen Opposition war Breslau, wo man im Untergrund viele Diskussionen veranstaltete, Erklärungen herausgab und eine unabhängige Presse betrieb, mit der man das staatliche Informationsmonopol brach. Diese Tätigkeiten mündeten in einen gesellschaftlichen Aufruhr, mit Ausmaßen, wie ihn die Behörden noch nicht erlebt hatten. Es näherte sich die Zeit der „Solidarność“.

Die Solidarność-Bewegung in Schlesien

Im Sommer 1980 brachen in vielen Städten Polens Streiks aus. Auslöser war das Aufbegehren der Danziger und Stettiner Werftarbeiter. Jedoch hätten diese Demonstrationen ohne Unterstützung von anderen Industriezentren ähnlich wie die vorigen nur regionalen Charakter gehabt. Aber es kam anders, auch dank der schlesischen Bevölkerung. Ende August 1980 standen die Fabriken Breslaus und des Kupferabbaugebietes still. Schnell schlossen sich andere Städte an. Diesmal blieb Oberschlesien nicht passiv. Es widerlegte damit das Vorurteil, die oberschlesischen Kumpel seien von der kommunistischen Regierung „gekauft“. Selbst in den von den Parteiführern immer bevorzugten Bergwerken und anderen Industriebetrieben wurde gestreikt. Im oberschlesischen Bad Königsdorff-Jastrzemb/Jastrzębie Zdrój wurde am 3. September 1980 die dritte Vereinbarung zwischen Vertretern der Regierung und den Streikenden im ganzen Land unterzeichnet.

In schnellem Tempo bildeten sich aus den Strukturen der Streikenden die Strukturen einer neuen Gewerkschaft, der unabhängigen selbstverwalteten Gewerkschaft „Solidarität" („Solidarność"). Seit der Zerstörung der Polnischen Volkspartei im Jahr 1947 war dies die erste unabhängige Massenorganisation nicht nur in Polen, sondern überhaupt im gesamten Ostblock. Ihre Tätigkeit ging weit über die der Gewerkschaften in demokratischen Ländern hinaus. Sie war sowohl Arbeiterbewegung, politisches Forum und Ort unabhängiger Kultur als auch Interventionsorgan in Angelegenheiten des täglichen Lebens. Die Mitgliedschaft wurde zu einer Massenbewegung. Im ganzen Land traten der Solidarność fast zehn Millionen Menschen bei, davon mehr als 1,4 Millionen im oberschlesischen Industriegebiet und 900 000 in Niederschlesien.

Die Unterzeichnung von Abkommen mit der Regierung löste freilich die wirtschaftlichen Probleme nicht und hatte auch keinen Einfluss auf die steigenden Ansprüche der Gesellschaft an die Politk. Die Behörden beabsichtigten damit eine Konfliktverzögerung, bis die Parteistrukturen und Organe der öffentlichen Ordnung gestärkt sein würden. Ein Teil der Historiker nimmt an, dass die Behörden auch auf Zusicherungen von Seiten

Lange Zeit galten die oberschlesischen Kumpel bei der Mehrheit der polnischen Bevölkerung als von der kommunistischen Regierung „gekauft", da sie sich kaum an der Protestbewegung im Land beteiligten. Doch 1980 wurde das oberschlesische Industrierevier zu einem der wichtigsten Zentren der Solidarność-Bewegung. Das Bild vom Treffen des Solidarność-Chefs Lech Wałęsa mit oberschlesischen Kumpeln in dem oberschlesischen Kurort Bad Königsdorff-Jastrzemb/Jastrzębie Zdrój war von hoher symbolischer Bedeutung.

Zum ersten Mal in der 1000-jährigen Geschichte des Landes besuchte im Juni 1983 mit Johannes Paul II. ein Papst Schlesien. Links von ihm auf dem Foto der Breslauer Erzbischof Henryk Gulbinowicz. Der Besuch des Papstes und das Engagement des Erzbischofs waren bedeutend für den Erfolg der Solidarność-Bewegung, der den Untergang der kommunistischen Regime in Osteuropa einleitete.

der UdSSR für die Unterstützung im Kampf gegen das eigene Volk warteten.

Das Jahr 1981 verlief auch in Schlesien unter dem Zeichen stärkerer Konfrontationen, häufigerer Streiks und immer größerer Probleme mit der Lebensmittelversorgung. Die Entscheidung über die gewaltsame Abrechnung mit der „Solidarność" wurde im Dezember 1981 gefällt. In der Nacht vom 12. auf den 13. Dezember erschienen auch auf den Straßen schlesischer Städte Panzerabteilungen der Armee. Tausende Funktionäre der „Solidarność" wurden in ihren Häusern verhaftet und interniert.

Oberschlesien wurde aufgrund der erbitterten Gegenwehr der Arbeiter zum Schauplatz besonders dramatischer Ereignisse. Die bewaffneten Milizabteilungen mussten die dortigen Betriebe geradezu erobern. Die Okkupationsstreiks der Bergwerke dauerten bis Ende Dezember. Der Widerstand hielt an, obwohl neun Bergleute aus der Grube „Wujek" ihre Treue zur „Solidarność" mit dem Leben bezahlt hatten – sie wurden während der Niederschlagung der Unruhen im Betrieb von Milizleuten umgebracht. Hunderte Bergleute wurden verhaftet oder verloren ihre Arbeit. Oberschlesien, das endlich sein vom übrigen Polen früher kritisiertes passives Verhalten aufgegeben hatte, übertraf mit seinem Widerstand alle anderen Regionen.

Das System konnte sich nur dank der Unterstützung der UdSSR und der Hilfe des Repressionsapparates retten. Die „Solidarność" überlebte im Untergrund. Niederschlesien entwickelte sich dank der Tätigkeit von Personen wie Władysław Frasyniuk, Józef Pinior oder Piotr Bednarz zu einem der Zentren der Untergrundbewegung. Nachdem die Behörden 1983 dem Besuch Papst Johannes Pauls II. in Breslau zugestimmt hatten, hingen während der Messe über den Hunderttausenden von Versammelten die Transparente der offiziell nicht existenten Gewerkschaft. Die Kirche, besonders der Breslauer Erzbischof Henryk Gulbinowicz, unterstützte die Untergrundtätigkeit, indem sie den Familien der Verfolgten Hilfe zukommen ließ, kirchliche Räume für unabhängige Tätigkeiten zur Verfügung stellte oder die Behörden an die Bürgerrechte erinnerte.

Die Wende in Schlesien

In Polen endete der Kommunismus endgültig Anfang 1989, als die Regierung sich durch die Gefahr weiterer Massendemonstrationen gezwungen sah, Verhandlungen mit der Opposition aufzunehmen. Die Veränderungen, besonders die Legalisierung der „Solidarność", die Einführung von Bürgerfreiheiten und die Ankündigung teilweise freier Wahlen, wurden in Schlesien mit ungeheuren Hoffnungen verbunden. Die

Zu einem symbolischen Akt der deutsch-polnischen Versöhnung kam es, als im November 1989 der deutsche Bundeskanzler Helmut Kohl und der polnische Ministerpräsident Tadeusz Mazowiecki an einer Messe in Kreisau/Krzyżowa teilnahmen. Nach der erfolgreichen politischen Wende erkannte die Bundesrepublik Deutschland die polnische Westgrenze endgültig an.

Gesellschaft war durch die bereits ein Jahrzehnt dauernde scharfe Wirtschaftskrise und die Handlungsunfähigkeit der Regierung gelähmt. Diese hingegen hatte keine Ideen, wie sie das politische Monopol nutzen sollte, in einer Zeit, da Moskau mit eigenen Problemen beschäftigt war und keine Hilfe leisten konnte. Anfang Juni 1989 fanden Wahlen zum Parlament statt, in denen die Opposition alle zur freien Wahl stehenden Plätze eroberte. Im September wurde eine Regierung gebildet, an deren Spitze der erste nichtkommunistische Premier nach dem Kriege stand, ein Politiker der Opposition und praktizierender Katholik, Tadeusz Mazowiecki.

Blick vom Turm der St.-Elisabeth-Kirche über die Stadt Breslau/Wrocław. Im Vordergrund die West- und Nordseite des Rathaus-Komplexes auf dem Ring.

Breslau/Wrocław ist heute eine dynamische Stadt mit guten Perspektiven in eine europäische Zukunft.

Im November desselben Jahres wurde das niederschlesische Kreisau/Krzyżowa zum Ort eines ungewöhnlichen Ereignisses, heute „Messe der Versöhnung“ genannt. Hier trafen sich der polnische Premierminister und der westdeutsche Kanzler, der bald Kanzler des wiedervereinigten Deutschlands sein sollte, Helmut Kohl. Das Bild, auf dem beide Politiker Zeichen des Friedens miteinander austauschen, wurde schnell zu einer Ikone einer neuen Phase in den polnisch-deutschen Beziehungen.

Dies war auch der Anfang einer neuen Ära in der Geschichte Schlesiens. Der Aufbau eines demokratischen Staates in Polen brachte nicht nur den Bürgern ihre Grundrechte wieder, sondern auch den Regionen eine größere Eigenständigkeit. Verstärkt wurde dies durch die Reform der Selbstverwaltung zu Anfang der 1990er Jahre sowie durch die Verwaltungsreform im Jahr 1999, die wieder die regionale Zusammengehörigkeit Schlesiens berücksichtigt. Angesichts der entschlossenen Haltung der Bevölkerung im Oppelner Schlesien wurden nun drei Wojewodschaften errichtet: die niederschlesische mit Breslau als Regierungssitz sowie die Oppelner und die oberschlesische. Breslau bekam damit den Status einer regionalen Hauptstadt für Niederschlesien zurück und erlebte in den 1990er Jahren eine Umstrukturierung des Verwaltungsapparates. Sichtbarstes Zeichen für diese Entwicklung, auch für deutsche Touristen, wurde die Wiederbelebung des historischen Stadtzentrums.

Aber die Vorteile einer demokratischen Entwicklung wurden in Schlesien auch von negativen Erscheinungen begleitet. In einem Teil der Region, zum Beispiel in der Grafschaft Glatz/Kłodzko, befindet sich die Wirtschaft bis heute in einem desolaten Zustand. Aufgrund der Unrentabilität wurden die Bergwerke in der Region Waldenburg-Neurode geschlossen. Diese niederschlesische Region verwandelte sich in ein Gebiet hoher struktureller Arbeitslosigkeit und niedrigen Lebensstandards.

Begonnen hatte die Restrukturierung der Industrie, die allerdings eine hohe Arbeitslosigkeit mit sich brachte, in Oberschlesien. Dort entstanden sogenannte Armutsschächte, Orte des eigenmächtigen, illegalen Abbaus von Kohle, deren Verkauf die einzige Erwerbsquelle für viele Familien in den Bergbauregionen ist. Eine Folge der Verarmung der Gesellschaft ist auch der Anstieg der Kriminalität. Für Zehntausende Menschen bietet die Arbeit im Ausland, vor allem in Deutschland und Großbritannien, die einzige Möglichkeit, um wenigstens zu einem bescheidenen Wohlstand zu kommen. Dies nutzen hauptsächlich Schlesier mit doppelter Staatsbürgerschaft. Das schafft jedoch vor allem im Oppelner Schlesien neue, negative gesellschaftliche Erscheinungen, insbesondere die Zerstörung des Familienlebens und der lokalen Netze.

In den letzten Jahren wurde endlich eine rentable Produktion in den verbleibenden Bergwerken erreicht. Die Situation wurde teilweise durch große ausländische Investitionen verbessert, wie zum Beispiel die Ansiedlung einer Reihe von Firmen in Koberwitz/Kobierzyce bei Breslau oder in einigen oberschlesischen Städten. Es gelang auch – häufig infolge der Schließung von Industrieanlagen – die Umweltverschmutzung zu mindern. Eine ständige Herausforderung bleibt die Verwirklichung eines neuen wirtschaftlichen Entwicklungsmodells für Oberschlesien, durch das die hier traditionellen Sparten der Schwerindustrie durch moderne Technologien ersetzt werden können.

Die lokalen Behörden begannen, die Entwicklung des Tourismus in den dafür günstigen Regionen zu fördern. Große Hoffnungen verbindet man mit der internationalen Zusammenarbeit. In den 1990er Jahren wurde sie durch Regionen- und Städtepartnerschaften sowie durch die Einrichtung von Euroregionen ausgebaut, das heißt übernationalen Zusammenschlüssen von Kommunen in den Grenzregionen. Nach dem Beitritt Polens zur Europäischen Union, den in der Volksabstimmung mehr als 80 Prozent der Einwohner in den schlesischen Wojewodschaften befürworteten (mehr als im östlichen Teil Polens), sucht man Entwicklungsimpulse in der Nutzung von Fördermitteln für ärmere Regionen.

Am Anfang des 21. Jahrhunderts steht Schlesien – nach 1000 Jahren seiner Geschichte – wieder vor großen Aufgaben, vor allem zivilisatorischen. Es hat aber solche Trümpfe wie eine mobile und aufgeschlossene Bevölkerung (vielleicht sind dies von den Großeltern ererbte Eigenschaften aus der Zeit der großen Migrationen nach dem Krieg), ein starkes Hochschulwesen (vor allem in Breslau, Oppeln und Kattowitz) und die Attraktivität der Naturlandschaft. Zu den die weitere Entwicklung fördernden Umständen sind sicherlich auch die freundschaftliche Nachbarschaft mit den Tschechen und den Deutschen sowie die Zugehörigkeit zur Europäischen Union zu nennen.

Als große Kraft der hiesigen Gesellschaft sollte sich das Bewusstsein einer historischen Identität erweisen, in der polnische, deutsche, tschechische und auch jüdische Elemente aufeinandertreffen. Das Interesse an der Vergangenheit der Region lässt nicht nach, was die anhaltende Produktion wissenschaftlicher und populärwissenschaftlicher Werke beweist. Auch lokale Museen tun viel für das Wissen über die Geschichte Schlesiens. Das Kulturerbe der Region wird nicht nur durch lokale Eliten, sondern durch einen großen Teil der Gesellschaft akzeptiert. Die zweite und dritte Generation der „neuen" Schlesier hat zu einer eigenen Identität gefunden, die unter dem Piastenadler auch die deutsche Geschichte dieses Landes nicht verleugnet.

Anhang

Anmerkungen

1 Heinrich Heine, Sämtliche Schriften in zwölf Bänden, hg. v. Klaus Briegleb, Bd. 7, Schriften 1837–1844, Frankfurt/M. u. a. 1981, S. 620.
2 Zitat nach: W. Schmitz, Kulturgeschichte, S. 461.
3 N. Conrads in: Deutsche Geschichte im Osten, S. 24 ff.; dazu kritisch: M. Eiden, Gedächtnisgeschichte, S. 489.
4 C.E. Schott, Hedwig, S. 511 ff.; M. Eiden, Gedächtnisgeschichte, S. 500 ff.
5 Irgang, Historisch-geographische Grundlagen, S. 26.
6 Cosmas von Prag, S. 49 f.
7 Thietmar von Merseburg, S. 420 f.
8 Ebd.
9 Widukind von Corvey, S. 170 f.
10 Schlesisches UB 1, S. 12.
11 Ebd., S. 20 f.
12 Irgang, Schlesien im Mittelalter, S. 35 f.
13 Ebd.
14 Eiden in: Bahlcke, Historische Schlesienforschung, S. 494.
15 Conrads in: Bahlcke, Historische Schlesienforschung, S. 365.
16 Eiden in: Bahlcke, Historische Schlesienforschung, S. 494.
17 Schlesisches UB 2, S. 122.
18 Weczerka, Einführung, S. XLVI.
19 Rüther, Anna, S. 26.
20 Rüther, Ludwig I., S. 19.
21 Zitiert nach: Von der Urzeit bis zum Zeitalter des Absolutismus. Bearb. v. R. Wunrich u. G. Bürck (= Grundzüge der Geschichte. Oberstufe. Ausgabe B. Historisch-politisches Quellenbuch I), Frankfurt/M. u. a. 1966, S. 313 f.
22 Zitiert nach: Machilek, Ludolf, S. 34.
23 Zitat nach: Bahlcke, Regionalismus, S. 125.
24 Zitat: Ebd.
25 Fleischer, Späthumanismus, S. 222.
26 Pol, Jahrbücher Bd. 5, S. 38.
27 Geheimes Staatsarchiv Berlin, XVII, Nr. 503.
28 Köhler, Revision, S. 103.
29 G. Fuchs, S. 88.
30 Ebd., S. 93.
31 Ebd., S. 96.
32 Buckisch, S. 311.
33 Harasimowicz, Konfessionalisierung, S. 304.
34 Lichtstern (= Lucae), S. 426 f.
35 Zitiert nach: ZVGS 64 (1930), S. 124.
36 Zitat nach: Schwedonitz, S. 29.
37 Zitat nach: Ebd., S. 70.
38 Buckisch, S. 322.
39 Zitat nach: Heinzelmann, S. 188.
40 Zitat nach: Lambrecht, Hexenverfolgung, S. 403.
41 Zitat nach: Bahlcke, Schlesien, S. 65.
42 Langer, S. 308.
43 Zitat nach: Edikt Karls VI. vom 20.9.1715. In: Archiv des Bistums Passau, Oberamt Nr. 1857 (unpaginiert).
44 Staatsarchiv Breslau, Nr. 95, S. 25.
45 Zitat nach: Brilling, Zur Geschichte 1702–1725, S. 27.
46 Staatsarchiv Breslau, Księstwo Wrocł. Rep. 16, Sygn. 309, S. 29.
47 Zitat nach: Mainka, S. 228.
48 Zitat nach: Ebd., S. 229.
49 Zitat nach: Baumgart, Schlesien als eigenständige Provinz, S. 451.
50 Zitat nach: Brann, Landrabbinat, S. 246.
51 Zitat nach: Ebd.
52 Zitat nach: Der Breslauer Gesellenaufstand, S. 81.
53 Lubos I/1, S. 305.
54 Ebd.
55 Zitat nach: Der Breslauer Gesellenaufstand, S. 142.
56 Zitat nach: Lubos I/1, S. 304.
57 Zitat nach: Kos, Carl Gotthard Langhans, S. 73.
58 Zitat nach: Ebd., S. 86.
59 Zitiert nach: Ziekursch, Agrargeschichte, S. 227.
60 Zitiert nach: Süverns Immediateingabe vom 12.2.1811. In: Aus dem Leben, S. 10.
61 Aus dem Leben, S. 10.
62 Kroneberg/Schloesser, S. 148.
63 Deutsches Bürgerbuch, S. 199–202.
64 Hauptmann, Die Weber, S. 90.
65 Kroneberg/Schloesser, S. 175.
66 Zitat nach: Herzig, Unruhige Provinz, S. 497.
67 Zitat nach: Feldmann/Unverricht, S. 463.
68 Zitat nach: Herzig, Unruhige Provinz, S. 517.
69 Zitat nach: Hałub, Hoffmann von Fallersleben, S. 318.
70 Zitat nach: Herzig, Unruhige Provinz, S. 498.
71 Ebd.
72 Ebd.
73 Rohe, S. 33.
74 Lassalle, S. 405.
75 Neubach, Parteiengeschichte, S. 269.
76 Vgl. Brämer, Anfangsjahre, S. 112.
77 Zitat nach: Höntsch, S. 143.
78 Zitat nach: Blaschke, S. 176.
79 Boehlich, S. 252.
80 Born, S. 11.
81 Bismarck, Werke, Bd. 13, S. 146.
82 Zitat nach: Herzig, Nationalismus, S. 249.
83 Ebd.
84 Czapliński, Nationalismus, S. 266.
85 Zitat nach: Galos u. a., S. 162.
86 Zitat nach: Schröder, Handbuch, S. 434.
87 Ebd.
88 Zitat nach: Rohde, S. 224.
89 Zitat nach: Schieb, S. 279.
90 Zitat nach: Ebd., S. 283.
91 Zitat nach: Mikuda-Hüttel, S. 762.
92 Zitat nach: Szymanski-Störtekuhl/Ilkosz, S. 124.
93 Zitat nach: Lubos II, S. 318.
94 Fritz Fischer, Griff nach der Weltmacht. Die Kriegszielpolitik des kaiserlichen Deutschland 1914/18, Düsseldorf 1961.
95 Zitat nach: Löbe, S. 73 f.
96 Simonides, S. 71.
97 Lesiuk, Entstehung, S. 36.
98 Zitat nach: Bahlcke, Schlesien, S. 124.
99 Kluge, S. 324 f.
100 Hitze, S. 680.
101 Zitat nach: Brade, S. 25.
102 Winter, S. 243.
103 Zitat nach: Ebd., S. 243.
104 Vgl. Jonca, Evangelische Kirche, S. 450.
105 Ebd., S. 450.
106 Zitat nach: van Rahden, S. 319.
107 Zitat nach: Paucker, S. 483f.
108 Die Vorgänge sind dokumentiert in: Universitätsarchiv Breslau/Universytet Wrocławski Archiwum S18 (Senatsakten), S. 11 ff.
109 Zitat nach: Neubach/Brückner, S. 789.
110 Tausk, S. 42.
111 Zitat nach: Neubach/Brückner, S. 796.
112 Tausk, S. 54 f.
113 Ebd.
114 Zitat nach: Heiber, S. 340.
115 Zitat nach: Lubos II, S. 501.
116 Behl, S. 176.
117 Zitat nach: Moog, S. 257.
118 Zitat nach: Ebd.
119 Schmitz, Aus Böhmen, S. 21.
120 Joachimsthaler, Schlesiophobie, S. 249.
121 Zitat nach: Hitze, S. 1107 f.
122 Ebd.
123 Ebd.
124 Zitat nach: Herzig, Jüdische Geschichte, S. 231.
125 Zitat nach: Ebd.
126 Jonca, Vernichtung, S. 327.
127 Die Aussiedlung, S. 97.
128 Ebd.
129 Rogall, S. 182.
130 Bausinger, S. 9ff.
131 Stickler, Massenverband.

Quellen

Ungedruckte Quellen (Archive)

Archiv des Bistums Passau
Oberamt Nr. 1857
Geheimes Staatsarchiv Berlin
Rep XVII, Nr. 503; Rep 76, V a; Rep 46 B, Nr. 203
Staatsarchiv Breslau/Archiwum Państwowe we Wrocławiu
Rep 83: Grüssau/Cystersów w Krzeszowie II Akten, Nr. 77
Börsenarchiv/Archiwum Giełdy Kupieckiej 413, 414
Acta Miasta Wrocławia, III/1854, 1855, 1856, 1857, 1858, 1859, 1882
Księstwa Wrocł. Rep 16, Sygn. 309, S. 29ff.
The Jewish Historical General Archives Jerusalem
GA S 136/9
Universitätsarchiv Breslau/Universytet Wrocławki Archiwum
S 18 (Senatsakten)
S 220 (Personalakten)

Gedruckte Quellen

Aus dem Leben der Universität Breslau, hg. v. [Friedrich Andreae], o. O. [Breslau] o. J. [1936]
Bismarck, Otto v.: Die gesammelten Werke, Bd. XIII, Berlin 1930
Boehlich, Walter (Hg.): Der Berliner Antisemitismusstreit, Frankfurt/M. 1965
Born, Max: Mein Leben. Die Erinnerungen des Nobelpreisträgers, München 1975
Buckisch, Gottfried Ferdinand: Schlesische Religions-Akten 1517 bis 1675, Teil II: Regesten der Religions-Akten. Bearb. v. Joseph Gottschalk, Johannes Grünewald u. Georg Steller, Köln u. a. 1998
Cohn, Willy: Verwehte Spuren. Erinnerungen an das Breslauer Judentum vor seinem Untergang, hg. v. Norbert Conrads, Köln u. a. 1995
Cohn, Willy: Kein Recht nirgends. Tagebuch vom Untergang des Breslauer Judentums 1933–1941, 2 Bde, hg. v. Norbert Conrads, Köln u. a. 2006
Cosmas von Prag: Die Chronik Böhmens, hg. v. Bertold Bretholz (Monumenta Germaniae Historica Scriptores rerum Germanicarum), Berlin 1923
Cronica Monasterii Canonicorum Regularium (S. Augustini) in Glacz, edidit Wojciech Mrozowicz (Universitas Wratislaviensis Institutum Studiorum Silesiacorum et Bohemicorum), Wratislaviae MMIII [=2003]
Der Breslauer Gesellenaufstand von 1793. Die Aufzeichnungen des Schneidermeisters Johann Gottlieb Klose. Darstellung und Dokumentation, hg. v. Arno Herzig u. Rainer Sachs, Göttingen 1987
Deutsches Bürgerbuch für 1845, hg. v. H[ermann] Püttmann, Darmstadt 1845, Reprint Köln 1975
Die Aussiedlung der Deutschen und die Ansiedlung der polnischen Bevölkerung im Raum Krzýzowa-Świdnica (Kreis Schweidnitz) 1945–1948. Dokumentenauswahl. Bearb. v. Karol Jonca, Wrocław 1997
Eschenloer, Peter: Geschichte der Stadt Breslau, hg. v. Gunhild Roth (Quellen und Darstellungen zur schlesischen Geschichte 29), Münster u. a. 2003
Fuchs, Gottlieb: Versuch einer Reformationsgeschichte des Fürstenthums und der bischöflichen Residenzstadt Neisse mit den dazugehörigen Beweisen, Breslau 1775
Garve, Christian: Über den Charakter der Bauern und ihr Verhältnis gegen die Gutsherren und gegen die Regierung [1796]. In: Ders.: Popularphilosophische Schriften über literarische, aesthetische und gesellschaftliche Gegenstände. Im Faksimiledruck hg. v. Kurt Wölfel, Bd. 2, Stuttgart 1974, S. 799–1026
Höntsch, Ursula (Hg.): Mir bleibt mein Lied. Schlesisches Lesebuch, München 1995
Joel, Manuel: Offener Brief an Heinrich von Treitschke. In: Walter Boehlich (Hg.): Antisemitismusstreit, S. 13–25
Klüger, Ruth: Weiter leben. Eine Jugend, München 1997
Kroneberg, Lutz; Schloesser, Rolf (Hg.): Der schlesische Weberaufstand im Spiegel zeitgenössischer Publizistik und Literatur, Köln 1979
Lassalle, Ferdinand: Reden und Schriften mit einer Lassalle-Chronik, hg. v. Friedrich Jenaczek, München 1970
Lichtstern, Friedrich (= Lucae): Schlesische Fürsten=Krone/oder Eigentliche wahrhaffte Beschreibung Ober= und Niederschlesiens, Frankfurt/M. 1685
Löbe, Paul: Der Weg war lang. Lebenserinnerungen, Berlin 1954
Moltke, Freya v.: Erinnerungen an Kreisau 1930–1945, München 1998
Pol, Nikolaus: Jahrbücher der Stadt Breslau, hg. v. Johann Gustav Büsching (Bd. 1–4) u. Johannes G. Kunisch (Bd. 5), Breslau 1813–1824
Quellen zur Geschichte der Universität Breslau 1702 bis 1811 (Neue Forschungen zur Schlesischen Geschichte 9), hg. v. Norbert Conrads unter Mitarbeit v. Markus Müller u. Carsten Rabe, Köln u. a. 2003
Schlesisches Urkundenbuch, hg. im Auftrag der Historischen Kommission für Schlesien. Bd. 1: 971–1230, bearb. v. Heinrich Appelt, Wien u. a. 1971; Bd. 2: 1231–1250, bearb. v. Winfried Irgang, Wien 1977; Bd. 3: 1251–1266, hg. v. Heinrich Appelt u. Josef Joachim Menzel, bearb. v. Winfried Irgang, Köln u. a. 1984; Bd. 4: 1267–1281, hg. v. Heinrich Appelt u. Josef Joachim Menzel, bearb. v. Winfried Irgang, Köln u. a. 1988; Bd. 5: 1282–1290, hg. v. Heinrich Appelt, bearb. v. Winfried Irgang, Wien u. a. 1993
Schröder, Wilhelm: Handbuch der sozialdemokratischen Parteitage 1863–1909, München 1910
Schummels Reise durch Schlesien im Julius und August 1791, hg. u. kommentiert v. Wojciech Kunicki (Schriften der Stiftung Haus Oberschlesien Bd. 5), Berlin 1995
Stern, Fritz: Fünf Deutschland und ein Leben. Erinnerungen, München 2007
Tausk, Walter: Breslauer Tagebuch 1933–1940, hg. v. Ryszard Kincel. Mit einem Nachwort v. Henryk M. Broder, Leipzig 1995.
Thietmar von Merseburg: Chronik. Neu übertragen u. erläutert v. Werner Trillmich (Freiherr-vom-Stein-Gedächtnisausgabe IX), Darmstadt 1962
W kraju Pana Boga. Źródła i materiały do dziejów Ziemi Kłodzkiej od X do XX wieku/Im Herrgottsländchen. Quellen und Materialien zur Geschichte des Glatzer Landes vom 10. bis zum 20. Jahrhundert. Opracowali/Bearb. v. Arno Herzig u. Małgorzata Ruchniewicz, Kłodzkie Towarzystwo Oświatowe 2003
Widukind von Corvey: Sachsengeschichte, bearb. v. Albert Bauer u. Reinhold Rau (Freiherr-vom-Stein-Gedächtnisausgabe VIII), Darmstadt 1971, S. 3–183

Bibliografie

Auswahlbibliografie der benutzten sowie der neuesten Literatur. Zur älteren Literatur siehe die Bibliografien in den Überblicksdarstellungen

Handbücher/Überblicksdarstellungen

Bahlcke, Joachim: Schlesien und die Schlesier. Mit Beiträgen v. Joachim Rogall u. a. (Studienbuchreihe der Stiftung Ostdeutscher Kulturrat Bd. 7), München 1996
Czapliński, Marek; Kaszuba, Elżbieta; Wąs, Gabriela; Żerelik, Rościsław: Historia Śląska, Wrocław 2002
Dehio-Handbuch der Kunstdenkmäler in Polen. Schlesien, hg. v. Ernst Badstübner u. a., München, Berlin 2005
Deutsche Geschichte im Osten Europas. Schlesien, hg. v. Norbert Conrads, Berlin 1994
Geschichte Schlesiens, hg. im Auftrag der Historischen Kommission für Schlesien. Bd. 1: Von der Urzeit bis zum Jahre 1526, hg. v. Ludwig Petry u. a., Sigmaringen 1988; Bd. 2: Die Habsburger Zeit 1526–1740, hg. v. Ludwig Petry u. Josef Joachim Menzel, 2. durchges. Aufl., Sigmaringen 1988; Bd. 3: Preußisch-Schlesien 1740–1945. Oesterreichisch-Schlesien 1740–1918/45, hg. v. Josef Joachim Menzel, Stuttgart 1999
Handbuch der Historischen Stätten. Böhmen und Mähren, hg. v. Joachim Bahlcke u. a., Stuttgart 1998
Handbuch der Historischen Stätten. Schlesien, hg. v. Hugo Weczerka, Stuttgart 1977

Harasimowicz, Jan: Dolny Śląsk. A to Polska Własnie, Wrocław 2007
Historische Schlesienforschung. Methoden, Theorien und Perspektiven zwischen traditioneller Landesgeschichtsschreibung und moderner Kulturwissenschaft, hg. v. Joachim Bahlcke,Wien 2005
Irgang, Winfried; Bein, Werner; Neubach, Helmut (Hg.): Schlesien. Geschichte, Kultur und Wirtschaft, Köln 1995
Lubos, Arno: Geschichte der Literatur Schlesiens, 1. Bd. Teil 1: Von den Anfängen bis ca. 1800, Würzburg 1995; 2. Bd., München 1967; 3. Bd., München 1974
Przełomy w historii. XVI Powszechny Zjazd Historików Polskich, tom. 1, Toruń 2000
Schlesische Lebensbilder, hg. im Auftrag der Historischen Kommission für Schlesien. Bd. 1–9, Breslau u. a. 1922–2007
Schlesisches Musiklexikon, hg. v. Lothar Hoffmann-Erbrecht, Augsburg 2001
Silesiographia. Stand und Perspektiven der historischen Schlesienforschung. Festschrift für Norbert Conrads zum 60. Geburtstag, hg. v. Matthias Weber u. Carsten Rabe, Würzburg 1998

Thematische Sammelwerke und Kataloge

Baumgart, Peter (Hg.) unter Mitwirkung v. Ulrich Schmielewski: Kontinuität und Wandel. Schlesien zwischen Österreich und Preußen, Sigmaringen 1990
Czarnecka, Mirosława; Szafarz, Jolanta (Hg.): Hochzeit als ritus und casus. Zu interkulturellen und multimedialen Präsentationsformen im Barock, Wrocław 2001
Das Tal der Schlösser und Gärten. Das Hirschberger Tal in Schlesien – ein gemeinsames Kulturerbe. Wiss. Red.: Olgierd Czerner u. Arno Herzig, Jelenia Góra 2001
Die imposante Landschaft. Künstler und Künstlerkolonien im Riesengebirge im 20. Jahrhundert, Jelenia Góra 1999
Die tolerierte Universität. 300 Jahre Universität Breslau 1702 bis 2002. Katalogbuch, hg. v. Norbert Conrads, Wiesbaden 2004
Flucht und Vertreibung. Europa zwischen 1939 und 1948. Mit einer Einleitung v. Arno Surminski, Hamburg 2004
Herzig, Arno (Hg.): Glaciographia Nova. Festschrift für Dieter Pohl, Hamburg 2004
Hettling Manfred; Reinke, Andreas; Conrad, Norbert (Hg.): In Breslau zu Hause? Juden in einer mitteleuropäischen Metropole der Neuzeit, Hamburg 2003
Irgang, Winfried: Schlesien im Mittelalter. Siedlung, Kirche, Urkunden. Ausgewählte Aufsätze, hg. v. Norbert Kersken u. Jürgen Warmbrunn, Marburg 2007
Joachimsthaler, Jürgen; Schmitz, Walter (Hg.): Verhandlungen der Identität. Literatur und Kultur in Schlesien seit 1945, Dresden 2004
Köhler, Joachim; Bendel, Rainer (Hg.): Geschichte des christlichen Lebens im schlesischen Raum, Teilbd. 1 u. 2, Münster u. a. 2002
Kunicki, Wojciech; Witt, Monika (Hg.): Neisse: Kulturalität und Regionalität, Nysa 2004
Oszczanowski, Piotr; Gromadzki, Jan: Theatrum Vitae et Mortis. Grafika, rysunek i malarstwo, ksiczkowe na Śląsku w latach ok 1550–ok 1650. Graphik, Zeichnung und Buchmalerei in Schlesien 1550–1650, Wrocław 1995
Śląska Republika Uczonych/Schlesische Gelehrtenrepublik/Slezská Vědecká Obec, hg. v. Marek Hałub u. Anna Mańko-Matysiak, Wrocław 2004ff.
„Wach auf mein Herz, und denke“. Zur Geschichte der Beziehungen zwischen Schlesien und Berlin-Brandenburg von 1740 bis heute, Wiss. Red.: Arno Herzig u. Wiesław Lesiuk, Berlin u. a., 1995
Werkstätten der Moderne. Lehrer und Schüler der Breslauer Akademie, hg. v. der Stiftung Schlesisches Museum zu Görlitz. Katalogred. Johanna Brade u. a., Halle/Saale 2004ff.

Monografien und Aufsätze

Althoff, Gerd: Otto III., Darmstadt 1996
Ascher, Abraham: A Community under Siege. The Jews of Breslau under Nazism, Standford/California 2007
Bahlcke, Joachim: Regionalismus und Staatsintegration im Widerstreit. Die Länder der Böhmischen Krone im ersten Jahrhundert der Habsburgerherrschaft (1526–1619), München 1994
Baumgart, Peter: Schlesien als eigenständige Provinz im altpreußischen Staat (1740–1806). In: Deutsche Geschichte im Osten Europas. Schlesien, S. 345–464
Baumgarten, Jens: Konfession, Bild und Macht. Visualisierung als katholisches Herrschafts- und Disziplinierungskonzept in Rom und im habsburgischen Schlesien (1560–1740), Hamburg u. a. 2004
Bausinger, Hermann u. a.: Neue Siedlungen. Volkskundlich-soziologische Untersuchungen des Ludwig-Uhland-Instituts Tübingen, Stuttgart 1963
Bellardi, Werner: Johann Heß. In: Schlesische Lebensbilder Bd. 4, S. 29–39
Blaschke, Olaf: „Das Judentum isoliren!“. Antisemitismus und Ausgrenzung in Breslau. In: Manfred Hettling u. a. (Hg.), In Breslau zu Hause?, S. 167–184
Bleiber, Helmut: Für die demokratische Lösung der Agrarfrage – Bauernbewegungen in der Revolution 1848/49 in der Grafschaft Glatz. In: Jahrbuch für Forschungen zur Geschichte der Arbeiterbewegung 2 (2003), S. 1–28
– ; Veit, Hans: Anton Heisig, Pfarrer in Kunzendorf (1842–1857). Zur Haltung eines Grafschafter Geistlichen in der Revolutionszeit 1848/49. In: Arno Herzig (Hg.), Glaciographia Nova, S. 208–231
Boldorf, Marcel: Europäische Leinenregionen im Wandel. Institutionelle Weichenstellungen in Schlesien und Irland (1750–1850), Köln u. a. 2006
Brade, Johanna: Zur Geschichte der Breslauer Akademie 1791–1932. In: Werkstätten der Moderne, S. 19–28
– ; Moog, Simone: „In der politischen Grauzone“. Bildende Künstler im Riesengebirge während des Nationalsozialismus. In: Die imposante Landschaft, S. 238–248
Brämer, Andreas: Die Anfangsjahre des Jüdisch-Theologischen Seminars. Zum Wandel des Rabbinerberufs im 19. Jahrhundert. In: Manfred Hettling u. a. (Hg.), In Breslau zu Hause?, S. 99–112
Brann, Marcus: Geschichte der Juden in Schlesien, 6 Teile, Breslau 1896–1917
– Geschichte des Landrabbinats in Schlesien. Nach gedruckten und ungedruckten Quellen. In: Jubelschrift zum 70. Geburtstag des Professors Dr. Heinrich Graetz, Breslau 1887, S. 218–278
Brather, Sebastian: Siedlungsarchäologie. In: Historische Schlesienforschung, S. 1–28
Brenker, Anne-Margarete: Aufklärung als Sachzwang. Realpolitik in Breslau im ausgehenden 18. Jahrhundert, Hamburg u. a. 2000.
Brilling, Bernhard: Zur Geschichte der Juden in Breslau von 1454 bis 1702, Stuttgart 1960
– Die jüdischen Gemeinden Mittelschlesiens. Entstehung und Geschichte, Stuttgart u. a. 1972
– Zur Geschichte der Juden in Breslau. Die ersten in

Breslau wohnhaften Juden 1697–1707. In: Jahrbuch der Schlesischen Friedrich-Wilhelms-Universität zu Breslau XII (1967), S. 126–143
– Zur Geschichte der Juden in Breslau 1702–1725. In: Jahrbuch der Schlesischen Friedrich-Wilhelms-Universität zu Breslau XVI (1971), S. 88–126
– Die schlesische Judenschaft im Jahr 1737. In: Jahrbuch der Schlesischen Friedrich-Wilhelms-Universität zu Breslau XVII (1972), S. 43–66
Conrads, Norbert: Schlesiens frühe Neuzeit. In: Deutsche Geschichte im Osten Europas. Schlesien, S. 178–345
– Politischer Mentalitätswandel von oben: Friedrichs II. Weg vom Gewinn Schlesiens zur Gewinnung der Schlesier. In: Peter Baumgart (Hg.): Kontinuität und Wandel, S. 219–238
– Die Rekatholisierungspolitik in Teschen und die Ambitionen des letzten Herzogs von Teschen. In: Jahrbuch für Schlesische Kirchengeschichte 76/77 (1997/98), S. 99–120
– Adelsgeschichte. In: Historische Schlesienforschung, S. 347–382
Czapliński, Marek: Der polnische Nationalismus in Schlesien im 19. Jahrhundert und Anfang des 20. Jahrhunderts. In: Przełomy w historii, S. 253–269
– Dzieje Śląska od 1806 do 1945 roku. In: Marek Czapliński, Elżbieta Kaszuba, Gabriela Wąs; Rościsław Żerelik, Historia Śląska, S. 250–425
Czarnecka, Mirosława: Elisabeth von Senitz. In: Schlesische Lebensbilder Bd. 8, S. 110–114
Davies, Norman; Moorhouse, Roger: Die Blume Europas. Breslau-Wrocław-Vratislawa. Die Geschichte einer mitteleuropäischen Stadt, München 2002
Deventer Jörg: Gegenreformation in Schlesien. Die habsburgische Rekatholisierungspolitik in Glogau und Schweidnitz 1526–1707, Köln u. a. 2003
– Die Juden in Glogau im frühneuzeitlichen Konfessionalisierungsprozeß. In: Manfred Hettling u. a., In Breslau zu Hause?, S. 30–45
Duffy, Christopher: Militärische Aspekte zu Schlesien im Siebenjährigen Krieg. In: Jahrbuch der Schlesischen Friedrich-Wilhelms-Universität zu Breslau XLII–XLIV (2001–2003), S. 181–194
Dziemianko, Leszek: Der junge Karl von Holtei. Leben und Werk, Wrocław u. a. 2007
Eberhard, Winfried: Geschichtliche Einführung. Böhmen und Mähren von den Anfängen bis zum Ende des 18. Jahrhunderts. In: Historische Stätten. Böhmen und Mähren, S. XVIII–CI
Eiden, Maximilian: Gedächtnisgeschichte. In: Historische Schlesienforschung, S. 487–510
Falter, Jürgen u. a.: Wahlen und Abstimmungen in der Weimarer Republik. Materialien zum Wahlverhalten 1919–1933, München 1986
Feldmann, Fritz; Unverricht, Hubert: Die Musik. In: Geschichte Schlesiens Bd. 3, S. 452–567
Filip, Waclaw; Borchardt, Karl: Schlesien, Georg von Podiebrad und die römische Kurie, Würzburg 2005
Fleischer, Manfred P.: Späthumanismus in Schlesien. Ausgewählte Aufsätze (Silesia Folge 32), München 1984
Frühwald, Wolfgang; Heiduk, Franz: Joseph von Eichendorff. Leben und Werk in Texten und Bildern, Frankfurt/M. 1988
Fuchs, Konrad: Vom deutschen Krieg zur deutschen Katastrophe (1866–1945). In: Deutsche Geschichte im Osten Europas. Schlesien, S. 553–692
– Wirtschaftsgeschichte Oberschlesiens 1871–1945, Dortmund 1991
Garber, Klaus (Hg.): Kulturgeschichte Schlesiens in der Frühen Neuzeit, Tübingen 2005
– Schlesiens Bildungslandschaft zwischen Barock und Aufklärung im Kontext des Späthumanismus. In: Śląska Republika, S. 288–301
Gehrke, Roland: Wojciech Korfanty (1873–1939). In: Schlesische Lebensbilder Bd. 9, S. 317–328
Gerber, Michael R.: Österreichisch-Schlesien von 1742 bis zum Ende des Ersten Weltkrieges. Ein historischer Abriß, Würzburg 1994
– Die Schlesischen Provinzialblätter 1785–1849, Sigmaringen 1995
Gotzmann, Andreas: Der Geiger-Tiktin-Streit. Trennungskrise und Publizität. In: Manfred Hettling u. a. (Hg.), In Breslau zu Hause?, S. 81–98.
Govil, Usha Maria: Landbevölkerung und Gegenreformation in den schlesischen Fürstentümern Neisse, Breslau und Brieg. In: Jahrbuch für Schlesische Kirchengeschichte 76/77 (1997/98), S. 63–98.
Graus, Frantisek: Die Nationenbildung der Westslawen im Mittelalter (Nationes Bd. 3), Sigmaringen 1980
Hałub, Marek: Im schlesischen Mikrokosmos. August Heinrich Hoffmann von Fallersleben. Eine kulturgeschichtliche Studie, Wrocław 2005
– Johann Gustav Gottlieb Büsching 1783–1829. Ein Beitrag zur Begründung der schlesischen Kulturgeschichte, Wrocław 1997
Hammer-Schenk, Harald: Synagogen in Deutschland. Geschichte einer Baugattung im 19. und 20. Jahrhunderts (Hamburger Beiträge zur Geschichte der deutschen Juden Bd. VIII) 2 Teilbände, Hamburg 1981
Harasimowicz, Jan: „Was kann nun besser sein dann fuer die Freyheit streiten und die Religion“. Konfessionalisierung und ständische Freiheitsbestrebungen im Spiegel der schlesischen Kunst des 16. und 17. Jahrhunderts. In: 1648. Krieg und Frieden in Europa, Textbd. II: Kunst und Kultur, Münster 1998, S. 297–306
– Treści i funkcje ideowe sztuki śląskiej Reformacji 1520–1650, Wrocław 1986
– Atlas architektury Wrocławia, Bd. 1–2, Wrocław 1997–1998
– Kunstgeschichte. In: Historische Schlesienforschung, S. 649–679
– ; Marsch, Angelika (Hg.): Friedrich Bernhard Werner. Życie i twórczość. Leben und Werk, Legnica 2004
Harc, Lucyna: Samuel Beniamin Klose (1730–1798). Studium historiograficzno-źródłoznawcze, Wrocław 2002
Heiber, Helmut: Universität unter dem Hakenkreuz. Teil I: Der Professor im Dritten Reich. Bilder aus der akademischen Provinz, München 1991
Heinzelmann, Paul: Die Vertreibung der evangelischen Pfarrer und die Wegnahme der evangelischen Kirchen im Fürstentum Münsterberg im Jahre 1653, in: Correspondenzblatt des Vereins für die Geschichte der Evangelischen Kirche Schlesiens 12, 1911, S. 188–216
Herzig, Arno: Unterschichtenprotest in Deutschland 1790–1870, Göttingen 1988
– Jüdische Geschichte in Deutschland. Von den Anfängen bis zur Gegenwart, München [2]2002
– Konfession und Heilsgewissheit. Schlesien und die Grafschaft Glatz in der Frühen Neuzeit, Bielefeld 2002
– ; Małgorzata Ruchniewicz: Geschichte des Glatzer Landes vom Mittelalter bis zum 20. Jahrhundert, Wrocław u. a. 2006
– Die unruhige Provinz. Schlesien zwischen 1806 und 1871, in: Deutsche Geschichte im Osten Europas. Schlesien, S. 466–552
– Flucht und Vertreibung aus Schlesien. In: Flucht und Vertreibung, S. 118–149

– Die Herausbildung eines deutschen Nationalismus in Schlesien. In: Przełomy w historii, S. 239–252
Hettling, Manfred: Sozialstruktur und politische Orientierung der jüdischen Bevölkerung im Kaiserreich. In: Ders. u. a. (Hg.), In Breslau zu Hause?, S. 113–130
Higounet, Charles: Die deutsche Ostsiedlung im Mittelalter, Berlin 1986
Hitze, Guido: Carl Ulitzka (1873–1953) oder Oberschlesien zwischen den Weltkriegen, Düsseldorf 2002
Hodenberg, Christine v.: Aufstand der Weber. Die Revolte von 1844 und ihr Aufstieg zum Mythos, Bonn 1997
Ilkosz, Barbara u. Jerzy: Architektur- und Kunstgeschichte. 20. Jahrhundert. In: Dehio-Handbuch Schlesien, S. 84–111.
Irgang, Winfried: Historisch-geographische Grundlagen/Ur- und Frühgeschichte/Schlesien im Mittelalter. In: Ders.; Walter Bein, Helmut Neubach (Hg.): Schlesien, S. 11–87
– Urkundenforschung. In: Historische Schlesienforschung, S. 53–68
– Schlesien. Geschichte. In: Dehio–Handbuch Schlesien, S. 1–17
Jedin, Hubert: Johannes Cochläus. In: Schlesische Lebensbilder Bd. 4, S. 18–28
Joachimsthaler, Jürgen: Schlesiophobie. Arno Schmidt über seine „Bezugslandschaft". In: Ders.; W. Schmitz (Hg.), Verhandlungen, S. 249–264
– „Bildung" für die Polen. Anschaulichkeit, Ganzwortmethode und „Realismus" als Instrumente der wilhelminischen Germanisierungspolitik in Oberschlesien. In: Śląska Republika, S. 513–528
Jonca, Karol: Schlesiens evangelische Kirche im Umbruch (1932–1934). In: Silesiographia, S. 447–462
– Die Vernichtung der schlesischen Juden 1933–1945. In: „Wach auf mein Herz, und denke", S. 317–327
– Schlesiens Kirchen zur „Lösung der Judenfrage". In: Ursula Büttner (Hg.), Das Unrechtsregime. Internationale Forschung über den Nationalsozialismus, 2 Bde, Hamburg 1986, Bd. 2, S. 123–148
Kaczmarek, Romuald: Architektur und Kunstgeschichte. Gotik. In: Dehio-Handbuch Schlesien, S. 23–42
Kalinowski, Konstanty: Barock in Schlesien. Geschichte, Eigenart und heutige Erscheinung, München u. a. 1990
Kaufhold, Karl Heinrich: Preußische Wirtschaftspolitik in Schlesien 1740–1914: Leistungen und Defizite. In: Jahrbuch der Schlesischen Friedrich-Wilhelms-Universität zu Breslau XLII–XLIV (2001–2003), S. 235–264
Kersken, Norbert: Historiographiegeschichte. In: Historische Schlesienforschung, S. 93–124
Kessler, Wolfgang: Orts- und Heimatgeschichte. In: Historische Schlesienforschung, S. 431–448
Kluge, Ulrich: Soldatenräte und Revolution, Göttingen 1975
Koch-Schwarzer, Leonie: Populare Moralphilosophie und Volkskunde. Christian Garve (1742–1798) – Reflexionen zur Fachgeschichte, Marburg 1998
Koebner, Richard: Gustav Freytag. In: Schlesische Lebensbilder Bd. 1, S. 154–164
Köhler, Joachim: Revision eines Bischofsbildes? Erzherzog Karl von Österreich, Bischof von Breslau (1608–1624) und Brixen (1613–1624), als Exponent der habsburgischen Hausmachtpolitik. In: Archiv für Schlesische Kirchengeschichte 32 (1974), S. 103–126
– Zwischen den Fronten. Anmerkungen zur Biographie der Breslauer Fürstbischöfe Sinzendorf (1732–1742) und Schaffgotsch (1747–1795). In: Peter Baumgart, Kontinuität, S. 273–286
– Die katholische Kirche. In: Geschichte Schlesiens Bd. 3, S. 165–251
– Das Bertram-Bild in der neuesten deutschsprachigen Forschung. In: Archiv für Schlesische Kirchengeschichte 54 (1996), S. 9–53
Köhnke, Klaus Christian: Ein antisemitischer Autor wider Willen. Zu Gustav Freytags Roman „Soll und Haben". In: Hans-Otto Horch, H. Denkler (Hg.), Conditio Judaica, 2. Teil, Tübingen 1989, S. 130–147
Konieczny, Alfred: Das Konzentrationslager Gross Rosen in Schlesien. In: „Wach auf mein Herz, und denke", S. 328–341
Kos, Jerzy Krzysztof: Der Weg nach Berlin. Carl Gotthard Langhans Tätigkeit in Schlesien 1760–1787. In: R. Wegner (Hg.): Deutsche Baukunst um 1800, Köln u. a. 2000, S. 65–92
– ; Zabłocka-Kos, Agnieszka: Architektur und Kunstgeschichte. Klassizismus und Historismus in der Architektur. 2. Hälfte 18. Jahrhundert bis um 1900. In: Dehio-Handbuch Schlesien, S. 71–80.
Kovács, Elisabeth: Österreichische Kirchenpolitik in Schlesien bis 1790 (aus Wiener Sicht). In: Peter Baumgart (Hg.): Kontinuität, S. 239–256
Krämer, Reinhard: Die schlesische Wirtschaft von ihren Anfängen bis zur Industrialisierung im 19. und 20. Jahrhundert. In: Joachim Bahlcke, Schlesien, S. 226–249
Kühlmann, Wilhelm: Martin Opitz. Deutsche Literatur und deutsche Nation, Herne 1991
Kuhn, Walter: Neue Beiträge zur schlesischen Siedlungsgeschichte, Sigmaringen 1984
Kunicki, Wojciech: Auf dem Weg in dieses Reich. NS-Kulturpolitik und Literatur in Schlesien 1933 bis 1945, Leipzig 2006
Kwaśny, Zbigniew: Die Entwicklung der oberschlesischen Industrie in der ersten Hälfte des 19. Jahrhunderts, Dortmund 1998
Lambrecht, Karen: Hexenverfolgung und Zaubereiprozesse in den schlesischen Territorien, Köln u. a. 1995
– Die verlorene Ehre des Matthes Zippel oder die Folgen eines schlesischen Hexenprozesses im Zeitalter der Gegenreformation. In: Jahrbuch für Schlesische Kirchengeschichte 76/77 (1997/98), S. 51–61
– Mentalitäts- und Alltagsgeschichte. In: Historische Schlesienforschung, S. 511–526
Langer, Andrea: Die Kunst Schlesiens von der Romanik bis zur Breslauer Moderne. In: Bahlcke, Schlesien, S. 297–319
Latzke, Walter: Die schlesische Erbscholtisei. In: Schlesien III (1958), S. 194–205
Laubert, Manfred: Die Polenfrage. In: Schlesische Landeskunde. Naturwiss. Abtlg., hg. v. F. Frech, Leipzig 1913, S. 160–168
Lesiuk, Wiesław: Die Entstehung und Entwicklung des deutsch-polnischen Konflikts in Oberschlesien zu Beginn des 20. Jahrhunderts. In: Struve (Hg.), Oberschlesien, S. 33–45
– Plebiszit und Aufstände in Oberschlesien. In: „Wach auf mein Herz, und denke", S. 232–246
Lucas, Franz D.; Heitmann, Margret: Stadt des Glaubens. Geschichte und Kultur der Juden in Glogau, Hildesheim u. a. 1991
Machilek, Franz: Ludolf von Sagan (~ 1353–1422). In: Schlesische Lebensbilder Bd. 8, S. 32–38
– Schlesien. In: Anton Schindling, Walter Ziegler (Hg.): Die Territorien des Reichs im Zeitalter der Reformation und Konfessionalisierung. Land und Konfession 1500–1650, Bd. 2: Der Nordosten, Münster 1993, S. 102–139
Maciejewski, Marek: Zur Entstehung und Entwicklung der NSDAP in Schlesien bis 1933. In: Silesiographia, S. 463–480
Mainka, Peter Johann: Friedrich der Große, das Oderland und seine Bewohner.

In: Jahrbuch der Schlesischen Friedrich-Wilhelms-Universität zu Breslau XLII–XLIV (2001–2003), S. 211–233

Mańko-Matysiak, Anna: Schlesische Gesangbücher 1525–1741. Eine hymnologische Quellenstudie, Wrocław 2005

Marsch, Angelika: Die Reisebilder Pfalzgraf Ottheinrichs aus den Jahren 1536/37 von seinem Ritt von Neuburg an der Donau über Prag nach Krakau und zurück über Breslau, Berlin, Wittenberg und Leipzig nach Neuburg. Faksimile u. Kommentarbd., Weißenhorn 2001

Marschall, Werner: Geschichte des Bistums Breslau, Stuttgart 1980

Mempel, Dieter: Der schlesische Protestantismus vor und nach 1740. In: Peter Baumgart (Hg.): Kontinuität, S. 287–306

Menzel, Josef Joachim: Heinrich I., Herzog von Schlesien (1168–1238). In: Schlesische Lebensbilder Bd. 9, S. 15–22

Moog, Simone: Literatur unter Kontrolle. Schriftsteller im Riesengebirge während des Nationalsozialismus. In: Die imposante Landschaft, S. 249–262

Moraw, Peter: Das Mittelalter (bis 1469). In: Deutsche Geschichte im Osten Europas. Schlesien, S. 38–177

Mühle, Eduard: Die „schlesische Schule der Ostforschung“. Hermann Aubin und sein Breslauer Arbeitskreis in den Jahren des Nationalsozialismus. In: Śląska Republika, S. 568–607

Neubach, Helmut: Parteien und Politiker in Schlesien, Dortmund 1988

– Helmuth Brückner. Gauleiter von Schlesien 1925–1934. In: Jahrbuch der Schlesischen Friedrich-Wilhelms-Universität zu Breslau XXXVIII–XXXIX (1997–1998), S. 783–798

Nick, Dagmar: Jüdisches Wirken in Breslau, Würzburg 1998

Oszanowski, Piotr: Wrocławski Ogród Laurentiusa Scholtza St. (1552–1599). Sceneria Spotkań Elity Intelektualny Końva XVI wieku/Der Breslauer Garten von Laurentius Scholtz d. Ä. (1552–1599). Landschaftsbild des Treffpunktes der intellektuellen Elite im ausgehenden 16. Jahrhundert. In: Śląska Republika, S. 98–145

Pater, Mieczysław: Centrum a ruch polski n Górnym Śląsku (1879–1893), Katowice 1971

Paucker, Arnold: Der jüdische Abwehrkampf. In: Werner Mosse, Arnold Paucker (Hg.): Entscheidungsjahr 1932. Zur Judenfrage in der Endphase der Weimarer Republik, Tübingen 1965, S. 405–499

Petry, Ludwig: Preußisch-Schlesien. Politische Geschichte 1740–1815. In: Geschichte Schlesiens Bd. 3, S. 1–25

Rabe, Carsten: Alma Mater Leopoldina. Kolleg und Universität der Jesuiten in Breslau 1638–1811, Köln u. a. 1999

Rahden, Till van: Juden und andere Breslauer. Die Beziehungen zwischen Juden, Protestanten und Katholiken in einer deutschen Großstadt von 1860 bis 1925, Göttingen 2000

Rau, Susanne: Städtische Geschichtsschreibung und Erinnerungskultur im Zeitalter der Reformation und Konfessionalisierung in Bremen, Breslau, Hamburg und Köln, Hamburg u. a. 2002

Rogall, Joachim: Krieg, Vertreibung und Neuanfang. Die Entwicklung Schlesiens und das Schicksal seiner Bewohner von 1939–1995. In: Bahlcke, Schlesien, S. 156–225

Rohde, Saskia: Edwin Oppler (1831–1880). In: Schlesische Lebensbilder Bd. 7, S. 220–227

Rohe, Karl: Begriffe und Wirklichkeiten, Stuttgart 1994

Rose, Ambrosius: Grüssau. In: Historische Stätten. Schlesien, S. 167–168

Ruchniewicz, Krzysztof: Zögernde Annäherung. Studie zur Geschichte der deutsch-polnischen Beziehungen im 20. Jahrhundert, Dresden 2005

– Schweidnitz/Świdnica 1945–1947. Das Schicksal der deutschen und polnischen Bevölkerung. In: „Wach auf mein Herz, und denke“, S. 408–427

– Die Westverschiebung Polens. In: Flucht und Vertreibung, S. 184–197

Rüden, Peter v.: Anmerkungen zur Kulturgeschichte der deutschen Arbeiterbewegung vor dem Ersten Weltkrieg. In: Ders. u. a. (Hg.), Beiträge zur Kulturgeschichte der deutschen Arbeiterbewegung 1848–1918, Frankfurt/M. u. a. 1979

Rüther, Andreas: Preczlaus von Pogarell (1299–1376). In: Schlesische Lebensbilder Bd. 8, S. 13–17

– Ludwig I. von Liegnitz und Brieg. In: Schlesische Lebensbilder Bd. 8, S. 18–23

– Anna von Schweidnitz und Jauer. In: Schlesische Lebensbilder Bd. 8, S. 24–31

– Piasten; Podiebrad; Schlesien. In: Werner Paravicini (Hg.), Höfe und Residenzen im spätmittelalterlichen Reich, Teilband 1, Stuttgart 2003, S. 172–180, 180–183, 895–905

Schieb, Roswitha: Literarischer Reiseführer Breslau, Potsdam 2004

Schilling, Heinz: Höfe und Allianzen. Deutschland 1648–1763, Berlin 1989

Schindling, Anton: Friedrichs des Großen Toleranz und seine katholischen Untertanen. In: Peter Baumgart (Hg.), Kontinuität, S. 257–272

Schmilewski, Ulrich: Der schlesische Adel bis zum Ende des 13. Jahrhunderts. Herkunft, Zusammensetzung und politisch-gesellschaftliche Rolle, Würzburg 2001

Schmitz, Walter: „Ob wir aus Böhmen kamen, weiß ich nicht ...“ Gerhart Hauptmann und die Rolle eines Dichters der schlesischen Heimat. In: Jürgen Joachimsthaler, Walter Schmitz (Hg.), Verhandlungen, S. 3–38

– Neue Kulturgeschichte. In: Historische Schlesienforschung, S. 448–475

Schott, Christian-Erdmann: Hedwig von Schlesien. In: Joachim Köhler, Rainer Bendel (Hg.), Geschichte, S. 511–524

– Zwischen Drittem Reich und Untergang (1933–1945). In: Schlesische Geschichte Bd. 3, S. 316–328

– Katharina Staritz. In: Schlesische Lebensbilder Bd. 8, S. 296–303

Schulz, Eberhard Günter: Vom Beitrag der Schlesier zur deutschen Kultur, Würzburg ³2007

Schunka, Alexander: Migrationsgeschichte. In: Historische Schlesienforschung, S. 565–592

Schwarz, Ernst: Nimptsch, Zobten, Lohe und Schlesien. In: Schlesien IV (1961), S. 137–149

Schwedonitz, Walter: Geschichte der Kirchenerneuerung in der Neustädter Gegend, Neustadt/OS 1930

Seibt, Ferdinand: Karl IV. Ein Kaiser in Europa 1346–1378, München 1978

– Glanz und Elend des Mittelalters, Berlin 1987

– Die Begründung Europas. Ein Zwischenbericht über die letzten tausend Jahre, Frankfurt/M. 2002

Seidel, Heinrich: Aus den Anfängen des jetzigen Staatlichen Kath. Gymnasiums zu Neisse, Neisse 1924

Seidel, Robert: Späthumanismus in Schlesien. Caspar Dornau (1577–1631). Leben und Werk, Tübingen 1994

Senft, Stanisław: Widerstand in Schlesien 1939–1945. In: „Wach auf mein Herz, und denke“, S. 342–352

Simonides, Dorota: Gibt es ein oberschlesisches Ethnikum? In: „Wach auf mein Herz, und denke“, S. 70–78

Sprenger, Isabell: Groß Rosen. Ein Konzentrationslager in Schlesien, Köln, Weimar 1997

Stickler, Matthias: Vom Massenverband zur Randgruppe. Aufstieg und Niedergang der deutschen Vertriebenenverbände (1949–1990) [im Druck]
Störtkuhl, Beate: Architekturgeschichte. In: Historische Schlesienforschung, S. 681–718 (siehe auch Szymanski-Störtkuhl, Beate)
Stroka, Anna: Carl Hauptmann und die Anfänge der Künstlerkolonie Schreiberhau. In: Die imposante Landschaft, S. 74–82
Struve, Kai (Hg.): Oberschlesien nach dem Ersten Weltkrieg. Studien zu einem nationalen Konflikt und seiner Erinnerung, Marburg 2003
– Nationalismus und Minderheitenforschung. In: Historische Schlesienforschung, S. 293–322
Świerk, Alfred G.: Kaspar Elyan aus Glogau (um 1435–1486). In: Schlesische Lebensbilder Bd. 7, S. 17–25
Szymanski-Störtkuhl, Beate; Ilkosz, Jerzy: Bauernhaus und Turmvilla. Zur Architektur der Künstlerkolonie im Riesengebirge. In: Die imposante Landschaft, S. 104–126
Tebarth, Hans-Jakob: Technischer Fortschritt und sozialer Wandel in deutschen Ostprovinzen. Ostpreußen, Westpreußen und Schlesien im Zeitalter der Industrialisierung, Berlin 1991
Thum, Gregor: Die fremde Stadt, Berlin 2003
Vanková, Lenka; Keil, Gundolf: Beobachtungen zur wissenschaftlichen Literatur Schlesiens. In: Śląska Republika, S. 33–54
Wachowski, Krzysztof: Schlesien in vorpiastischer Zeit, Dortmund 2000
Wąs, Gabriela: Klasztory franciszkańskie w miastach śląskich i górnołużyckich XIII–XVI wieku, Wrocław 2000
Weber, Matthias: Das Verhältnis Schlesiens zum Alten Reich in der Frühen Neuzeit, Köln u. a. 1992
– Die schlesischen Polizei- und Landesordnungen der Frühen Neuzeit, Köln u. a. 1996
– Bauernkrieg und sozialer Widerstand in den östlichen Reichsterritorien bis zum Beginn des 30-jährigen Krieges. Teil 1: Überblick und Historiographie. Teil 2: Die historischen Ereignisse. In: Berichte und Forschungen. Jahrbuch des Bundesinstituts für ostdeutsche Kultur und Geschichte 1 (1993), S. 11–54; 2 (1994), S. 7–58
– Rechts- und Verfassungsgeschichte. In: Historische Schlesienforschung, S. 125–158
Weczerka, Hugo: Geschichtliche Einführung. In: Historische Stätten. Schlesien, S. XVI–XCIII
Wehler, Hans-Ulrich: Deutsche Gesellschaftsgeschichte, 4 Bde, München 1987–2003
Weigelt, Horst: Von Schlesien nach Amerika. Die Geschichte des Schwenckfeldertums, Köln u. a. 2007
Winter, Hans-Gerd: Alfred Kerr (1867–1948). In: Schlesische Lebensbilder Bd. 8, S. 242–247
Wolfgramm, Eberhard: Hans Kudlich. In: Männer der Revolution von 1848, Red. Karl Obermann u. a., Berlin 1970, S. 389–415
Zabłocka-Kos, Agnieszka: Katholischer und protestantischer Kirchenbau in Schlesien im 19. Jahrhundert als Abbild der konfessionellen Konfrontation. In: Joachim Köhler, Rainer Bendel (Hg.), Geschichte Bd. 2, S. 767–778
Ziekursch, Johannes: Hundert Jahre schlesische Agrargeschichte. Vom Hubertusburger Frieden bis zum Abschluß der Bauernbefreiung, Breslau 1915
– Das Ergebnis der friderizianischen Städteverwaltung und die Städteordnung Steins, Jena 1908

Zeittafel

4. Jh. v. Chr.
Kelten ziehen ins Gebiet Schlesiens. Ihnen folgen die germanischen Silinger, die dem Land wahrscheinlich zu dem Namen Schlesien verhalfen.

200–100 v. Chr.
Weitere germanische Besiedlung durch Wandalen und Lugier, die in den Jahrhunderten der germanischen Völkerwanderung das Land wieder verlassen.

6. Jh. n. Chr.
Besiedlung durch nachrückende slawische Stämme.

966
Entstehung eines polnischen Staatswesens unter Herzog Mieszko I.

1000
Erste Nennung des Bistums Breslau als Teil der polnischen Kirchenprovinz.

11. Jh.
Böhmisch-polnische Auseinandersetzungen um Schlesien.

1137
„Glatzer Pfingstfrieden“ zwischen Polen und Böhmen, der die Südwestgrenze von Schlesien mit der Zugehörigkeit des Glatzer Landes zu Böhmen festlegt.

1138
Schlesien wird polnisches Teilfürstentum. Gemäß der polnischen Senioratsverfassung erhalten die vier Söhne des Piastenherzogs Boleslaw III. jeder ein Teilgebiet; Schlesien fällt an Wladislaw II.

1202
Der „ducatus Silesiae“ wird in zwei Herzogtümer geteilt: in das verkleinerte Herzogtum Schlesien mit dem Zentrum Breslau, über das Herzog Heinrich I. herrscht, und in das Herzogtum Oppeln unter Mieszko I. Beide Piasten-Linien sind gegenseitig nicht erbberechtigt. Die Oppelner Piastenlinie regiert bis 1521. Die Bindung an Polen lockert sich, das Erbrecht der Senioratsverfassung wird aufgehoben. Heinrich I. von Schlesien festigt die Unabhängigkeit der schlesischen Herzogtümer von Polen und fördert, unterstützt von seiner Gemahlin Hedwig von Andechs-Meranien, die Einwanderung deutscher Siedler ins dünn besiedelte Land. Kloster Trebnitz wird gegründet und mit Zisterzienserinnen aus Bamberg besetzt, nachdem bereits 1175 das Zisterzienserkloster Leubus gegründet und mit Mönchen aus Pforta an der Saale besetzt worden ist.

1241
In der Mongolenschlacht bei Wahlstatt (Liegnitz) wird Herzog Heinrich II. getötet. Trotz ihres Sieges ziehen die Mongolen nach dem Tod des Großkhans ihr Heer ab. Es werden systematisch deutsche Siedler und Bergleute ins Land geholt, ihre Städte erhalten deutsches (Magdeburger) Stadtrecht. Die Söhne Heinrichs II. teilen das Gesamtherzogtum Schlesien in die Herzogtümer Glogau, Liegnitz und Breslau auf. Weitere Teilungen erfolgen unter ihren Erben, was zu einem politischen Machtverlust des Landes führt.

1261
Nach dem Mongolensturm entsteht in Breslau erneut eine deutsche Kaufmannssiedlung (1241) im Westen und im Süden um den großen Ring, die nach deutschem Recht organisiert ist (1261). Erstmals wird ein Rat gebildet (1266). Schlesien steht wieder im Spannungsfeld zwischen Polen und Böhmen.

1267
Nach dem Tod der Herzogin Hedwig (1243) entwickelt sich ein Kult, von dem die zahlreichen Wallfahrten nach Trebnitz zeugen. 1267 wird sie heiliggesprochen und als Landespatronin verehrt.

1327
Die schlesischen Herzogtümer und der Bischof von Breslau unterstellen sich der Böhmischen Krone. Die schlesischen Piasten werden dadurch böhmische Vasallen und verlieren ihre Gleichrangigkeit mit den Fürsten des Heiligen Römischen Reichs, auch wenn sie ihre Herrschaftsrechte behalten.

1335/1359
König Kasimir III. von Polen verzichtet im Vertrag von Trentschin auf die unter böhmische Hoheit gestellten Gebiete Schlesiens. Damit ist Schlesien von Polen gelöst und wird endgültig böhmisches Lehen. Nach dem Tod des letzten Herzogs von Breslau wird der Ratsälteste von Breslau Landeshauptmann. Die Stadt ist faktisch selbstständig.

1348
Kaiser Karl IV., gleichzeitig auch König von Böhmen, inkorporiert Schlesien in das Reich. Seine Herrschaft beruht auf den drei Ländern Böhmen, Mähren und Schlesien. Sein Versuch, das Bistum Breslau aus dem Gnesener Metropolitanverband zu lösen und dem neu gegründeten Metropolitanverband Prag zu unterstellen, scheitert jedoch. Die Gründung der Universität Prag verbessert die Bildungschancen schlesischer Studenten. Karl IV., der Breslau 25-mal besucht und durch Wirtschaftsprivilegien begünstigt, macht die Stadt zu einer der bedeutendsten Metropolen des Reiches. Breslau wird Mitglied der Hanse, Thorn und Danzig werden seine Partnerstädte im Norden.

1427–1436
Die radikale reformatorische Bewegung der Hussiten verwüstet durch ihre Kriege größere Teile Schlesiens. In der Strehlener Einung (1427) der schlesischen Fürsten und Stände entsteht die erste gesamtschlesische politische und militärische Organisation.

1479
Durch die Vereinbarung von Olmütz kommt Schlesien an die ungarische Krone unter König Matthias Corvinus. Nach dessen Tod 1490 gehen Böhmen und Ungarn in Personalunion zusammen. Der Erbe dieses Reiches, Ludwig II., fällt gegen die Türken 1526 in der Schlacht bei Mohacz. Durch Erbvertrag fallen die Königreiche an den Habsburger Ferdinand I., den neuen König von Böhmen und Ungarn. Schlesien wird in den folgenden 200 Jahren als Nebenland der Böhmischen Krone von den Habsburgern regiert.

1523
Ab 1523 gewinnt die lutherische Reformation die meisten Gemeinden Schlesiens.

1526
Die erste evangelische Universität Europas wird in Liegnitz gegründet. Bedingt durch die Auseinandersetzungen zwischen den Anhängern des schlesischen Reformators Caspar von Schwenckfeld und den Lutheranern wird sie drei Jahre später wieder geschlossen. Die lutherische Reformation behauptet sich, dadurch verstärken sich die Bindungen an Deutschland.

Ab 1580
Kaiser Rudolf II. versucht als böhmischer Landesherr, das mehrheitlich evangelische Schlesien zum Katholizismus zurückzuführen. Schlesische Stände gründen ein Verteidigungsbündnis mit böhmischen Ständen und unterstützen 1618 die böhmische Rebellion, mit der der Dreißigjährige Krieg beginnt.

1648
Westfälischer Friede nach dem Dreißigjährigen Krieg (1618–1648). Zulassung der evangelischen Religion in den Fürstentümern Liegnitz, Brieg, Wohlau, Oels und in der Stadt Breslau. Für die übrigen Fürstentümer dürfen drei evangelische „Friedenskirchen“ in Schweidnitz, Jauer und Glogau gebaut werden.

1675
Die Gegenreformation erstarkt nach dem Aussterben der Piasten. Die Habsburger versuchen nun, alle schlesischen Territorien zu rekatholisieren. Adlige Familien aus allen Teilen der österreichischen Monarchie wandern ein, um die habsburgische Politik zu unterstützen.

1702
Gründung der Jesuitenhochschule Leopoldina in Breslau, die erst 1811 nach der Zusammenlegung mit der Universität Frankfurt/Oder zur vollen Universität ausgebaut wird.

1707
Unter dem Druck Schwedens sichert die Altranstädter Konvention erneut den im Westfälischen Frieden genannten Gebieten die Ausübung der evangelischen Religionsfreiheit zu. In den übrigen Fürstentümern dürfen sechs evangelische „Gnadenkirchen“ gebaut werden (Sagan, Freystadt, Hirschberg, Militsch, Landeshut, Teschen).

1740–1763
Im Ersten Schlesischen Krieg (1740–1742) besetzt das Heer des preußischen Königs Friedrich II. fast ganz Schlesien, österreichische Truppen werden bei Mollwitz geschlagen. Durch den Berliner Frieden vom 28. Juli 1742 wird Schlesien geteilt. Der größere Teil mit 370 00 km^2 sowie die bis dahin zu Böhmen gehörende Grafschaft Glatz mit 1640 km^2 fallen an Preußen. Bei den Habsburger Ländern verbleiben die südöstlichen Randgebiete um Troppau und Teschen mit 5100 km^2. Trotz des Zweiten (1744–1745) und Dritten Schlesischen Krieges (1756–1763, „Siebenjähriger Krieg“) bleibt es bei dieser Grenzziehung. Schlesien erfährt unter Friedrich II. einen radikalen Umbau seiner Wirtschaft und Verwaltung. Preußen holt weitere Siedler aus Mittel- und Westdeutschland ins angeschlagene Schlesien.

1812/13
Schlesien wird zu einem Zentrum der Erhebung gegen Napoleon. König Friedrich Wilhelm III. von Preußen verkündet in Breslau den Aufruf „An mein Volk“.

1844
Nach der Neuorganisation Preußens und dem Ausbau der neuen Wirtschaftszentren im Westen erlebt Schlesien in der ersten Hälfte des 19. Jahrhunderts eine Wirtschaftskrise, die 1844 zu dem deutschlandweit beachteten Weberaufstand führt. Gerhart Hauptmanns Drama „Die Weber“ von 1892 greift dieses Ereignis auf.

1848
Die Unzufriedenheit vieler Schlesier mit dem preußischen Absolutismus führt zur Revolution. Breslau wird zu einem Zentrum der 48er Revolution in Preußen. Trotz des Maiaufstands schlesischer Demokraten von 1849 unterliegen die Revolutionäre.

1871
Nach der Wirtschaftskrise entwickelt sich Schlesien in dem neu gegründeten Deutschen Reich zu einem der wichtigsten Industriezentren. Die Zentren der Schwerindustrie liegen in Ober-, die der verarbeitenden Industrie in Niederschlesien. Breslau ist um die Jahrhundertwende mit ca. 500 000 Einwohnern ein bedeutendes Handelszentrum.

1919
Versailler Vertrag. Teilgebiete von Guhrau, Militsch, Namslau und Groß Wartenberg müssen an Polen abgetreten werden. Das sogenannte Hultschiner Ländchen (316 km^2) fällt an die neu gegründete Tschechoslowakei. Polen fordert, unterstützt von Frankreich, fast ganz Oberschlesien. Aufgrund des Protests der deutschen Regierung soll auf Vermittlung Englands eine Volksabstimmung stattfinden. Englische, französische und italienische Truppen sollen das Abstim-

mungsgebiet besetzen. Preußen richtet die selbstständige Provinz Oberschlesien ein. Noch ehe englische, französische und italienische Truppen einrücken und die Verwaltung des Abstimmungsgebietes kontrollieren, kommt es zu einem Aufstand. Die Aufständischen kämpfen um eine Loslösung von Deutschland und eine Verbesserung ihrer sozialen Verhältnisse. Wojciech Korfanty, der Leiter der oberschlesischen Separatistenbewegung, unterstützt diesen Aufstand nicht. Der Aufstand wird von den deutschen Freikorps unterdrückt.

1920
Im Februar übernimmt die Interalliierte Kommission in Oppeln die Verwaltung des Abstimmungsgebietes. Im August kommt es zu einem weiteren Aufstand, der von der deutsch-polnischen Polizei beendet wird.

1921
Bei der Abstimmung sprechen sich ca. 60 % der Bewohner des Abstimmungsgebiets für einen Verbleib beim Deutschen Reich, ca. 40 % für einen Anschluss an die Republik Polen aus. Daraufhin wird durch die Alliierten eine Teilung des Abstimmungsgebiets beschlossen. Inzwischen beginnt im Mai erneut ein Aufstand: Kampf um den St. Annaberg zwischen polnischen Truppen und dem deutschen „Selbstschutz Oberschlesien", der sich gegen die polnischen Aufständischen behauptet. Aufgrund der unentschiedenen Situation kommt es auf Empfehlung des Völkerbundes durch die Alliierten zur Abtretung Ost-Oberschlesiens mit Kattowitz (3200 km² und ca. eine Million Einwohner) an Polen. Eine Genfer Konvention stellt 1922 die jeweiligen Minderheiten für 15 Jahre unter besonderen Schutz.

1933
Die NSDAP erzielt in den Regierungsbezirken Breslau (50,2 %) und Liegnitz (54 %) hohe Wahlergebnisse, die über dem Reichsdurchschnitt (43,9 %) liegen. Nur im Regierungsbezirk Oppeln (43,2 %), wo sich die Zentrumspartei (32,3 %), jedoch mit großen Verlusten, behauptet, liegt das Ergebnis knapp darunter.

1938
Zusammenlegung der beiden Provinzen Nieder- und Oberschlesien unter den Nationalsozialisten zur Provinz Schlesien (ca. 37 000 km² mit ca. fünf Millionen Einwohnern).

1939
Nach dem durch die Nationalsozialisten fingierten polnischen Überfall auf den Sender Gleiwitz beginnt mit dem Einmarsch deutscher Truppen in Polen der Zweite Weltkrieg.

1941
Nach dem Polenfeldzug werden die Wojewodschaften Polen sowie Teile Altpolens, darunter Auschwitz (10 500 km² mit ca. drei Millionen Einwohnern), der Provinz Schlesien angegliedert.

1945
Mit dem Potsdamer Abkommen (Juli) wird die „Westverschiebung" des polnischen Staates bis zur Oder und Lausitzer Neiße beschlossen. Die schlesische Oberlausitz zwischen Görlitz, Hoyerswerda und Muskau kommt zur sowjetischen Besatzungszone. Die endgültige Grenzziehung bleibt einem Friedensvertrag vorbehalten.

1945–1947
Vertreibung, später Aussiedlung der Deutschen aus Schlesien. Fast 1,5 Millionen Menschen kommen bei der Vertreibung aus den Gebieten östlich von Oder und Neiße um. Noch vor der Vertreibung beginnt die Ansiedlung von Polen in Schlesien. Es verbleibt eine kleine deutsche Minderheit in den niederschlesischen Industriegebieten, die als Fachleute benötigt werden. Die katholische Kirche Polens fördert energisch die Polonisierung Schlesiens.

1945
Nach dem Tod von Kardinal Adolf Bertram nimmt der polnische Kardinal Augustin Hlond die Jurisdiktion der Erzdiözese Breslau und der zur Erzdiözese Prag gehörenden Grafschaft Glatz für sich in Anspruch. 1972 führt der Vatikan eine Neugliederung der kirchlichen Gebiete jenseits von Oder-Neiße durch.

1945/46
In Oberschlesien wird 1945 die Wojewodschaft Oberschlesien-Dąbrowa eingerichtet, für Niederschlesien 1946 die Wojewodschaft Breslau.

1990
Nach dem Niedergang des Kommunismus durch den Sieg der Gewerkschaft Solidarność Kommunalwahlen in Polen, Vertreter der kleinen deutschen Minderheit dürfen Kommunalräte werden.

1990
Vertrag zwischen der Bundesrepublik Deutschland und der Republik Polen über die Bestätigung der bestehenden Grenze.

1991
Vertrag zwischen der Bundesrepublik Deutschland und der Republik Polen über gute Nachbarschaft und freundschaftliche Zusammenarbeit.

2004
Polen und damit auch Schlesien schließen sich der Europäischen Union (EU) an.

2007
Mit der Aufnahme in das Schengener Abkommen der EU entfallen die Grenzkontrollen zwischen Polen und der Bundesrepublik.

Ortsregister

Personenregister

Bildnachweis

Angelika Marsch, Hamburg: 63, 114 u.
Archiv Ellert & Richter: Titel u.; 178 re. (beide), 212 u. li., 214 o., 216, 219, 224 re.
Arno Herzig, Hamburg: 66, 189, 205 u.
Bildarchiv Preußischer Kulturbesitz (bpk), Berlin: Rückseite o. re. (Carl Weinrother); 57 (Eva Kramer), 75 (Kunstbibliothek SMB/Knut Petersen), 102 o. (Eigentum des Hauses Hohenzollern), 103 (Alfredo Dagli Orti), 114 o. (Scala), 115, 116, 123 (Braun), 126 o. li. (Kupferstichkabinett, SMB), 126 u., 129, 130 u., 132/133 (SBB/Ruth Schacht), 134 u. re. (Kunstbibliothek, SMB), 136, 137 u., 138, 144, 148 o., 149 o., 150, 151 u., 152/153 (Nationalgalerie, SMB/Klaus Göken), 154 (Edmund Glaeser), 157 u., 164, 168 re. (SBB), 176 o. li. (Hugo Erfurth), 179, 180 li., 180 re. (Willy Römer), 187 o. re. (Dietmar Katz), 187 u., 195 o. + u. re. (Kunstbibliothek, SMB), 196 o., 200, 203 o., 206 (Hanns Hubmann), 210, 212 o. (Herbert Hoffmann), 212 u. re.
Bundesarchiv, Koblenz: Rückseite o. Mi. (Sig. 151-08-38); 199 o. (Sig. 183-2008-0617-500), 213 u. li. (Sig. 183-R99509)
Bundesregierung, Berlin: 239
Friedrich-Ebert-Stiftung e.V., Bonn: 165 (Fotoarchiv Jupp Darchinger im AdsD), 181
Herder-Institut Marburg, Bildarchiv: 10 (beide), 11, 18–24, 30, 32, 40, 46, 67, 91, 94, 95 u., 112, 126 o. re., 131, 134 o., 134 u. li., 135 re., 147, 151 o., 155 (beide), 157 o., 160/161, 162, 172, 174 o.
Hans Joachim Kürtz, Kiel: Titel o. re. + Mi. re.
Marek Maruszak, Opole: Titel o. li.; Rückseite o. li. + u. re.; 8, 9, 29, 31, 50, 60, 82, 86, 88/89, 92/93, 97, 118 u., 176 o. re., 176 u. re., 240
Martin-Opitz-Bibliothek, Herne: 202
Max-Planck-Institut für europäische Rechtsgeschichte, Frankfurt/M.: 125 u.
museum kunst palast, Düsseldorf, Gemäldesammlung, Dauerleihgabe der Nationalgalerie Berlin: 146 u. re.
Peter Palm, Berlin: 185, 217, 220
picture-alliance, Frankfurt/M.: 102 u., 146 o. re., 168 li., 196 u. li. (Erich Lessing), 196 u. re., 207, 209 u., 211, 213 o., 213 u. re., 214 u. (alle akg-images); 148 u. li., 201 (beide dpa)
Schlesisches Museum zu Görlitz: Titel Mi. li. + S. 145 (Slg. Haselbach), 174 u., 175, 191, 195 u. li.
Staats- und Universitätsbibliothek Hamburg: 188
Stadtmuseum Iserlohn: 108
Stanislas Klimek, Wrocław: 87
Ulrike Treziak, Berlin: 158
ullstein bild, Berlin: 187 o. li.
Universitätsbibliothek Heidelberg: 39
Universitätsbibliothek Köln: 65
WFDiF, Warschau: 224 li.
Zentralstelle Grafschaft Glatz/Schlesien e.V., Lüdenscheid: 215
zuletzt Nicolaus Sombart, Berlin: 178 li.
Sowie aus:
100 lat, Wrocław 2007: 238 re.
Adam Czelny, Między Odrą I Nysą, Wrocław u. a. 1965: 221, 227 re., 231 (beide)
Agnieszka Zabłocka-Kos, Zrozumieć miasto, Wrocław 2006: 118 o., 149 u., 156
Angelika Marsch/Rafal Eysymontt, Breslau – Wrocław 1668, Görlitz 2005: 36
Arno Herzig/Rainer Sachs, Der Breslauer Gesellenaufstand von 1793, Göttingen, 1987: 122
Breslau auf alten Plänen 1562–1946, Wrocław 2003: 120/121
Der Hedwigs-Codex von 1353, Berlin 1972: 25, 27
Die imposante Landschaft, Berlin u.a. 1999: 176 u. li., 177
Ernst Scheyer, Schlesische Malerei der Biedermeierzeit, Frankfurt/M. 1965: 146 u. li.
Ferdinand Seibt, Karl IV., München 1978: 44
Gert Althoff, Otto III., Darmstadt 1996: 15
Handbuch der histor. Stätten, Stuttgart 1977: 16, 41
Hermann Aubin u. a., Geschichte Schlesiens. Bd I., Stuttgart 1961: 58
Jan Drabina, Górny Ślask, Wrocław 2002: 222, 232, 238 li.
Jenseits von Oder und Neiße, Offenburg/Baden o. J.: 235
Joachim Bahlcke, Schlesien und die Schlesier, München 1996: 135 li., 137 o.
Joachim Rogall, Land der großen Ströme, Berlin 1996: 13
Karl Hausdorff, Unser Schlesien, Stuttgart 1954: 190, 208 u.
Legende der hl. Hedwig, Wrocław 2000: 26
Lode Seghers (Hg.), Europäische Allegorie, München 1961: 81
Männer der Revolution von 1848, Berlin 1970: 142 u.
Marek Czapliński u. a., Historia Śląska, Wrocław 2002: 229
Marek L. Wójcik, An attempt to create the University of Wrocław in the year 1505, Wrocław 2005: 54 u.
Mieszczaristwo Wrocławskie, Wrocław 2003: 142 o.
Miroslawa Czarnecka/Jolanta Szafarz (Hg.), Hochzeit als ritus und casus, Wrocław 2001: 100
Norbert Conrads, Schlesien, Berlin 1994: 51, 52, 56 (UB Göttingen), 59 (Privatbesitz Paris), 110, 143 o. (Norbert Conrads, Stuttgart), 148 u. re., 159, 203 u., 208 o.
Philipp Hoyoll, Zerstörung eines Bäckerladens 1846, Regensburg 1998: 141, 146 o. li.
Piotr Oszczanowski u. a., Theatrum vitae et mortis, Wrocław 1995: 17, 68, 71, 74, 76, 95 o.
Reise durch Europas Mitte, Potsdam 2003: S. 61 (beide)
Schlesische Lebensbilder I: 139 re.; II: 125 o., 139 Mi., 143 u.; IV: 130 o., 139 li.; V: 147; VI: 193, 197; VII: 166, 167 o.; VIII: 143 Mi., 167 u., 186, 205 o.
Teresa Kulak u. a., Historia Uniwersytetu Wrocławskiego 1702–2002, Wrocław 2002: 227 li.
Theatrum sacrum, Wrocław o. J.: 96
Willy Cohn, Verwehte Spuren, Köln u. a. 1995: 199 u., 209 o.
Zwischen Oder und Riesengebirge, Berlin 1987: Rückseite u. li.; Vor-/Nachsatz; 34/35, 78/79, 104/105
Nachum T. Gidal, Jews in Germany, Köln 1998: 169
Z Archívů ČSR, o. O., o. J.: 54 o.

Titelabbildungen (v.l.n.r.): Kloster Grüssau; Rathaus Breslau; Schloss Erdmannsdorf; Friedenskirche Jauer; Schneekoppe (histor. Postk.)
Vor-/Nachsatz: siehe S. 78/79

Autoren

Prof. Dr. Arno Herzig
geb. 1937 in Albendorf, Kreis Glatz (Schlesien), lehrte am Historischen Seminar der Universität Hamburg und ist Mitglied der Historischen Kommission für Schlesien.

Prof. Dr. Krzysztof Ruchniewicz
lehrt am Historischen Institut der Universität Wrocław/Breslau; Direktor des Willy-Brandt-Zentrums für Deutschland- und Europastudien.

Dr. phil. Małgorzata Ruchniewicz
ist wissenschaftliche Mitarbeiterin am Historischen Institut der Universität Wrocław/Breslau.

Impressum

Bibliografische Information der Deutschen Nationalbibliothek
Die Deutsche Nationalbibliothek verzeichnet diese Publikation in der Deutschen Nationalbibliografie; detaillierte bibliografische Daten sind im Internet über http://dnb.d-nb.de abrufbar.

ISBN 978-3-8319-0479-2

Dieser Titel ist eine Sonderausgabe des 2008 erschienenen gleichnamigen Buches.

Lektorat und Bildredaktion: Annette Krüger, Hamburg
Übersetzung aus dem Polnischen: Stephan Thomas
Gestaltung: BrücknerAping Büro für Gestaltung GbR, Bremen
Lithografie: Griebel-Repro, Hamburg
Gesamtherstellung: Girzig + Gottschalk, Bremen

MARCHIÆ BRANDEN BVRGICÆ
Notularum explicatio
Vrbes
Pagi
Arces
Monasteria
Montes notabiles
CONFINIA
Sternbergisch landt
Francfurt
Custrin
Landsberg
Posen
DVCATVS CROSNENSIS
Crossen
Guben
LVSATIÆ INFERIORIS PARS.
Cotbus
Sagan
Sprottaw
Glogaw
DVCATVS GLOGAVIENSIS
DVCATVS WOLAVI ENSIS
LVSATIA SVPERIOR
Budissin oder Bautzen
Gorlitz
MISNIÆ PARS
Dresden
Pirnaw
DVCATVS LIGNICIENSIS
DVCATVS IAVRAVIENSIS
DVCATVS SCHWIDNICENSIS
DVCA VRATIS
Montes Sudetes
MONSTERBERGEN DVCAT
COMITATVS GLACENSIS
Glatz
Leutmeritz
BOHEMIÆ PARS.
PRAGA
Der Weißenberg
Alt Buntzel
Brandeis
Kolin
Podiebrad
Konig Grats
Nachod
Milliaria Germanica Communia
1 2 3 4 5 10 15
Septentrio
Occidens
Meridies